中国城市科学研究系列报告
Serial Reports of China Urban Studies

中国绿色建筑2022
China Green Building 2022

中国城市科学研究会　主编
China Society for Urban Studies（Ed.）

中国建筑工业出版社
CHINA ARCHITECTURE & BUILDING PRESS

图书在版编目（CIP）数据

中国绿色建筑. 2022 = China Green Building 2022/中国城市科学研究会主编. — 北京：中国建筑工业出版社，2022.6
（中国城市科学研究系列报告）
ISBN 978-7-112-27487-1

Ⅰ.①中… Ⅱ.①中… Ⅲ.①生态建筑—建筑工业—研究报告—中国—2022 Ⅳ.①F426.9

中国版本图书馆 CIP 数据核字（2022）第 097427 号

本书是中国城市科学研究会绿色建筑与节能专业委员会组织编撰的第 15 本绿色建筑年度发展报告，旨在全面系统总结我国绿色建筑的研究成果与实践经验，指导我国绿色建筑的规划、设计、建设、评价、使用及维护，在更大范围内推广绿色建筑理念、推动绿色建筑的发展与实践。本书共设置 7 个篇章——综合篇、标准篇、科研篇、交流篇、地方篇、实践篇和附录篇，力求展现我国绿色建筑在 2021 年度的发展全景。

本书可供从事绿色建筑领域技术研究、开发和规划、设计、施工、运营管理等专业人员、政府管理部门工作人员及大专院校师生参考使用。

责任编辑：杨　允　刘婷婷
责任校对：张惠雯

中国城市科学研究系列报告
Serial Reports of China Urban Studies
中国绿色建筑2022
China Green Building 2022
中国城市科学研究会　主编
China Society for Urban Studies（Ed.）
*
中国建筑工业出版社出版、发行（北京海淀三里河路9号）
各地新华书店、建筑书店经销
北京红光制版公司制版
天津翔远印刷有限公司印刷
*
开本：787 毫米×1092 毫米　1/16　印张：27¼　字数：552 千字
2022 年 6 月第一版　　2022 年 6 月第一次印刷
定价：**85.00 元**
ISBN 978-7-112-27487-1
（39553）

版权所有　翻印必究
如有印装质量问题，可寄本社图书出版中心退换
（邮政编码 100037）

《中国绿色建筑 2022》编委会

编委会主任：仇保兴

副 主 任：赖　明　　江　亿　　缪昌文　　崔　恺　　王建国　　吴志强
　　　　　　陈湘生　　岳清瑞　　王有为　　王　俊　　修　龙　　张　桦
　　　　　　王清勤　　毛志兵　　李百战　　叶　青　　朱　雷　　尹　波

编委会成员：（以姓氏笔画为序）

丁　勇　　于　兵　　万水娥　　马恩成　　王　宏　　王　珂
王　昭　　王立雄　　王向昱　　王宝龙　　王建廷　　王建奎
王德华　　邓建军　　石铁矛　　白　羽　　朱颖心　　朱慧英
任雨婷　　刘永刚　　许解良　　李　萍　　李　群　　李丛笑
李国顺　　李得亮　　杨　锋　　杨　毅　　杨仕超　　杨永胜
杨旭东　　吴培浩　　何　涛　　何庆丰　　邹　瑜　　邹经宇
沈立东　　沈应华　　宋　敏　　宋中南　　宋晔皓　　张永炜
张佐双　　张顺宝　　张晋勋　　张遂生　　林波荣　　卓重贤
罗　剑　　金　淮　　周　楚　　孟　冲　　项炳泉　　赵乃妮
赵士永　　赵立华　　胡　攀　　侯伟生　　姜　波　　姚润明
秦学森　　袁　扬　　徐　伟　　徐　红　　徐　峰　　高玉楼
高伟俊　　郭永聪　　常卫华　　常钟隽　　康　健　　梁章旋
蒋正宇　　程卫东　　傅伊珺　　蔡　波　　管育才　　潘　军
潘正成　　薛　峰

学术顾问：张锦秋　　吴硕贤　　侯立安　　刘加平　　肖绪文　　聂建国
　　　　　　孟建民

编写组长：王有为　　王清勤

副 组 长：李　萍　　常卫华　　李丛笑　　孟　冲　　姜　波　　戈　亮

成　　员：盖轶静　　李大鹏　　王　潇　　马肖丽　　葛　楚　　张　欢
　　　　　　王　果　　朱娟花　　康井红　　石　磊

代 序

城市碳中和与绿色建筑

仇保兴

Preface

Urban Carbon Neutralization and Green Building

摘　要：城市是人为温室气体排放的主角，以城市为主体开展城市碳达峰、碳中和战略，使拥有不同资源禀赋的城市能够各自演化出一套针对当地市情、生产力水平的碳中和线路图和施工图，从而防止错误的技术路线锁定已成为当务之急。本文通过对国际上重点国家和地区碳排放情况及减碳经验进行分析，结合我国当前绿色建筑发展趋势提出：绿色建筑不仅能够在全生命周期内实现节能、节地、节水、节材，与自然和谐共生，而且在已有的可再生能源技术支撑下，建筑及由建筑组成的城市社区，可由单纯的能源消耗者转变为可再生能源的提供者，将在城市碳中和路径中扮演不可或缺的重要角色。

关键词：碳中和，绿色建筑，节能减碳

Abstract：Cities play an leading role in man-made greenhouse gas emission. Taking cities as the main body to carry out urban carbon peak and carbon neutral strategy can enable cities with different resource endowments to evolve a set of carbon neutral road map and construction map according to the local situation and productivity level, so as to prevent the wrong technical route locking, which has become an urgent task. This paper analyzes the carbon emission situation and carbon reduction experience of key countries and regions in the world, and puts forward some suggestions based on the current development trend of green building in China. Green buildings can save energy, land, water and materials in the whole life cycle, and coexist harmoniously with nature. With the support of existing renewable energy technology, moreover, buildings and urban communities composed of buildings can change from simple energy consumers to renewable energy providers, which will play an indispensable role in urban carbon neutral path.

Key words: carbon neutralization, green building, energy saving and carbon reduction

1 引言

众所周知,"30·60"战略具有紧迫性、复杂性和艰巨性。2021年4月30日习近平总书记在主持中共中央政治局第二十九次集体学习时强调:实现碳达峰、碳中和是我国向世界作出的庄严承诺,也是一场广泛而深刻的经济社会变革,绝不是轻轻松松就能实现的。各级党委和政府要拿出抓铁有痕、踏石留印的劲头,明确时间表、路线图、施工图,推动经济社会发展建立在资源高效利用和绿色低碳发展的基础之上。

为什么"30·60"如此紧迫?20世纪70年代,加拿大生态学家就提出人类活动对地球造成影响的生态足迹理论,图1是仿照这一理论描绘的碳排放图。如图1所示,中国多年来温室气体排放占比全球最大,二氧化碳排放第一,而且已经保持了多年。目前,我国的排放量已经相当于第二位美国、第三位欧盟的总和。这样一来,国际压力就很大。同时,我国主动提出生态文明转型,核心是要减少碳排放。

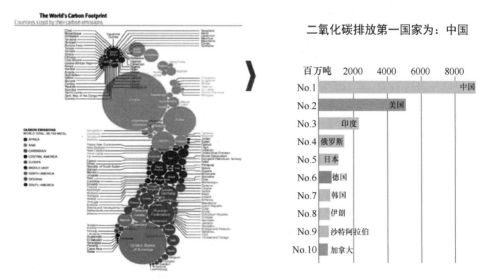

图 1　各国二氧化碳排放比例(资料来源:网络)

2 重点国家和地区碳排放情况及减碳经验分析

2.1 重点国家和地区碳达峰时间和碳排放情况

目前碳达峰可以分为"自然达峰"和"行政干预达峰",已经有54个国家实现自然达峰,其中大部分是发达国家,这些国家城镇化率已经达到了70%以上,同时完成了工业化和人口老年化,这"三化"一旦达到,碳排放就能自然达峰。最早一个国家碳达峰是在1974年,英国宣布2050年要达到碳中和,从碳达峰到碳中和的过程约70年。但是中国要在2030年碳达峰,2060年实现碳中和,只有30年的时间,不仅要靠正确的行政干预、各级政府画线路图,还要靠各行业的企业主体和国民共同参与,才能达到碳中和目标(图2)。

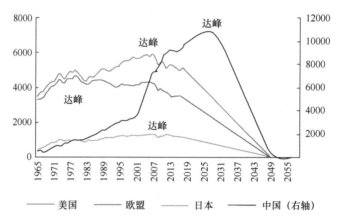

图2 重点国家和地区碳达峰时间(资料来源:Wind、光大证券研究所预测)

联合国提出,所有国家对气候变化都应承担共同但是有差别的责任。这是因为二氧化碳非常稳定,排出后在大气中可以存在超过几百年,所以有积累性。从300年的工业文明历程来看,美国和欧盟两个老牌工业化国家排出的二氧化碳,在大气中累积性贡献是65%~70%。我国和其他发展中国家加起来仅占30%~35%。但是中国碳排放"翘尾巴"的速度非常快。初步测算,再过30~35年,中国累计排放有可能超过欧盟和美国。而到那时,"共同但有差别的责任"就不适于中国了,因此这显然是个具有紧迫性的问题(图3)。

2.2 英国减碳的经验与教训

英国是全球最早实现碳达峰的西方国家之一,又是最早完成城市化和工业化的国家。从1990~2019年,近30年间英国的温室气体排放量下降了49%。这49%的减排主要来自三个方面的贡献。第一,电力去煤(约贡献40%),2020年该国煤发电仅占发电量1.6%(而我国煤发电占总发电量73%)。第二,清洁工业(约贡献40%),包括填埋物甲烷等控制(25%)、制造业结构转型(15%)、

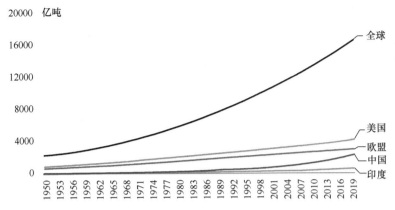

图 3 累计碳排放——"共同但有差别的责任"之依据
(资料来源：Our World in Date, 世界银行, 中金公司研究部, 2021 年 3 月)

这也是生产工艺去煤化为主贡献的。第三，化石燃料供给转型，更少碳、更小规模、更少泄漏（约贡献 10%）。但是基于我国"贫气少油"的能源资源现状，我们并不能一味"照猫画虎"，也进行英国式的能源改革。但英国方案中有一个很好的经验——"风光互补"，理论上风能和光能是可以互补的，因为光能在白天很强，但是晚上会趋零，而风能一般在夜晚会加强形成高峰，到白天则会降低。除此以外，英国智能电网技术也发挥了重大作用。通过发展可再生能源和智能电网，同时利用风光互补的特性来调节整个电网，对英国电力实现绿色转型起到了很大作用。

3 开展以城市为主体的碳中和战略

3.1 以城市为主体的若干优势

为什么要提出以城市为主体，而不是让电力、交通等行业各司其职去解决呢？第一，城市是人为温室气体排放的主角，联合国相关报告指出，城市人为排放的温室气体量占总排放量的 75%。第二，我国城市和西方不一样，我国城市包括了农村，有山、水、林、河、田，可以在行政统一管理下合理调配布局可再生能源和碳汇基地，这一点非常重要。第三，改革开放 40 年，一直是以城市国内生产总值（GDP）指标作为竞争轨道，这种竞争为经济产生了良性动力。但在"十四五"期间我们需要转向双轨竞争，即 GDP 的竞争和减碳的竞争，不需要重新搞一套绿色 GDP，目前长三角城市已经开始发力减碳竞争了（图 4）。

最重要是以城市为主体，能使拥有不同资源禀赋的城市各自演化出一套针对当地市情、生产力水平的碳中和线路图和施工图，从而防止错误的技术路线锁定。对各城市碳达峰、碳中和路线图的评价，应该包含安全韧性、成本趋降性、

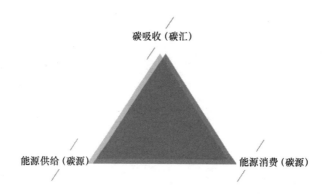

图 4 中国城市涵盖"碳吸收、能源供给和消费"三个主要方面示意图

技术可靠性（而且可靠度越来越高），灰绿系统兼容性以及进口替代性等方面（图 5）。

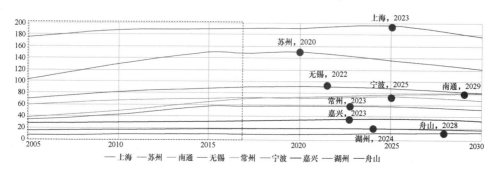

图 5 都市圈各市碳排放峰值推演示意图（资料来源：《中国碳核算数据库》
《长三角地区碳源碳汇的多尺度时空格局演变研究》、各市统计年鉴）

3.2 国际城市碳排放核算误区及修改建议

在这场城市绿色转型过程中，我们可能遇到一些障碍，比如《城市温室气体核算国际标准》中有一些不甚合理之处，导致其并不适用于我国。在《城市温室气体核算国际标准》中固定源能源内容杂乱，供给侧与消费侧不分，企业责任与市民行为减碳不分，而实际上它们承担着不同的责任，应该加以区分。而且随着新技术的普及，建筑不再仅是消耗能源的场所，还可以产生能源，这在国际标准中也未加以体现。所以如果我国片面采用该国际标准进行核算，势必会造成一定障碍（图 6）。

对于我国的城市温室气体核算应该怎么改？我认为把城市的碳中和改成 5 个模块比较合理，即碳汇农村农业、建筑、交通、废弃物处理（市政）与工业（图 7）。不同城市的产业结构或制造业能耗水平差别极大，有的城市侧重工业，有的城市侧重旅游和服务业，因而在制订城市碳中和竞赛规则时，在碳达峰阶段

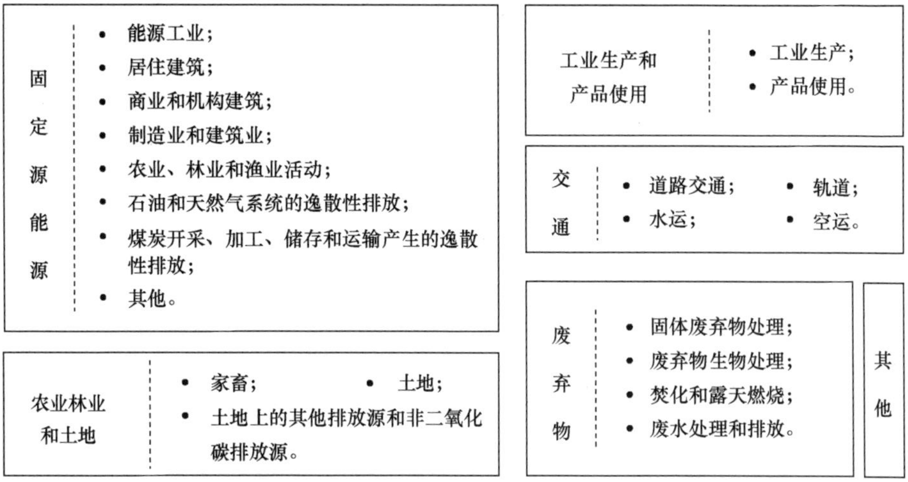

固定源能源	• 能源工业； • 居住建筑； • 商业和机构建筑； • 制造业和建筑业； • 农业、林业和渔业活动； • 石油和天然气系统的逸散性排放； • 煤炭开采、加工、储存和运输产生的逸散性排放； • 其他。	工业生产和产品使用	• 工业生产； • 产品使用。
		交通	• 道路交通；　• 轨道； • 水运；　　　• 空运。
农业林业和土地	• 家畜；　　　• 土地； • 土地上的其他排放源和非二氧化碳排放源。	废弃物	• 固体废弃物处理； • 废弃物生物处理； • 焚化和露天燃烧； • 废水处理和排放。
		其他	

图 6 《城市温室气体核算国际标准》（GPC）（图片来源：郑琦、廖晓卉等，《碳中和规划，从"0"开始！》，作者改绘）

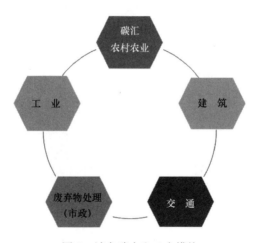

图 7 城市碳中和 5 个模块

可以把工业部分的碳排放先排除放一放，而碳汇农村农业、建筑、交通和市政 4 个方面的碳排放主要取决于当地政府、市场主体和民众的努力，在碳排放计量、监测标准等方面相对统一。通过对这 4 个方面的碳排放量进行比较和竞赛排名会更加公平。

目前，各类减碳技术和改革措施都具有收益和不确定性差异。不少收益很高、投入产出很高、减排效果很好的技术具有较大的不确定性，但光伏和风电收益的可靠性都很高；氢能有很大不确定性，碳捕获和碳存储当前收益与可靠性都较差；至于核聚变，虽然效益很高，但是带来的风险和不确定性同样很高，或许可以在 50 年后再考虑。

碳中和难点有两个，一是工业文明的思路锁定，二是 40 年来形成的利益集团。城市"从下而上"减碳和主导行业"从上而下"减碳二者有机结合的模式，会让国民经济体系更具有韧性。城市还可以通过数字技术减碳。数据也是一种资源，这种资源不耗能，用很少能源可实现城市减碳的可监测、可公布和可核算。另外，多种技术创新组合也可使不同气候区的城市发挥"综合减碳"效应。

4 绿色建筑与碳中和

4.1 我国建筑用能情况

国际能源署《2020 年全球建筑和建造业状况报告》指出，建筑运行过程中碳排放占全部碳排放量的 35%～38%（图 8）。从中国实践来看，碳排放主要集中在建筑运行和建材生产过程，而建筑施工碳排放只占其中的很小一部分。例如建筑材料如果是本地生产的，没有高昂的交通成本基本属于低碳，但是如果是从意大利进口的建筑材料，那就需要加上运输过程中的碳排放，这显然属于高碳项目。所以，不能只考虑运行阶段的碳排放，而是应该从建筑全生命周期来衡量碳的排放。

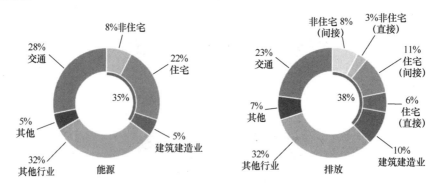

图 8　2019 年建筑建造行业终端能耗和碳排放全球占比（资料来源：国际能源署《2020 年全球建筑和建造业状况报告》）

我国建筑减碳有两个特点，一是公共建筑面积小，但碳排放大，单位公共建筑的碳排放约为日本的 1 倍。二是北方集中供暖建筑每平方米每年排放 36kg 二氧化碳，南方地区像武汉、成都如果推行集中供热，都属高碳行为。但我国民用住宅碳排放只有美国的 1/5，因为我们采用的是分体式空调，能够做到只在有人住的房间使用空调，尽可能不浪费能源（图 9）。美国住宅能耗如此之高主要有两个原因，一是人均居住面积比我国高 1 倍，二是集中空调和衣物烘干机的推崇。

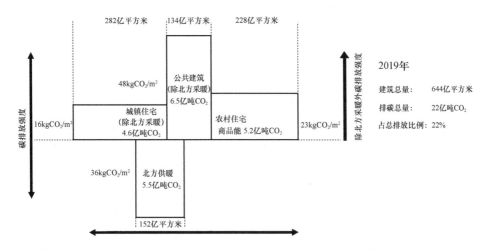

图 9　建筑运行相关二氧化碳排放状况（资料来源：清华大学建筑节能研究中心）

4.2　绿色建筑助力减碳的多种途径

绿色建筑还有一个特点是"气候适应性"，即建筑的能源系统和围护结构能够随着气候的变化而自行调节，使建筑的用能模式发生适应性变化（图10）。

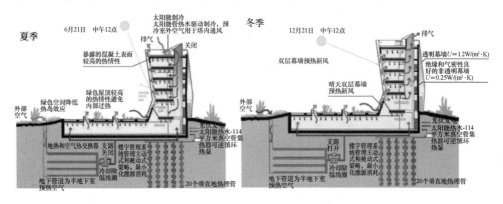

图 10　绿色建筑——气候适应性建筑（资料来源：网络）

建筑可以进一步发展成为正能建筑（图11）。建筑可以产生能量，这在部分发达国家已经有所实践，在德国能源署与我国的合作中也已经做出了大量鲜活而有效的案例。位于德国北方的部分城市正在发展正能建筑，而在北京、上海等属于日照二类、三类地区，同样完全可以在建筑设计过程中引入相关技术获得大量太阳能。例如在建筑顶部加装光伏太阳能板，同时也可以在建筑朝南面进行加装，使建筑获得更多的太阳能。大量的实践证明，建筑不仅仅是耗能单位，还可以作为产能单位。

除了单体建筑之外，小区屋顶的太阳能、屋顶风能、电梯下降势能和城市生

图 11　德国弗莱堡市正能建筑（资料来源：网络）

物质能发电可以形成微电网。需要强调的是，建筑脱碳潜力在于社区"微能源"系统。将风能、太阳能光伏与建筑进行一体化设计，同时利用电梯的下降势能和城市生物质能发电，利用社区的分布式能源微电网以及电动车储能组成微能源系统。电力富余时，该系统可以把电卖给电网，不足时向电网购电，平时把电储存在电动车中（图 12）。

 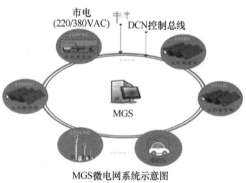

图 12　建筑脱碳与社区微能源（资料来源：网络，作者改绘）

4.3　建筑碳负面清单

我国的建筑设计与布局需回避下列负面清单（图 13）。第一，城市不能低密度发展。第二，南方地区一定要防止出现按建筑平方米计价的集中供热。第三，南方地区还要防止推行仅理论上节能的"四联供"，我国"十四五"规划中第一

碳负面清单：
- 城市低密度发展（过度郊区化）；
- 南方地区推行按建筑平方米计价的"集中供热"；
- 滥用"四联供"系统供能系统；
- （南方城市）玻璃幕墙建筑；
- 超高层建筑；
- 中央空调；
- 农村消灭土坯房……

图13 碳负面清单（资料来源：作者自绘；图片来源：网络）

次提出四联供、三联供只适应于北方县级以上城市。第四，不同气候条件下玻璃幕墙建筑的能耗不同，在南方玻璃幕墙耗能比一般的建筑大1倍，而在北方比如哈尔滨，其耗能则仅为一般建筑的几分之一。此外，超高层建筑的能耗会增加4%。第五，规模集中的中央空调广泛应用也会带来巨大的能源浪费。

2008年，在汶川灾后重建时应用了新型抗震夯土建筑，这种新型的夯土房墙体单位体积的热容量比钢筋混凝土大1倍，会形成冬暖夏凉的节能效果。而且造价低廉，样式美观，当属最高等级的绿色建筑。土坯房是我国古老的住房营造智慧，应该进行现代的改良提升（图14、图15）。

图14 现代新型夯土建筑（资料来源：网络）

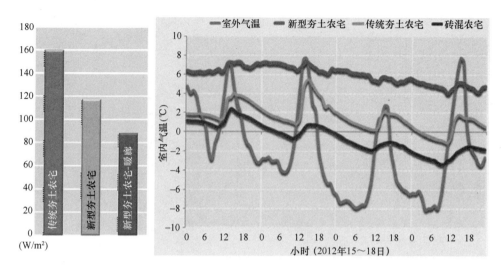

图15 新型夯土建筑、传统夯土、传统砖混不同结构的建筑
室内温度变化（资料来源：北京建筑大学材料）

4.4 城市矿山与建筑结合的减碳效果

城市矿山是指：重要的原材料以建筑工程等形式在城市中有序贮存。经过工业革命300年的掠夺式开采，全球80%以上可工业化利用的矿产资源已从地下转移到地上，并以"垃圾"的形态堆积在我们周围，总量高达数千亿吨，并还在以每年100亿吨的数量增加。只要采取有效的设计、建造、回收模式，工业文明时期累积起来的各种金属材料，正成为一座座永不枯竭的"城市矿山"。

北欧一些国家在金属储存方面设置了一条警戒线，该警戒线是以第二次世界大战武器使用的钢材量为标准建立的，当金属储存量到达这条线时即说明该国的钢材储备达到了国防安全，可以不依赖进口。对国家而言需要有一定的钢铁储备，而钢铁和其他金属材料的储备都可以以"城市矿山"的方式进行。比如，不锈钢或耐候钢建材建造的建筑，其建材在60年甚至百年以后，由于其自身特性，受腐蚀的程度很小，可以有效回收利用，从而大幅度减少钢铁行业碳排放并增强国民经济体系的韧性。

4.5 建筑与环境固碳

如图16所示，对该项目进行实景红外测试的结果显示，绿树成荫的区域为蓝色，而无树木的区域为红色，红色区域与蓝色区域的温差在北京夏季可以达到8℃。行道树木和小型园林中的乔木通过水蒸发和遮阳效应达到明显的环境降温作用，能够促使民众减少使用空调，从而间接地实现节能减碳。

需要强调的是，立体园林建筑作为近十几年出现的建筑新模式，可以使每户拥有20～50m² 的菜地花园。这些阳台菜园可以种花种菜，具有综合减碳效果，可以使该建筑绿化率达到150%。

图16　绿色建筑与热岛效应测试项目

通过立体园林建筑与城市绿化的合理布局，虽然绿化对于直接碳汇的作用很少，但这两种形式的绿化布局可以有效降低热岛效应，实现中水回用、雨水收集、厨余垃圾回用和就近生产蔬菜，进而产生间接且巨大的综合减碳作用（图17）。

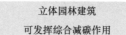

图17　立体园林建筑（拍摄时间：2020年7月）

5　小结

如果采取上述一系列的办法、技术和政策，我国在2030年之前大部分的城市将实现人均碳达峰。到2050年前，全国电力系统碳中和一半以上城市实现碳中和。到了碳中和决胜期，所有的城市都达到碳中和，交通系统最后实现碳中和（图18）。

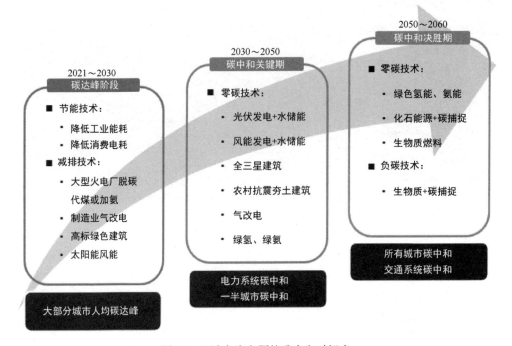

图 18 以城市为主题的碳中和时间表

在这期间，绿色建筑将始终扮演不可或缺的主角。这首先是由于绿色建筑是全球通用的概念，以全生命周期计算，建筑涉及碳排放约占全社会总量近半；其次，由于科学技术的进步，建筑及由建筑组成的城市社区，可由单纯的能源消耗者转变为可再生能源的提供者；再次，绿色建筑作为"气候适应性"建筑，其设计施工方式正在汲取我国各地悠久的传统民居的智慧，不论是就地取材、建筑结构和空间布局都将发生巨变；最后，随着绿色建筑的高级版："立体园林建筑"和"鱼菜共生"建筑的推行，建筑可以产生巨大的综合减碳效应，从而推动城市碳中和的实现。

前　言

2021年10月，中共中央办公厅、国务院办公厅印发《关于推动城乡建设绿色发展的意见》，总结了十八大以来我国人居环境改善取得的显著成就，肯定了城乡建设绿色发展的重要作用，指出了推进城乡建设一体化发展、转变城乡建设发展方式、建设高品质绿色建筑的实施路径，为新时期绿色建筑行业发展指明了方向。

为了全面系统总结我国绿色建筑的研究成果与实践经验，指导我国绿色建筑的规划、设计、建设、评价、使用及维护，在更大范围内推广绿色建筑理念、推动绿色建筑的发展与实践，中国绿色建筑委员会组织了绿色建筑年度发展报告编写。本书是系列报告的第15本，展现了我国绿色建筑在2021年度的发展全景。本书以国务院参事、中国城市科学研究会理事长仇保兴博士的文章"城市碳中和与绿色建筑"作为代序，共设置7个篇章——综合篇、标准篇、科研篇、交流篇、地方篇、实践篇和附录篇。

第一篇是综合篇，从行业视角介绍和分析了当前的新动向、新思路和新举措。阐述了在绿色发展方针指引和双碳目标约束下，关于我国绿色建筑设计理论及行业发展、高品质绿色建筑发展路径、碳中和的橄榄曲线等内容的思考；以及关于制冷剂导致的非二氧化碳温室气体控制、水泥基材料和建设用钢与钢结构绿色低碳路径等内容的思考。

第二篇是标准篇，选取年度具有代表性的1个国家标准、3个地方标准、3个团体标准，分别从标准编制背景、编制工作、主要技术内容和主要特点等方面，对绿建领域的最新标准进展进行介绍。

第三篇是科研篇，通过介绍7项代表性科研项目，反映了"十三五"期间绿色建筑与建筑节能的新技术、新动向。以期通过多方面的探讨与交流，共同提高绿色建筑的新理念、新技术，走可持续发展道路。

第四篇是交流篇，本篇内容是由中国城市科学研究会绿色建筑与节能专业委员会各专业学组共同编制完成，旨在为读者揭示绿色建筑相关技术与发展趋势，推动我国绿色建筑发展。

第五篇是地方篇，主要介绍了北京、上海、江苏等 8 个省市开展绿色建筑相关工作情况，包括地方发展绿色建筑的政策法规情况、绿色建筑标准和科研情况等内容。

第六篇是实践篇，本篇从 2021 年的新国标绿色建筑项目、绿色生态城区项目、工业项目、城市更新项目中，遴选了 7 个代表性案例，分别从项目背景、主要技术措施、实施效果、社会经济效益等方面进行介绍。

附录篇介绍了中国绿色建筑委员会、中国城市科学研究会绿色建筑研究中心，并对 2021 年度中国绿色建筑的研究、实践和重要活动进行总结，以大事记的方式进行了展示。

本书可供从事绿色建筑领域技术研究、规划、设计、施工、运营管理等专业技术人员、政府管理部门、大专院校师生参考。

本书是中国绿色建筑委员会专家团队和绿色建筑地方机构、专业学组的专家共同辛勤劳动的成果。虽在编写过程中多次修改，但由于编写周期短、任务重，文稿中不足之处恳请广大读者朋友批评指正。

本书编委会
2022 年 2 月 8 日

目 录

代序　城市碳中和与绿色建筑

前言

第一篇　综合篇 ·· 1

1　我国制冷剂导致的非二氧化碳温室气体排放及控制 ···················· 3
2　绿色建筑设计理论、方法研究与发展趋势································· 16
3　碳中和的橄榄曲线 ·· 22
4　"双碳"目标下水泥基材料绿色低碳路径思考与展望···················· 29
5　"双碳"目标背景下绿色建筑及建筑专业的发展思考···················· 39
6　"双碳"目标下建设用钢与钢结构发展······································ 46
7　低碳理念导向下的建筑技术在城市更新改造中应用···················· 53
8　以高品质绿色建筑建设促进城乡建设绿色发展··························· 61
9　关于推动城乡建设绿色发展的几点思考··································· 66

第二篇　标准篇 ·· 77

1　《建筑环境通用规范》GB 55016—2021 ···································· 79
2　浙江省《绿色建筑设计标准》DB 33/1092—2021 ························ 85
3　北京市《居住建筑节能设计标准》DB 11/891—2020 ···················· 91
4　《广东省公共建筑节能设计标准》DBJ 15—51—2020 ··················· 97
5　《绿色建筑被动式设计导则》T/CECS 870—2021 ······················· 104
6　《绿色科技馆评价标准》T/CECS 851—2021 ···························· 109

  7 《绿色智慧产业园区评价标准》T/CECS 774—2020 ……………………………… 116

第三篇　科研篇 ……………………………………………………………………… 121

  1 "十三五"期间我国绿色建筑技术进展与展望 ……………………………… 123

  2 既有城市住区功能提升与改造技术 …………………………………………… 127

  3 藏区、西北及高原地区利用可再生能源采暖空调新技术 …………………… 135

  4 既有公共建筑综合性能提升与改造关键技术 ………………………………… 144

  5 近零能耗建筑技术体系及关键技术开发 ……………………………………… 149

  6 长江流域建筑供暖空调解决方案和相应系统 ………………………………… 158

  7 基于实际运行效果的绿色建筑性能后评估方法研究与应用 ………………… 164

  8 既有城市工业区功能提升与改造技术 ………………………………………… 173

第四篇　交流篇 ……………………………………………………………………… 183

  1 "十三五"时期超低/近零能耗建筑政策分析研究 …………………………… 185

  2 绿色建造中的正向整合设计方法研究 ………………………………………… 193

  3 村镇建筑节能与清洁用能现状和展望 ………………………………………… 203

  4 国产 BIM 的发展近况与应用情况 …………………………………………… 213

  5 "双碳"背景下城市园林绿化的价值思考 …………………………………… 223

  6 室内环境性能提升与关键要素分析 …………………………………………… 232

  7 绿色建筑践行双碳战略的设计策略与研究方法 ……………………………… 244

第五篇　地方篇 ……………………………………………………………………… 253

  1 北京市绿色建筑发展总体情况简介 …………………………………………… 255

  2 上海市绿色建筑发展总体情况简介 …………………………………………… 261

  3 江苏省绿色建筑发展总体情况简介 …………………………………………… 268

  4 湖北省绿色建筑发展总体情况简介 …………………………………………… 276

  5 重庆市绿色建筑发展总体情况简介 …………………………………………… 282

  6 广东省绿色建筑发展总体情况简介 …………………………………………… 286

  7 深圳市绿色建筑发展总体情况简介 …………………………………………… 291

  8 大连市绿色建筑发展总体情况简介 299

第六篇　实践篇 305

  1 广东省台山万达广场 307
  2 上海市长宁八八中心 319
  3 江苏省泰州凤城金茂府 333
  4 深圳市天安云谷产业园二期项目 342
  5 湖州市南太湖未来城 352
  6 长沙市区域综合智慧能源站 362
  7 北京市绿色低碳社区更新改造项目 370

附录篇 379

  附录1　绿色建筑定义和标准体系 381
  附录2　中国城市科学研究会绿色建筑与节能专业委员会简介 383
  附录3　中国城市科学研究会绿色建筑研究中心简介 393
  附录4　中国绿色建筑大事记（2021） 395

英文对照参考信息 401

第一篇 综合篇

自习近平总书记提出"碳达峰""碳中和"的目标以来，我国更加注重"低碳""绿色"的可持续发展理念，各级政府、行业组织、专家学者围绕"双碳"目标开展深入研究，并将其融入长期发展规划中。"十四五"规划建议中提出，我国将加快推动绿色低碳发展，绿色建筑迎来了从量到质的发展时代。

本篇邀请权威专家撰文针对当前发展热点，进行综合探讨。邀中国工程院院士江亿撰文，对"双碳"目标背景下制冷剂导致的非二氧化碳温室气体的排放及控制进行探讨。邀中国工程院院士崔愷撰文，对绿色建筑设计理论、方法研究与发展趋势进行展望。邀中国工程院院士吴志强撰文，结合城市发展规律分析实现碳中和路径的"橄榄曲线"。邀中国工程院院士缪昌文撰文，介绍了全寿命碳排放综合评价模型，分析"双碳"目标下水泥基材料的挑战与机遇。邀中国工程院院士王建国撰文，对"双碳"目标背景下绿色建筑及建筑专业的发展动向提出建议。邀中国工程院院士岳清瑞撰文，对"双碳"目标背景下建设用钢与钢结构发展现状和碳排放基本情况进行剖析并提出发展建议。邀日本工程院外籍院士高伟俊撰文，阐述低碳理念导向下的建筑技术在城市更新改造中的应用。邀中国建筑科学研究院有限公司副总经理王清勤撰文，回顾绿色建筑发展现状及通过重要文件解读介绍未来高质量绿色建筑建设促城乡建设绿色发展的任务。邀中国建筑股份有限公司原总工程师毛志兵通过撰文，解读了中共中央办公厅和国务院办公厅发布的《关于推动城乡绿色发展的意见》，并针对《意见》的落实提出五项工作建议。

不论处在哪个发展阶段，绿色建筑都承载着同一个使命，必将坚定不移秉持创新、协调、绿色、开放、共享的发展理念，满足人民日益增长的美好生活需要。望读者能够通过本章内容，对行业发展趋势有更多的启发和理解。

1 我国制冷剂导致的非二氧化碳温室气体排放及控制

1 Emissions and control of non carbon dioxide greenhouse gas caused by refrigerants in China

1.1 引　言

当前气候变化问题受到国际社会的高度关注，已经成为全人类共同面对的重大挑战。我国已经宣布，力争 2030 年前实现碳达峰，2060 年前实现碳中和。这一碳中和不仅是二氧化碳的中和，也包括非二氧化碳类温室气体的中和。虽然非二氧化碳温室气体在大气中的排放量相对于二氧化碳要小得多，但单位质量非二温室气体的全球暖化潜能（Global Warming Potential，GWP）要明显高于等量二氧化碳，由此造成非二温室气体的气候暖化影响也十分明显。根据统计[1]，2014 年中国非二氧化碳温室气体排放为 20 亿吨 CO_2 当量，其中甲烷占 56%，氧化亚氮占 31%，含氟气体占 12%。在含氟气体排放中，含氟制冷剂的排放占了绝对多数。因此，制冷剂排放控制也是全球控制温室气体排放工作的重要组成部分。

中国是全球最大的制冷空调设备制造国，同时也是全球最大的制冷剂生产和消费国。当前我国使用的制冷剂以 HCFCs（氢氯氟烃）和 HFCs（氢氟烃）为主。我国 HCFCs 制冷剂的主要制造和使用类型包括 R22、R123、R141b 和 R142b 等。2007 年，《蒙特利尔议定书》第 19 次缔约方会议的第 XIX/6 号决议通过了加速淘汰 HCFCs 的调整案[2]。目前，我国 HCFCs 已经进入了加速淘汰的阶段，实行生产和消费的配额管理。到 2020 年，我国已经完成了 35% 的削减任务，其中 R22（二氟一氯甲烷）的产量消减为 22.6 万吨，R141b（一氟二氯乙烷）的产量大幅下降至 1.5 万吨。我国生产和使用的 HFCs 制冷剂主要包括 R134a、R410A、R507A、R404A、R407C 和 R32 等。2021 年 9 月 15 日，《基加利修正案》对中国生效[3]，我国 HFCs 制冷剂等非二氧化碳温室气体正式进入减排通道。我国将从 2024 年起将受控用途 HFCs 的生产和使用冻结在基线水平，并逐步降低至 2045 年不超过基线的 20%。目前，我国是全球最大的 HFCs 生产国和出口国，生产量约占全球的 70%。随着 HCFCs 产品的加速淘汰，最近几年 HFCs 的产量明显上升。根据我国当前 HFCs 的消费水平测算，同时参考《基加利修正案》的基线设定要求和限控时间表，我国目前消费的基准水平约为 7.24 亿吨 CO_2 当量，到 2045 年完成基准量 80% 的削减后，消费水平将削减至 1.45 亿吨 CO_2 当量。我国 HCFCs 和 HFCs 履约时间表如图 1 所示。

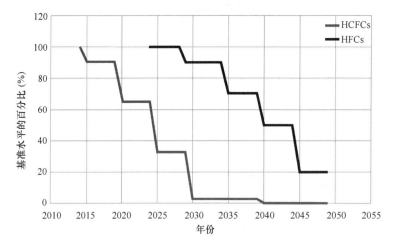

图 1　中国 HCFC 及 HFC 的替代和消减时间表

因此，可以看出制冷空调热泵产品所使用的含氟制冷剂是非二氧化碳温室气体减排的重要气体，也是国际公约管控的气体种类。面对应对气候变化和保护臭氧层的双重约束，我国制冷行业也面临制冷剂替代和转型的重大挑战。

需要指出的是，《蒙特利尔议定书》及其《基加利修正案》管控的是制冷剂的生产和使用数量，而碳中和需要考核的是制冷剂的实际大气排放数量，这两者有巨大差异。以 HFCs 为例，根据北京大学胡建信团队的研究[4]，2017 年中国 HFCs 排放约 1.1 亿吨 CO_2 当量。基于清华大学建筑节能研究中心 CBFM 模型（China Building F-gases Emission Model）的估算，2020 年中国建筑内空调制冷设备所造成的制冷剂泄漏相当于排放约 1.3 亿吨 CO_2 当量。由此可以看出，实际排放量与前文所述消费量存在巨大差别。

因此，研究我国制冷剂排放数据，规划制冷剂减排技术路线和政策方针，对于我国实现碳中和意义重大。

1.2　中国不同领域制冷剂发展及替代

人类最早广泛使用的制冷剂是二氧化碳、水、氨、二氧化硫等。受能效低、压力高、排气温度高和有毒易燃等因素限制，制冷技术只在特定场合有限使用。

20世纪30年代后，随着CFC及HCFC人工合成制冷剂的发明，制冷技术在空调等民用领域得以快速应用。相较于二氧化碳、水、氨、二氧化硫等制冷剂，CFC/HCFC制冷剂具有能效高、压力温度适宜且安全性高的优势，因此在超过半个世纪的时间里被不断发展和应用。20世纪80年代以后，随着CFC/HCFC物质排放与臭氧层破坏关联关系的确定，CFC及HCFC依次在国际公约的管控下被替代。HFC制冷剂由于不含氯无臭氧层破坏潜能得以快速发展和应用。然而，21世纪初发现的气候暖化现象及HFC的强温室效应激发了人类又一次制冷剂替代的需求。

20世纪，我国的制冷技术发展和应用相对落后。1995年，我国空调器生产量仅为200万台。这一阶段我国制冷技术的研究多处于跟跑状态。21世纪以来，我国制冷技术研究出现大幅提升，带动产业出现快速增长。到2021年，我国家用空调器产量已经超过1.5亿台，占全球总产量的70%以上。但在制冷剂替代路线研究及新制冷剂的研发方面，受包括替代时间线相对滞后、新制冷剂研发周期长费用高等因素影响，一直处于较为被动的状态。目前，作为世界最大制冷空调生产国，中国必须独立开展自己制冷剂替代路线和新制冷剂的研发，以满足双碳目标和制冷剂替代公约的履约要求。

1.2.1 建筑空调

按照空调使用的不同场景，使用制冷剂的空调设备可分为家用空调器、多联机、单元式空调、冷（热）水机组等。

家用空调器是我国使用最为广泛的空调制冷设备。我国家用空调器的年度销售量及主要制冷剂占比如图2所示。由图2可以看出：2007年之前，我国空调器主要采用HCFC22作为制冷剂。但随着《蒙特利尔议定书》有关臭氧层破坏物质（ODS）替代推进，2008年我国生产的空调器中开始使用R410A制冷剂。R410A中包含50%的HFC32和50%的HFC125，是HFC混合制冷剂，无臭氧层破坏潜能（ODP）。R410A虽然ODP为0，但具有较高的温室效应潜能（$GWP_{100}=2088$）。进一步地，2015年起低GWP的HFC32（$GWP_{100}=675$）得以在空调器中逐渐被使用。到2021年，空调器中使用HFC32比例已经达到73%，HCFC22的使用占比已经低于1%。因此，家用空调器行业的HCFC替代已经提前完成。另外需要注意的是，2020～2022年为我国《蒙特利尔〈基加利修正案〉》的基线年，在此期间HFC大量替代HCFC将一定程度提高我国HFC生产和消费基准值，为我国制冷剂替代技术的发展争取更多空间。但是，未来我国家用空调器进一步替代为更低GWP的制冷剂的趋势不变。

一种可在家用空调器内使用的超低GWP制冷剂为HC290（丙烷，$GWP_{100}=3$）。前期，国内外已经对HC290在家用空调器中的使用开展了广泛的研究。结果显

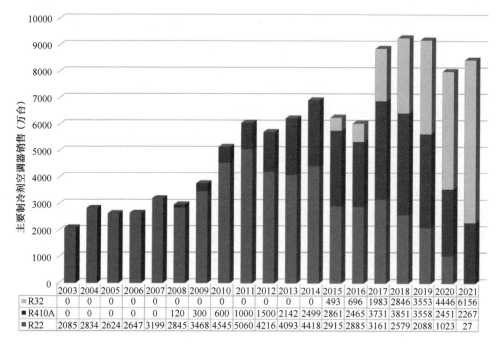

图 2　中国家用空调器年销量

示：HC290 在家用空调器的运行工况范围内具有良好的热力学性能，能满足制冷剂替代要求。目前，最重要的障碍在于 HC290 的高可燃性（A3），尤其是对于我国绝大多数采用分体结构的家用空调器而言。HC290 的体积燃烧极限为 2.1%～10.0%。据此推算，理论上常规 1 匹空调（使用面积 20m² × 高度 2.8m）只要充注的 HC290 质量少于 2.1kg 即可避免房间平均浓度达到爆炸浓度。这对于常规空调器是完全能实现的。但实际上，考虑到 HC290 的非均匀分布，国际社会认为安全的制冷剂充注量要远低于此。根据常用 IEC 60335-2-40 标准计算上述房间用空调器的充注量为不高于 250g。因此，充灌量减少、高等级防爆设计等成为 HC290 在家用空调器中应用的关键。目前，国家也通过发布《中国含氢氯氟烃替代品推荐名录》等相关政策积极引导 HC290 在小容量房间空调器和制冷设备中的推广应用。但持续低迷的市场销量说明，除了持续推动安装培训和宣传推广，持续开展 HC290 家用空调器的安全技术研发、泄漏监测和大数据安全性分析至关重要。

多联机依靠其室外机安装面积小、室内机可隐藏安装、调控管理方便等优势，近年来在国内家庭、中小型商业建筑等领域得到较快发展。由于运行工况相同，我国多联机用制冷剂的发展变化趋势与家用空调器基本相似。HCFC22 前期在多联机中占主导位置。随着 HCFC 制冷剂的淘汰推进，目前多联机中采用

HCFC22 的比例已经大幅下降，取而代之的是 R410A 和 HFC32。由于 HFC32 相对于 R410A 具有较低的 GWP，市场采用 HFC32 的多联机数量快速增加。与家用空调器不同的是，由于多联机系统规模大，制冷剂充注量大，所以使用 A3 类可燃制冷剂不在其替代路线上，譬如 HC290。未来如需在 HFC32 进一步降低多联机制冷剂的 GWP，HFC32 与其他不可燃且低 GWP 制冷剂的混合制冷剂是具有发展潜力的方向。

单元式空调在我国主要应用于中小型商业建筑等场合。由于单元式空调的充注量较房间空调器高，而与多联机相当，因此其目前的制冷剂使用和替代均与多联机相似。略微不同的是，如果采用全室外放置的小容量单元式空调，则使用可燃 HC 制冷剂具有一定可行性。

冷（热）水机组是大型建筑中央空调系统的核心构成。按照压缩机形式的不同，冷（热）水机组使用的制冷剂及其替代路线显著不同。对于使用离心机的大型冷（热）水机组，早期由于设备加工精度有限，一般选择使用低容积制冷量制冷剂以增大转子尺寸，降低转子的加工难度，因此 HCFC123 在前期大型离心冷水机组广泛使用。目前，为进一步降低大型离心冷（热）水机组用制冷剂的温室效应，包括 HFO1234ze（E）、HFO1233zd（E）、R515B 在内的制冷剂已经被推荐使用。对于采用容积式压缩机的冷（热）水机组，前期主要采用包括 HCFC22、R410A、HFC134a 在内的制冷剂。目前考虑的低 GWP 替代制冷剂主要为 HFO 及其与 HFC 的混合制冷剂。总体来看，冷（热）水机组的低 GWP 替代物以 HFO 为主要成分，目前我国缺乏自主知识产权的 HFO 制冷剂及其生产工艺。

实际上，除了替代低 GWP 制冷剂发展高效蒸气压缩式制冷（热泵），发展不使用制冷剂的其他制冷（制热）技术也是实现空调制冷剂减排的重要方向。这些技术包括：蒸发冷却技术、固态制冷技术等。固态制冷技术近期得到了较大的关注，尤其是弹性制冷、磁制冷、电卡制冷等。中国在固态制冷领域具有很好的材料资源优势。

1.2.2 冷链

冷链包括食品和药品等从生产、预处理、运输、储存、展示销售到户内保存的整个过程。不同的环节由于所需冷链温度和所处环境不同，因此所采用的制冷剂均有所差别。

氨是大型冷库中最为广泛使用的制冷剂之一。氨具有很好的热力学性能和动力性能，并且 GWP 和 ODP 均为 0，完全满足环保要求。氨作为制冷剂最大的缺陷在于其毒性和可燃性。当空气中的氨浓度超过 400ppm 时，可对人的健康造成危害；超过 1700ppm 且停留时间超过 30min，可导致人死亡。氨和空气混合物体积浓度达到 16%～25% 时遇明火可引起爆炸。因此，大型冷库一般设置在远离人群的地点以最大程度降低毒性和爆炸风险。目前来看，在冷冻冷藏领域尚未出现热力学性能和环保性能与氨接近的制冷剂。在碳中和大背景下，对氨制冷系统开展缺陷管理，通过技术和管理手段提升氨制冷系统安全性是我国大型冷库发展的重要方向。因此，未来氨仍然将是我国大型冷库最重要的制冷剂。

对于中小型冷库，前期也部分使用氨作为制冷剂。遗憾的是，相关的安全事故导致各方加强了对氨制冷剂应用的限制。目前，作为氨的替代，含氟制冷剂在中小型冷库中的使用不断扩大。冷库常用的含氟制冷剂包括 HCFC22、HFC134a、R404A、R507A 等。然而，上述含氟制冷剂要么由于 ODP 不为 0 在替代行列，要么由于具有较高的 GWP 在消减过程中。在我国碳中和的背景下，未来天然工质 CO_2、NH_3+CO_2（复叠系统或载冷系统）等将成为我国中小型冷库重要的潜在替代制冷剂。

目前，冷藏运输车制冷系统常用的制冷剂为 HFC134a、R404A 和 R410A 等。三者均有较高的 GWP。同时，由于振动等原因，制冷剂泄漏量较静态空调器、冷库等明显偏高，因此是制冷剂替代的首要关注点。作为 HFC134a 的替代物，低 GWP 的 HFO1234yf 已经在冷藏运输车上有一定程度使用，但价格昂贵且缺少自主知识产权是影响其在我国进一步扩大应用的主要障碍。此外，CO_2、HC290 和 HC1270 等也是未来冷藏运输车制冷系统重要的潜在制冷剂替代物。CO_2 在冷藏运输中的应用还需要解决能效提升及压力过高导致的成本及泄漏等问题。碳氢制冷剂虽具有较好的制冷能效和环保性能，但仍需解决可燃管控问题。

冷链的末端为冰箱、冰柜、展示柜等设备。由于整个制冷系统采用一体式结构，在工厂一次装配完成，且制冷剂充注量少，冰箱、冰柜等对于 HC 制冷剂有着天生的兼容性。到目前为止，我国在售冰箱、冰柜的制冷剂绝大多数已经采用了 HC600a，展示柜中也大量采用了 CO_2，因此我国冷链末端制冷剂不存在明显的制冷剂替代需求。

1.2.3　汽车空调

截至 2021 年，我国汽车保有量已超过 3 亿台。在售汽车中，空调系统使用 HFC134a 的占比超过 90%。考虑到汽车行驶过程振动导致制冷剂连接管路泄漏量较大的缘故，国内外对于汽车空调制冷剂的 GWP 的限值一直较其他静态制冷系统制冷剂低。包括欧洲、日本等在内的多个国家和地区均要求汽车空调用制冷剂的 GWP 值不超过 150。目前，虽然我国没有给出明确的汽车空调用制冷剂的限值和时限，但汽车空调作为低 GWP 制冷剂替代的先锋作用毋庸置疑，并且这也有利于中国汽车工业的外向发展。另外一个影响中国汽车空调制冷剂替代路线的重要因素是电动汽车的发展。按照国家规划，电动汽车不仅是我国交通减排的重要内容，更是我国发展可再生能源电力的重要组成部分。与普通燃油车不同的是，电动汽车由于无发动机废热，因此冬季才额外提供热源以满足轿厢采暖、电池加热等需求。因此，电动车热管理系统的制冷剂需要满足制冷、制热等多种工况。目前，HFO1234yf 作为 HFC134a 的低 GWP 直接替代物，被欧美广泛用于燃油汽车空调。在我国，HC290 和 CO_2 被考虑为电动汽车空调的最具潜力替代制冷剂。上述三种制冷剂在电动汽车中应用均存在明显缺陷，譬如：HFO1234yf 低温制热性能较差且价格昂贵；HC290 的低温制热性能差且有可燃风险；CO_2 制冷性能差以及由于压力高导致的制冷剂泄漏可能性。我国电动汽车空调制冷剂的替代方案还需更为长期的实车验证。

1.2.4 非空调用热泵

非空调用热泵主要是指热泵热水器、热泵干衣机和工业热泵等。随着我国双碳战略下能源结构的变化，未来一次能源中电力占比将大幅增加，使用热泵替代化石燃料提供热量成为减排的重要手段。

目前，热泵热水器在国内热水供应中使用量有限，但随着一次能源电气化发展，预期未来热泵热水器数量将显著上升。日本使用 CO_2 跨临界循环的热泵热水器已经广泛应用。目前，我国热泵热水器的制冷剂主要采用 HCFC22、R410A、HFC134a 和 R407C 等，分析原因主要是由于 CO_2 压缩机等相关部件缺乏批量生产导致的价格因素影响，这一因素在中国低碳制冷剂替代的驱动下将逐渐解决。因此，中国未来在热泵热水器领域采用 CO_2 制冷剂具有较高的可能性。除此之外，HFC32 和碳氢制冷剂（适用于室外放置）在较低出水温度热泵热水器中也有较好的应用前景。

热泵干衣机目前在国内的使用量较少，但预期也有较大的增长。热泵干衣机目前采用的制冷剂及其替代趋势与热泵热水器基本相似。但由于其只能室内放置，所以在碳氢制冷剂的使用上有较大限制。

与北欧不同，工业热泵在我国的发展相对滞后。但在我国工业燃料减排的大背景下，工业热泵成为提供 100~150℃ 热量时的重要选项。对于需要水蒸气的场合，水作为制冷剂的开式热泵系统也具有较好的发展潜力。除此之外，HFO 类制冷剂具有较好的性能，譬如：R1234ze（Z）。

表1总结了我国不同领域的制冷剂使用现状、未来制冷剂替代趋势、非蒸汽压缩技术和发展建议。总体来看，我国制冷剂替代技术的发展需要根据不同领域的需求特征，考虑我国的实际情况，分别从直接替代、缺陷管理、新制冷剂发展或直接使用国外工质等角度开展工作。

我国制冷剂使用现状、未来适合潜在替代制冷剂、非蒸汽压缩技术和发展重点建议　　　表1

领域	产品	现用主要制冷剂	中国适用潜在替代制冷剂	非蒸汽压缩技术	发展重点建议
建筑空调	家用空调器	HFC32、R410A	HFC32、HC290	蒸发冷却、固态制冷(热弹性制冷、磁制冷、电卡制冷等)	HC290 缺陷管理
建筑空调	多联机/单元式空调	R410A、HFC32	HFC32、HFC/HFO 混合物		应重点开发自主知识产权混合制冷剂
建筑空调	离心式冷(热)机组	HCFC123、HFC134a	HFO1234ze(E)、HFO1233zd(E)、HFC/HFO 混合物		缺少自主知识产权替代物。应重点开发自主制冷剂或工艺
建筑空调	容积式冷(热)水机组	HCFC22、R410A、HFC134a	R32、HFC/HFO 混合物		应重点开发自主知识产权混合制冷剂
冷链	大型冷库	NH_3、NH_3/CO_2	NH_3、NH_3/CO_2	—	NH_3 缺陷管理
冷链	中小型冷库	HCFC22、HFC134a、R404A、R507A	CO_2、NH_3/CO_2、HFC32		CO_2、NH_3 缺陷管理
冷链	冷藏运输	HFC134a、R404A、R410A	CO_2、HC290、HC1270、HFO1234yf		CO_2、HC290、HC1270 缺陷管理
冷链	冰箱/冰柜	HC600a、CO_2	**HC600a**、CO_2	—	无需替代
汽车空调	电动车空调	HFC134a	HC290、**CO_2**、HFO1234yf		CO_2 缺陷管理
非空调用热泵	热泵热水器/热泵干衣机	HCFC22、R410A、HFC134a、R407C	**CO_2**、HFC32、HCs		CO_2 缺陷管理
非空调用热泵	工业热泵	—	H_2O、HFOs		H_2O 缺陷管理;开发自主制冷剂或工艺

注：加粗制冷剂表示非常适合我国重点考虑的替代制冷剂。

1.3 中国制冷剂减排的主要方法

1.3.1 面向全生命期的制冷系统减排途径

由于制冷剂减排技术可能影响制冷系统性能最终影响系统能耗，因此制冷空调热泵系统的温室气体减排需要综合考虑二氧化碳减排和非二氧化碳温室气体减排的综合效益。同时，制冷空调热泵系统的减排不但涉及技术发展，同时也需要国家政策等的精准调控和推动。

图3给出了我国制冷空调热泵系统的温室气体减排主要技术途径。总结起来，**降低制冷空调热泵系统的温室气体排放途径主要分两类途径**：

第一类，降低制冷空调热泵系统的二氧化碳排放，包括：①使用清洁能源替代传统火电；②冷热需求数量和品位；③提高设备能效。

第二类，降低制冷空调热泵系统的非二氧化碳温室气体排放，包括：（1）降低排放量，具体包括：④减少使用过程泄漏量，⑤回收制冷剂的高效再生，⑥不可回收制冷剂低能耗消解；（2）低 GWP 制冷剂替代，包括：⑦天然工质缺陷管控，⑧新型纯/混合制冷剂研发，⑨面向替代工质的循环设计方法及关键部件研发；（3）发展不使用含氟制冷剂的替代制冷空调热泵技术。

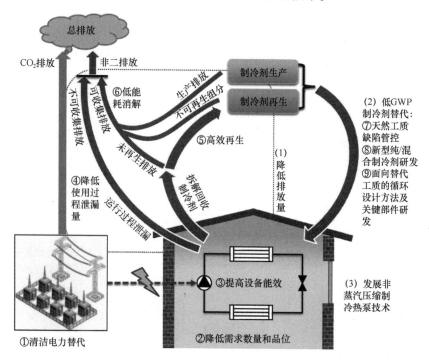

图3 制冷空调热泵系统的温室气体减排主要技术途径

1.3.2 制冷剂减排技术

（1）排放量降低技术

与二氧化碳和其他绝大多数非二温室气体不同，含氟制冷剂不是其他工艺过程的副产物，而是人为制造的非消耗性物质。因此，理论上讲，只要避免向大气中的泄漏，就能完全避免制冷剂的温室效应，同时减少生产量。根据统计数据及测算，2020 年我国制冷空调热泵全行业制冷剂的年碳排放约 2.5 亿吨 CO_2 当量，相对于我国总温室气体排放量和总非二排放量均不算大。但 2020 年我国国内使用制冷剂的总温室效应超过 6 亿吨 CO_2 当量。这些制冷剂并不在当年或者后期一定释放到大气中造成温室效应，但如果不及时开展制冷剂回收再利用，将很有可能最终成为"延迟排放源"。在我国其他制冷剂减排技术尚不成熟的情况下，发展排放量降低技术对于我国 2035 年之前的制冷剂减排至关重要。

前期研究显示：制冷剂的排放主要来自运行过程的泄漏和维修/拆解过程的人为排放。因此，具体的排放量降低技术主要包括：减少使用过程泄漏量，提升制冷剂回收比例，回收制冷剂高效再生和不可回收制冷剂低能耗消解。提升制冷空调热泵产品生产工艺和发展制冷剂泄漏监测预警技术，是减少使用过程泄漏量的可行方法。提升制冷剂回收比例是我国当前排放降低的关键，但主要依赖政策推动，将在减排政策部分讨论。当前，回收制冷剂多组分混合是常见现象，提升再生比例的关键是对于工艺参数的动态调整。图 4 给出了一种智能化变组分低温蒸馏制冷剂再生系统。该系统根据进料的组分及浓度情况及时调整工艺过程的各项参数从而大幅提升再生比例。对于不能再生的制冷剂或再生尾料，目前较多进入对制冷剂纯度要求较低的行业，譬如发泡行业，但实际上还是造成排放。随着发泡行业发泡剂的低 GWP 替代，上述收集的不可再生制冷剂应进入消解通道。目前常用的制冷剂消解方法包括混烧热解、等离子体热解等。由于制冷剂消解能耗较高，如何降低消解能耗提升消解经济性成为制冷剂消解技术发展的重要内容。

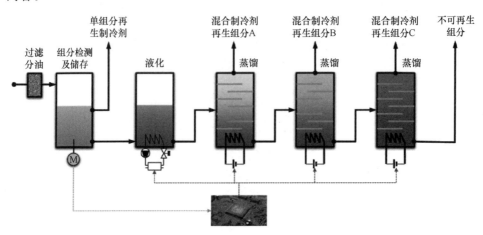

图 4　智能化变组分低温蒸馏制冷剂再生系统

(2) 低 GWP 制冷剂替代

低 GWP 制冷剂替代是从长远角度降低制冷剂排放的根本方法。从第 2 节的分析可知，我国未来低 GWP 制冷剂的替代，需要针对不同领域特征，分别从天然工质缺陷管控、新型纯/混合制冷剂研发和面向替代工质的循环设计方法及关键部件研发角度开展工作。

已有的大量研究显示：对于绝大多数领域，没有热力性能、环境性能和安全性能等均完全满足要求的制冷剂。因此，针对性解决已有制冷剂的缺陷，通过系统设计和辅助措施增设等手段实现制冷剂缺陷管控是重要的制冷剂替代路线之一。天然工质碳氢化合物和氨将在我国制冷剂替代中发挥重要作用，对于碳氢化合物可燃性和氨制冷剂的毒性可燃性管理是关键。目前，国内外标准已经从充注量、安装位置等角度给出限定，认定采用可燃制冷剂的制冷空调热泵装置在上述情况下可实现安全运行。然而，市场对于采用高可燃性制冷剂的制冷设备的接受度依然非常低，譬如 HC290 空调器。究其原因是缺乏大量数据支撑上述结论。推进安全技术发展依然是我国可燃制冷剂发展的重点，包括：制冷剂阻燃剂的研发、可燃制冷剂泄漏监测技术及传感器等。氨制冷剂缺陷管理的重点在于长期可靠氨浓度传感器的研发及政策支持。

我国制冷剂的研发一直处于较为落后被动的处境，但目前发展我国自主知识产权低 GWP 替代工质和工艺迫在眉睫。目前，美国、日本等已研发出可满足未来长期替代使用的超低 GWP 的 HFO 制冷剂及混合物。我国替代制冷剂的研发应重点面向大型冷水机组用 R134a 替代纯制冷剂、高温热泵用纯制冷剂和中小容量制冷空调热泵用混合制冷剂。

全新低 GWP 制冷剂的研发导致新制冷剂与被替代制冷剂的热力学性能和动力学性能相差明显。前期维持系统设计不变或只略作调整的制冷系统设计方法将导致系统性能明显下降。以此为契机，应发展面向替代工质的制冷循环优化设计方法，设计全新高效系统循环。同时，研发适用替代制冷剂的关键部件，譬如高效 CO_2 压缩机。

（3）发展不使用含氟制冷剂的替代制冷空调热泵技术

如果能发展不使用制冷剂的制冷热泵形式，则可以完全避免由此对环境的影响。目前，各个国家均在多个角度尝试研发非蒸汽压缩制冷热泵技术。到目前为止，多项技术在空调领域已取得较好结果。图 5 为联合国环境署对于未来蒸汽压缩替代技术在空调应用领域的评估[5]。对于我国，应重点发展包括：蒸发冷却、膜热泵、弹性制冷、磁制冷在内的多种技术。

（4）制冷剂减排政策

制冷剂替代一直都不是纯技术问题，政策、经济等各种因素都发挥巨大作用。制冷剂减排政策应首先从制冷剂回收体系建设、制冷剂排放责任核算及承担、制冷剂排放数据监控及统计等方向发挥作用。

前文提及，制冷剂再生及消解是我国碳中和前半段制冷剂减排最重要的技术

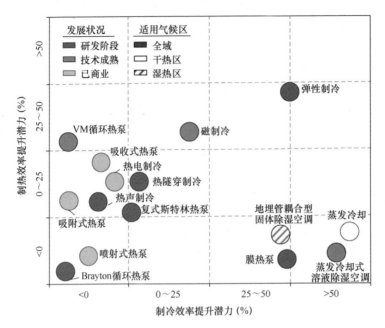

图 5　蒸汽压缩替代技术在空调应用领域的评估[5]

手段，但作为上述流程入口的制冷剂回收则更多的依赖制冷剂政策的推动。目前，我国制冷剂的年回收量不到年使用量的1％，而日本等国家的制冷剂回收率在30％左右。究其原因，我国尚未建立制冷剂回收的完整政策体系和经济推动模式。缺乏足量回收制冷剂是我国制冷剂再生和消解技术发展的最大障碍。因此，推动我国制冷剂回收体系建设是制冷剂减排政策的重要内容。

现阶段，我国制冷剂再生费用高于市场制冷剂价格。这一价格倒置直接导致制冷剂再生企业在无政府补贴情况下无法自主运行。同时，制冷剂消解的较高费用支出缺乏长期可靠支持资金来源。上述问题的根本来源在于我国暂时缺乏对于制冷剂排放责任合理核算及承担。建议合理制订制冷剂排放责任体系，发挥制冷剂生产企业、制冷空调热泵生产企业、制冷空调热泵用户等多方的排放责任分摊体系，对于我国制冷剂回收、再生和消解体系的长期高效工作意义重大。

相对于西方国家，我国目前缺乏准确详细的制冷剂排放数据。这导致我国在制冷剂替代及排放政策制定中无法实现精准施策。借助于国家相关统计和核查政策，实现排放数据监控及统计也是排放政策的重要内容。

此外，国家政策应该在提升全社会对可燃或有毒制冷剂的更为准确全面的认识中发挥作用。避免人为因素对我国制冷剂减排工作的不利影响。

1.4 小　　结

（1）制冷行业同时受到《蒙特利尔议定书》等国际公约和我国双碳目标的双重影响，中国作为全球最大的制冷空调设备制造国，同时也是全球最大的制冷剂生产和消费国，需要在履行《蒙特利尔议定书》的义务的同时实现减碳目标。

（2）中国在新型替代制冷剂研发领域不具有优势。因此，我国制冷剂替代技术的发展需要根据不同领域的需求特征，综合考虑我国的实际情况，分别从直接替代、缺陷管理、新制冷剂自主发展或国外工质应用等角度开展工作。

（3）我国制冷替代及减排工作应在建立制冷剂排放数据源等基础工作的基础上，分别从技术和政策角度开展工作。

（4）降低制冷空调热泵系统的温室气体排放途径主要分两类途径：第一类，降低制冷空调热泵系统的二氧化碳排放，包括：使用清洁能源替代传统火电，冷热需求数量、品位和提高设备能效。第二类，降低制冷空调热泵系统的制冷剂泄漏排放，包括：①降低排放量，具体包括：减少使用过程泄漏量，回收制冷剂高效再生和不可回收制冷剂低能耗消解；②低 GWP 制冷剂替代，包括：天然工质缺陷管控，新型纯/混合制冷剂研发和面向替代工质的循环设计方法及关键部件研发；③发展不使用含氟制冷剂的替代制冷空调热泵技术。

（5）我国制冷剂减排政策应首先从制冷剂回收体系建设、制冷剂排放责任核算及承担、制冷剂排放数据监控及统计等方向发挥作用。

作者：王宝龙[1]　胡姗[1]　江亿[1,2]　（1. 清华大学建筑节能研究中心；2. 中国工程院院士）

2 绿色建筑设计理论、方法研究与发展趋势
2 Green building design theory, method research and development trend

2021年11月6日，北京下起了入冬以来第一场雨夹雪。

刚刚结束院士增选会的5位院士匆匆赶到中国建筑设计研究院有限公司，召开了第344场中国工程科技论坛——"绿色建筑创新论坛2021"。

本次论坛是自2018年的"绿色建筑设计方法创新论坛"之后的第二次"十三五"国家重点研发计划项目荟萃交流的大会，原本策划是由在4个气候区的分论坛和北京的主论坛组成，全面展示4个项目团队的科研成果，以及形成许多中青年科研人员共同交流的平台。但2021年此起彼伏的疫情使得论坛一拖再拖。直到入冬时节，采取了线下线上的形式得以顺利举办。在线观看论坛的专业人员据统计达到了一万余人次，说明了大家对绿色建筑论坛的广泛关注。

2021年是"十三五"科技部研发项目的收官之年，经过4年多的共同努力，不仅形成了一大批绿色建筑设计的科研成果，也形成了由建筑师牵头创新绿色建筑的新局面，十分令人鼓舞。

由孟建民院士领衔的《目标和效果导向的绿色建筑设计新方法及工具（2016YFC0700200）》探讨了建筑空间参数、建筑能耗以及对使用者体验这三者之间的交互影响机理和量化影响关系，形成了基于形态学的多要素整合设计理念，提出了以空间设计为先导的绿色建筑设计理论。进而，针对系统设计方法的缺失，制定了方案与绿色性能即时呈现的优化设计控制流程，搭建了设计策略框架，耦合基于贡献率的单目标设计策略和基于博弈论的多目标设计策略，提出了建筑空间设计和绿色性能同步优化的设计方法。以此更加方便设计师进行方案评估，提升方案阶段设计选型的科学性和逻辑性。其次，该项目还综合考虑了我国地域广阔性带来的气候条件差异和建筑全生命周期的不同需求，在行业执行的现有国标基础上，研究完善了基于建筑类型和气候特征的绿色建筑技术标准，建立了目标和效果导向的开放性标准体系。项目研究成果已经支撑了覆盖设计和评价流程，高大空间公共建筑、大型综合体建筑和城镇居住建筑类型，以及北方、南方和西部地区的共计23部技术标准和规程的600多项条款的制定和修编。开发完成的《建筑绿色性能模拟分析与设计集成平台V1.0》（登记号：2020SR1878556），耦合了

"基于黑箱模型展开绿色性能模拟""基于白箱模型展开绿色性能模拟""基于DBIM的建筑环境信息集成""性能驱动下的绿色建筑优化设计"模块进行集成平台开发，实现了数据交互自动化，在设计方案绿色性能改善程度、多目标绿色性能权衡、设计可能性探索，以及提升设计效率等方面效果显著。此外，为了更加准确地复现建筑空间环境和室外气候条件，研究开发了可变空间与环境试验平台，以及多场耦合动态热湿气候风洞试验平台。可变空间与环境试验平台，实现了空间可变、界面可变、光热环境可变，为"建筑空间—物理环境—主观感受"的影响机理研究，创造了多参数足尺试验研究的条件。多场耦合动态热湿气候风洞试验平台，可针对建筑腐蚀和结构损害、人体热舒适，以及建筑设备能效辨识等问题开展试验研究。该项目共研究完成标准9项，获得专利7项、软件著作权15项，形成专著13部。完成了新建北京至雄安新区城际铁路雄安站站房及相关工程、盐城市城南新区教师培训中心、商洛万达广场、广州市萝岗区72班九年一贯制中小学、上海市松江区佘山北大型居住社区共5项示范工程，验证了高大空间叠合设计方法、"光谷"空间环境调节设计方法、城市通廊植入设计方法、渐变式适应性屋面调节技术、"建构统一"结构设计方法、全生命周期BIM技术应用等方法。经实测，5个示范工程能耗均比《民用建筑能耗标准》GB/T 51161—2016同气候区、同类建筑能耗的约束值降低不少于10%，可再循环材料使用率均超过10%，均实现了绿色设计目标。

由崔愷院士领衔的《地域气候适应型绿色公共建筑设计新方法与示范(2017YFC0702300)》系统采集了典型地域气候区372个绿色公共建筑相关数据，完成了《地域气候适应型绿色公共建筑数据系统V1.0》(登记号：2020SR0175925)，从场地、形体、空间、界面4个维度提出了形体空间密度、复合绿化率、外表面接触系数、最佳太阳朝向面积比、迎风面积比、缓冲空间面积比、外区面积比、空间透风度、窗墙面积比、外遮阳系数、可开启面积比11个描述指标，开展了形体空间与地域气候之间耦合的定量分析，形成了《绿色公共建筑的气候适应机理研究》专著。进而，首次提出了基于空间性能等级的公共建筑空间分类法。同时，针对地域气候的时节性和公共建筑功能的动态性，从整体到局部形成了层级化的气候适应性设计体系、典型公共建筑类型的设计图谱和基于协同要素的绿色公共建筑集成化设计模式，出版了《气候适应型绿色公共建筑集成设计方法》专著。项目还依循"人—气候—建筑"的关联性，首次根据建筑师既有知识技能提出了"直接"和"间接"的新型技术分类观，并出版《地域气候适应型绿色公共建筑设计技术体系》专著。同时，从"空间形态设计是公共建筑实现气候适应的核心环节"理念出发，构建了基于各类公共建筑典型模式变量的空间形态气候适应性设计策略要点，形成了《气候适应型绿色公共建筑典型空间模式设计图解》专著，为不同气候的实践提供了关键技术支撑。项目研发了针对地域气候适应型绿色公共建筑设计创作工作中的设计分析、设计生成、方案优化等阶段的辅助设计工具《基于 SketchUp 平台的建筑方案设计辅助软件 V1.0》（登记号：2021SR0136680），可对建筑创作提出设计优化建议，帮助建筑师科学决策，提高了建筑设计效率。深化设计辅助工具的开发，包含了形体设计和微环境设计分析工具两项：《气候适应型绿色公共建筑形体设计分析软件 V2.0》（登记号：2019SR1169043）能够根据建筑师的需求自动判定是否达标，实现了定量化、自动化的结果判定；《气候适应型绿色公共建筑微环境设计分析软件 V2.0》（登记号：2019SR1398734）面向建筑师和建筑设计过程，可快速交互的实现建筑设计与性能分析无障碍对接，全面支持绿色公共建筑深化设计需求，引导建筑师落实地域气候适应型绿色公共建筑设计理念，并形成《地域气候适应型绿色公共建筑设计工具与应用》专著。项目还分析了地域气候适应型绿色公共建筑设计新方法关于项目设计产业链协同方式新需求，研究了绿色公共建筑设计新方法中多主体、全专业关键管控节点的绿色技术实施协同作业条件、内容，形成了《绿色公共建筑协同设计流程模板》《绿色公共建筑协同设计方法指南》和《绿色公共建筑项目协同运行模式》等成果。进而，完成了《多主体、全专业绿色公共建筑设计协同技术平台 V1.0》（登记号：2021SR0945318）的开发，经测试表明，其具有功能全面、流程覆盖面全、数据校验机制完善，以及系统架构先进、安全性良好、设置灵活、兼容性强等特点。项目共获得专利 10 项、软件著作权 10 项，形成专著 9 部。项目成果应用于严寒、寒冷、夏热冬冷、夏热冬暖不同气候区维度，东北、京津冀、长三角、珠三角不同地域维度的 5 个示范工程中，通过开发的工具与平台的统筹，验证了地域气候适应型绿色建筑设计机理、方法、技术体系，形成了指导不同地域气候绿色设计的导则 4 本，探索构建了指导创作实践的设计新模式。

由王建国院士领衔的《经济发达地区传承中华建筑文脉的绿色建筑体系（2017YFC0702500）》将经济发达地区传统建筑文化中的绿色设计作为一个动态系统进行研究，从规划到建筑、从空间到布局、从材料到构造、从施工到控制管理等全过程，建立了对经济发达地区传统建筑绿色设计的整体理论认知，研究了绿色建筑设计新方法及具有中国特色的绿色建筑营建技术方法，形成了《擅用能量——中国东部地区传统建筑的绿色设计研究》专著。同时，研究全面梳理了经济发达地区传统建筑绿色设计体系的内涵、类型、技术特点、区系策略，覆盖空间形态、材料构造、环境调控等诸多方面，针对传统建筑的生态设计系统构建了科学的方法模型并提出传承路径。进而基于传承文脉的理念，开发了包含组成材料、构造、性能指标、设计参数等信息的绿色营建数据库软件。项目分析了长三角地区、珠三角地区及环渤海城市地区 3 个地区的气候特性、传统建筑特点，进而解析了文脉设计做法在 3 个地区对绿色性能的贡献度，调整了多维度绿色建筑评价体系在3个地区的指标设置、指标取值及指标权重，形成了供3个地区适用的3套多维度绿色建筑评价指标体系。其研究完成标准8项，获得专利20项、软件著作权9项，形成专著6部。进而从长三角、珠三角、环渤海城市这3个典型经济发达地区的气候地理、社会经济条件、文化特征等方面实现传统建筑的绿色智慧、空间模式在现代空间中的转译，完成了南京岱山南侧初级中学、杭州师范大学仓前校区B1区块新能源学院楼、广州天河智慧城软件园软件产业集中孵化中心（三期）、大连市旅顺潜艇博物馆等示范工程，以及多个验证性实践项目。示范工程涵盖咨询、设计、施工、检测等全过程，对绿色理念、方法与技术进行了深层次探索和推广工作。

由庄惟敏院士领衔的《基于多元文化的西部地域绿色建筑模式与技术体系（2017YFC0702400）》通过"地域绿色化"和"绿色地域化"两个基本路径，探索了地域文化与绿色技术的融合方法，研究构建了西部地域文化与绿色建筑协同发展的理论与方法，形成了西部地域绿色建筑学理论，出版了《基于建筑文化传承的西部地域绿色建筑设计研究》《西部典型传统地域建筑绿色设计原理图集》《西北荒漠区地域绿色建筑设计图集》和《西南多民族聚居区地域绿色建筑设计图集》专著。项目针对地域建筑文化与绿色技术的协同度尚不高和一体化水平过低问题，研究构建了以文化和绿色一体化为目标的西部地域绿色建筑多层级空间生成逻辑关系，提出了西部地域建筑的"文化、绿色"多层级、一体化的设计模式，构建了西部地域建筑集建筑文化性与绿色技术为一体的、不同地域绿色建筑材料、构造、部品、构件、工法的新谱系营建技术体系，搭建"中国西部地区绿色建筑数据库网络平台（Green Architecture Database in Western Regions of China）"，形成了《西部传统地域建筑绿色性能及原理研究》专著。项目还研发了《基于Rhino/Grasshopper平台的Passerine软件V1.0》（登记号：2019SR0951093），实现了多性能优化与参数化联合模拟，解决了以建筑师为主导的"文绿一体"体系中被动式设计优化问题，可大大节省模拟时间。该项目研究完成标准4项，获得专利1项、软件著作权6项，形成专著7部。成果应用于青藏高原、西北荒漠区与西南多民族聚居区等地区，完成了南宁园博园园林艺术馆、西宁市民中心行政审批楼、西宁市民中心体育文化馆、海东市河湟民俗文化博物馆4项示范工程。通过对理论体系、模式方法、材料部品和优化算法等内容进行实证性评估和检验，凝练与优化示范成果建立了更趋完善的"文化＋绿色"西部地域绿色建筑营建技术体系与模式。

以上4个项目的各项验收和结题都在推进中，但应该说项目的结题并非是绿色建筑研究的结束，取得的成果也并非能根本改变和全面提升绿色建筑的发展状况，成果的作用还是阶段性的，转化还要经过艰难的努力。当前主要的贡献在梳理问题、诠释原理、搭建框架、共建平台。设计方法还需要更便捷实用，设计技术还需要补短板、立根基，工具还需要更丰富、更实用，平台还需要更强大、更综合、更智慧。可以说，"十三五"项目的结束为"十四五"项目提供了一个更高的起点、更明确的方向。而"十三五"项目成果的推广应用将会不断地验证其有效性，发现改进的路径。只有这样才能持续式推动绿色建筑的有力发展，才不会变成老生常谈、原地踏步、短板依旧、原创难成的老局面。

  2021年，在绿色建筑设计发展中的一件令人称道的事情是中国建设科技集团率先编制了《绿色建筑设计导则》。一套两本的导则采用手册式编制，从核心价值观和设计原理到每个设计阶段的方法策略，从规划、建筑到结构、机电、景观等多个专业，从说明短文到图示分析，试图形成一系列的能引导建筑师、工程师在设计过程中做出选择和判断的模式方法，而且易查宜用、边查边做，有一种陪伴式设计的亲近感，书籍排版明快新颖，很有设计感。自2021年5月25日正式发布以来，获得了行业内外的积极反响，不仅许多设计单位订购，还有不少业主和政府管理机构也主动索取，希望这套导则能发挥将研究与实践相结合的重要作用。

  2021年，建筑界在绿色低碳转型方向还有许多可圈可点的地方。比如，在城市有机更新中，不再大拆大建、轻介入微更新、就地安置、居民参与的好案例越来越多，这不仅有利于城市治理、品质提升，更重要的是延长了建筑寿命，减少了建筑垃圾排放、走出了低碳减排的城市绿色更新新路子。比如在建筑设计领域地产项目减少，公共服务建筑、教育建筑、生态景观建筑、旧建筑更新项目增多，一种出建筑精品、重技术创新的风气正在形成，成为各大建筑媒体的报道重点，也成为各类建筑论坛讨论的热点。建筑的绿色化、轻量化、景观化、长效化为在形式主义中徘徊已久的建筑界找到了探索绿色建筑新美学的方向。比如政府出台了限制超高层建筑的文件，不仅对这类炫耀资本，盲目攀比的不正之风是个有力的刹车，也对这类高能耗、高耗材的建筑方向是一个有力的纠正。城市形象的打造不应再依赖这种比高的标志上，更应比绿、比活力、比幸福宜居的生活。与此相关的每年一度的评丑活动也从生态和反浪费视角更深层次的评价丑，不仅有庸俗之丑、搞怪之丑，还有假大空之丑、破坏生态之丑，北京一座"丑"高楼也在不知不觉中被"理了发""修了型"，而这种精心设计的拆解工程也表现出绿色施工、精细化施工的新水平。此外，绿色建筑的目标是绿色运维、使用节能，而以往许多标榜为绿色的建筑却因为拿不出节能数据而显得尴尬和无奈，钱花了，事儿没办成，空有虚名。近年来，也看到在物业管理领域有了新的进展，智慧管理、智慧运维已不再停留在口号上和PPT上。新的软件平台已经研发出来，推广应用的前景十分广阔。补上了这个短板，绿色建筑就能真正动起来，数据的收集和分析再反馈到用户端，调整使用的行为状态，绿色建筑措施就不会弃用、错用，人的感知和行为与建筑互动，一起绿起来！

在 2021 年的最后两天，12 月 30 日中国工程院王辰副院长召集 30 多位建筑和医疗方面的专家，共同研究编制方舱医院的建设标准。2020 年疫情的突然暴发催生了这种特殊医院类型，大型体育、会展设施仅用十几个小时便改造成了隔离医院，大规模收治新冠病人，为制止疫情的传播、分级救治病人、解决医疗资源瞬时短缺的应急问题发挥了巨大作用，今天已成为各地政府建设韧性城市的重要抓手。而从绿色建筑视角看，这种临时医疗设施投资少、改造快，适合平疫结合，是一种轻介入、微更新、可逆化的可持续发展建设活动，不仅适合应对难以预料的疫情和各种灾难，也为未来城市建筑的多功能化、可改造化提出了新要求。建筑的绿色设计就是要让传统的建筑分类、分时、分标准耗费资源的建设和使用模式逐渐转向集约化、全时化、通用化的空间资源高效利用的新模式上来。这样，我们就可以少盖房子，少扩张城市，把土地留给生态，把生活融入自然。这个特别的标准也许预示着人类在疫情中对未来的一种积极反思。有位医生这样说，当我们人类把更多的空间让给自然生态，病毒可能就离我们会远一点。

为 2022 祈福！

作者： 崔愷（中国工程院院士　中国建筑设计研究院有限公司）

3 碳中和的橄榄曲线
3 The olive curve of carbon neutral

摘　要：全球气候变化成为全球城市发展面临的重大挑战之一，世界主要国家陆续提出碳中和目标。碳达峰不是一条两点之间的简单直线，而是需要精准的曲线选择，这是中国特色、地方特点、永续发展的必然要求。中国如何选择一条绿色的、智慧的、创新的发展路径，是出给各个城市的、考验城市文明高度的智慧考题。笔者团队基于自主研创的智能诊断技术对各城市碳排、碳汇空间分布进行精准感知和评价，并架构了全球城市绿色设计智能平台，为城市碳中和路径的选择提供科学支撑。

3.1 引　言

2020年9月，在第七十五届联合国大会一般性辩论上，习近平主席向全世界表示中国将提高国家自主贡献力度，采取更加有力的政策和措施，并且承诺力争于2030年前实现CO_2排放达到峰值，2060年前努力实现碳中和的宏远目标，这样的承诺对中国社会经济发展和应对气候变化等方面都具有重要而深远的意义。在碳达峰、碳中和目标之下，如何选择绿色、智慧、创新的发展路径，是社会各界需要面对的一道考题。

为了缩小排放差距，越来越多的国家通过参与碳中和气候行动强化其减排力度。2017年，29个国家在"同一个地球"峰会上签署了《碳中和联盟声明》，作出了21世纪中叶实现零碳排放的承诺；在2019年9月联合国气候行动峰会上，66个国家承诺碳中和目标，并组织成气候雄心联盟；2020年5月，449个城市参与由联合国气候领域专家提出的零碳竞赛。为应对全球气候变化，全世界国家都积极推动绿色转型发展，各个国家和地区纷纷为实现碳中和目标做出承诺，其中部分国家和地区已经将达标时间和措施明确化和具体化，如欧盟、德国、法国和英国。大多数碳中和目标承诺国已通过了政策宣示，但缺乏支撑其具体实施的政策文件；少部分国家和地区计划采用立法方式助推碳中和目标，如英国、日本、欧盟、美国加州通过了应对气候变化的专项法律，但法律实施力度尚不明了。

3.2 城镇化发展和经济发展碳排放的关键影响要素

关于绿色低碳发展、清洁能源使用、永续设计等生态思维方法一直贯穿笔者多年来的学术研究和工作实践中。2006 年温哥华举行的第三届世界城市论坛（WUF3），为了从更长远的角度探索如何从城市结构和生活方式改变出发，激发可持续城市发展和减少能源使用的解决之道，联合国人居署（UNHABITAT）与瑞典环境部联合提议举办"Cities Beyond Oil"（超越石油的城市）概念设计工作坊。2007 年秋，在联合国人居署、瑞典环境部、中国建设部、同济大学的联合资助下，面向瑞典和中国高效的工作坊式竞赛正式启动。2008 年 3 月，在同济大学召开了协调会议，明确了竞赛参与的包括同济大学、华南理工大学、哈尔滨工业大学等 7 家院校、评审标准和详细活动计划。笔者有幸全程策划、深度参与了此次竞赛活动，并主编了由竞赛中的优秀作品和思想凝练形成的《超越石油的城市》一书（图 1）。在自序中，笔者写到，"超越石油的城市"竞赛的举办，为笔者的 3 个焦虑提供了解决的曙光和希望，一为城市可持续发展、二为青年一代规划师建筑师的生态意识、三为回应全球化浪潮中中华文明智慧价值重现，让共同参与竞赛的师生获得观念上和认识上的重大启迪，同时也为全球智慧的交融

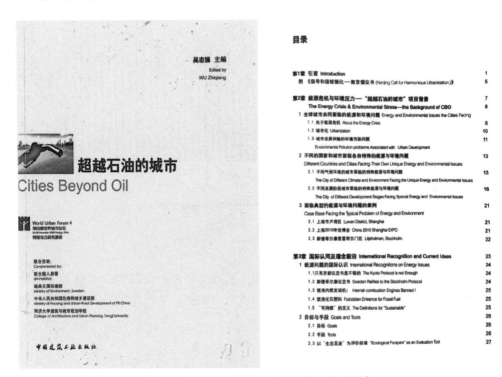

图 1 《超越石油的城市》封面及目录页示意

互动提供了宝贵的创新模式和合作经验。中国东北、华东和华南等有地域代表性的各个城市大学协同联合攻关，基于每个城市地理环境、社会背景和文化底蕴提出了各有特色的生态破题路径。

实现零碳发展，必然从城市进行突破，才有整个国家完成零碳的可能。笔者团队依托世界银行数据的分析后得出，中国的人均碳排放量从1960年1.2吨/（人·年）到2016年7.2吨/（人·年），增加到6倍，在1960~2016年间，中国的人均碳排放呈现逐年上升趋势，但在1960~1964年、1979~1983年、1996~2000年和2012~2016年间，分别经历了4波周期性下降（图2）。通过精细的数据和分析，笔者和团队研究发现，城镇化率的提高、经济总量的变化和经济结构的调整这三者是影响碳排放量的关键因素。

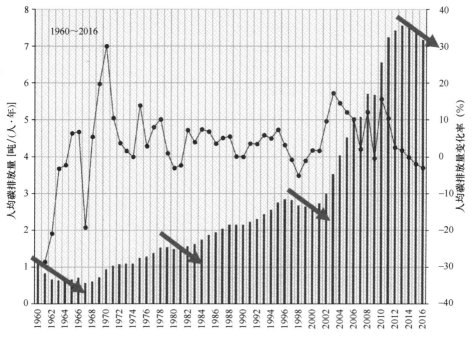

图2　1960~2016年中国人均碳排周期性下降示意图
（资料来源：作者自绘）

（1）碳排放与城镇化率

从世界范围来看，各国的城镇化率和人均碳排呈正相关关系；从整个中国范围来看，碳排高值分布图和城镇化率分布图极为相关，城镇化率提升快的国家和城市，碳排放量增速快。

（2）碳排放与经济总量

碳排放总量和经济总量同样呈正相关关系，只有通过更创新的技术和生产方式降低单位GDP创造中的碳排量，从粗暴的工业化道路走向可持续的、资源利用高效的工业化道路,才能在经济增长的同时有效控制好碳排放增量。

(3) 碳排放与经济结构

碳排放量与产业结构密切相关。基于世界银行数据的分析,笔者和团队发现,相比其他国家,中国在第一产业中有着类似的负向相关关系,但中国负向系数更低;在第二产业中,中国的正向相关系数最高,说明中国发展的第二产业是碳排放密度较高的;在第三产业中,中国正向相关系数最高有降缓的趋势,但其他国家在第三产业上的能耗更低,这也意味着,更高级、更智慧的第三产业相比粗放的第三产业减少大量的低效能耗。

总结而言,中国每平方公里的人均碳排放数和当地的城镇化极其相关,中国的碳排放基本上集中在大都市。同时,对比发达国家,发展中国家实现同样增长的GDP总量,整体的耗能水平要更高。这意味着,中国的现代化工业路径,要降低每个GDP创造的碳排量,关键要对产业结构进行调整。

3.3 碳中和的路径选择并非简单直线,需要智慧的曲线

实现碳中和的路径不是一条两点之间的简单直线,而是需要精准的曲线选择,这是中国特色、地方特点、永续发展的必然要求。因此,如何选择一条绿色的、智慧的、创新的发展路径,是出给各个城市、考验城市文明高度的智慧考题。为此,笔者创新提出了"橄榄曲线",从战略角度分析了在碳达峰之前的关键10年中国城镇化的5条路径(图3)。

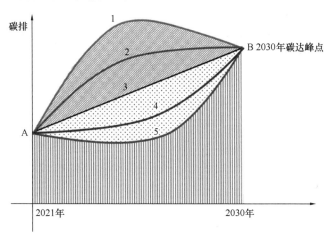

图 3 橄榄曲线示意图

(1) 橄榄曲线 1。在碳达峰前关键 10 年的发展过程中,提前半程达到碳达峰,后半程有非常大的碳排放余量,并且从整体创造的财富来看,远远高于后 4

条曲线所代表的碳达峰路径所创造的财富。这是一条最主动的曲线。

（2）橄榄曲线2。提前5年达到碳达峰之后，在保持一定的水平上，为2030年后的碳排放量下降做够高原平台。也是一条非常优秀的路径。

（3）橄榄曲线3。是一种粗放的、非年度控制的直线，把2020年和2030年进行了直线挂钩，但考虑到各个城市和省份的实际发展水平，是没有可能走出这样的直线，一定会在这条直线上下摆动。

（4）橄榄曲线4。前段，即2020~2025年间的碳排放量保持在一个相对低的高度上，在最后5年内快速增长，到2030年达到碳排高峰点，这样的碳达峰路径损失了时间、损失了劳动生产率的提升，也损失了经济效益，是一种后觉醒模式，是特别需要提醒避免的。

（5）橄榄曲线5。这是5种曲线中最愚昧的，不仅没有把碳达峰的政策用好，还在国家总体战略层面规划的最后达峰的2030年之前快速提升至高峰点，如果一个地区、一个城市走上这样的碳达峰路径，即意味着不给达峰后的碳排放下降留任何余地。更严重的是，这是对地区和城市的时间、资源和劳动效率提升机会的巨大挥霍。这是必须高度警惕并杜绝的一条曲线。

3.4 每个城市要走出具有地方特色的智慧碳中和道路

2020年，东京奥运会的女子公路自行车比赛中，奥地利选手基森霍夫夺冠，她的本职工作是洛桑联邦理工学院数学博士后研究员，研究方向主要是非线性偏微分方程。这位黑马选手从赛前的营养表、设备到训练计划，全部自己一手操办，在没有团队、教练的情况下，孤身一人完成比赛的准备。她的身体负责训练，而她的大脑则充分利用自己专业知识，通过比对手更强的数学能力获得优势。在比赛的前一个月，她提前研究了东京的气温，做出热适应过程表。这个生动的案例充分说明了，取得最终的胜利要有依托数字化的辅助并制定精确的方案来指导前进的路径，才会走出一条更高效的成功之路。

基于橄榄曲线的分析，中国应选择一条主动的、智慧的走碳达峰、碳中和的道路，需要精准的方案、数智的赋能，并经过不懈地努力和过程调整才能达到。依托自主研创的智能规划技术，笔者和团队从家园层面、城市层面和区域层面进行智能诊断，通过长期的监测和维护，为整个中国国家层面进行智能治理提供科学支撑。

（1）智能碳排诊断

通过技术创新，自1988年起，对标全球最大数据库的建设经验，笔者和团队开始自主研创并建设CBDB城市大数据库。截至2021年，已经完成了全球13861个城市的数据库建设，包括城市基本空间要素，如地形、道路、绿地、水系和建筑,也进一步不断完善城市经济社会要素数据的采集,基于城市大数据库,能够对能源、水环境、碳排放进行精确的跟踪和诊断,对每一个城市的能源产量、发电量、用电量、天然气、石油消耗等延伸指标,以及城市从大类、中类和小类分析碳排结果,进行各个时间维度的实施跟踪,实现对城市每平方公里的碳排放跟踪和碳汇智能诊断。

(2)智能碳汇诊断

碳排和碳汇就像是碳中和天平的左右两端,碳中和目标实现过程中,除了对碳排总量和人均碳排量的有效控制,碳汇能力需要大规模提升,碳汇技术和方法的创新,在增加碳汇能力的同时也可以为城市景观营造等提供双赢的解决方案。笔者和团队聚焦城市土地上的植物碳汇能力,比如每一块土地上植物的碳汇能力,按照植物进行分类、进行快速捕捉,对每一种乔木、灌木、草坪等进行精准识别和碳汇测算(图4)。通过对多类景观植物以及每单株植物的四季碳汇能力进行研究,总结设计出了碳汇计算路径,并利用卫星影像识别技术进行碳汇计算,叠加光合有效辐射,形成快速的碳汇测算。屋顶绿化的种植对城市整体碳汇能力不可忽视。在中国,都市屋顶绿化率的提升可以积少成多、大幅度提升整个城市的碳汇能力。

图4 上海杨浦区黄兴公园植被碳汇识别与计算示意图

此外,笔者和团队依托于"十三五"绿色新区规划设计技术课题的研究成果,设计架构了全球城市绿色设计智能平台,可用于实时计算设计方案的碳排、碳汇平衡,科学辅助碳中和城市设计布局优化,为规划师和建筑师在规划设计过程中提供实时的、科学的碳排和碳汇数智化计算,便于方案整体生态性的评估和决策(图5)。

图5 新区智能规划设计技术平台示意图（资料来源：平台界面展示）

3.5 结　　语

全球正共同经历着权衡满足经济发展需求和保障生态效益的挑战中，技术不断革新能为更加智慧的生态环境提供解决路径。200年来，技术的迭代推动城市发展和空间的迭代，以18世纪的机械化革命带动的第1波技术迭代，以19世纪的钢铁与铁路技术革命带动的第2波技术迭代，以20世纪早期的电力、化工与汽车革命带动的第3波技术迭代，以20世纪中叶的电视、航空与电脑革命带动的第4波技术迭代。第5、6、7波技术迭代，分别是20世纪末的生物与信息技术革命、21世纪的可持续发展技术革命以及人工智能技术革命。中国前4波技术革命已基本完成，后3波仍在如火如荼地推进。其中，第6波技术迭代中可持续和生态领域的科技创新将为碳达峰和碳中和目标实现提供关键支撑。

作者：吴志强[1]　周咪咪[2]　刘治宇[3]　敖翔[4]　何珍[4]（1. 同济大学，中国工程院院士，同济大学建筑与城市规划学院；2. 同济大学建筑与城市规划学院；3. 同济大学设计创意学院；4. 上海同济城市规划设计研究院有限公司）

4 "双碳"目标下水泥基材料绿色低碳路径思考与展望

4 Thinking and prospect of green and low carbon path of cement-based materials under the goal of "double carbon"

摘　要：传统建筑材料生产消耗资源、能源多，碳排放量高，采用绿色低碳技术改造以水泥基材料为代表的传统建筑材料是行业高质量发展的关键。本文结合建筑材料行业碳排放的现状与国家政策指引，介绍了全寿命碳排放综合评价模型，建议基于碳排放量确定水泥基建筑材料碳减排的主要工作目标与任务，采用碳捕捉、利用与封存技术消纳二氧化碳，发挥固体废弃物的资源化利用优势、提升混凝土服役性能延长寿命减少二氧化碳排放，同时提出了"双碳"目标下水泥基材料的挑战与对策。

建筑材料是国民经济建设、社会进步和国防安全的物质基础。2020年，我国以混凝土为代表的建筑材料就已超过70亿吨，约占全球的60%，是人类用量最大的材料之一。作为重大基础设施建设的主体材料，建筑材料性能直接影响国家重大工程的服役性能、使用寿命及全球碳排放总量。

建筑材料生产排放大量二氧化碳，是全球建筑行业碳排放降低的重点工作方向。根据国际能源署（IEA）数据，建筑行业是全球第三大碳排放部门，其排放的二氧化碳约占全球能源相关二氧化碳排放的38%[13]。随着全球人口持续增长对建筑面积的刚性需求日益增加，截至2020年整个建筑行业排放的二氧化碳排放量高达100亿吨[2]。其中，以钢铁、水泥与玻璃为代表的建筑材料与制品生产和加工产生的二氧化碳约占全球能源相关二氧化碳排放的11%[14]。上述大量排放的二氧化碳将导致全球气候变暖，已成为全球性的非传统安全问题，严重威胁着人类的生存和可持续发展。2018年，联合国政府间气候变化专门委员会（IPCC）发布《全球升温1.5℃特别报告》[15]，报告指出已经观察到的全球气温升高的事实，以及气温升高给人类造成的影响远远高于早期预测，2℃温升给世界造成的影响将难以承受，人类必须把温升控制在1.5℃。针对上述问题，我国双碳战略提出力争 2030 年前实现碳达峰、2060 年前实现碳中和。尽管如此，欧美国家早已实现碳达峰，且拥有 40～60 年以上时间在 2050 年左右实现碳中和；而我国仅有 30 年时间达到碳中和目标，仅为德国、法国等欧盟主要国家的一半时间[16]。因此，面对我国碳中和时间紧、任务重的挑战，积极开发和使用绿色低碳建筑材料，实现材料生产和使用全寿命周期的低碳排放已成为建筑材料行业实现双碳战略亟待解决的关键问题。

4.1 建筑材料行业碳排放现状

我国建筑材料与制品的二氧化碳减排潜力巨大。考虑到建筑全寿命周期，建筑产品的寿命周期分为建筑材料生产运输阶段、建筑施工阶段、建筑运行使用阶段和建筑拆除及废弃物处理阶段 4 个阶段。其中，建材生产阶段是我国建筑全过程碳排放占比最高环节。根据中国建筑节能协会发布的《2021 中国建筑能耗与碳排放研究报告》的统计数据[17]，2019 年全国建筑材料生产阶段碳排放约为 27.7 亿吨二氧化碳，占建筑全过程碳排放的 55%，约占全国碳排放总量的 28%。其中，建筑材料生产阶段碳排放来源主要包括钢材、水泥、铝材，其中水泥碳排放占比超过 40%。根据中国建筑材料联合会发布的《中国建筑材料工业碳排放报告（2020 年度）》的统计数据[18]，以水泥、石膏、墙体材料、建筑卫生陶瓷、建筑技术玻璃工业为主要统计对象，中国建筑材料工业 2020 年二氧化碳排放 14.8 亿吨。

作为我国建筑行业碳排放的主体，建筑材料的绿色低碳迫在眉睫。《国务院关于印发 2030 年前碳达峰行动方案的通知》中明确要求工业领域要加快绿色低碳转型和高质量发展，力争率先实现碳达峰。其中，指导建材行业"加强产能置换监管，加快低效产能退出，严禁新增水泥熟料、平板玻璃产能，引导建材行业向轻型化、集约化、制品化转型"，同时指出"鼓励建材企业使用粉煤灰、工业废渣、尾矿渣等作为原料或水泥混合材。加快推进绿色建材产品认证和应用推广，加强新型胶凝材料、低碳混凝土、木竹建材等低碳建筑材料产品研发应用。"近年来，我国建筑材料工业通过技术进步、产业结构调整和能源结构优化，在 2014 年以后碳排放基本维系在 14.8 亿吨以下波动。同时，水泥工业消纳工业废渣 4500 万吨，其替代石灰石消耗与建筑材料工业余热利用为全社会减少二氧化碳排放 4800 万吨以上。未来针对国家双碳战略，以水泥基材料为代表的建筑材料行业应坚持创新驱动与绿色发展的理念，发展碳捕捉、利用与封存等前沿技术，加强固体废弃物的资源化利用水平与效率，提升混凝土服役性能与使用寿命，积极应对建筑材料行业的碳中和挑战。

4.2 全寿命碳排放综合评价模型

作为实现水泥基材料"双碳"目标的基础与必要前提,确定水泥基材料碳减排的主要工作目标与任务,首先需要围绕建筑全寿命周期建立合理、准确的建筑材料碳排放计算方法。

目前,多种方法用于评价水泥基材料生产与使用过程中所消耗的能源、产生的二氧化碳及其对环境的影响,其中广泛采用的是全寿命周期评价(Life Cycle Assessment,LCA)方法[19-21]。

全寿命周期评价是 ISO 14000 环境管理标准体系中有效评价和解决环境问题的一种环境管理工具。LCA 是一种以整个生命周期过程中消耗的资源量和能源量,排放出的各类污染物量,通过某种方式进行综合作为其环境负荷,试图度量被评价对象在其生命周期内对环境影响程度的开放性评价体系。该评价方法注重客观的过程,对产品或服务从摇篮到坟墓的全过程进行评价。全寿命周期评价模型由 4 部分构成:评价系统的目的与范围的确定、评价系统清单分析、生命周期环境影响评价以及评价结果的解释和改善(图1)。

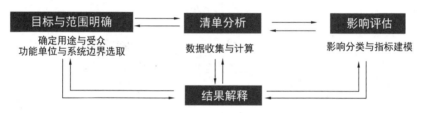

图1 全寿命周期评价(LCA)模型组成部分

采用全寿命周期评价方法时,首先要确定评价的目标与范围,然后列出评价系统清单,基于数据库信息,对清单或流程中每一项产生的环境影响进行计算和评估。目前,国内外已经建立大量的全寿命周期软件与数据库[22-23],如表1所示。其中,中国生命周期基础数据库(CLCD)以及配套软件 eBalance 同样支持完整的 LCA 评价,被广泛应用于中国本地化的节能减排评价、清洁生产、绿色采购、资源管理等。

全寿命周期评价软件与数据库清单　　　　　　　　　　表1

数据库	国家或地区	功能	系统边界
Ecoinvent	瑞士	数据库	从摇篮到坟墓
ELCD	欧盟	数据库	从摇篮到坟墓
NREL-USLCI	美国	数据库	从摇篮到坟墓
GaBi	德国	数据库+软件	从摇篮到大门

续表

数据库	国家或地区	功能	系统边界
LCI	韩国	数据库	从摇篮到大门
CLCD	中国	数据库+软件	从摇篮到大门
Athena	加拿大	数据库+软件	从摇篮到大门
BEES-NIST	美国	软件	从摇篮到坟墓
GCLCA	美国	数据库	从摇篮到坟墓
GEMIS	德国	数据库	从摇篮到摇篮

国内外采用 LCA 评价方法，尝试研究了以混凝土为代表的水泥基材料全寿命周期的碳排放量[24-31]，基于从"摇篮"到"摇篮"的理论，涵盖原材料和混凝土的生产阶段、施工阶段、使用阶段、拆除阶段以及废物处置阶段，同时考虑建筑拆除后的再次利用对碳排放带来的补偿效益，其计算边界如图 2 所示。

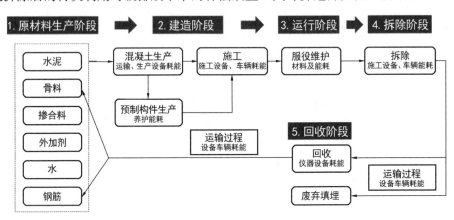

图 2 混凝土全寿命周期碳排放量计算边界

以普通混凝土为例，碳排放总量 E_{LC} 计算公式如式（1）所示，包括原材料生产阶段、建造阶段、运行阶段、拆除阶段与回收阶段[32]。

$$E_{LC} = E_{cl} + E_{ys} + E_{yx} + E_{cc} - E_{hs} \tag{1}$$

其中，原材料生产阶段的碳排放为 E_{cl}，对应所有原材料的碳排放因子与用量的乘积之和。

$$E_{cl} = \sum_{i=1}^{n} M_i E_{Mi} \tag{2}$$

式中　M_i ——第 i 种原材料的用量（t）；

E_{Mi} ——第 i 种原材料的碳排放因子（kg/t）。

建造阶段的碳排放包括原材料与混凝土运输过程中产生的碳排放，以及混凝土拌合、生产、养护过程中产生的碳排放。

$$E_{ys} = \sum_{i=1}^{n} \frac{M_i}{Z_i} O_i Q_i E_{Fi} G_i + \sum_{i=1}^{n} D_i E_{Si} \tag{3}$$

式中 Z_i ——运输第 i 种原材料的交通工具的平均载重量（t）；

O_i ——运输第 i 种原材料的交通工具的单位耗油量（t/km）；

Q_i ——燃料热值（kJ/kg）；

E_{Fi} ——燃料的碳排放因子；

G_i ——运输第 i 种原材料平均运输距离（km）；

D_i ——混凝土制备过程设备电耗[kW·(h/t)]；

E_{Si} ——电力碳排放因子（kg/t）。

运行阶段的碳排放为每年保养、维修过程中产生的碳排放之和。

$$E_{yx} = \sum_{i=1}^{n} E_{yx} y_i \tag{4}$$

拆除阶段的碳排放同样为各种设备、车辆产生的碳排放之和。

$$E_{cc} = \sum_{i=1}^{n} E_i E_{Fi} \tag{5}$$

回收阶段，同时考虑建筑拆除后骨料、钢筋的再次利用对碳排放带来的补偿效益。

$$E_{hs} = \sum_{i=1}^{n} M_i \beta_{hs,i} E_{Fi} \tag{6}$$

式中 $\beta_{hs,i}$ ——材料的回收比例；

E_{Fi} ——第 i 种替代材料的碳排放因子。

4.3 碳捕捉、利用与封存技术

碳捕捉、利用与封存（Carbon Capture, Utilization and Storage, CCUS）技术，是指将二氧化碳从电厂等工业或其他排放源分离，经富集、压缩并运输到特定地点，注入储层封存以实现被捕集的二氧化碳与大气长期分离，并进行合理利用的技术。

4.3.1 技术发展概况

目前，CCUS 技术是发达国家重点发展的碳减排技术，然而技术成本高昂。在 CCUS 技术的基础上，二氧化碳的利用受到学术界越来越多的关注。一方面是从应对气候变化减少二氧化碳的角度去考虑；另一方面是由于与常规碳氢化合物相比，利用二氧化碳作为原材料可以生产更便宜或更清洁的产品[33]。作为一种新型二氧化碳减排技术，CCUS 的主要技术与盈亏平衡成本如表 2 所示[34]。从技术流程上可以将 CCUS 技术分为捕捉、运输、利用和封存 4 个阶段。其中碳捕捉阶段包括4种核心技术，即燃烧前捕集、燃烧后捕集、富氧燃烧及工业分离技术。富氧燃烧技术尚处于示范阶段，燃烧前捕捉、燃烧后捕捉技术在特定条件下经济可行。工业分离技术，主要涉及天然气加工、氨的生产，已有比较成熟的市场。运输阶段有3种方式，即管道、船舶、增压罐车，船舶运输、增压罐车在特定条件下具有经济性，而管道运输最为广泛，已有成熟的市场。在二氧化碳封存阶段，主要包括地质封存、海洋封存、矿物封存等。

碳捕捉、利用与封存（CCUS）主要技术及成本[34]　　　表2

负排放路径	碳移除/碳捕捉途径	形成的产品	碳移除/碳利用的潜力（亿吨CO_2/年）	盈亏平衡成本（美元）
二氧化碳制化学品	烟道气等来源的二氧化碳→化学产品	甲醇、尿素和塑料等	0.1～0.3/3～6	−80～320
二氧化碳制燃料	烟道气等来源的二氧化碳→催化加氢化燃料	甲醇、甲烷等	0/10～42	0～670
微藻产品	二氧化碳→微藻生物	水产养殖饲料等生物制品	0/2～9	230～920
混凝土碳捕集	二氧化碳→工业废料、混凝土	碳化骨料、混凝土	1～14/1～14	−30～70
提高石油采集率	烟道气等来源的二氧化碳→储油池	石油	1～18/1～18	−60～45
碳捕捉和储存的生物能源	植物的生长	农作物、植物等	5～50/5～50	60～160
矿物碳化	二氧化碳→粉状硅酸盐岩石	农作物利用形成生物质	20～40/n. d.	小于200
林业技术	增加木质生物量	现存生物量、木材等	5～36/0.7～11	−40～10
土壤碳封存	二氧化碳→土壤有机碳	农作物形成生物质	23～53/9～19	−90～−20
生物炭	二氧化碳→木炭	农作物或生物利用形成生物质	3～20/1.7～10	−70～−60

4.3.2　水泥基材料的固碳养护技术

水泥生产过程所产生的二氧化碳，可以采用CCUS技术主动吸收或固化二氧化碳，实现水泥全寿命周期的碳排放降低。其中，作为CCUS技术的发展方向之一,水泥基材料的固碳养护技术展现了较好的工业化应用前景。

水泥基材料的固碳养护技术,其基本原理在于促使二氧化碳在水泥基材料养护阶段介入,加速水泥基材料的水化硬化过程,同时吸收固化的二氧化碳。作为一种矿物封存二氧化碳的技术,水泥基固碳养护可以在水泥的使用阶段吸收二氧化碳,抵消生产过程中产生的碳排放,从而降低水泥基全寿命周期的碳排放。与传统意义上硬化混凝土遭受的碳化侵蚀不同,水泥基材料的固碳养护过程主要发生在水泥水化的早期阶段,此时水泥的水化程度较低,水化产物相对较少。在养护过程中,二氧化碳主要与水泥未水化相(硅酸盐矿物)发生如式(7)所示反应。水泥基材料固碳反应产物主要包括非晶相和晶体相。非晶相为C-S-H凝胶,水化碳化硅酸钙等;晶体相主要为$CaCO_3$的多晶型。

$$3CaO \cdot SiO_2 + xCO_2 + nH_2O \rightarrow (3-x)CaO \cdot SiO_2 \cdot nH_2O + xCaCO_3 \quad (7)$$

目前,水泥基材料固碳技术在商业领域的应用已经取得了一定进展。加拿大的Carboncure公司利用水泥厂或热电厂捕集的二氧化碳生产了具有固碳作用的混凝土砌块产品。加拿大的Calera公司生产了一种可作为混凝土掺和料的碳酸盐水泥,其自身具有胶凝性,也可作为胶凝材料使用。美国的Solidia公司采用二氧化碳养护的方式生产低碳水泥和混凝土,据称可以降低70%的碳排放。目前水泥基材料固碳技术的研究还处于早期阶段,固碳机理、水泥基材料固碳量、材料配比的选择和优化还需进一步研究。

4.4 固体废弃物的资源化利用

工业固体废弃物的种类和来源繁多,对环境和安全产生较大影响。其中,尾矿、粉煤灰、煤矸石、冶炼废渣、工业副产石膏排放量较大,但是资源化利用率偏低,主要集中在建筑材料领域。因此,通过高效实现固体废弃物的资源化利用、减少水泥用量,将实现二氧化碳排放量降低。目前,在水泥基材料领域固体废弃物资源化利用工作,主要包括矿物掺和料、砂石骨料与混凝土性能提升。

4.4.1 矿物掺和料

粉煤灰和冶炼渣等固体废弃物中含有大量无定形SiO_2和Al_2O_3,或活性较高的CaO,可作为水泥混合材料或混凝土矿物掺和料,是固体废弃物高价值利用的主要途径之一。

(1)固体废弃物——硅酸盐水泥体系水化产物微结构调控

硅酸盐水泥水化反应是一个复杂的溶解沉淀过程,固体废弃物与硅酸盐水泥以不同的反应速度同时进行水化反应,而且不同的矿物组分彼此之间会相互影响[22]。以不同组成比例的多种固体废弃物为原材料,基于相互活化效应、粒径与活性双重优化效应和微集料填充效应，利用多阶段粉磨优化、多组分激发纳米协同、选择性键合等技术，可显著改善工作性能、实现水化产物的微结构调控，是配制少水泥熟料绿色低碳胶凝材料的重要技术手段[35-36]。值得注意的是，针对钢渣安定性差的问题，通过添加石灰、矿渣、粉煤灰等固体废弃物作为钙铝硅质组分调节材料，可能有助于促进 f-CaO 的吸收和重构硅酸钙和铁铝酸钙的形成，是提高胶凝活性的技术手段[37]。

（2）活性激发技术

部分固体废弃物火山灰反应活性偏低，作为矿物掺和料时主要发挥微集料填充效应，通过物理磨细的方法可以获得较高比表面积，提高火山灰反应活性。此外，具有火山灰反应活性或潜在水硬性且经历急冷热历史的含铝硅酸盐类固体废弃物（如高炉矿渣、偏高领土、粉煤灰和赤泥），可通过碱激发（石灰、水玻璃等）、硫酸盐激发（$CaSO_4$、Na_2SO_4）等处理技术，获得化学激发胶凝材料[38-39]。

4.4.2 砂石骨料

混凝土及其制品需要消耗大量的天然砂石骨料。按 1t 水泥掺 6t 的砂石骨料计算，我国混凝土及其制品每年大约需要消耗 132 亿吨的砂石骨料。尽管固体废弃物只能部分替代天然砂石，但是利废量依然巨大，是固废资源化利用的重要消纳途径。

尾矿、钢渣、建筑垃圾等固体废弃物作为砂石骨料，用于建筑材料的制备时，其骨料的粒径分布及杂质含量是影响混凝土及其制品性能的关键因素。通过初级分拣、多级破碎和分级筛分联组配套的生产线，可实现高品质骨料的制备。此外，对于尾矿和盾构渣土等系列含水率较高的固体废弃物，高效的分离与脱水是其配制同步注浆、混凝土和制砖等建筑材料的关键技术。

建筑垃圾还可以作为粗骨料用于制备再生骨料混凝土，但是再生骨料表面附着的硬化砂浆是影响骨料品质的重要因素。经过加热处理、多次粉磨和化学剥离等技术途径可实现砂浆的剥离[40-41]，同时聚合物、水玻璃、有机硅憎水剂的浸渍以及微生物沉淀和碳化处理均可在表面形成致密的保护层[42-44]，分别从去除砂浆和增强表面两方面提高再生骨料的品质。

4.4.3 资源化利用关键技术

通过采用多元复合技术，将固体废弃物作为矿物掺和料用于制备混凝土，有效提高了混凝土力学和耐久性能，同时降低水化热、收缩开裂风险，为满足超高、大跨度、大体积工程所需的高与超高性能混凝土提供了有效技术途径。然而，由于固体废弃物粉体的比表面积大以及表面形貌和矿相组成存在差异性，导致固体废弃物制备混凝土的需水量大，且对外加剂的吸附能力不同于硅酸盐水泥[45-46]。与此同时，工业固体废弃物和建筑垃圾制备骨料时，存在粉体含量高和级配差等问题，严重影响混凝土的工作性能。因此，在优化固体废弃物颗粒堆积的基础上，开发适应性较强的功能外加剂是实现固体废弃物混凝土性能提升及固体废弃物利用率提升的关键技术。

界面过渡区是混凝土最薄弱的环节，再生骨料的高吸水率易使混凝土在此处形成富水区域，由此降低硬化混凝土的综合性能。通过协同多种矿物掺和料优化配合比，采用优先搅拌浆体和分步加水的方式改善骨料与浆体界面情况，可降低再生骨料混凝土的收缩率和氯离子渗透性能[47]。

4.4.4 其他

固体废弃物除了在混凝土及其制品方面得到广泛应用以外，还可应用于其他绿色建筑材料。以无机凝胶代替传统树脂作为胶粘剂，利用钢渣、粉煤灰、冶炼矿渣和尾矿为协同原料，经表面改性、颗粒均化、成型、固化、抛光等工艺可以制备高性能人造石[48]。以粉煤灰、煤矸石粉、矿渣等为原材料，掺入少量胶结材料，补充适量元素制备的免烧陶粒可配制轻质混凝土或混凝土砌块[49]。一些工业固体废弃物含有大量的重金属，利用水泥或固废基地质聚合物固化技术，不仅可缓解固体废弃物对环境的污染，还为固体废弃物的资源化提供了新途径[50]。

4.5 混凝土服役性能提升

从混凝土全寿命周期碳排放来看，在运行阶段、拆除阶段与回收阶段均与混凝土长期服役性能密切相关。实现混凝土的长寿命具有显著的节能、节材、减碳效益。混凝土服役性能提升的关键在于控制混凝土开裂和提升混凝土耐久性。

4.5.1 混凝土裂缝控制

混凝土早期收缩裂缝是侵蚀性介质传输的快速通道，从长期来看将严重危及结构的耐久性和使用寿命。然而，混凝土的开裂是长期困扰土木工程领域的重大技术难题。就实际工程结构而言，混凝土的裂缝控制必须考虑结构设计、材料性能、施工控制等诸多方面。在混凝土材料抗裂性评估及设计方面，控制约束条件下收缩变形产生的拉应力不超过混凝土材料的抗拉强度，是控制收缩裂缝产生的基本准则。通过基于水化—温度—湿度—约束耦合作用的硬化混凝土开裂风险预测模型进行抗裂专项设计，控制混凝土非荷载裂缝发生。从材料角度而言，通过引入分阶段、全过程的收缩裂缝控制理念，采用水化热调控材料、自黏式保温保湿养护材料、钙镁复合膨胀材料、减缩减水共聚物材料等功能材料，可实现定向、高效降低混凝土不同阶段的多种收缩，控制混凝土裂缝的产生与发展。

4.5.2 混凝土耐久性提升

在实现混凝土不开裂的条件下，提升混凝土耐久性是保障混凝土结构服役寿命延长的关键因素。混凝土耐久性与服役环境密切相关，采用"隔、阻、缓、延"技术抑制侵蚀性介质在混凝土中的传输与延长钢筋脱钝时间，可实现混凝土高耐久性。隔，即在混凝土表层涂刷防护材料隔离介质侵入。阻，即混凝土基体具有良好的抗介质侵蚀能力。一般包括降低水胶比、提高胶凝材料用量和使用矿物掺和料、混凝土抗侵蚀抑制剂等。缓，即提高钢筋耐腐蚀能力。目前，主技术包括环氧涂层钢筋、电化学阴极保护与钢筋阻锈剂技术等。延，即实现既有结构中脱钝钢筋恢复再钝化的技术，包括电化学阴极保护、电化学再碱化、电化学除氯、双向电迁移、迁移型阻锈等。

4.6 "双碳"目标下水泥基材料发展的挑战

（1）水泥基材料的碳中和过程既是机遇又是挑战，该过程将会是经济社会的重大转型，将会涉及广泛领域的大变革。"技术为王"的理念将会在此过程充分体现。先进、高效、切实可行的技术研发，会主导整个建筑材料行业碳中和过程。

（2）实现水泥基材料行业"双碳"的目标，需要与能源结构改革、产业结构转型、消费结构升级等国家重大方针结合。必须坚持市场导向，鼓励竞争，稳步推进。水泥基材料行业自身应加大研发力度，加快相关领域技术和产业的迭代进步速度。

（3）"双碳"目标达成过程中，行业的协调共进极其重要，"减碳""脱碳"等过程可能增加相关行业的额外成本。为防止出现"劣币驱逐良币"的现象，建议国家政策层面上应分行业设计合理的碳中和路线图以及有效的奖励/约束机制。

作者：缪昌文[1,2,3] 穆松[2]（1. 东南大学材料科学与工程学院；2. 高性能土木工程材料国家重点实验室，江苏省建筑科学研究院有限公司；3. 中国工程院院士）

5 "双碳"目标背景下绿色建筑及建筑专业的发展思考

5 Thoughts on the development of green building and architecture specialty under the background of "double carbon" goal

5.1 时代背景和最新发展动向

2020年9月，习近平主席在第七十五届联合国大会一般性辩论会议正式提出，中国将力争2030年前达到二氧化碳排放峰值，努力争取2060年前实现碳中和。

碳中和一般是指化石燃料利用等人为的二氧化碳排放量被木材蓄积量、土壤有机碳、工程封存等人为作用和海洋吸收、侵蚀－沉积过程的碳埋藏、碱性土壤的固碳等自然过程所吸收，即净零排放。简单地说，人类活动产生的二氧化碳数量，和因为人类活动和自然过程而减少的二氧化碳数量相互抵消❶。

目前，主流科学家认为，碳达峰和碳中和的实现需要很多方面的变革努力。"碳中和"不仅是能源变革，而且还涉及经济结构的变革、生产技术的变革以及生活方式等的变革。要实现"双碳目标"，最根本的是用清洁能源取代化石能源的能源变革及相关科技的迭代进步。这是因为，要得到同样的热量，烧煤比烧油或者烧天然气要分别多产生30%和68%的二氧化碳。

目前关于碳中和如何实现已经有一些不同的科技思路，不妨简单列举几个，虽然有些还停留在科学假说和畅想层面。

（1）比尔·盖茨于2005年创立了"绿色氢""突破能源计划"投资基金（Breakthrough Energy Ventures fund，"BEV"）。这家投资基金专门投资有可能从根本上解决温室气体排放的能源技术，包括可控核聚变、利用微生物生产生物燃料、存储可再生能源的大容量电池等技术。盖茨强调，必须找到足够"大"的技术，从根本上解决能源问题、取代现有的化石能源，才有可能抑制全球气候变

---

❶ 丁仲礼：中国"碳中和"框架路线图研究，中国科学院学部第七届学术年会，2021年5月30日。

化。该设想旨在理论上实现完美的碳氢氧循环，如果愿景实现，可以让人类使用能源发展工业的同时，不产生额外的二氧化碳，进一步的解读是光靠清洁能源还不行。目前，《麻省理工科技评论》已经将其列为未来20年一个重要的技术方向。

（2）物理学家、诺贝尔奖获得者朱棣文教授和崔屹教授等则认为，清洁能源的储存是关键科学问题❶。人类要想真正让太阳能和风能成为主要能源，就应该使它们占人类使用电能的80%以上。一个基本的要求就是，人类的储电设备需要能够存储足够全人类4d使用的电量，需要能够接受100亿千瓦的电力输入，这个电力相当于444个三峡水电站的峰值发电量❷[53]。

（3）中国科学院院士丁仲礼主持了中国科学院重大咨询项目"中国碳中和框架路线图研究"的课题。他认为，中国要实现发展的"大转型"需要在能源结构、能源消费和人为固碳"三端发力"，不可能完全依靠政府财政补贴得以满足，必须坚持市场导向，鼓励竞争，稳步推进。应该选择合适的技术手段实现"减碳、固碳"，逐步达到碳中和。

5.2 建筑业对双碳目标的回应

原住房和城乡建设部副部长、国务院参事仇保兴先生认为，建筑行业是决定城市碳中和是否成功的关键。城市是人为温室气体排放的主场（约占75%），而其中包括建材、建材运输、建筑运行等在内的建筑行业，则是决定一个城市碳中和是否成功的关键。以城市为主体开展"碳达峰、碳中和"战略有利于因地制宜布局可再生能源和碳汇基地，同时更能有效引导城市由过去唯GDP竞争转向GDP与减碳双轨竞争模式，使城市间的低碳发展具有极高的效率和动能激励。绿色建筑在全生命周期体现了节能、节水和节材等特性，全面实施绿色建筑将为城市"碳中和"做出重要贡献。同时，他指出，将风能、太阳能光伏与建筑一体化，通过城市有机物发电、地热与地质储能，以及立体园林建筑、"鱼菜共生"等模式，可发挥综合减排作用，助力城市"碳中和"❸。

高瓴的研究报告指出：要实现碳中和，需要在生产流程中实现"深度脱碳"。拿建材工业来举个例子：混凝土的生产在全球碳排放中贡献巨大，因为混凝土的

---

❶ 目前主要有抽水蓄能、压缩空气储能、飞轮储能和电化学储能4种方式。其中电化学储能是核心，包括宁德时代这样的电池生产商；二是电池系统集成也就是把电池包、安保消防系统、变流器系统和能量管理系统等集成起来。专家预计，电化学储能是主流方向，将会占到未来全部储能的90%。参考"得到头条"071期：实现碳中和，储能技术有多重要。

❷ 参见吴军《硅谷来信3》，第168封信，2021-06-07。

❸ "2021（第十七届）国际绿色建筑与建筑节能大会暨新技术与产品博览会"主旨报告。

主要原材料是水泥，水泥生产产生了巨大的碳排放量，钢铁生产也是如此。而这些与建筑业直接相关。事实上，建筑业和工业给中国碳排放量贡献了23%，这个比例显著高于全球的18%。

笔者认为，建筑领域的努力虽不具有决定性，但也大有作为。比如，大幅度减少建筑混凝土和水泥用量乃至找到低碳替代材料，增加装配化率。同时，完全可以运用目前经过改良仍有重要节能价值的传统建筑设计方法，如细化建筑不同用途的环境需求、"自遮阳"、院落组织、自然通风采光、体形系数控制等。

美国LEED专家哈坦（Amy Seif Hattan）女士❶在一篇论文中，统计了主要建筑结构材料的全球变暖潜值（GWP，kg CO_2/kg），全混凝土（框架加无梁楼板）结构每平方米建筑全球变暖潜值390kg（如楼板预制则GWP为260kg），较为合理的是全钢框架加上预制混凝土板，为210kg/m^2。其中的CLT（Cross Laminated Timber）指的是人工合成木结构。如果按照不同建筑材料的全球变暖潜值数值考虑：未来建筑建造中全混凝土以及全钢结构将被逐渐淘汰❷[51]。

早在2015年，党的十八大就提出了"创新、协调、绿色、开放、共享"的五大发展理念。中国建筑学会则提出了新时期的建筑方针：适用、经济、绿色、美观，较之先前增加了"绿色"。

建筑是蕴含中华优秀文化和历史传统的基本载体，中华文明是人类历史上唯一没有中断过的文明，这是区别于其他文明的最重要优势和特点。所以，中国在践行"双碳"目标的绿色建筑研究科技进阶中，除了物理环境绿色数据指标提升和优化外，还应充分扬弃和利用中华建筑文脉蕴含的设计营建智慧和建造技艺，追求绿色建筑的"文化之谐"和"视觉之美"。绿色建筑发展最终要"以人为本"。科技部"十三五"期间设立的由崔愷、孟建民、王建国和庄惟敏主持的系列绿建科技攻关项目对此做出了令人振奋的努力，他们的建筑设计作品获得了多项住建部的"绿色建筑创新奖"。刘加平院士与笔者参加了2019年新版《绿色建筑评价标准》的评审并担任正副组长，评审会对建筑师作用和设计相关的地域文化进行了积极讨论，并在最后颁布的标准中有所回应。笔者认为，新国标如果加上地域性配套标准，也即是通过一套适应中国气候和地区差别大的特点的"1+N"绿建标准实施方案，中国未来绿色建筑必将迈入国际先进行列，迈上全新的台阶。

2021年10月，中共中央办公厅、国务院办公厅印发了《关于推动城乡建设绿色发展的意见》。该意见主要是落实碳达峰、碳中和的目标任务，推进城市更新行动、乡村建设行动，加快转变城乡建设方式，促进经济社会发展全面绿色转型，为全面建设社会主义现代化国家奠定坚实基础。

---

❶ LEED Green Associate, Vice President of Corporate Responsibility.
❷ Amy Seif Hattan, Technology | Architecture+Design, 5：1, 14-18.

5.3 机遇和挑战

工业革命以后的一个多世纪是蒸汽机时代，接着是电力广泛使用的时代，1946年以后进入计算机时代。从1969年阿帕网（ARPAnet）开始，人类逐渐进入互联网时代。今天，高速移动互联网、人工智能、万物互联、生命科学、材料科学、航空航天等不断刷新科技革命的前端，呈现出人类社会依靠科技可叠加式进步所呈现的壮丽场景。

与此同时，人们也看到了人类活动对包括气候变化等在内的自然环境演化的负面影响。1962年，美国卡逊女士发表了著名的《寂静的春天》，引发了人们对滥用杀虫剂对生物多样性产生负面影响的关注，该书被认为是环境保护主义的奠基石；1968年，在联合国教科文组织第16届会议上提出的"人与生物圈计划"（MAB），该计划对生态城市的建设规划提出了5项原则，即制定生态保护战略、建立生态基础设施理念、重建居民生活标准、将自然融入城市和保护历史文化。1996年3月，来自欧洲11个国家的30位著名建筑师，共同签署了《在建筑和城市规划中应用太阳能的欧洲宪章》（European Charter for Solar Energy in Architecture and Urban Planning）。该宪章强调了我们应该重新审视和评判目前正奉为信条的城市发展观和价值系统。城市规划与建筑设计必须考虑与自然环境的协调共生关系，以及用可再生能源取代不可再生能源的问题❶[52]，对城市规划和建筑设计领域的生态意识觉醒起了重要的推动作用。

1987年，联合国环境与发展委员会发表《我们共同的未来》报告，自此，"人类只有一个地球"的可持续发展共识开始为世界各国所接受。1992年，联合国在巴西里约热内卢召开环境与发展大会，正式提出《21世纪议程》，中国随之正式将"可持续发展"确立为国家战略。今天各国先后提出的"碳达峰、碳中和"的双碳目标和时间表则是人类自身主导的应对全球气候变化的倒逼改变。2020年9月22日，习近平主席代表中国政府在联合国提出了2030年碳达峰、2060年碳中和的中国双碳目标。这一官宣代表着中国政府对人类社会的庄严承诺、一个负责任的大国的道义立场和行动指南❷[54]。

如上所述，就土木建筑业而言，如果按照建筑结构材料全球变暖潜值

---

❶ Sophia and Stefan Behling, The Evolution of Solar Architecture, Prestel-Verlag, Munich, 1996 pp. 236-237.

❷ 联合国IPCC（政府间气候变化专门委员会）自1990年始发布5年一次的气候变化报告。1997年《京都议定书》和2015年的《巴黎气候协定》均大量参考了IPCC报告。《巴黎气候协定》希望2100年全球气温总的温升幅度控制在1.5℃，极值不超过2℃，但是，按照现在全球的情况（东南亚快速发展，中国排放量最大、欧美发展速度减缓），那2100年全球温升预期是2.1～3.5℃，远高于《巴黎气候协定》，所以，中国必须带头减碳。

(GWP)统计结果考虑，今后应该大幅度减少建筑混凝土和水泥用量乃至找到低碳替代材料，增加装配化率，与之匹配的建筑设计、建筑结构、建筑施工、建筑管理和建筑运维等都会发生革命性的变化，以前使用的大部分建筑科学理论、技术方法、技术标准、工程规范都会随之改变。同时，基于热舒适原理的建筑环境在能源类型和供给方式改变后也将发生巨大的变化，建筑性能提升和高效节能的技术路线就可能改变。同时，在国家重视文化传承的前提下，还可以运用目前经过改良仍有重要节能价值的传统建筑设计方法，如细化建筑不同用途的环境需求——够用就好、"自遮阳"、自然通风采光、体形系数控制、优先采用木结构及钢木结构等。

今后的建筑土木工程从设计到建造再到全生命周期的绿色运维将会在整体上发生"双碳"和"人类文明建设时代"的"范型"转移。例如，除了木质建筑或者钢木建筑结构外，那我们将对目前最为广泛使用的混凝土建筑材料做什么样的改良研发？又可以有什么新的建筑材料、建筑结构形式来替代已经高度成熟的钢铁或混凝土材料和结构？建造方式、方法、技术规程、施工质量管理又将如何？建筑学、土木结构等学科建构的科学基础、理论方法和知识体系又将如何在相关学科建设、人才培养、专业训练、课程体系中重新建构？

数字化转型背景下，越来越精准关联的建筑工程的系统化、组织化和智能化又将如何影响或者促进土木建筑业发展的机遇诞生。工业革命以来，人类使用了化学合成方法造就了钢铁和水泥及混凝土、玻璃、铝合金等建筑材料，并于1851年创造了人类历史上第一座钢结构和玻璃建构的伦敦世博会巨构展馆建筑——"水晶宫"，姑且将其称之为建筑业的"第一个春天"。而今天，人类又将以什么科技进步方式回应"双碳"的全局和整体的建筑业要求呢？如果我们能够成功回应，那就是建筑土木工程领域和业界的"第二个春天"的到来。

应该看到，到目前为止，全世界关于碳捕捉、碳消化和碳处理等关键科学问题还没有在技术路线、市场化、经济性、可靠性等方面完全解决，例如，按照卓克老师的说法，按照能源形式不跨代的原则，顺序应该是木材—煤炭—石油—天然气—可再生能源，但过渡时间可能会长达六七十年。如果中国也从目前的煤炭、石油为主，先过渡到天然气，再过渡到可再生能源，不仅时间跨度大，设备更新换代的成本也很高。在已经承诺2060年实现碳中和目标的情况下，就必须跨代更替，直接跳到可再生能源上，这个难度是可想而知的。

5.4 绿色建筑发展的建议

鉴于目前全球双碳目标实施操作的科学思路、基础理论、技术方法、攻关路线，以及能源供应端、能源消费端和人为固碳端尚存相当大的研究"空窗"，所以学术界应该争取分别在能源供应端、能源消费端和人为固碳端各自的顶端方面开展研究，包括基础理论、科技研发、政策研究、社会需求和市场交易等为导向的研究。借鉴科技部、中国科学院、中国工程院等国家部门的重大研究计划和咨询课题，设置首席科学家领衔（科学家小组），形成跨学科、跨领域、跨专业科技人员构成的"科学共同体"开展顶层研究非常重要。

新近，美国建筑师协会提出了 2030 年建筑业（包括设计、建造、运营等）要达到"碳中和"，并制定了 5 年一个周期的时间表。虽然，笔者认为这个时间表表态意义大一些，但是目标提出来了，就站在了国际建筑界应对碳中和问题上的道义支点。中国作为世界第二大经济体和正在担当重大国际引领作用的国家，我国的建筑领域对此肯定不能视而不见。个人认为，就目前全国绿色建筑发展的整体态势看，从低碳、减碳、近零碳、再到零碳建筑实现的技术路线和全链技术创新等具有关键性意义。

我们需要针对建（构）筑物、土木工程、基础设施能源变革、环境营建方式变革等开展攻关研究。同时，加入信息科学、材料科学、化学工程等内容非常重要，因为这对于未来建筑低碳绿色发展具有基础性和系统性的重大价值。未来建筑和土木工程使用的绿色材料和结构不仅本身包含可循环、预制装配、智慧建造、全生命周期等思考，而且应该同时考虑其原材料加工、装配、施工、运维过程中的能耗和碳排放问题。

数字化转型可能是另一个重大的建筑科学研究领域，只有通过大数据技术和数据环境的全新建构，如建筑信息模型（BIM）和城市信息模型（CIM）等，才有可能将人类所有减碳行为、新能源利用、增加碳汇和综合不同系统的碳汇计算的努力集成在一个碳达峰和碳中和的建筑管理系统中，并据此获得综合性的多目标最优解。

在研究重点方面，有几个方面值得考虑：

（1）建筑师主导的绿色低碳建筑设计的全过程研究：可研、策划、设计、施工建造和实施运维层面的低碳—减碳—近零碳—零碳建筑的全链实现；

（2）兼顾节能减碳、体现建筑文化和市场多样性的低碳绿色建筑与土木工程设计理论和方法体系建构、体现双碳要求的国家技术标准的研制；

（3）"以人为本"低碳人居环境的能源环境物理支撑技术和政府有限补贴、市场导向及社会经济可承受能力的相关研究；

（4）城乡—城市—街区—建筑全空间尺度的人居环境建设在能源变革、工程材料、建构技术、热舒适、人因学和数据环境变化背景下的城乡规划、建筑设计、建（构）筑物营造、全寿命周期运维的建筑工程科学；

（5）传统建筑材料、建筑结构、建筑施工的低碳转型包括：木制建筑、钢木结构、高层建筑和高大空间建筑能效提升方式、"负碳排放"、分布式清洁能源在建筑中的应用。

我们需要研究"碳达峰"后30年建筑业如何在全行业"科技进步"背景下做到碳排放不断递减、固碳能力不断增强直至"碳中和"。在这个阶段，建筑土木学科的核心是和社会其他系统协同，形成正向合力，以争取达到"碳中和"的中国承诺。建筑业在"双碳"目标达成过程中并非是先导性行业，而是一个体量很大的耗能载体（能源消耗端），同时也是一个需要在固碳方面做出表率的行业。建筑业中的绿色建筑材料、绿色建筑结构及绿色建造方式等更多取决于能源类型变革（如清洁能源以及相应的新型储能技术），在城市建筑中的应用应是集中与分散结合，并以分布式系统为主。

总体来说，预测土木建筑领域5~10年后的双碳技术前景，在目前主流技术路线和目标尚不十分明晰的情况下，仍然存在很大的不确定性。2001年，《麻省理工科技评论》曾经做过一项调查，让很多权威专家评选出他们当时认为最重要的10项技术。20年过去，10项技术中大约有1/3发展得不错，如数据挖掘、柔性电子；1/3有一定的发展；还有1/3已经可有可无❶[55]。所以，还是应该科学制定"近详远略"、具有中国绿色建筑特色的顶层研究方案，对于土木建筑领域，由于建筑和土木工程材料以及相关的结构技术、能源环境、建造技术及长效管理运维等低碳转型的必然要求，甚至是倒逼转型，优先考虑上述几个重点领域研究或许是合适的。

作者：王建国（中国工程院院士 东南大学建筑学院）

---

❶ 10项技术包括：脑机接口；柔性晶体管，或者说柔性电路技术；数据挖掘；数据产权管理；生物识别；自然语言处理；微光子学；开解代码技术；机器人设计；微流控。参考吴军《硅谷来信3》。

6 "双碳"目标下建设用钢与钢结构发展
6 Development of civil engineering steel and steel structure under the emission peak and carbon neutrality

摘 要：中国在应对全球变暖、实现可持续发展的整体战略下开展积极行动。建筑全过程减碳是实现"双碳"目标的重难点，建设用钢与钢结构的低碳发展对建筑业碳减排十分重要。本文梳理建设用钢、钢结构的发展现状和碳排放基本情况，分析了所面临的问题和低碳发展的不足，最后提出了"双碳"目标下建设用钢与钢结构发展的政策建议。

6.1 引 言

全球气候变暖的严峻形势要求世界各国共同努力降低碳排放。"十三五"期间，中国应对气候变化工作取得了显著成效；然而，中国碳排放总量已升至世界首位，人均碳排放量虽然与美国等发达国家存在差距，目前位居第 4 位，但整体呈上升趋势[56]，节能减排压力仍然巨大。习近平主席在第七十五届联合国大会上向国际社会作出"二氧化碳排放力争于 2030 年前达到峰值，努力争取 2060 年前实现碳中和"的庄严承诺。"双碳"目标是指导我国未来发展的重要战略方针。中共中央和国务院于 2021 年 10 月 24 日发布《关于完整准确全面贯彻新发展理念做好碳达峰碳中和工作的意见》，明确了碳达峰、碳中和"1+N"政策体系脉络，提出制定能源、钢铁、有色金属、石化化工、建材、交通、建筑等行业和领域碳达峰实施方案，为我国双碳工作做了顶层设计。国务院于 2021 年 10 月 26 日发布了《2030 年前碳达峰行动方案》，提出把碳达峰、碳中和纳入经济社会发展全局，有力有序有效做好碳达峰工作，确保如期实现 2030 年前碳达峰目标。双碳目标的提出和相关工作部署表明了我国政府在缓解世界气候变化上的积极立场和大国责任，同时也给我国的节能减排工作带来巨大挑战。目前，我国的碳排放量每年在 100 亿吨左右，在短短 40 年的时间内要达到碳中和目标需要全社会共同做出巨大努力，积极进行能源结构的调整和转型升级。

建筑业作为我国经济的支柱产业,相关能耗和碳排放总量巨大。根据联合国环境规划署《2021年全球建筑建造业现状报告》[56],2020年全球建筑领域能源消耗占总消耗的36%,建筑领域二氧化碳排放占全球总排放的37%。随着中国城镇化进程的快速推进,大规模的增量建设如火如荼,建筑业成为最重要的碳排放部门之一[57-58],是节能减排的关键领域之一。建筑产品的设计使用寿命比其他工业产品更长,对周围环境的影响更大,因此建筑领域的节能减排工作对发展绿色低碳经济、控制全球气候变暖具有更加深远的意义。根据中国建筑节能协会等统计的数据[59],可以明确我国建筑业与土木工程材料碳排放的3个基本事实:第一,建筑业全过程碳排放占我国碳排放总量的一半左右;第二,土木工程材料生产全过程碳排放占碳排放总量的1/4以上;第三,土木工程材料生产全过程碳排放总量大于建筑运行阶段碳排放总量。

钢结构作为绿色可持续发展的典型结构形式,有助于促进我国双碳目标的实现。近年来,国家、地方政府均出台了一系列的政策文件推动钢结构的推广应用,为钢结构的快速发展带来了极大机遇。钢结构行业发展离不开钢铁工业的大力支撑。双碳目标下,建设用钢的发展方向、钢结构发展路径,都是值得全行业进行深入思考与探讨的问题。

6.2 建设用钢与钢结构碳排放现状分析

6.2.1 土木工程材料与钢材碳排放

提到建筑业节能减排,被广泛熟悉的是被动式建筑、零碳建筑等技术和政策;节能减排策略大多关注建筑运行阶段,对土木工程材料生产阶段往往重视不足、忽视了建筑全过程中占比最大的部分。研究团队对主要土木工程材料碳排放的数据进行了梳理❶,如表1所示。粗略汇总可得,土木工程用水泥、钢材、铝材、玻璃几种大宗材料生产阶段的碳排放接近25亿吨,占全国碳排放总量的1/4。

主要非金属建筑材料碳排放(单位:亿吨)　　　　表1

土木工程材料	直接碳排放	间接碳排放	碳排放总量
水泥	12.3000	0.8955	13.2
玻璃	1.2000	0.0893	0.36
石灰石膏	0.2740	0.0314	1.23
建筑卫生陶瓷	0.3758	0.1444	0.19
墙体材料	0.1320	0.0612	0.52

---

❶ 数据统计口径不同。

钢材是土木工程最主要的金属材料,据中国钢铁工业协会统计,我国钢铁行业每年碳排放总量约18亿吨,是31个制造业门类中碳排放量最大的行业。

钢结构行业发展离不开钢铁工业的大力支撑,新中国成立以来我国建筑业使用钢材经历了节约使用——限制使用——合理使用——大力推广4个阶段。我国自1996年钢铁产量突破1亿吨以后,连续20余年高居世界第一位。根据国家统计局统计,2020年我国粗钢产量达到了10.65亿吨,占到世界粗钢总产量的50%以上。2021年前三季度,我国粗钢产量达到了8.06亿吨,同比增长2%。钢铁行业是碳排放大户,在双碳目标要求下,未来的钢铁行业必须要积极推进钢铁绿色低碳高质量发展。

6.2.2 钢结构发展现状

钢结构行业作为钢铁产业的重要消耗行业,近10年来一直以10%以上的增速增加。2020年,我国的钢结构产量达到8900万吨,比世界绝大多数国家的粗钢产量还要多,由此可见钢结构市场规模庞大。

我国钢结构广泛应用于工业建筑、超高层、公共建筑、海洋平台、大跨桥梁、塔桅等领域,市场规模和产业链能力均居世界前列,是名副其实的钢结构大国,但还不是钢结构强国。2020年度,我国钢结构加工量占粗钢产量的8.36%,这与欧美发达国家的平均水平(20%~30%)相比还有较大差距,说明我国的钢结构市场仍然潜力巨大,钢结构发展空间巨大。尤其是近年来国家高度重视碳排放问题和高质量发展,推动建筑行业积极转型升级。双碳目标的提出,更是让以绿色可持续发展著称的钢结构有了更大的推广应用空间。

6.2.3 钢结构建筑碳减排优势

钢结构建筑是一种低能耗、低排放的绿色建筑形式,符合绿色发展和可持续发展理念。目前的研究成果表明:与混凝土结构相比,钢结构建筑可减少碳排放15%~45%(不同气候、不同结构形式、不同功能用途的建筑存在差异),同时可有效降低二氧化硫等有害气体排放,大幅度减少固废及粉尘排放。如果将钢构件直接重复利用,碳减排效果更为可观。

推广钢结构可减少开山挖石、河砂开采,有效降低对生态环境的影响与破坏,钢结构循环利用性强,是国家重要的钢铁战略储备资源,推广钢结构建筑符合藏钢于民、藏钢于建筑的战略。废钢是唯一可替代铁矿石的含铁原料,是钢铁工业可持续展开的重要资源。因此,积极推广钢结构是保障建筑业整体实现碳减排目标的必要手段和措施,非常有助于实现我国双碳目标,必须要早筹划、早安排、早落实。

6.3 问题与挑战

6.3.1 土木工程材料研究不足

土木工程材料基础研究的深度不足，主要包括对材料组织构成、材料生产工艺装备、设计和应用等各个方面。土木工程材料相较于新材料领域的发展是落后的，且差距正逐步拉大。材料研发在土木工程中得不到应有的重视，基本处于"听天由命"的状态，仅基于已有材料研究结构，甚少从积极改善材料的角度去解决问题。形成鲜明对比的是，新材料领域已处于急速变革中，例如"计算—试验—数据"深度交叉融合、研发全过程协同创新的材料基因组计划。土木工程材料发展在理念和技术手段等方面处于落后位置，迫切需要奋起直追。

土木工程材料在研究的尺度与方法上存在不足。高性能新材料主要向两个方向发展，一是高纯度，如硅片的研究；二是精确配比与工艺精密控制下的内部组织结构高规则性，如高温合金材料。而土木工程材料在"精度"和"规则性"两个方面都不符合。

土木工程材料研发体系是不完整的。当前，土木工程材料研究基本以水泥基材料为主，其他材料如钢材、纤维复材等研究基本没有。土木工程用钢占钢材总产量的一半，国内却鲜有专门研发的机构和专业团队。

土木工程材料研究方面的欠缺导致了材料的不精、不细、不专。对材料研究的不重视、不深入，导致在土木工程计算分析中算不准、误差大，造成用材浪费和偷工减料；在结构构件上设计不精细、制造尺度偏差大，也造成安装的不精准。不精、不细、不专的土木工程材料使得建筑工业化难度大、进展缓慢，材料发展的滞后制约了建筑工业化的进程。

6.3.2 建设用钢问题

土木工程用钢占粗钢产量近一半，其中棒线材占粗钢产量的40%以上，钢结构用钢占粗钢产量的9%。虽然土木工程对钢材用量很大，但专业化研究团队严重缺乏，技术进展缓慢。目前基本没有建设用钢的高水平专业研究机构与团队，缺少对结构钢材的研究关注，土木工程领域有什么用什么、给什么用什么，缺少创新自主性；同时，国家对建设用钢的研发投入也比较少。

工程应用中，一方面，建设用钢品种品类偏少，主要为普通钢材；相比国外，国内高性能钢材应用少、起步晚，目前使用的钢材强度整体偏低。20世纪60年代，日本首次将高强度钢材用于结构工程，随后带动欧洲、澳大利亚、美国等地的应用；中国起步于20世纪80年代，比日本晚20多年，应用强度相比国外偏低。根据中国钢结构协会统计数据，国内80%以上建设用钢仍是较低强度的Q235和Q355，而高强钢和高性能钢材的应用进展缓慢，亟待加强推广应用。同时，耐候钢、耐火钢等应用不足。美国在1933年就研制出了世界第一种耐候钢，并且很快将其应用在桥梁，目前美国约50%桥梁使用了耐候钢，其中45%桥梁已免涂装；日本约20%桥梁使用耐候钢，其中裸露桥梁占70%；加拿大新建钢桥90%使用耐候钢；国外耐候钢正逐渐被当做"普通钢材"来使用。中国对耐候钢研究起步于20世纪60年代，品种开发较晚，到21世纪才逐渐丰富；国内耐候钢在土木工程领域已有所应用，但由于观念保守等问题，规模化应用进程缓慢，相比发达国家滞后近50年。耐火钢是指在600℃时屈服强度不小于常温屈服强度的2/3的钢材，国外研发始于20世纪70年代，目前日本较为领先。中国对耐火钢的研发起步较晚，首批研发耐火钢在1994年，应用于钢结构住宅，目前应用并不广泛。另外，我国型钢应用占比偏低，仅20%左右，且近年来改观不明显。建设用钢仍以板材为主、近10年来占比持续超过60%，功效低、焊接量大，不符合可持续发展要求，不利于碳减排。

工程应用中的另一方面挑战是钢材应用全过程配套性差，产业链协同不足。钢铁企业与下游单位缺少协同，无法有效推进构件标准化，轧制型材、高效能钢材的应用进展缓慢。钢结构设计缺少集成化，"设计—制造—运输—安装"一体化和产业链协同不足，导致产品经济性和结构合理性均存在问题；钢结构建筑部品部件生产企业产品规格不统一，不成体系，缺少有影响的专业化企业。目前我国具有钢结构全产业链服务能力的大型企业依然很少，行业集中度无明显改观，影响了企业的生产效率、竞争力、技术与管理的进步。

6.3.3 钢结构问题

钢结构智能制造能力不足。目前，大多数钢结构制造加工厂仍无法做到全流程的数字化和智能化。钢结构行业应着力完成钢结构生产过程全流程数字化、关键工序智能化的工作，积极推动钢结构行业智能制造，实现钢结构行业高质量发展。大力推行钢结构行业智能制造，淘汰小作坊式落后加工制造工艺，可大幅降低制造加工成本和原材料损耗，同时有效降低碳排放。

钢结构建筑标准化程度低。标准化是我国和国外钢结构产业存在差距的主要因素之一，可以根据不同地域、气候和用途的差别，对钢结构的部品部件和结构体系进行标准化研究。应由相关部门或行业协会协调钢结构相关企业进行协同配合，提高钢结构建造全过程标准化水平，减少碳排放。应鼓励综合能力强、技术水平高的大型钢铁企业对钢结构产业高度关注并进行适当投入。根据钢结构行业的需求，加强对热轧型材等钢铁产品的延伸生产，并建立高效物流配送网络，实现高度标准化的钢构件由钢厂直接配送到工地。而结构复杂的异形构件或大型笨重构件则由专门的钢结构加工厂来完成。

钢结构回收再利用效率低。拆除回收阶段，钢结构建筑的再利用性能主要包括直接再利用与循环再利用两方面。钢结构建筑的直接再利用是指在不用回炉冶炼的情况下，直接将钢构件进行二次使用，用于建造新的建筑。在钢结构建筑中，梁、柱、支撑等钢构件有着良好的二次利用性能，在设计时应充分考虑其直接再利用性能。钢结构回收再利用因节省了钢构件的生产过程，对减少碳排放有很大的促进作用。目前，工业厂房、售楼处等均具备二次利用的条件。钢结构建筑的循环再利用是指在建筑拆除后，将回收的钢构件作为废钢回炉，重新加工成钢材的一种再利用模式。废钢是唯一可替代铁矿石的含铁原料，是短流程炼钢的重要资源，是钢铁工业可持续发展的重要资源。用废钢炼 1t 钢，可替代 1.6t 铁精矿。用废钢炼钢比用铁矿石炼钢节约近 60% 能源，减少 CO_2 排放 67%，并大幅降低废气、废水、废渣的排放。推广钢结构建筑形成的钢铁储备对钢铁产业可持续发展有重要作用。

6.4 发展方向与建议

6.4.1 发展和推广应用高性能高效能钢材

通过提高材料品质，延长建筑服役寿命，从而实现源头减少碳排放。研发具有高耐久性、抗灾变和超限度使用的高性能材料，推广应用轻质、高强高韧、免维护和高效能利用的建筑材料，通过建筑材料的性能提升、高效利用和组合应用，打造高性能、低成本、长寿命的新型工程结构，实现建筑全过程节能减排。

发展高性能与高效能的结构用钢材。应该提升钢材的性能，加大研发投入，调整化学组分、采用特殊生产冶炼工艺，提升钢材的强度、延性、韧性、焊接性能、耐久性等性能；提升结构钢材效能，利用大尺寸热轧 H 型钢、厚壁钢管等构件提高截面效率，减少制造加工中间环节。

大力推动高性能与高效能钢材的应用。未来建筑钢材碳减排的主要途径是从钢材使用上引导绿色低碳消费，增加高强高韧、耐蚀耐磨、耐疲劳、长寿命等高性能钢材以及热轧 H 型钢、方钢管等高效能钢材的使用量，实现在材料源头上减少碳排放；优化钢材回收利用系统，大幅降低钢结构服役过程中的碳排放。大力推进高性能与高效能钢材的应用，有助于优化建筑用钢消费结构，提高我国钢材的研发和生产能力，提升我国钢铁产品科技含量和附加值；同时，有利于加快实现建筑业工业化、标准化、数字化，促进建筑业转型升级和高质量发展，降低能耗和碳排放。

6.4.2 明确重点领域推广钢结构建筑

为大力推广应用钢结构建筑，减少建筑业碳排放，应明确以下重点领域采用钢结构：新建大型公共建筑（单体建筑面积1万平方米以上）全面推广应用钢结构；重点抗震设防建筑（学校、幼儿园、医院、重要建筑等）全面推广应用钢结构；抗震设防烈度8度以上的新建高层建筑应采用钢结构；积极推广钢结构住宅和钢结构农房的应用；积极推进钢结构在老旧小区改造、城市更新工程等的应用；大力推广钢结构和钢-混凝土组合结构在市政交通基础设施（市政桥梁、轨道交通、交通枢纽、公交站台、公共停车楼、机场航站楼等）和中小跨径桥梁等领域的应用。

6.4.3 加大政策扶持和保障力度

综合运用规划、土地、财税、金融、产业等政策，进一步激发市场主体内生动力，营造共同推进钢结构建筑的良好氛围。一是建立多部门协同推进机制，加强政策协调和工作衔接，做好顶层制度设计；二是加强技术研发，通过中央财政科技计划资金等加强关键技术产品研发，建设一批科技创新基地；三是加强金融税收支持，将钢结构建筑纳入绿色金融支持范围，鼓励金融机构创新钢结构建筑金融产品和服务；四是加快人才队伍建设，支持高校在本科教育中设立钢结构建筑专业方向，鼓励职业院校开设钢结构建筑专业，健全工人岗位技能培训制度。

6.4.4 加强钢结构标准化及全产业链协同

钢结构建筑标准化是推动钢结构可持续发展的必要前提，是实现钢结构建筑商品化和规模化供应、降低建造成本的必要条件，也是真正体现钢结构节能减排的重要前提之一。建议加强对钢结构标准化部品部件及相关体系的研发，形成标准化、全装配、高效建造钢结构体系及应用技术，并尽快构建涵盖设计、生产、施工、装修、质量检验、竣工验收、运营维护等全生命期的钢结构建筑标准体系。

建议由相关部门或行业协会协调钢铁厂、设计、制造加工、施工安装等相关上下游企业进行协同工作，大力提升钢结构建造全过程标准化水平，充分发挥钢结构制造安装的工业化属性，实现数字化、自动化生产，以钢结构标准化为主线促进产业上下游协同发展，共同促进钢结构的推广应用，实现钢结构高质量发展。

作者：岳清瑞[1] 李庆伟[2] 张昱[3]（1. 北京科技大学城镇化与城市安全研究院院长 中国钢结构协会会长 中国工程院院士；2. 中国钢结构协会秘书长；3. 北京科技大学城镇化与城市安全研究院）

7 低碳理念导向下的建筑技术在城市更新改造中应用

7 The application of low carbon building technology in urban renewal and transformation

摘　要：建筑的低碳化是我国实现 2030 年"碳达峰"和 2060 年"碳中和"目标的关键一环。在既有建筑更新中，应用适当的建筑低碳技术既可完善既有建筑功能、改善生活环境、提升居住品质，又可降低建筑碳排放。本文依据全生命周期建筑能耗的分类方式，将建筑的碳排放分为建筑运行过程中的碳排放、建筑物化过程中的碳排放以及建筑业的碳排放，并对相应低碳技术进行了说明，提出低碳建筑设计方案。

建筑的更新改造是城市更新改造的核心内容之一，也是完善既有建筑功能、改善生活环境、提升人民居住品质的重要措施。建筑作为能源消耗的三大巨头之一，是温室气体排放的重要来源，其节能和低碳是我国实现 2030 年"碳达峰"和 2060 年"碳中和"的关键一环。在我国经济社会强劲发展、人民生活水平不断提高、城镇化率突破 60% 的背景下，建筑的能耗和碳排放量必将不断攀升。因此，在对既有建筑更新改造过程中，注重对减少建筑能耗和降低碳排放量等技术的应用十分重要。

建筑的低碳是指在建筑材料与设备生产、施工建造和建筑物使用的整个生命周期内，减少化石能源和天然资源的开采和使用，提高能源利用效率，降低二氧化碳的排放量。建筑的全生命周期包含 4 个阶段，即建筑材料生产运输阶段、建筑施工阶段、建筑运行使用阶段、建筑拆除及废弃物处理阶段。建筑的碳排放和能耗密不可分，因此，可以依据全生命周期建筑能耗的分类方式，将建筑的碳排放分为建筑运行过程中的碳排放、建筑物化过程中的碳排放和建筑业的碳排放。

低碳理念下的建筑更新改造过程中，主要关注以下技术手段的综合应用，以达到节能减排的目的。

第一,降低建筑运行过程中碳排放的技术,主要包含被动式节能技术、可再生能源综合利用技术、氢能源技术等;此外,在建筑运行和维护(包含更换、维修等)过程中,只更新一小部分设备设施或对其进行循环利用也是方法之一;

第二,降低建筑物化过程中碳排放的方法,该方法主要是在建筑材料的选择上更加侧重在材料开采、运输、加工过程中满足更好地减少环境污染、更少碳排放、更多降低建筑物化能耗、更有利于人的健康等要求的新型环保材料;

第三,降低建筑业碳排放的技术,即在建筑施工和拆解的过程中使用低碳排放的机械设备和方式,采用先进的智能化技术,降低不必要的能耗和碳排放的方法。

本文对以上技术进行总结和讨论。

7.1 降低建筑运行过程中的碳排放

7.1.1 被动式节能技术

被动式节能技术在我国既有建筑更新改造中应用较为广泛且成熟,其技术主要包含门窗的保温隔热技术、地面保温隔热技术、屋顶保温隔热技术、外墙保温隔热技术、遮阳技术、自然通风技术等(图1)。利用被动式节能技术改造的建筑,特别是住宅建筑,有效降低了建筑的运行能耗,改善室内热环境。在更新改造过程中,需要注意因地制宜、结合实际改造项目选择相应的技术手段。

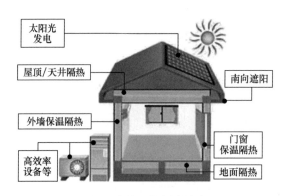

图1 建筑节能低碳技术

7.1.2 高效率设备的应用

既有建筑更新改造中,对低效率、老化设备进行更换、维修等操作是主要内容。确保高效率空调、热水供应设备的使用是确保建筑运行过程中节能低碳的关键技术之一,因此,在改造过程中,应合理选择高效率设备;同时,对既有设备可以适当维修再利用。

7.1.3 能源梯级利用技术

能源的梯级利用是能源高效合理利用的一种方式，其核心是能源利用过程中，按照能源的品位逐级加以利用，例如高品位的蒸汽先用来发电或是用于生产、低品位的余热用来向建筑供应热水。该技术可以提高能源的综合利用效率，是建筑节能减排的重要措施之一。

热电联产（Combined Heating and Power，CHP）或冷热电联产（Combined Cooling，Heating and Power，CCHP）是能源梯级利用的主要形式，是一种以天然气为主要原料，建立在用户侧的分布式能源系统。在建筑更新改造中，合理地引入能源梯级利用技术，可以有效提高综合能源效率，降低一次能源的消耗，减少碳排放。

7.1.4 可再生能源综合利用技术

在建筑可再生能源应用当中，主要以对太阳能、风能利用为主。在城市更新和既有建筑改造中，可以通过增加太阳能和风能的利用，即增加可再生能源的使用，达到建筑低碳的目的。

太阳能的利用方式有两种：被动式太阳能技术，如直接得热的阳光间、集热蓄热墙等。主动式太阳能技术，如OM太阳能利用系统，利用集热器加热空气并通过设备和管道送至房屋的各个角落，用以供暖等；太阳能光伏可以充分利用屋顶、墙壁等外部空间进行设置，为建筑提供绿色的电能，太阳能光伏板还兼具装饰、隔热、遮阳等功能。

风能在建筑中的主要利用形式有风力发电和风力制热。小型的风力发电机可以应用于城市建筑改造中，提供一部分电力，或者室外的照明电力等。而风力制热可以提供热水等低品位能源，并在热负荷低时进行热存储。

7.1.5 氢燃料电池技术

氢燃料电池即消耗氢燃料的电池，是通过其内部相对温和的化学反应，将燃料中的化学能直接转化为电能。因其相对温和，燃料不直接燃烧，因此除了电能之外，不会有"燃烧"的副产物。

日本北九州氢能社区是世界上第一个氢能社区示范项目，2011年开始建设世界第一条民用氢气管道，用以进行氢能供给和燃料电池建筑热电联产的实证试验，实现了可再生能源制氢在城市交通和建筑中的示范应用，其主要包含区域热电联产、家庭微型热电联产和加氢站的示范应用。其中1kW微型热电联产系统的额定发电效率超过40%，通过余热回收再利用进行采暖和制备生活热水，一次综合能源利用效率可达到90%。燃料电池热电联产系统因其一次能源使用效率较高,在日本得到快速推广和发展,并制定了到2030年住宅部分导入800万台的目标。

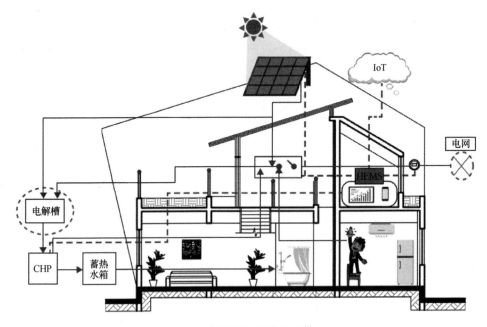

图2 氢燃料电池热电联供

日本的氢能社会致力于与"智能社区"相结合,利用数字技术、信息和通信技术以及与可再生能源的融合来提高能源服务的质量。图2为氢能在单体住宅中的利用及管理场景示意图,住宅搭载智能化家庭能源管理系统HEMS(Home Energy Management System)、燃料电池和光伏发电系统。HEMS具有对用户负荷的自主在线监测、存储和学习功能,可以实时控制产能单元的启停和负载,调节用能设备的功率和能源消费。用户也可以在手机端APP接收供应侧传输的实时监测信息,根据个人需求及偏好进行用能、产能设备智能化的远程控制。在未来氢能利用的构想中,可以将过剩的光伏发电就地转换成氢气,驱动高效的燃料电池运行。

我国的建筑氢能利用还未有所布局,但低碳、清洁的氢能源是一种可以被利用的未来能源,因此,在绿色建筑发展、城市更新中,应该引起更多学者的关注。

7.1.6 智能化低碳运营技术

智能化低碳运营技术是基于智能化建筑的基础上,采用低碳技术,使其具有环保化、节能化、信息化、自动化、网络化、集成化等诸多特点,是低碳技术与智能化技术相结合的产物。为实现降低建筑运行阶段碳排放的主要目标,智能化技术是必不可少的技术支撑。在智能化设计上，为了促进建筑低碳指标的落实，达到节能、高效、环保的要求，智能化技术服务于"低碳排"，诸如开发和利用可再生能源、减少化石能源的消耗；实现对气、水、声、光环境的有效调控；对各类污染物进行智能化检测与报警；对火灾、安全进行技术防范；提供各种现代化的信息服务等。

家庭能源管理系统（HEMS）是智能化低碳运行的重要技术手段，具有远程自动实时控制设备运行，可视化用户用能、产能的功能，旨在保证室内环境舒适度的前提下，促进用户节能生活习惯的形成。

HEMS通过网络连接（IoT）供应侧能源管理系统（Community Energy Management System，CEMS），进行供需两侧信号双向采集与传输。用户可以在手机端APP接收供应侧传输的实时信息，依据个人需求及偏好进行设备智能化的远程控制，如检查控制门锁开关保证居住环境安全性，提前开启空调满足房间舒适度，在外及时发现并关闭用能设备避免能源浪费。同时，能源消费的可视化便于用户掌握电气设备实时用能状况，依据CEMS传输的响应信号（实时能源价格调整）进行设备启停及负载管理。如图3所示，HEMS系统实现了对家庭分项能耗数据的检测与采集，系统内部执行ECHONET Lite通信协议，用能设备有无线蓝牙连接功能，通过无线网络传感进行能耗信息传输。用户通过室内末端显示及智能手机端可以及时把握设备运行状况，并进行设备启停控制，达到室

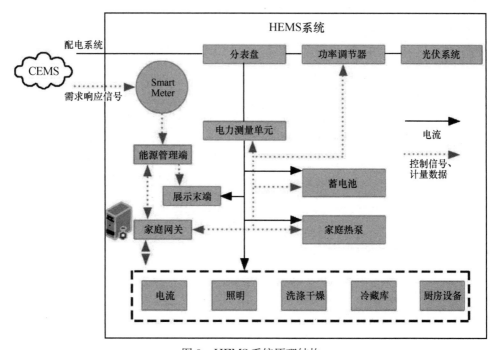

图3　HEMS系统原理结构

内环境舒适、节能、安全的效果。在既有建筑更新改造,特别是对能源系统更新中,引入智能化运营技术,既可以做到节能减排,也可以有效改善居住环境。

7.2 降低建筑物化过程中的碳排放

降低建筑物化过程中的碳排放,主要是以降低建筑物化过程中,材料的开采、加工、运输过程中的碳排放,以及建筑施工过程中的碳排放。因此,在建筑设计过程中应尽可能地选择新型环保材料,并改善施工工艺。

7.2.1 新型材料

在建筑更新改造中应尽可能采用生产耗能低、可回收、可降解的建筑材料,或者可再利用的材料;采用以低资源、低能耗、低污染生产的高性能建筑材料,如用现代先进工艺和技术生产的高强度水泥、高强度钢等;采用能够大幅降低建筑物使用过程中耗能的建筑材料,如具有轻质、高强、防水、保温、隔热、隔声等功能的新型墙体材料;采用具有改善居室生态环境和保健功能的材料。

7.2.2 绿色施工技术

绿色施工这一概念也在逐步完善并融入新的理念。目前,绿色施工的主要内容包括:一是减少不可再生资源、能源的使用;二是尽可能扩大可再生能源和材料的应用比例;三是做好施工过程中材料与废弃物的回收和再循环使用;四是避免高能耗施工机械的使用;五是综合考虑施工全阶段的碳排放和对周围环境的影响,实现施工阶段的低碳排与低耗能。因此,在项目的初始设计阶段就应考虑施工企业的筛选、施工的规划管理、技术编排等。

信息化施工是施工技术的发展方向,也是实现绿色施工理念的重要途径。在施工的各部分各阶段合理应用信息化技术,将施工的平面管理、动态的实时施工现场结合成三维可视的立体化数字施工现场,实现项目的管理、工期、各类资源的高效利用与存储记录,方便科学的综合利用。信息化施工的重点在于构建信息化组织平台、信息化施工现场以及信息化质量控制,将信息化技术与绿色施工理念结合,实现资源的节约与高效利用、质量实时控制与保证、工期的合理规划统筹、能耗的节约与碳排放减少等,实现社会、环境和经济效益三者之间的平衡。

7.3 降低建筑业碳排放

建筑业碳排放包含建筑施工阶段和建筑拆除处理阶段的碳排放,两个阶段相似的低碳技术是施工和拆除过程中所使用的工程器械和装备的低碳化,如选择使用碳排放量更小的工程车辆等。相同于绿色施工的部分已经在前一小节中介绍，本节不再复述。不同的在于建筑拆除处置方式，建筑材料的循环利用是建筑业降低碳排放的重要方式，建筑材料的循环利用可以减少建筑对自然资源的开采、运输和生产过程的碳排放。

7.3.1 建筑的循环更新理念

传统循环理念的"3R"原则，即减量化（Reduce）、再使用（Reuse）和再循环（Recycle）原则。基于该原则的循环经济理念已经在日本、德国等国家取得很好的效果。随着循环经济理念不断地推广、实践及发展，"5R"原则随之诞生。其在"3R"原则的基础上，增加了再思考（Rethink）及再修复（Repair）原则。

在建筑更新改造中，提出使用"5R"进行思考和实践，既有循环经济与绿色建筑需要相互碰撞进而产生循环建筑新技术、新思想的理论意义，也有结合我国城市更新"防止大拆大建"政策导向的实践意义。在这一理念的引导下，以"最低碳排放"和"最大的材料再利用"的方式进行既有建筑的更新改造，将为城市更新改造的低碳化发挥积极的作用。

7.3.2 建筑材料循环技术

建筑维修、更新、改造、拆除的过程中会产生大量的废旧建筑材料，对其进行回收、分类、再利用及最终处置是建筑更新改造中不可忽略的问题。然而，我国现阶段的建筑废弃材料的再生循环利用以及处理处置上尚不完善，缺少社会行动力。

针对建筑材料的循环利用主要有再利用以及再生利用两种方式，其中直接再利用主要是在不改变材料原型的基础上，利用工艺处理的方式，实现材料的再次利用。而再生利用与直接再利用相比较而言，其缺点就是在循环利用过程中也会消耗能源和资源。

建筑材料再利用过程中也面临着诸多技术问题，例如，废弃的建筑混凝土会作为再生混凝土的骨料，这也降低了再生混凝土的性能。研究表明，通过添加改质粉煤灰可以有效提高再生骨料混凝土强度等特性，为再生骨料混凝土的更广泛应用提供了可能。

7.4 低碳建筑设计方案

低碳理念导向下的建筑技术为城市更新中既有建筑更新提供低碳改造的技术支持。这些技术无论是在新建建筑还是在既有建筑更新改造中，都可以因时因地进行适当的组合使用。其核心观点是减少碳排放、降低环境负荷、追求与自然共生、确保可持续性，其设计流程如图4所示。

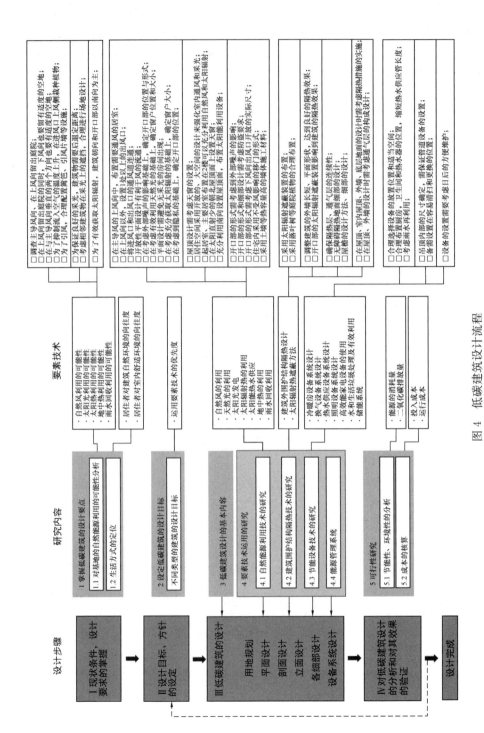

图 4 低碳建筑设计流程

作者：高伟俊[1,2,3] 蒋金明[1,2] 马青松[1] 李岩学[1] 王贺[1] 章凯顾[1]（1. 青岛理工大学；2. 北九州市立大学；3. 日本工程院外籍院士）

8 以高品质绿色建筑建设促进城乡建设绿色发展

8 Promoting green transformation of urban and rural construction with high quality green building

习近平总书记在十九大报告中强调"必须坚定不移贯彻创新、协调、绿色、开放、共享的发展理念"。党的十八大以来，全国经济和社会各条战线深入贯彻新发展理念，取得了生态文明建设与经济社会建设的伟大成就。我国绿色建筑实现了"以人民为中心"的基本原则，生态文明及现代建筑科技的深度融合，开拓了支撑绿色发展和满足人民群众美好生活的有效路径。立足新发展阶段，着眼于更深层次的发展需求和更宏伟的战略目标，绿色建筑还需在提升建筑使用者体验感、增强综合减碳能力、解决城乡区域发展平衡性、提升政策及产业支撑力等方面持续发力。中共中央办公厅、国务院办公厅印发的《关于推动城乡建设绿色发展的意见》（以下简称《意见》），给出了建设高品质绿色建筑的具体部署。

8.1 我国绿色建筑的发展现状

深入贯彻落实党的十九大精神，城乡建设领域大力推进绿色建筑，在"十三五"期间实现了跨越式发展。

在标准体系方面，完成了对国家标准《绿色建筑评价标准》GB 50378 的全面修订，重新构建了新一代的"安全耐久、健康舒适、生活便利、资源节约、环境宜居"五大评价指标体系，成为新时代绿色建筑建设的具体内涵。这五大性能坚持了"以人民为中心"这个基本原则，着眼于提高人民群众的获得感、幸福感和安全感，更好地满足了人民对美好生活的向往。

在政策与制度方面，住房和城乡建设部、发改委等七部委联合印发《绿色建筑创建行动方案》，各地进一步加大绿色建筑标准执行力度，全国省会以上城市保障性住房、政府投资公益性建筑、大型公共建筑全面执行绿色建筑标准，北京、天津、上海等十余省/直辖市在城镇新建建筑中全面执行绿色建筑标准。河北、辽宁、江苏等十余省/直辖市颁布实施绿色建筑地方行政法规、规章，部分地方逐步将民用建筑执行绿色建筑标准纳入工程建设质量管理体系。

截至 2021 年底，全国累计建成绿色建筑 85.91 亿平方米，2021 年新增绿色建筑 23.62 亿平方米，当年新增绿色建筑占年度新增建筑的比例达到 84.22%。我国绿色建筑已基本形成目标清晰、政策配套、标准完善、管理到位的体系，政策体系、标准体系、技术体系及工程规模等方面均居于世界前列。

8.2 我国绿色建筑的发展方向

"十四五"时期，是我国在决胜全面建成小康社会的基础上，全面开启建设社会主义现代化国家新征程的开局阶段，经济发展进入新常态，人们对建筑使用功能、空间环境品质要求日益提高，控制建筑能源资源消耗和温室气体排放压力进一步加大，绿色建筑发展迎来新的机遇与挑战。下一步需着力推动高品质绿色建筑发展，深化支撑城乡建设绿色转型。

一方面，要进一步提升建筑使用者体验感，坚持"以人民为中心"，响应"健康中国战略"，提升绿色建筑的健康性、舒适性、功能性以及防疫属性，提升人民群众居住品质，增进人民福祉；另一方面，要进一步增强综合减碳能力，聚焦碳达峰和碳中和、能源生产与消费革命等国家重大战略，提高建筑能源利用效率，优化建筑能源结构，促进建筑行业实现双碳目标；再一方面，要进一步平衡城乡区域发展、提升政策及产业支撑力，加强前瞻性思考、全局性谋划、战略性布局、整体性推进，建立新发展机制，构建技术创新体系，建设人与自然和谐共生的美丽城乡。

为推动城乡建设绿色发展，在开启"十四五"迈向新征程的关键节点上，中共中央办公厅、国务院办公厅联合印发了《意见》，指出要"加快转变城乡建设方式，促进经济社会发展全面绿色转型"，明确将"建设高品质绿色建筑"作为推动城乡建设绿色发展的重要内容之一，指明了高品质绿色建筑是推动城乡建设提质增效、增强人民群众获得感、提升建筑综合减碳能力的重要一环。

8.3 建设高品质绿色建筑的五项任务

《意见》以坚持人与自然和谐共生，尊重自然、顺应自然、保护自然，推动构建人与自然生命共同体。坚持整体与局部相协调，统筹规划、建设、管理三大环节，统筹城镇和乡村建设。坚持效率与均衡并重等为工作原则，从 5 个任务方向，给出了建设高品质绿色建筑的具体部署。

一是新建建筑全面建成绿色建筑，在设计、施工、运营管理和评价标识的全过程对绿色建筑进行管控。

绿色建筑未来还要在高质量方向持续发力，也要处理好城乡协调发展的关系。要从设计、施工、运营管理和评价标识的全寿命期视角落实技术、把控质量，解决我国广大农村地区居住品质低，室内环境差，长期以来农房建设标准不高的问题。切实体现出绿色建筑的各项优势，更好地满足人民群众对美好生活的需求，形成居民意愿驱动的市场动力。

《意见》指出，要"推动城镇新建建筑全面建成绿色建筑""鼓励建设绿色农房"，将绿色建筑基本要求纳入工程建设强制规范，制定绿色农房标准，提高建筑建设底线控制水平，同时鼓励各地制定实施更高要求的绿色建筑强制性规范及政策要求。到2025年，城镇新建建筑全面执行绿色建筑标准，推动在农村开展适宜节能技术、超低能耗建筑建设试点，提升农村建筑能源利用效率和室内热舒适环境，实现绿色建筑基本级的普及推广。《意见》提出"规范绿色建筑设计、施工、运行、管理"及"实施绿色建筑统一标识制度"，推动绿色建筑高质量发展就要抓好绿色设计，强化绿色建筑标准实施效力，持续完善绿色建筑标识申报、审查、公示制度，将民用建筑执行绿色建筑标准逐步纳入工程建设质量管理程序。

二是开展既有建筑绿色改造工作，推进城市建设由增量扩张进入存量优化阶段。

相对于新建建筑，我国大量的既有建筑存在环境品质差，节能水平低，抗震水平不高，配套设施缺乏等一系列问题。随着我国城镇化进程的深入推进，城市发展逐步由增量扩张进入到存量优化阶段，由追求发展速度和规模转变为更多的追求质量和效益，对量大面广的既有建筑进行绿色化改造将成为推动绿色建筑向纵深发展的双轮驱动力之一，也是新型城镇化深入推进的必然要求。对老旧小区进行同步式综合性改造可最大限度地节约资源，减少扰民，将改造效益最大化，极大提升城乡建筑的整体面貌和性能水平。

《意见》明确指出，"推进既有建筑绿色化改造"，首先要在严寒寒冷地区前期工作的基础上继续落实北方地区清洁取暖要求，持续推进建筑用户侧能效提升改造。在夏热冬冷地区要适应居民采暖的迫切需求，积极开展居住建筑节能改造，因地制宜采用清洁高效取暖方式，提高用能效率和室内舒适度。尽快修订国家标准《既有建筑绿色改造评价标准》GB/T 51141，更新绿色化改造评价指标体系，提高低碳节能水平，鼓励既有建筑改造达到绿色建筑标准要求。《意见》从我国老旧小区改造的现状出发，鼓励既有建筑绿色化改造"与城镇老旧小区改造、农村危房改造、抗震加固等同步实施"，形成多点工作的合力效应。

三是开展绿色生活创建行动，建设绿色建筑、节约型机关、绿色学校、绿色医院，推广普及绿色生活方式。

2019年9月9日中央全面深化改革委员会第十次会议通过了《绿色生活创建行动总体方案》，倡导简约适度、绿色低碳的生活方式，要按照系统推进、广泛参与、突出重点、分类施策的原则，开展节约型机关、绿色家庭、绿色学校、绿色社区、绿色出行、绿色商场、绿色建筑等创建行动，建立完善绿色生活的相关政策和管理制度，推动绿色消费，促进绿色发展。到2022年，绿色生活创建行动要取得显著成效，生态文明理念更加深入人心，绿色生活方式得到普遍推广，通过宣传一批成效突出、特点鲜明的绿色生活优秀典型，形成崇尚绿色生活的社会氛围。

《意见》强调，要"开展绿色建筑、节约型机关、绿色学校、绿色医院创建行动"。其中，《绿色建筑创建行动方案》以城镇建筑作为创建对象，在具体内容中提出了包括推动新建建筑全面实施绿色设计，完善星级绿色建筑标识制度，提升建筑能效、水效水平，提高住宅健康性能，推广装配化建造方式，推动绿色建材应用，加强技术研发推广等在内的八项重点任务。目前，全国已有31个省市自治区颁布了相应的绿色建筑创建行动实施方案。

四是推广超低能耗、近零能耗建筑，提高区域及建筑运营能效，推广可再生能源利用，实施建筑领域碳达峰、碳中和行动。

习近平总书记指出，"实现碳达峰碳中和是一场广泛而深刻的经济社会系统性变革，要拿出抓铁留痕的劲头，如期实现2030年前碳排放达峰，2060年前碳中和目标"。建筑全寿命周期能耗总量在全国能源消费总量中占有较大比重，随着城镇化快速推进和产业结构深度调整，建筑领域碳排放量和占全社会比例均将进一步提高。未来加快实施建筑能源低碳化、清洁化转变，降低建筑运行能耗、水耗，促进城市及建筑用能的智慧化管理升级，提高区域能源能效的重要性愈加凸显。

《意见》提出"实施建筑领域碳达峰、碳中和行动"，住房和城乡建设部正在制定城乡建设领域2030年碳达峰实施方案和绿色建筑与建筑节能"十四五"发展规划，着力构建城乡建设领域碳达峰、碳中和的时间表、路线图、施工图。绿色建筑应实现更高节能和更低碳排放，分阶段、分类型、分气候区提高城镇新建民用建筑强制性节能标准，加快更新建筑节能、市政设施等标准。推动可再生能源应用，鼓励智能光伏与绿色建筑融合创新发展，"建立城市建筑用水、用电、用气、用热等数据共享机制，提升建筑能耗监测能力"。"大力推广超低能耗、近零能耗建筑，发展零碳建筑"，建设零碳城市、零碳社区、零碳市政基础设施等，推进建筑用能电气化和低碳化，提高市政设施运行效率，推动区域建筑能效提升。下一步要建立健全建筑行业低碳发展制度，开展建筑行业碳排放交易试点，持续助力碳达峰、碳中和。

五是加强财政、金融等政策支持，推动高质量绿色建筑的规模化发展。

随着绿色建筑的控制性要求纳入工程建设全文强制规范体系，绿色建筑将由试点推广和局部地区、部分建筑类型强制推广进入全面普及的规模化发展阶段，建设规模将迅速扩大。绿色建筑指标按照人民群众对安全耐久、健康舒适、生活便利、资源节约、环境宜居的需求进行了重新构建，更加注重使用过程中的实际效果、真实感受和综合减排，绿色建筑进入提质增效的高质量发展阶段，建设水平将逐步提高。为适应绿色建筑规模化和高质量发展的现实需求，《意见》特别提出要"加强财政、金融、规划、建设等政策支持，推动高质量绿色建筑规模化发展"。

为最大限度地发挥政策引领市场发展的带动效应，需着力加强财政、金融、规划、建设、运营等方面的系统性、联动性政策支持。各地住房和城乡建设主管部门要加强与发展改革、财政部门的沟通，争取专项资金支持。开展绿色建筑与绿色金融协同发展示范城市建设，支持金融机构按照风险可控、商业可持续的原则加大对绿色建筑项目的融资支持力度，拓展融资渠道和方式，设计覆盖建设、运营、销售等过程的创新性金融产品。在合理可控的前提下，有针对性的试点财政补贴补助、税收减免、加计扣除、容积率奖励、贷款贴息等优惠方式，调动建设单位和各级业主采购绿色建筑产品、应用绿色建筑技术的积极性。

8.4 结　语

推动城乡建设绿色发展是一项复杂的系统工程，《意见》坚持目标与结果导向，给出了具体实施路径、列出了创新工作方法、提出了组织实施机制，系统完整、科学规划、重点突出、精准施策。我国绿色建筑的发展已经走在了世界前列，支撑城乡建设的绿色发展和满足人民群众的美好生活，下一阶段在《意见》的推动下，绿色建筑必将实现更高质量的发展，有力推动城乡建设发展方式的转变。

作者：王清勤　孟冲（中国建筑科学研究院有限公司）

9　关于推动城乡建设绿色发展的几点思考
9　Some thoughts on promoting green development of urban and rural construction

近期，中共中央、国务院印发了《关于推动城乡建设绿色发展的意见》（以下简称《意见》），该《意见》是党中央、国务院作出的重大决策部署，是今后一个阶段推动城乡建设绿色发展的纲领性文件，对于转变城乡建设发展方式，推动形成绿色发展方式和生活方式，满足人民群众日益增长的美好生活需要，建设美丽中国具有十分重大的意义。

该《意见》是贯彻新发展理念的生动体现。《意见》以习近平新时代中国特色社会主义思想为指导，在新发展理念框架下系统提出一整套方法论，整体框架结构完整全面，包括总体要求、推进城乡建设一体化发展、转变城乡建设发展方式、创新工作方法、加强组织实施5个部分，处处体现绿色发展理念，非常具有现实意义和指导意义。

该《意见》是实现伟大复兴中国梦征程上具有里程碑意义的重大事件。中国梦需要绿色中国作为支撑，《意见》从城乡建设一体化发展、转变城乡建设发展方式两个维度谋划绿色发展道路，科学规划了不同层面、不同领域、不同阶段的发展蓝图。全方位全天候地系统开启了全社会绿色低碳的序幕，《意见》的出台，既是全社会的行动纲领，也是各行各业绿色行动的冲锋号角。

笔者认为落实好《意见》，要做好以下5个方面的工作。

1. 围绕一条主线

全面实现绿色发展，要紧紧围绕"高质量发展"这条主线。当前建筑业总体上发展质量还不够高，表现为：产业大而不强、细而不专；建设组织方式仍然落后，企业核心竞争力不强；工程设计能力还有待提高；工人技能素质偏低，年龄结构老化；监管体系机制不健全等。建筑业高质量发展的内涵就是在保持较大产业规模的基础上，体现在产业整体竞争力更为强大，集中体现为"资源节约，环境保护、过程安全、精益建造、品质保证，最终实现价值创造"。

进入新的发展阶段，高质量发展要以绿色发展为发力点，朝着以下几个方向转变：一是业态变化，建筑业已开始向工业化、数字化、智能化方向升级。二是生态变化，建筑业需要注重绿色节能、低碳环保，需要和自然和谐共生。三是发展模式，建筑业的"增量市场"逐年缩减，城镇老旧小区改造、城市功能提升项目等"存量市场"将成为新的"蓝海"。四是管理要求，建筑业企业需要提升质量标准化、安全常态化、管理信息化、建造方式绿色化、智慧化、工业化。五是协同发展，建筑业需要同产业链上下游企业、关联行业加强融合协同发展。为此，建筑业要紧扣进入新发展阶段，着力实现新的更大发展；紧扣贯彻新发展理念，着力推进发展方式转变；紧扣构建新发展格局，着力发挥重要支点作用。

建筑业高质量发展是一个非常庞大的体系，其关键在于进一步解放生产力和改善生产关系，也就是要推动生产方式的转型升级。对中国建筑业而言，新时代实现高质量发展的根本路径就在于以"三造"融合创新、"四化"协同发展，推动行业绿色发展，做强做优中国建造，迈向建造强国，实现高质量发展。

2. 坚持"两项"原则

一是坚持绿色发展、绿色建造、绿色生活的有机统一。实现城乡建设绿色发展必须把绿色发展、绿色建造和绿色生活有机统一起来。首先，绿色发展是根本方向，是推动各项工作的总抓手，绿色发展理念以人与自然和谐为价值取向，以绿色低碳循环为主要原则，以生态文明建设为基本抓手。城乡建设实现绿色发展，就是要保护环境，转变发展方式，实现可持续发展的必然选择。其次，绿色建造是主要方式，建筑业必须从根本上摆脱粗放发展的老路，在建筑全生命周期内最大限度节约资源和保护环境，要大力推动绿色建造，助力我国实现碳达峰碳中和"双碳"目标。具体而言，设计阶段，要提高设计质量，优化节能和排放方案，源头上把好绿色关。施工阶段，要科学组织，避免资源浪费，提高资源利用效率，降低生产能耗。运维阶段，要完善运营管理体系，加强能源消耗数据收集、分析，让图纸上的绿色建筑真正走向生态建筑。最后，绿色生活是最终归宿。建筑业高质量发展的核心就是以人为本，体现在为人民群众提供更高品质的建筑产品上，提供更优质、更高效的绿色建筑、绿色住宅，建筑业的使命就是实现更加美好的人居环境，让人与建筑、城市和谐共生。《意见》的2035年目标就是建设美丽中国，这与绿色生活理念一脉相承。

绿色发展、绿色建造、绿色生活相互统一，相互促进。绿色发展离不开绿色建造的支撑，绿色建造是实现绿色发展的重要手段，是当前乃至今后一段时期内建筑业生产方式转型的方向，要由传统的建造方式向以绿色建造、智慧建造、工业化建造为核心的新型建造方式转变。绿色发展的最终目的是实现人民群众的绿色居住环境，在保护自然生态的前提下，最大限度实现发展，增加人民群众的幸福感和获得感。没有绿色发展就没有绿色生活，同时，绿色生活反过来促进城乡建设绿色发展。倡导健康低碳的生活方式，建设低碳的绿色社区、绿色城市，有助于促进整体的绿色。

二是坚持以人民为中心的发展思想。要站在人民视角为全社会提供绿色建筑产品，营造绿色人居环境。要把绿色策划、绿色设计、绿色建造、绿色运营的理念贯穿到建筑全生命周期，建造质优、适用、经济、安全、绿色、美观的优质产品，满足人民群众日益增长的美好生活需要。绿色发展不是口号，而是实实在在的行动，是贯彻落实习近平总书记关于生态文明建设的必然选择。建筑业要提升发展质量，必须走绿色发展之路，深入解决资源能源利用效率低、建筑垃圾排放量大、扬尘和噪声环境污染严重等问题。要坚持系统观念，统筹城乡建设，实施城市生态修复工程和功能完善工程，增强城市整体性、系统性，扎实推进碳减排，大力发展装配式建筑、绿色建筑、绿色建材、绿色建造，提升整个建筑业发展质量。

为此，我们要把握道法自然、承启中华、AI赋能的绿色建造发展路径，把在家园层面实现绿色生态作为建筑业绿色发展的根本归宿，通过推动面向未来的绿色建造技术应用，把建造的绿色化水平由浅绿推向深绿，在未来的绿色建筑中实现群落智慧的碳平衡，真正把"绿水青山就是金山银山"理念在行业中用实践来贯彻落实。

3. 推动"三造"融合

习近平总书记提出，中国制造、中国创造、中国建造共同发力，改变着中国的面貌。习近平总书记关于"三造"的这一重要论断，内涵丰富，影响深远。对中国建筑业而言，如何借助中国制造、中国创造、中国建造这"三造"融合来推动生产方式转变，将是建筑业实现绿色发展的重要方式。

"三造"融合创新是行业变革的关键支点，回顾建筑业发展历史，不难看出，建筑业的技术革命与钢铁工业、机械制造业、信息产业等工业部门的技术变化紧密相关。长期以来，受制于处于中国特色社会主义初级阶段这一基本现实条件，我国建筑业生产方式总体上仍比较落后，还没有真正完成建筑工业化。横向比较，制造业技术先进性已经显著领先于建筑业，在生产效率、质量控制、环境保护等诸多方面都具有明显优势，以"制造＋创造＋建造"为特征，推动现代工业技术、信息技术与传统建筑业融合创新。

把绿色理念贯穿到建造全过程，要借鉴工业制造的标准化、流程化以及信息化促进建筑生产方式转变，真正实现在"工厂里盖大楼"，依托标准化作业方式减少建筑垃圾，提高建筑资源的重复利用效率，探索发展建筑生态产业链。依托技术创新降低建筑能耗，牢牢把握源头关，在建筑设计、建造阶段注入绿色发展理念，这样的建筑才能成为绿色建筑。依托信息化管理模式，提高管理效率，减少生产施工环节的重复投入，通过信息化技术管理手段减少资源浪费，实现绿色生产。建筑业绿色发展涉及产业链条环节多，关键技术投入要素较多,其关键在于进一步解放生产力和调整生产结构,也就是要推动生产方式的转型升级。

4. 加速"四化"协同

当前,在新材料、新装备、新技术的有力支撑下,工程建造正以品质和效率为中心,向绿色化、工业化和智慧化程度更高的"新型建造方式"发展。绿色化、工业化、智慧化、国际化这"四化"协同发展代表了行业生产方式转型的根本方向。从生产方式看,新型建造方式落脚点主要体现在绿色建造、智慧建造和建筑工业化,将推动全过程、全要素、全参与方的"三全升级",促进新设计、新建造、新运维的"三新驱动"。

绿色化是新理念的内在要求。坚持绿色发展,形成人与自然和谐发展现代化建设新格局,这是新发展理念的要求。建筑业必须从根本上摆脱粗放发展的老路,要致力于建设生态修复工程、民生安置工程、江河湖泊治理工程;要致力于为全社会提供绿色建筑产品,打造超低能耗、近零能耗建筑,降低建筑运营能耗,减少碳排放。特别需要提出的是,近期受到普遍关注的碳达峰碳中和,是党中央的重大战略决策,是我国向国际社会作出的庄严承诺,今后一段时期,建筑行业将迎来巨大挑战与发展机遇,绿色建筑、低碳建筑、生态建筑等将成为未来工程产品的发展要求。为了在2060年实现碳中和,从现在开始就要为未来40年节能减排的总体策略和技术经济路径做出安排。

智慧化是新时代的关键引擎。发展新型建造方式,推动智慧建造的发展与应用,是顺应第四次工业革命的必然要求,是提升行业科技含量、提高人才素质、推动国际接轨的必然选择,是解决我国资源相对匮乏、供需不够平衡等发展不充分问题的必由之路,也是中国建筑产业未来能占据全球行业制高点的关键所在。

工业化是现代化的坚实基础。发展新型建筑工业化是落实党中央、国务院决策部署的重要举措,是促进建设领域节能减排的有力抓手;当前,我国建筑业正在各类房屋建筑和基础设施工程中,结合各自工程特点,推动着诸如装配式建筑、装配式桥梁等建造技术的发展,充分发挥着工厂制造高效率、高品质、自动化的优势,这将大大降低资源消耗,为建筑业绿色发展打牢基础。

国际化是新格局的关键支点。推动行业国际化发展,有助于促进中国建筑业在"一带一路"等海外发展中更好地与世界接轨,发挥建筑业产业链长的优势,带动中国制造、中国创造更好地走出去。尤其是在绿色低碳领域要加强国际合作,既要通过引进来,消化吸收国外在减碳技术方面的创新成果,尤其是绿色建材、建筑垃圾再循环利用方面突破创新,又要走出去,根据不同国家政策、市场以及资源情况,通过提供标准化支持、技术服务、当地建厂等途径,广泛开展合作,推动绿色产品国际化发展。

5. 处理好"五对"矛盾

贯彻落实好《意见》是一项长期工程，必须坚持久久为功，要处理好以下5对矛盾。

一是处理好整体与局部的矛盾。以"创新、协调、绿色、开放、共享"为核心的新发展理念是管全局、管长远的，是当前乃至长时期内指导我们发展的行动指南。《意见》作为城乡建设领域绿色发展的行动纲领，是在新发展理念下的具体规划、具体方案。但是就绿色发展而言，《意见》作为整体，内涵较广，涉及跨不同行业、产业较多，需要统一的部署行动安排，既要党中央国务院统一指挥，又需要结合不同地区不同行业实际情况，具体问题具体分析，需要各行各业、各省市区同心协力、齐抓共管才能高效推进绿色发展。建筑企业作为先锋队，要敢于打破常规，率先开辟出一条绿色低碳的发展之路。

二是处理好创新与应用的矛盾。绿色发展需要技术创新，更需要大规模的应用推广。从复杂性科学的视角来看，技术创新活动绝非简单的线性递进关系，而是一个复杂、全面的系统工程。在多主体参与、多要素互动的过程中，作为推动行业进步的技术与作为拉动力的应用，可以被看作既独立又统一的一对矛盾，建筑业技术创新为应用创造了环境，提供了土壤；反之，大规模应用往往会造成安于现状的后果，阻碍创新步伐。在建筑业绿色低碳转型过程中，技术创新应当摆在最重要突出的位置，但同时要发挥行业合力，组织高校院所、科研机构、生产企业参与其中，在发展过程中解决矛盾，推动行业进步。

三是处理好低碳与发展的矛盾。绿色低碳不等于不发展，不能在限制发展的前提下应对气候变化和绿色低碳。于建筑行业而言，走绿色低碳之路，首先就是要破除高耗能紧箍咒，去掉高消耗、高污染产业，在发展过程中要彻底改变过去大拆大建、资源浪费的生产模式；其次要正确处理高成本与低碳之间的关系，绿色低碳不一定高成本，从短期来看，实现绿色发展方式需要投入大量资金、技术、人力来实现技术迭代更新；但从长远看，科技进步到一定阶段并形成规模化生产之后，生产成本随之下降。节约资源、保护环境功在当代，利在千秋。我们要通过合理利用资源、技术进步、提高效率实现高速发展。

四是处理好城市与个人的矛盾。城市（社区）作为一个有机整体，承担着人们生产、生活以及工作等功能需求，是一个复杂多维的生态系统，个人作为城市（社区）个体要正确处理好资源消耗和城市（社区）生态的矛盾，既要合理利用自然资源，又要控制过度的资源消耗。在城乡建设过程中，要大力倡导绿色低碳生产方式、生活方式以及出行方式，培养人们的环保意识，每个人在资源节约方面迈出一小步，就是城市（社区）环境提升的一大步。我们既要保护好赖以生存的家园，又要保护好绿水青山。

五是处理好短期与长远的矛盾。《意见》作为一段时期内绿色行动的指南，我们要通过此项方案形成长效机制，通过全社会的共同努力深刻改变城乡建设的全貌，实现长远发展的效果。我们要大力推进技术革新，在绿色发展的关键环节要着眼长远，要敢于牺牲短期利益，要正确处理短时期内各种复杂矛盾，要逐步引导全社会形成节约资源、保护环境的行为习惯。行业主管部门要通过标准体系、制度法规、技术创新、产业发展等长效举措实现绿色低碳循环发展。

作者：毛志兵（中国建筑股份有限公司原总工程师）

综合篇参考文献

[1] 中华人民共和国生态环境部. 中华人民共和国气候变化第二次两年更新报告[R]. 2018.

[2] UNEP Ozone Secretariat. Report of the Nineteenth Meeting of the Parties to the Montreal Protocol on substances that deplete the ozone layer[R/OL]. Http：//www. unep. org/ozone/2007.

[3] 中华人民共和国生态环境部. 我国正式接受《〈关于消耗臭氧层物质的蒙特利尔议定书〉基加利修正案》[R/OL]. http：//www. mee. gov. cn/ywdt/hjywnews/202106/t20210621_841062. shtml.

[4] 胡建信，等. 中国氢氟碳化物(HFCs)减排情景分析[R]. 2019.

[5] UNEP. Report of the Refrigeration[R]. Air Conditioning and Heat Pumps Technical Options Committee，2018.

[6] 王灿，张雅欣. 碳中和愿景的实现路径与政策体系[J]. 中国环境管理，2020，12(6)：58-64.

[7] 张雅欣，罗荟霖，王灿. 碳中和行动的国际趋势分析[J]. 气候变化研究进展，2021，17(1)：88-97.

[8] 吴志强，李欣. 城市规划设计的永续理性[J]. 南方建筑，2016(5)：6.

[9] 李春亮，王世福. 超越石油之"拾能城市"设想[J]. 南方建筑，2010(1)：30-33.

[10] 吴志强. 超越石油的城市[M]. 北京：中国建筑工业出版社，2009.

[11] 何珍，吴志强，王紫琪，等. 碳达峰路径与智力城镇化[J]. 城市规划学刊，2021(6)：37-44.

[12] 吴志强. 城市未来技术与新基建逻辑[J]. 张江科技评论，2020(6)：1.

[13] Global Alliance for Buildings and Construction, International Energy Agency and the United Nations Environment Programme. 2019 global status report for buildings and construction: Towards a zero-emission, efficient and resilient buildings and construction sector[EB/OL].

[14] United Nations Environment Programme, Global Alliance for Buildings and Construction. 2020 global status report for buildings and construction: towards a zero-emissions, efficient and resilient buildings and construction sector[EB/OL].

[15] IPCC, 2018: Global Warming of 1.5℃. An IPCC Special Report on the impacts of global warming of 1.5℃ above pre-industrial levels and related global greenhouse gas emission pathways, in the context of strengthening the global response to the threat of climate change, sustainable development, and efforts to eradicate poverty[EB/OL].

[16] Levin, K., and D. Rich. Turning Points: Trends in Countries' Reaching Peak Greenhouse Gas Emissions over Time[R]. Washington, DC: World Resources Institute, 2017.

[17] 中国建筑节能协会建筑能耗与碳排放数据专业委员会. 2021中国建筑能耗与碳排放研究报告[EB/OL].

[18] 中国建筑材料联合会. 中国建筑材料工业碳排放报告(2020年度)[EB/OL].

[19] Mcmanus M C, Taylor C M. The changing nature of life cycle assessment[J]. Biomass & Bioenergy, 2015, 82: 13-26.

[20] 顾道金, 朱颖心, 谷立静. 中国建筑环境影响的生命周期评价[J]. 清华大学学报（自然科学版）, 2006, 46(12): 1953-1956.

[21] Flower D, Sanjayan J. Green House Gas Emissions due to Concrete Manufacture[J]. The International Journal of Life Cycle Assessment, 2007, 12(5): 282-288.

[22] Pacheco-Torgal F, Ding Y, Colangelo F, Tuladhar R, Koutamanis A. Advances in Construction and Demolition Waste Recycling [M]. UK: Woodhead Publishing, 2020.

[23] Pacheco-Torgal F, Jalali S, Labrincha J, John V M. Eco-efficient concrete[M]. UK: Woodhead Publishing, 2013.

[24] Dossche C, Boel V, Corte W D, et al. A plant based LCA of high-strength prestressed concrete elements and the assessment of a practical ecological variant[J]. Cement & Concrete Composites, 2016, 73: 192-202.

[25] Lee S H, Park W J, Lee H S. Life cycle CO_2 assessment method for concrete using CO_2 balance and suggestion to decrease LC CO_2 of concrete in South-Korean apartment[J]. Energy & Buildings, 2013, 58(Mar.): 93-102.

[26] Tae S, Baek C, Shin S. Life cycle CO_2 evaluation on reinforced concrete structures with high-strength concrete[J]. Environmental Impact Assessment Review, 2011, 31(3): 253-260.

[27] Park J, Tae S, Kim T. Life cycle CO_2 assessment of concrete by compressive strength on construction site in Korea[J]. Renewable & Sustainable Energy Reviews, 2012, 16(5): 2940-2946.

[28] 李小冬, 王帅, 孔祥勤, 等. 预拌混凝土生命周期环境影响评价[J]. 土木工程学报, 2011, 44(1): 7.

[29] Heede P, Belie N D. Environmental impact and life cycle assessment (LCA) of traditional and 'green' concretes: Literature review and theoretical calculations[J]. Cement & Concrete Composites, 2012, 34(4): 431-442.

[30] Vieira D R, Calmon J L, Coelho F Z. Life cycle assessment (LCA) applied to the manufacturing of common and ecological concrete: A review[J]. Construction and Building Materials, 2016, 124: 656-666.

[31] 沈丹丹. 建筑全生命周期碳排放量计算模型[J]. 建筑施工, 2021, 43(10): 5.

[32] von der Assen N, Bardow A. Life cycle assessment of polyols for polyurethane production using CO_2 as feedstock: insights from an industrial case study[J]. Green Chemistry, 2014, 16(6): 3272-3280.

[33] Hepburn C, Adlen E, Beddington J, et al. The technological and economic prospects for CO_2 utilization and removal[J]. Nature, 2019, 575(7781): 87-97.

[34] Skibsted J, Snellings R. Reactivity of supplementary cementitious materials (SCMs) in cement blends[J]. Cement and concrete Research, 2019, 124(10): 105799.

[35] Juenger M C G, Snellings R, Bernal S A. Supplementary cementitious materials: New sources, characterization, and performance insights[J]. Cement and concrete Research, 2019, 122 (5): 257-273.

[36] Juenger M C G, Siddique R. Recent advances in understanding the role of supplementary cementitious materials in concrete[J]. Cement and concrete Research, 2015, 78 (12): 71-80.

[37] 赵海晋, 余其俊, 韦江雄, 等. 利用粉煤灰高温重构及稳定钢渣品质的研究[J]. 硅酸盐通报, 2010, 29(3): 572-576.

[38] 马保国, 朱平华, 黄立付. 固体碱激发制备碱-矿渣-高钙粉煤灰水泥的研究[J]. 粉煤灰, 2001, 13(4): 4-6.

[39] Luukkonen T, Abdollahnejad Z, Yliniemi J, et al. One-part Alkali-activated Materials: A Review[J]. Cement and Concrete Research, 2018, 103(11): 21-34.

[40] 石仓武、友泽史纪、嵩英雄ほか. 高品质再生骨材の制造技术に关する开(その1 - 4)[A]. 日本建筑学会学术讲演集[C]. 1998, 9: 685-690.

[41] 李秋义, 李云霞, 朱崇绩, 等. 再生混凝土骨料强化技术研究[J]. 混凝土, 2006(1): 74-77.

[42] Tsujino M, Noguchi T, Tamura M, Kanematsu M, Maruyama I. Application of conventionally recycled coarse aggregate to concrete structure by surface modification treatment [J]. Journal of advanced concrete technology, 2007, 5(1): 13-25.

[43] Cheng H, Wang C. Experimental study on strengthen concrete regenerated aggregate with water glass [J]. New Building Material, 2004, 12: 12-14.

[44] Zhan B, Poon C S, Liu Q, et al. Experimental study on CO_2, curing for enhancement of recycled aggregate properties[J]. Construction and Building Materials, 2014, 67(9): 3-7.

[45] 齐秀梅. 水泥和矿物掺合料与减水剂相容性问题的研究[J]. 混凝土, 2009(12): 65-67.

[46] Lei L, Plank J. A study on the impact of different clay minerals on the dispersing force of conventional and modified vinyl ether based polycarboxylate superplasticizers[J]. Cement and Concrete Research, 2014, 60(6): 1-10.

[47] Tam V W Y, Tam C M. Diversifying two-stage mixing approach (TSMA)for recycled aggregate concrete: TSMAs and TSMAsc[J]. Construction and building materials, 2008, 22(10): 2068-2077.

[48] 徐莉, 童敏. 钢渣和丙烯酸树脂制备人造石及其性能研究[J]. 新型建筑材料, 2019, 46(5): 25-28.

[49] 邓宇, 任吉, 谭春雷, 等. 陶粒掺量和粉煤灰替代水泥掺量对轻质水泥基砌块力学性能的影响[J]. 混凝土, 2018(8): 129-132.

[50] 袁玲, 施惠生. 焚烧灰中重金属溶出行为及水化固化机理[J]. 建筑材料学报, 2004, 7(1): 76-80.

[51] Amy Seif Hattan. Validating an Emerging Design Area through Industry-Academia Research Partnerships. Technology | Architecture ＋ Design, 5: 1, 14-18, Journal

homepage：https：//www.tandfonline.com/loi/utad20. Published online：19 Apr 2021.

[52] Sophia and Stefan Behling, The Evolution of Solar Architecture, Prestel-Verlag, Munich, 1996.

[53] 吴军.《硅谷来信3》(年度日更),《得到》知识服务平台,2021.

[54] 卓克.《科技参考》(年度日更),2021.

[55] 王建国.生态原则与绿色城市设计[J].建筑学报,1997(7)：8-12.

[56] United Nations Environment Programme(UNEP). Emissions gap report 2020[R]. Nairobi：United Nations Environment Programme and UNEP DTU Partnership,2020.

[57] 余碧莹,赵光普,安润颖,等.碳中和目标下中国碳排放路径研究[J].北京理工大学学报(社会科学版),2021,23(2)：17-24.

[58] 蔡博峰,曹丽斌,雷宇,等.中国碳中和目标下的二氧化碳排放路径[J].中国人口·资源与环境,2021,31(1)：7-14.

[59] 中国建筑节能协会.中国建筑能耗研究报告(2020)[R].2021.

第二篇 标准篇

2021年，中共中央、国务院印发《国家标准化发展纲要》，提出"建立健全碳达峰、碳中和标准""完善绿色建筑标准""推动新型城镇化标准化建设"等多项建筑领域重点绿色发展任务，对于推动新时代高质量绿色建筑创新发展，满足人民群众对优质绿色建筑的需求，建立新时期"绿色、健康、智慧"人居标准具有重要意义。

为贯彻落实《国务院关于印发深化标准化工作改革方案的通知》（国发〔2015〕13号）精神，按照住房和城乡建设部《关于深化工程建设标准化工作改革的意见》要求，推动建立以强制性工程建设规范为核心，以推荐性标准和团体标准为配套的新型标准体系。我国绿色建筑技术标准体系也正向全寿命周期、不同建筑类型、不同地域特点、单体向区域等不同维度发展，随着强制性工程建设规范的发布，有效精简政府推荐性标准，优质发展团体标准，是我国建筑领域绿色建筑发展的重点任务和目标。本篇主要介绍绿色建筑领域标准工作的新成果、新动向，包括强制性工程建设规范、推荐性标准和团体标准，涉及建筑环境、建筑节能、绿色建筑设计、绿色建筑评价等内容，这些标准项目对于创新绿色技术、助力双碳目标、改善人居环境、促进绿色发展具有重要的推动作用。

1 《建筑环境通用规范》GB 55016—2021
1 General Code for Building Environment GB 55016—2021

1.1 编制背景

2016年住房和城乡建设部印发了《关于深化工程建设标准化工作改革的意见》，提出改革强制性标准，加快制定全文强制工程建设规范，逐步用全文强制工程建设规范取代现行标准中分散的强制性条文。明确"加大标准供给侧改革，完善标准体制机制，建立新型标准体系"的工作思路，确定"标准体制适应经济社会发展需要，标准管理制度完善、运行高效，标准体系协调统一、支撑有力"的改革目标。

依据《住房和城乡建设部关于印发〈2017年工程建设标准规范制修订及相关工作计划〉的通知》（建标〔2016〕248号）、《住房和城乡建设部关于印发〈2019年工程建设规范和标准编制及相关工作计划〉的通知》（建标〔2019〕8号）的要求，编制组开展了《建筑环境通用规范》GB 55016—2021（以下简称《环境规范》）研编和编制各项工作，从建筑声环境、建筑光环境、建筑热工、室内空气质量4个维度，明确了控制性指标，以及相应设计、检测与验收的基本要求，实现建筑环境全过程闭合管理。

编制组开展了现行建筑环境领域相关标准规范强制性条文、非强制性条文梳理和甄别，国内相关法律法规、政策文件研究，国外相关法规和标准研究等专题研究；同时，对建筑声环境、建筑光环境、建筑热工和室内空气质量方面技术指标和控制限值提升进行了研究，有力支撑了标准编制工作。

1.2 技术内容

1.2.1 框架结构

根据住房和城乡建设部关于城乡建设部分技术规范编制的要求，《环境规范》作为通用技术类规范，以提高人居环境水平、满足人体健康所需声光热环境和室内空气质量要求为总体目标，由多项工程项目类规范中出现的重复强制性技术要求构成。

《环境规范》框架结构见图1，分为目标层和支撑层。

（1）目标层包括总目标、分项目标和主要技术指标。主要技术指标有：

声环境：民用建筑主要功能房间室内噪声、振动限值等；

光环境：采光技术指标（采光系数、采光均匀度等）、照明技术指标（照度、照度均匀度等）等；

建筑热工：内表面温度、湿度允许增量等；

室内空气质量：7类室内污染物浓度（氡、甲醛、氨、苯、甲苯、二甲苯、TVOC）等。

（2）支撑层主要分设计、检测与验收两大环节，提出各专业应采取的技术措施，保证性能目标的实现。

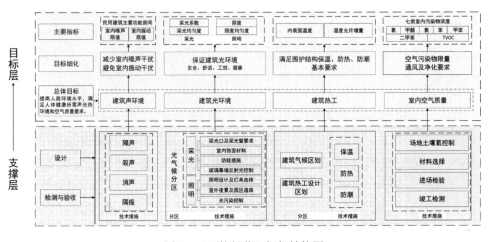

图1 《环境规范》框架结构图

1.2.2 性能要求

响应国家高质量发展、绿色发展需求，《环境规范》从各专业特点出发，结合我国当前发展水平，在不低于现行标准基础上，对各专业性能提出了高质量要求。

（1）建筑声环境包括主要功能房间噪声限值和主要功能房间振动限值；

（2）建筑光环境包括采光技术指标（采光系数、采光均匀度、反射比、颜色透射指数、日照时数、幕墙反射光等），照明技术指标（照度、照度均匀度、统一眩光值、颜色质量、光生物安全、频闪、紫外线相对含量、光污染限值等）；

（3）建筑热工包括热工性能（保温、隐热、防潮性能），温差（围护结构内表面温度与室内空气温度等），温度（热桥内表面等），湿度（保温材料的湿度允

许增量等);

(4) 室内空气质量包括民用建筑室内7类污染物浓度(氡、甲醛、氨、苯、甲苯、二甲苯、TVOC)限值,场地土壤氡浓度限量,无机非金属建筑主体材料、装饰装修材料的放射性限量。

1.2.3 技术措施

为保证建筑工程能够达到各项环境指标的要求,《环境规范》规定了建筑环境设计、检测与验收的通用技术要求。

(1) 设计

建筑声环境包括隔声设计(噪声敏感房间、有噪声源房间隔声设计要求、管线穿过有隔声要求的墙或楼板密封隔声要求)、吸声设计(应根据不同建筑的类型与用途,采取相应的技术措施控制混响时间、降低噪声、提高语言清晰度和消除音质缺陷)、消声设计(通风、空调系统)和隔振设计(噪声敏感建筑或设有对噪声与振动敏感用房的建筑物隔振设计要求)。

建筑光环境包括光环境设计计算,采光设计(应以采光系数为评价指标,采光等级、光气候分区、采光均匀度、日照、反射光控制等设计要求),照明设计(室内照明设置、灯具选择、眩光控制、光源特性、备用照明、安全照明、室外夜景照明、园区道路照明等设计要求)。

建筑热工包括分气候区控制(严寒、寒冷地区建筑设计必须满足冬季保温要求,夏热冬暖、夏热冬冷地区建筑设计必须满足隔热要求),保温设计(非透光外围护结构内表面温度与室内空气温度差值限值),防热设计(外墙和屋面内表面最高温度)和防潮设计(热桥部位表面结露验算、保温材料质量湿度允许增量、防止雨水和冰雪融化水侵入室内)。

室内空气质量包括场地土壤氡浓度控制(建筑选址),有害物质释放量(建筑主体、节能工程材料、装饰装修材料),通风和净化。

(2) 检测与验收

建筑声环境包括声学工程施工过程中、竣工验收时,应根据建筑类型及声学功能要求进行竣工声学检测,竣工声学检测应包括主要功能房间的室内噪声级、隔声性能及混响时间等指标。

建筑光环境包括竣工验收时,应根据建筑类型及使用功能要求对采光、照明进行检测,采光测量项目应包括采光系数和采光均匀度,照明测量应对室内照明、室外公共区域照明、应急照明进行检测。

建筑热工包括冬季建筑非透光围护结构内表面温度的检验,应在供暖系统正常运行后进行,检测持续时间不应少于72h,监测数据应逐时记录;夏季建筑非透光围护结构内表面温度应取内表面所有测点相应时刻检测结果的平均值。围护结构中保温材料质量湿度检测时，样品应从经过一个供暖期后建筑围护结构中取出制作，含水率检测应根据材料特点按不同产品标准规定的检测方法进行检测。

室内空气质量包括进厂检验（无机非金属材料、人造木板及其制品、涂料、处理剂、胶粘剂等），竣工验收（室内空气污染物检测：幼儿园、学校教室、学生宿舍、老年人照料房屋设施室内装饰装修验收时，室内空气中氡、甲醛、氨、苯、甲苯、二甲苯、TVOC 的抽检量不得少于房间总数的 50%，且不得少于 20 间；当房间总数不大于 20 间时，应全数检测）。

1.2.4 主要指标与国外技术法规和标准比对

建筑声环境方面，《环境规范》规定睡眠类房间夜间建筑物外部噪声源传播至睡眠类房间室内的噪声限值为 30dB（A），建筑物内部建筑设备传播至睡眠类房间室内的噪声限值为 33dB（A），与日本、美国、英国标准一致，在数值上略低于世界卫生组织（WHO）推荐的不大于 30dB（A）限值。但是，WHO 和《环境规范》采用的测试条件不同，WHO 指标是指整个昼间（16h）或整个夜间（8h）时段的等效声级值，《环境规范》指标是选择较不利时段进行测量的值，因此《环境规范》指标测量值低于 WHO 测量值。此外，WHO 指标值是在室外环境噪声水平满足 WHO 指南推荐值（卧室外墙外 1m 处夜间等效声级不超过 45dB）的前提下推荐的，《环境规范》的相关限值指标并没有对室外环境噪声值的限制，从这个角度上来说，本规范规定的夜间低限标准限值和 WHO 的推荐值处在同等水平。

建筑光环境方面，采光等级是根据光气候区划提出相应采光要求，国外采光规范没有相关光气候区划，因此内容更具有针对性；灯具光生物安全指标高于国际电工委员会（IEC）灯具安全标准的要求，且《环境规范》具体规定了适用于不同场所的光生物安全要求；《环境规范》率先给出了频闪指标的定量指标，并规定了儿童及青少年长时间学习或活动的场所选用灯具的频闪效应可视度（SVM）不应大于 1.0，而欧盟《光与照明——工作场所照明 第 1 部分：室内工作场所》EN 12464-1（2019 版）仅给出了该评价指标，暂无具体数值要求；光污染指标与国际照明委员会（CIE）光污染指标要求水平相当。

建筑热工方面，建筑热工设计区划与美国、英国、德国、澳大利亚等国家规范的建筑气候区划一致，《环境规范》增加了针对建筑设计的气候区划规定。在保温设计方面，美国、德国等国家是对热阻（或传热系数）进行限定，《环境规范》则对围护结构的内表面温度提出要求，直接与人体热舒适挂钩。在隔热设计方面，欧美发达国家重点关注空调房间的隔热性能，《环境规范》则针对国内自然通风房间和空调房间并存的实际情况，对自然通风房间和空调房间分别提出不同的外墙和屋面内表面最高温度限值。

室内空气质量方面，我国室内氡浓度限值标准要求 150Bq/m³ 低于 WHO 标准的 100Bq/m³，主要是因为《环境规范》检测要求与 WHO 不同，我国规定自然通风房屋的氡检测需对外门窗封闭 24h 后进行，而 WHO 检测没有限定对外门窗封闭等要求；Ⅰ类民用建筑工程甲醛限量值标准 0.07mg/m³ 的要求略高于 WHO 标准的 0.10mg/m³，因为 WHO 限值包含活动家具产生的甲醛污染，根据《中国室内环境概况调查与研究》，活动家具对室内甲醛污染的贡献率统计值约为 30%，所以《环境规范》甲醛限值水平与 WHO 标准相当。其他室内污染物指标国外没有明确规定。

1.2.5 特点和亮点

（1）特点

多学科集成。建筑声、光、热及空气质量各章节内容相对独立，且要求、体量不同；《环境规范》作为建筑环境通用要求与其他项目规范、通用规范内容交叉多。

衔接和落实相关管理规定。建筑声环境、室内空气质量与环保、卫生部门相关联，建筑光环境与城市照明管理相关联，需要与国家现行管理规定做好衔接和落实。

大口径通用性环境要求。在规定建筑室内环境指标同时兼顾室外环境，规范的内容不适用于生产工艺用房的建筑热工、防爆防火、通风除尘要求。

全过程闭合。尽量做到性能要求与技术措施、检测、验收的对应，可实施、可检查。

（2）亮点

以功能需求为目标，提出了按睡眠、日常生活等分类的通用性室内声环境指标；强调了天然光和人工照明的复合影响，优化了光环境设计流程；关注儿童、青少年视觉健康，根据视觉特性，其长时间活动场所采用光源的光生物安全要求严于成年人活动场所；将建筑气候区划和建筑热工设计区划作为强制性条文，以强调气候区划对建筑设计的适应性，明确了建筑热工设计计算及性能检测基本要求，保证设计质量；明确了室内空气污染物控制措施实施顺序，除控制选址、建筑主体和装修材料外，必须与通风措施相结合的强制性要求，并提出竣工验收环节的控制要求。

1.3 结 束 语

《环境规范》涉及社会公众生活和身体健康，是建筑环境设计及验收的底线控制要求，也是建筑节能设计，以及绿色建筑设计的主要基础。《环境规范》的

第二篇 标 准 篇

编制和发布,将有助于推动相关行业的技术进步和发展;有助于创造优良的人居环境,提升人们的居住、生活质量,为进一步改善民生、保障人民群众的身体健康做出贡献。

作者:邹瑜[1,2] 徐伟[1,2] 王东旭[1,2] 林杰[1,2] 赵建平[1,2] 董宏[1,2] 王喜元[3] 曹阳[1,2]
(1. 中国建筑科学研究院有限公司建筑环境与能源研究院;2. 建科环能科技有限公司;3. 河南省建筑科学研究院有限公司)

2 浙江省《绿色建筑设计标准》DB 33/1092—2021

2 Zhejiang Province *Design Standard for Green Building* DB 33/1092—2021

2.1 编制背景

进入 21 世纪以来,随着全球二氧化碳排放量的不断增多,导致气候变暖这一问题愈演愈烈。以"低碳排、高能效、高效率"为特征的低碳、绿色城市建设,在全球引发了新一轮的发展,我国的各个领域都在积极应对。

为了推动绿色建筑的规模化发展,我国政府自 2012 年起,先后出台一系列政策。浙江省住房和城乡建设厅也在发布的《浙江省建筑节能及绿色建筑发展"十三五"规划》及浙江省《绿色建筑条例》中,明确"十三五"期间,新建民用建筑在全面强制执行一星级绿色建筑的基础上,强制国家机关办公建筑和政府投资的或以政府投资为主的其他公共建筑按照二星级以上绿色建筑强制性标准进行建设,实现绿色建筑全覆盖。浙江省建筑领域的绿色建筑与节能工作,最早可以追溯至 1998 年人民代表大会常务委员会通过的《浙江省实施〈中华人民共和国节约能源法〉办法》,至此已经推进了二十多年。目前浙江省根据上位法,架构了浙江省绿建节能管理体系,包括规划—设计—施工—竣工—运行等全过程闭环管理。

绿色建筑,标准先行。浙江省《绿色建筑设计标准》DB 33/1092 作为国内第一本全面规范不同星级绿色建筑设计的地方性标准,具有重要的开拓性、实用性和指导性,首次统筹考虑了"建筑全寿命期内节能、节地、节水、节材和保护环境"之间的辩证关系,自实施以来取得了较为显著的成就。

然而,随着时代的进步和绿色建筑的快速发展,绿色建筑在建造和应用过程中遭遇了不可避免的问题和挑战。一方面,《绿色建筑设计标准》DB 33/1092—2016 实施已近 5 年,期间新政策、新技术不断出现,标准需要吸收更优发展理念,抓住新时代机遇;另一方面,为主动推进"双碳"目标的达成,更好指导绿色建筑设计,本次修订强化了绿色、低碳的建筑属性,结合当前新政策和《绿色建筑设计标准》DB 33/1092—2016 实践经验,使得其系统更完整,理念更先进,覆盖面更广泛。

2.2 技术内容

2.2.1 修订内容概述

绿色建筑设计应因地制宜，结合浙江省地域特点，统筹考虑建筑全寿命期内的安全耐久、健康舒适、生活便利、资源节约和环境宜居，体现经济效益、社会效益和环境效益的统一。

本次修编的《绿色建筑设计标准》DB 33/1092—2021（以下简称《设计标准》）适用于浙江省新建民用建筑的绿色建筑设计，将国家标准《绿色建筑评价标准》GB/T 50378—2019（以下简称《评价国标》）的评价语言转化为设计师可执行的设计语言；将《评价国标》中安全耐久、健康舒适、生活便利、资源节约、环境宜居这5大要求，融合到《设计标准》各专业的设计要求中，如图1所示。例如，《评价国标》中对于建筑供暖空调负荷降低比例有降低5%、10%、15%的具体要求，但是设计师在设计过程中往往需要通过第三方软件不断模拟验

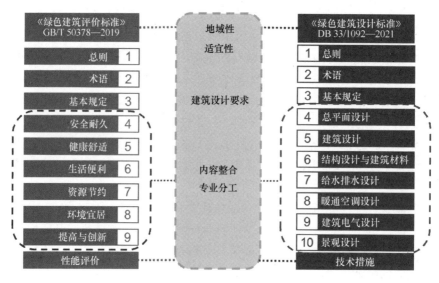

图1 浙江省《绿色建筑设计标准》DB 33/1092—2021 和国家标准
《绿色建筑评价标准》GB/T 50378—2019 对应关系

证才能得到有关数据；而在《设计标准》中，编制组事先通过技术措施的综合模拟验证降低比例要求，并将这些措施转化为设计语言落实到相应的星级设计要求中，使设计师可在相应星级要求中通过选择提高机组能效、降低风机能耗、过渡季节全新风制冷、变速变流量水泵等多项技术措施，具体落实《评价国标》中的

内容。

同时，在编制过程中，针对各项条款的内容对标《评价国标》进行预测评分研究；针对浙江省常规建筑类型进行预测，满足《设计标准》要求的建筑，都能达到《评价国标》相应的星级，如表 1 所示。

浙江省《绿色建筑设计标准》DB 33/1092—2021 星级对应国标
《绿色建筑评价标准》GB/T 50378—2019 得分表　　　表 1

住宅一星级★	住宅二星级★★	住宅三星级★★★
64.5	72.6	85.5
办公一星级★	办公二星级★★	办公三星级★★★
61.3	72.2	86.1
商业一星级★	商业二星级★★	商业三星级★★★
64.7	74.2	85.0
酒店一星级★	酒店二星级★★	酒店三星级★★★
63.2	73.2	85.1

注：以上得分主要依据《设计标准》中设置的"应"字条款，并对常规易于做到的"宜"字条款挑选后进行打分。

标准紧扣绿色建筑是为人们提供绿色、健康、舒适和高效的使用空间，达到与自然环境和谐共生的目的，顺应绿色建筑新发展理念，以节约能源资源、保护自然环境为底线，以提升建筑品质与建筑产业转型升级为依托，把满足人民美好生活需求与创建绿色生态环境相结合。标准的施行，对于推动浙江省绿色建筑高质量发展具有重要意义，同时也将推动浙江省绿色建筑的迭代更新，提升城市绿色建筑水平，更好地服务于大众，助力浙江省建筑领域碳达峰、碳中和行动。

《设计标准》修订的主要技术内容是：（1）增加了景观设计章节，去除总平面设计章节的景观条款；（2）各章节增加了安全耐久、健康舒适等内容；（3）调整及删除了部分附录；（4）对其他部分条文作了补充修改。

《设计标准》修订后共包括 10 个章节技术内容：1. 总则；2. 术语；3. 基本规定；4. 总平面设计；5. 建筑设计；6. 结构设计与建筑材料；7. 给水排水设计；8. 暖通空调设计；9. 建筑电气设计；10. 景观设计。

2.2.2　体系架构

根据《评价国标》提出的安全耐久、健康舒适、生活便利、资源节约、环境宜居等要求，关键问题是落实到各专业的设计措施中，需要对这些内容进行梳理和整合，并结合各专业设计的特点，进行分类要求；其次，需要结合浙江省地域特色及经济社会情况进行有针对性的设计和细化。

按照《设计标准》的 7 个主要技术内容，结合安全耐久、健康舒适、生活便利、资源节约、环境宜居，各专业重新梳理设计要点，如图2所示。

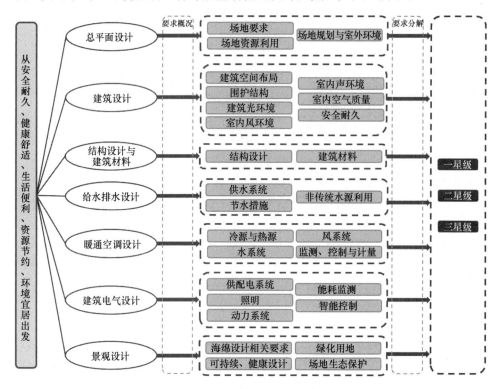

图2 主要技术要求框架

对比《绿色建筑设计标准》DB 33/1092—2016，总体框架不变，把原总平面章节中涉及景观条款的内容，整合并独立形成景观设计章节。在满足场地使用功能前提下，与场地内的建筑布局、建筑风格相协调，满足规划、消防、救护和无障碍设计的相关要求，充分考虑景观效果和绿化养护要求。各章节增加了安全耐久、健康舒适等设计内容。《设计标准》还调整了附录和各专业其余部分条文，以适应新的政策和发展要求。

2.2.3 设计要点

《设计标准》按照7个主要设计内容，将不同方面的要求分别分解为一星级到三星级绿色建筑设计的条款中，便于设计人员对应不同星级要求进行把握。同时，标准中设置了部分"宜"条款，便于根据不同类型和不同要求建筑项目进行灵活选取适合的绿色建筑设计方式。标准中设有一条强制性条文，必须严格执行，此条是响应浙江省《绿色建筑条例》中有关绿色建筑星级的要求，有利于推动浙江省绿色建筑规模化、高质量发展。

"3.0.5 城镇建设用地范围内新建民用建筑（农民自建住宅除外）应进行绿

色建筑设计，自评结果不应低于现行国家和地方绿色建筑评价标准的预评价一星级绿色建筑要求，其中国家机关办公建筑和政府投资或者以政府投资为主的其他公共建筑，不应低于预评价二星级绿色建筑要求。"

总平面设计：《设计标准》按场地要求、场地资源利用和场地规划与室外环境三大设计内容，全面落实安全耐久、健康舒适、生活便利、资源节约、环境宜居的目的。例如，对场地环境质量，可再生能源利用，场地光环境、风环境、声环境和热环境，场地交通设计，停车设施，场地内及周边的公共服务设施等内容，依据不同星级的目标做出具体要求。

建筑设计：《设计标准》坚持以绿色低碳可持续的理念引领设计，把被动优先原则和适宜性技术的要求放在首位，关注建筑的保温隔热和健康安全，将绿色建筑设计的要求概括为以下 8 个方面：建筑形体与空间布局、围护结构及其性能、建筑光环境、室内风环境、室内声环境、室内空气质量、安全性耐久性、绿色低碳的建造方式。

结构设计与建筑材料：《设计标准》保留了《绿色建筑设计标准》DB 33/1092—2016 中结构内容部分条款，修订了部分条款的内容或表述，删除了部分专业边界不清晰或结构设计人员难以把控的条款，整合《评价国标》中对应结构专业的全部控制项和评分项内容；结合浙江省实际绿色建筑发展情况，从设计的合理性和用材经济性出发，新增了部分章节，例如优先采用可再循环材料、可再利用建筑材料。

给水排水设计：《设计标准》增加了各供水系统的水质要求；增加了管道、设备、设施的永久性标识要求；与浙江省海绵城市规划及设计规范相协调，细化非传统水源利用相关要求；在相关绿色星级要求中增加了低影响开发各设施的指标要求；在三星级设计要求中不再强调卫生器具要达到 1 级，而是 50% 以上卫生器具的用水效率等级应达到 1 级，且其余卫生器具的用水效率等级应不低于 2 级，更符合工程实际。

暖通空调设计：《设计标准》对冷热源设备性能参数要求有了进一步提升，能效指标应满足现行国家标准《建筑节能与可再生能源利用通用规范》GB 55015 规定值的要求且不低于国家现行有关标准 2 级能效的要求，二星级、三星级项目还需提高相应的幅度；为降低输配系统能耗，《设计标准》对风机变频、水泵变频、风机单位风量耗功率、冷热水系统循环水泵耗电输冷（热）比提出相关要求；为创造健康舒适的环境，增加了新建建筑污染排放要求的相关内容。

建筑电气设计：《设计标准》增加了多项智能化设计的要求，增加了安全耐久、健康舒适、生活便利等方面的内容，协调了与多部新颁布的国家标准（如变压器能效标准）的关系，解决了《绿色建筑设计标准》DB 33/1092—2016 中的部分问题，方便设计人员理解和执行设计要求。

景观设计：《设计标准》新增了景观设计篇章，对绿色建筑设计中环境空间设计要点进行了梳理。景观设计章节立足创造绿色舒适的建筑环境为基本出发点，倡导场地生态保护和可持续设计、鼓励屋顶绿化和垂直绿化；契合海绵城市设计相关要求，将海绵绿地设计的具体定量指标要求落实；与时俱进地融入了健康设计理念，倡导开放公共绿地、鼓励健身慢行道等设施，并附表推荐了浙江省常用保健型植物名录。

2.3 结 束 语

绿色建筑的根本含义是把建筑作为自然的一部分，运用各种技术手段最大限度地节约资源、能源，达到保护环境、与自然共生。绿色建筑将可持续发展理念与建筑业进行有机结合，保证建筑业发展的同时减轻对环境的负担，减少资源的利用，是未来建筑业发展的主导趋势。绿色建筑不是高级建筑的同义词，是对建筑本来应有的、但缺损了的科学和技术本质的回归。绿色建筑今天的许多内涵将成为未来建筑正常的、自然的、基本的属性。

《设计标准》和《评价国标》是绿色建筑标准体系的两大支柱。《评价国标》主要是面向已有对象的性能评判，《设计标准》是对可能达成目标的技术手段的疏理。《评价国标》随着绿色建筑的发展和目标的明确，将会越来越简明和务实，回归到对性能指标的理性评判；《设计标准》则相反，将会越来越丰富、充实，包含尽可能多的技术手段。在手段和结果之间架设具有高度可达性的桥梁，也将成为未来最主要的研究课题。

作者：杨毅　董雯燕　吴佳艳　颜晓强　（浙江大学建筑设计研究院有限公司）

3 北京市《居住建筑节能设计标准》DB 11/891—2020

3 Beijing *Design Standard for Energy Efficiency of Residential Buildings* DB 11/891—2020

3.1 编制背景

为贯彻落实党的十九大精神,推动《北京城市总体规划(2016 年—2035年)》实施,实现国家节约能源和保护环境的战略,落实北京市"十三五"时期建筑节能发展规划的目标,按照《北京市"十三五"时期城乡规划标准化工作规划》(以下简称《规划》)和原北京市质量技术监督局《关于印发 2017 年北京市地方标准制修订项目计划的通知》(京质监发〔2017〕2 号)的要求,编制组在广泛调查研究、认真总结实践经验、吸取科研成果以及广泛征求意见的基础上,完成了北京市《居住建筑节能设计标准》DB 11/891—2020 的修编工作。

根据《北京市"十三五"时期民用建筑节能发展规划》(以下简称《规划》),"十三五"期间,北京市仍沿袭"十二五"的相关政策和措施,在强化政策情景基础上,继续提高相关标准、扩大应用范围。从控制建筑供暖能耗、建筑耗电量、供暖外其他能耗等方面出发,继续强化提高民用建筑节能设计标准、既有建筑节能改造、可再生能源建筑应用、公共建筑节能监管以及供热资源整合 5 种措施,并抓好各类民用建筑能耗限额管理工作。实施全市民用建筑能源消费总量和能耗强度双控,2020 年新建城镇居住建筑单位面积能耗比"十二五"末城镇居住建筑单位面积平均能耗下降 25%,建筑能效达到国际同等气候条件地区先进水平。同时,将北京市城市副中心工程、北京新机场、2022 北京冬奥会场馆、环球影城、新首钢高端产业综合服务区等重大项目建设成节能绿色建筑的典范。

因此,《规划》中也明确指出:"十三五"期间,需要修订北京市《居住建筑节能设计标准》DB 11/891,进一步提升北京市居住建筑节能设计水平。

标准从 2017 年 2 月开始立项,历经开题—专项研究—初稿—征求意见稿—送审稿—报批稿等阶段,直至 2020 年 6 月发布,于 2021 年 1 月 1 日开始实施。标准名称为《居住建筑节能设计标准》(以下简称《标准》),标准号为 DB 11/891—2020,为北京市地方标准。

3.2 技术内容

3.2.1 体系架构和主要修编内容

《标准》共分 6 章和 5 个附录，主要架构包括：1. 总则；2. 术语和符号；3. 建筑节能与建筑热工设计；4. 供暖、通风和空气调节的节能设计；5. 建筑给水排水的节能设计；6. 电气节能设计；附录 A、附录 B、附录 D、附录 E 为规范性附录，附录 C 为资料性附录。

《标准》修编的主要技术内容包括：（1）提高了建筑节能目标；（2）提高了建筑围护结构热工性能，其中大幅提高了外窗的传热系数标准；（3）提出了规定性指标与性能化指标双控的要求；（4）给出了建筑物供暖能耗指标和集中空调系统能效水平指标的性能化计算方法，并分别给出了限值的现行值与引导值，统一了能耗计算软件内核；（5）增加了外表系数的术语与限值；（6）加强了对供暖、通风和空调系统的节能设计要求，并增加了集中空调系统空调季综合性能系数的限值要求；（7）修改了太阳能生活热水设置的判定条件；（8）增加了设置太阳能光伏发电的规定。

3.2.2 标准特色或标准定位

（1）打造国际一流标准

搜集、汇总、研究国内外相关标准，与国内外先进标准对标。与美国 ASHRAE 90.2、欧洲/德国 ISO/DIN 18599 和日本的《建筑节能法》进行比对，邀请国际专家参与编制，确定世界同类气候地区居住建筑节能设计标准的先进水平，并依此确定《标准》的节能目标。表 1 为国内外标准主要技术参数的对比。

国内外标准主要技术参数的对比　　　　　　　　　表 1

部位	围护结构性能参数及设备能效比较				
	《标准》	《近零能耗建筑技术标准》 GB/T 51350—2019	美国 ASHRAE 90.1—2019	德国	日本
外墙（W/m²·K）	0.23~0.35	0.15~0.20	0.45	0.28 热桥 0.05	0.49
外窗（W/m²·K）	1.1	1.2	1.5	1.3	1.5
屋面（W/m²·K）	0.15~0.21	0.10~0.20	0.19	0.2	0.32
地面、地下室外墙（m²·K/W）	热阻 1.6	0.20~0.40	热阻 1.8	0.35	0.47

3 北京市《居住建筑节能设计标准》DB 11/891—2020

续表

部位	围护结构性能参数及设备能效比较				
	《标准》	《近零能耗建筑技术标准》GB/T 51350—2019	美国ASHRAE 90.1—2019	德国	日本
气密性换气次数 N50	—	—	—	0.6	—
设备类型	《标准》	《近零能耗建筑技术标准》GB/T 51350—2019	美国ASHRAE 90.1—2019	德国	日本
锅炉热效率	94%	92%~94%	94%	96.5%	98%
风冷机组	3.0	3.4	3.35	3.6	3.8
水冷机组	5.3	6.0	5.8	6.2	6.2

《标准》大幅度提高了外窗的传热系数标准，是目前国内外同气候区所有强制性条文中要求最高的。

（2）最严格的节能判定方法

对居住建筑节能设计采用规定性指标和性能化指标双级控制的节能判定方法，这是目前国内外要求最严格、最先进的节能判定方法。通用的节能判定方法基本上采用的是权衡判断方法即规定性指标与性能性指标并行执行，如图1所示。

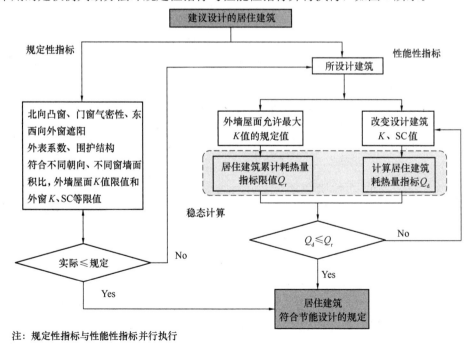

注：规定性指标与性能性指标并行执行

图1 规定性指标与性能性指标并行执行

《标准》采用节能判定方法上双控的方法,即规定性指标与性能性指标串行执行,如图2所示。

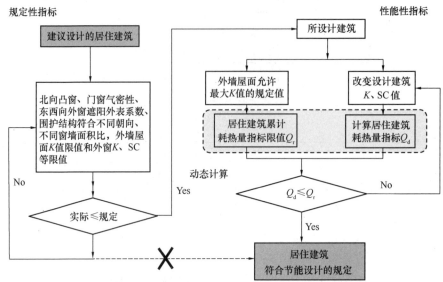

注:规定性指标成为前置条件,与性能性指标串行执行。

图 2 规定性指标与性能性指标串行执行

(3) 实现80%以上的节能目标

首次将建筑节能目标提高到80%以上,是国内第一部达到此节能目标的居住建筑强制性节能设计标准。表2是目前国内最新的标准及《标准》各个时期的供暖能耗对比。

各标准能耗指标对比(单位:kW·h/m²·a)　　　　表 2

指标	《近零能耗建筑技术标准》GB/T 51350—2019	北京市《超低能耗居住建筑设计标准》DB11/T 1665—2019	《标准》	北京市《居住建筑节能设计标准》DB 11/891—2012	北京市《公共建筑节能设计标准》DBJ 01—621—2005
年供暖耗热量指标	15×0.75=11.25	10×0.75=7.5	16.7	27.59	42.54

注:前两个超低能耗标准新风均考虑了热回收,后三个标准按0.5次/h计算新风负荷,且未考虑热回收。

(4) 体现碳达峰碳中和的理念

1) 能耗指标中现行值与引导值的确定。《标准》要求每个建筑均需进行供暖能耗计算,且不能大于现行值。给出了建筑物供暖能耗指标和集中空调系统能效水平指标的性能化计算方法,并据此分别给出了限值的现行值与引导值,首次统一了能耗计算软件内核,可操作性更强。《标准》的能耗指标分为"现行值"和

"引导值",重点地区以及其他定位高的项目可参考《标准》"引导值"。如表 3 所示。

现行值与引导值　　　　　　　　　　　　　　　　表 3

建筑外表系数 累计耗热量指标	1.00＜外表系数 F≤1.50		外表系数 F≤1.00	
	现行值	引导值	现行值	引导值
q_H (kW·h/m²)	28.6	24.9	16.7	14.8

其中现行值为相对 75％标准进一步节能 20％的水平,而引导值则为相对 75％标准节能 30％的水平。

2)首次增设太阳能光伏发电的规定。在《标准》第 3.1.8 条中修改了可再生能源(太阳能光伏和光热)的利用原则,将太阳能单纯的光热利用改为 12 层以上的建筑应设置光伏板,12 层及以下的建筑光伏和光热可选择设置。并由《居住建筑节能设计标准》DB 11/891—2012 仅住宅要求设置改为所有居住建筑均需设置。这是北京市在住宅中强制使用太阳能制备生活热水执行 5 年以来做出的重大改变。随着太阳能光伏发电技术的成熟和成本的断崖式降低,电力输送的损耗与热力相比几乎可以忽略不计,在建筑上采用太阳能光伏发电技术势在必行,同时也是实现碳达峰、碳中和的重要举措。本次修编将太阳能光伏发电系统纳入可再生能源利用的条文中,为进一步科学合理地利用可再生能源提供更好的途径。

3)能源结构的调整。在《标准》第 4.1.4 条中对供暖热源选择进行了更新,新增了两种新的热源形式,一是在有条件且技术经济合理时,宜采用可再生能源或多能互补的复合能源应用形式;二是在远离城市供热管网服务且利用可再生能源困难的区域,户式空气源热泵、户用燃气供暖炉、楼栋燃气锅炉等分散供暖系统也可以作为住宅供暖形式的选择,并根据具体情况"宜气则气,宜电则电"。

4)集中空调耗电量指标确定。在《标准》第 4.1.8 条中对居住建筑夏季采用集中空调的空调季节能效比进行了规定,且在第 4.1.9 条说明了计算方法。

这是首次在居住建筑中控制空调能耗,主要是针对采用集中空调系统的居住建筑能耗偏高的问题。空调耗电量指标经分析计算采用空调系统夏季综合性能系数 SCOPt 来表征,按照传统的冷水机组系统、多联机系统和热泵系统采用不同的性能系数限值。

3.3　应用情况或应用前景

自《标准》发布以来,由北京市发改委、北京市规自委、北京市住建委及行业协会分别组织了十几次的宣贯和技术交流，参会人员包括从事建筑行业的各类人员，为加大《标准》的社会影响和顺利实施取到了很好的作用。2021年1月1日起在北京市取得规划许可证的居住类项目均要强制执行本《标准》，覆盖面很广。另外，天津市也与《标准》同时启动修编，技术内容和思想理念与《标准》基本相同，这对扩大《标准》在全国范围的影响是很有作用的。

3.4 结 束 语

《标准》是我国第一部五步（80%）节能的设计标准，《标准》的贯彻实施，门窗性能的大幅度提高，对推动建材产业进步，实现产品更新换代和改善民生均具有良好的作用。

太阳能光伏的使用，也将对北京市的生态环境改善、节资降耗、实现碳达峰和碳中和起到显著的作用。《标准》的节能计算采用具有独立知识产权的DeST作为计算核心，对国产软件的推广和应用树立了样板。

《标准》的实施，在全国树立了一个典范，具有很好的社会效益及经济效益。

作者：万水娥　贺克瑾（北京市建筑设计研究院有限公司）

4 《广东省公共建筑节能设计标准》 DBJ 15—51—2020

4 Design Standard for Energy Efficiency of Public Buildings in Guangdong Province DBJ 15—51—2020

4.1 编 制 背 景

2003 年夏热冬暖地区迎来第一本建筑节能设计标准——《夏热冬暖地区居住建筑节能设计标准》JGJ 75—2003，广东省的建筑节能设计也正式开始。之后国家标准《公共建筑节能设计标准》GB 50189—2005 对夏热冬暖地区的公共建筑节能设计也给出了指标要求，国家标准《建筑节能工程施工质量验收规范》SZJZ 31—2010 对民用建筑建筑节能验收提出了明确的要求，广东省的建筑节能全面实施。为做好广东省的建筑节能工作，广东省科技厅专门组织了国家"十二五"科技支撑项目"夏热冬暖地区建筑节能关键技术集成与示范"的研究，由本气候区 4 个主要省份的科技力量共同研究夏热冬暖地区建筑节能关键技术和标准。

2011 年 7 月 1 日实施的广东省《民用建筑节能条例》，对广东省建筑节能工作提出了更高更具体的要求。国家标准《公共建筑节能设计标准》GB 50189—2015 要求的指标也并没有提升太多。通过国家科技攻关项目"研究我国城市建设绿色低碳发展技术路线图"的研究，要在 2030 年实现碳达峰目标，必须尽快大幅度提高新建建筑的节能标准。为助力广东省建设领域碳达峰目标的实现，根据国家标准《公共建筑节能设计标准》GB 50189—2015 的要求和广东省的实际情况，广东省公共建筑节能设计必须提出更高的要求，同时提出超低能耗建筑节能设计指标。

4.2 技 术 内 容

《广东省公共建筑节能设计标准》DBJ 15—51—2020（以下简称《标准》）按照国家标准《公共建筑节能设计标准》GB 50189—2015 的要求，根据广东省夏季空调时间长的特点，对广东省标准进行了修编，适当提高了围护结构的热工参数，提高了通风与空调、照明系统等能源利用效率；扩大了节能设计的专业范围。

4.2.1 建筑节能技术指标

在围护结构节能设计指标方面，根据国家标准《公共建筑节能设计标准》GB 50189—2015 提出了规定性指标，同时新增了一档更高标准的"高要求值"。其中，对于屋顶、墙体、门窗的太阳得热系数有很大幅度的提升。这些高要求值基本达到了节能性能值的提高不再明显提升建筑节能效果的拐点值。

同样对建筑用能设备的限值也做了相应的修改和提高，并新增了一档更高标准的高要求值，即"高要求值"。

新增空调冷源系统"冷源系统能效系数（EER-sys）"指标，该指标在《公共建筑节能设计标准》GB 50189—2015 的综合制冷性能系数 SCOP 的基础上，增加了冷冻水泵的功率，纳入了空调冷源系统全部的用电设备功率，能有效控制冷源系统的总功率，设置了节能限值与高要求值，该指标的设定有利于冷源系统运营阶段能效与设计工况的能效进行对比。

新增广东省《民用建筑节能条例》中有关空调冷凝热回收的内容并进行了细化，同时新增了"冷热能综合能效比"术语及冷凝热出水工况参数，提出了冷凝热回收机组能效的节能要求。

《标准》在条文中针对广东省的气候条件、建筑特色等，强调了建筑规划设计的作用，要求减轻室外城市热岛效应、控制建筑体量，充分利用自然通风、天然采光、优化朝向、窗墙面积比、遮阳立面设计等。在建筑设计方面，强调开敞、半开敞空间的应用，外遮阳设计方面要求纳入外廊、阳台、挑檐，东西立面采用活动外遮阳、南向采用水平遮阳；对透光屋顶面积的限制提高了要求；对门窗的通风面积提出了新的要求，对中小学及幼儿园的通风提出了强制性的要求；对房间空调器室外机的安装、冷却塔散热空间的围蔽措施提出了要求；对反射隔热、遮阳等隔热措施提出了附加热阻的计算方法。

电气设计在《公共建筑节能设计标准》GB 50189—2015 基础上采用更详细的分类，除了供配电与照明两部分外，新增了谐波防治、建筑设备监控系统、用电分项计量与能耗监测 3 个小节。

4.2.2 建筑及热工设计方法

在规划阶段，要求建筑群的总体规划应采取减轻热岛效应的措施，总体规划和总平面设计应有利于自然通风和冬季日照。与《公共建筑节能设计标准》GB 50189—2015 不同的是，《标准》并不要求建筑体形规整紧凑和避免过多的凹凸变化。

在建筑方案设计、初步设计和施工图设计阶段应充分考虑利用自然通风，建筑朝向和内部空间布局应考虑太阳辐射影响。在布置建筑平面时，不宜将主要办公室、客房等设置在正东和正西、西北方向，建筑的主要功能房间避开夏季最大日照朝向。建筑的过渡空间和公共空间宜设置成开敞、半开敞空间和非空调房间；人员常驻房间应充分利用天然采光；应结合外门窗、内门、通道等组织好自然通风，必要时辅以机械通风或风扇满足室内热舒适需求；应结合围护结构隔热和遮阳措施，降低建筑的用能需求。

控制公共建筑各单一立面窗墙面积比，窗墙面积比较小时要注意玻璃的可见光透射比不能因遮阳而过小；公共建筑的屋顶透光部分面积不应过大。建筑各朝向外窗、玻璃幕墙应合理采用各种固定或活动式建筑外遮阳措施。东西向外遮阳宜为活动式，南向外遮阳宜为水平式。根据各项指标要求，选择合适的墙体、门窗（透明幕墙）、屋面构造或材料；计算各个朝向立面的墙体、门窗和透明幕墙（考虑外遮阳作用）、屋面的平均性能指标。

公共建筑的空调房间中，在有人员经常活动的房间，均应设置足够开启窗或采用独立的通风换气装置。人员密集且人员常驻的空间（如教室、大开间办公室）应加大通风面积，并宜设置高窗通风。当中、小学教室及幼儿园活动室、寝室设置房间空调器且无集中新风系统时，应设置被动式通风装置。室内设有空调且频繁开启的建筑物的外门宜采用自动门、闭门器等避免空气渗透的措施，当有穿堂风时，宜设门斗。建筑中庭等公共空间宜采取自然通风降温措施，必要时设置机械排风措施。

空调建筑大面积采用玻璃窗、玻璃幕墙时，要求根据建筑功能、建筑节能需要，采用智能化控制的遮阳系统、通风换气系统。智能化的控制系统应能感知天气的变化，能结合室内人员的需求，对遮阳装置、通风换气装置进行实时控制。在室内装修设计中，空调房间的天花板、墙面、地面宜采用轻质材料。

4.2.3 建筑设备系统设计方法

在高层、超高层建筑、大型综合体建筑中，空调系统的设置可根据不同的功能需要，根据建筑的特点，合理设置空调系统。可分开布置的不宜集中设置。大型综合体建筑，可根据业态、使用时间，采用多种冷源形式相结合，按需求设置空调系统形式，不应拘泥于一个建筑只有一个冷源中心的传统设计思路。

空调系统的选择应根据建筑功能需求，经过能效分析建议采用分散设置空调装置或系统情形包括：全年空调时间短，采用集中系统不经济，空调房间布置分散、使用时间和要求不同等。冬季空调是否供暖应根据实际需求确定。韶关等夏热冬冷区域的中、小型建筑建议采用空气源热泵或空调供冷、供热。

空调与供暖系统冷、热源的选择，应根据建筑实际情况综合论证确定。可采用废热、余热，浅层地热能、太阳能、风能，分布式燃气冷热电三联供。冬季供暖应与夏季制冷空调系统相结合，对冬季或过渡季存在供冷需求的应充分利用新风降温、冷却塔提供冷水、具有同时制冷和制热功能的空调（热泵）产品。

集中空调冷、热水系统的设计应采用闭式循环水系统；应按季节供冷和供热转换需求情况采用两管制或四管制水系统。根据系统特点采用一级泵系统，可根据情况采用变速调节方式；情况特殊时可设置二级泵系统，第二级泵根据流量需求变化可采用变速变流量调节方式，应充分利用一次泵环路负担末端设备。空调水系统设计应合理划分系统和均匀布置环路，合理采用变速变流量运行方式。冷却水泵采用变速变流量运行时，各台机组应设置与机组启停连锁控制的开关电动阀；小型冷水系统多台冷水机组共用一台冷冻水泵时，冷冻水泵宜采用变流量运行方式。集中空调系统应选择水阻力小的空调机组及风机盘管。冷却塔应设置在空气流通条件好的场所，并应有足够空间和有效通风面积。

应优先采用自然通风方式消除室内余热、余湿或其他污染物；建筑物内产生大量热湿以及有害物质的部位，应优先采用局部排风方式；使用时间不同的区域，宜各自设置独立的机械通风系统；当通风系统使用时间较长且运行工况（风量、风压）有较大变化时，通风机宜采用双速或变速风机；夏季开敞、半开敞空间、大型场馆等人员密集场所，可采用风扇、蒸发冷却通风或风扇加喷雾等方式降温；空调室内可根据需求设置风扇，减少全年空调运行时间。

确定空调方式应结合空调冷热源特点，根据室内空气品质、舒适度、噪声、维修管理便利程度等要求。房间面积或空间较大、人员较多或有必要集中进行温、湿度控制和管理的空调区，其空调风系统宜采用全空气空调系统；房间面积小且温度需独立控制，宜采用独立新风加风机盘管系统或变风量系统。

空调风系统划分：使用时间、温度、湿度、噪声等要求不同的空调区域，应各自设置独立的空调风系统；当局部区域采取空调措施能满足使用要求时，不应采用全室空调方式；在相同使用时间内，供冷与供热需求不同的空调区域，宜各自设置独立的空调风系统。

全空气空调系统应具有可调新风比的功能；排风系统应与新风量调节相适应；新风风道尺寸应能满足最大新风运行，应设置全自动的防火调节阀或多叶调节阀；空调机房宜尽量靠近外墙设置，并预留进（排）风口（百叶）；单台风机风量较大且无变风量末端的全空气系统宜采用变速风机。系统各空调区的冷、热负荷差异和变化大、低负荷运行时间较长，且需要分别控制各空调区温度，宜采用变风量空气调节系统。变风量全空气系统应采用变频自动调节风机转速，并应明确末端最小风量。在人员密度大且变化大时，宜根据室内 CO_2 浓度检测值进行新风需求控制。

风机盘管、多联式室内机等小型末端设备加集中新风的空调系统,新风集中处理后的焓值低于室内空气设计工况等焓点时宜直接送入室内;高于室内空气设计工况时宜进行二次降温除湿;室内舒适度要求较高的建筑,风机盘管加集中新风空调系统的新、排风系统设计宜保持室内的压力需求,并便于调节。对湿度控制要求较高的,独立的新风系统宜具备除湿功能,排风应与新风量的调节相适应,不宜单独运行。采用冷却除湿处理新风时,新风再热不宜采用电加热。

空调风系统设计,空调系统应根据空气处理过程,通过空气焓湿图原理计算确定系统风量;房间高度大采用上送风时,可加大夏季送风温差;高度很大且体积大较大的宜采用分层空调系统。设有分层空调的,上部排风口应能进行开关控制。合理设计空调排风路径,宜充分利用余冷,经高温高湿、空气污浊区域后排风。空调风系统和通风系统的作用半径不宜过大,空气过滤器的阻力不应过大。风扇的设置宜与空调系统协调,且与空调系统末端设备联动控制。

建筑供配电系统中,各级电力变压器的绕组宜采用"D,yn11联结";当非线性负载含量超过20%时,变压器宜做降容处理;非线性用电设备宜集中布置,建筑物要预留滤波器安装空间。

4.2.4 超低能耗建筑节能设计

我国的建筑节能标准一直是小步快跑。但根据2030年实现碳达峰的要求,我们在规划和建筑方面必须一步到位,因为规划和建筑的节能改造是比较难的,而设备系统的改造容易实施一些。所以《标准》新增了超低能耗建筑设计章节。

超低能耗建筑的设计原则,是在营造舒适的室内环境时,对能源的消耗尽量降低到最低限度,即遵循"能不用则不用,能少用则少用,非要用则高效用"的原则。核心是注重与气候的适应性,充分利用天然采光、自然通风,合理利用可再生能源,以更少的能源消耗提供安全、舒适的室内环境。

"建筑设计优先"是指优先采用建筑设计的方法减少建筑的能耗,而不是单纯依靠优化设备系统。合理的建筑设计,可营造更舒适的建筑室内外热环境,减少夏季室内得热、空调使用面积、空调运行时间、照明设备使用时间,从而达到节能的目的。

夏季应采取措施降低室外热岛强度;建筑进深尺寸不宜过大,主要功能房的平面布置及外窗的设置宜能强化自然通风、采光,减少阳光直射;合理设置架空层、冷巷,增加开敞、半开敞空间或非空调区;宜采取改善建筑室内与地下空间采光和自然通风措施,如采光中庭、采光井、下沉式广场、采光天窗、半地下室等,在中庭上部设置可开启外窗,大空间设置高窗或天窗通风、采光。

夏季空调间歇使用的房间,外围护结构内侧和内围护结构宜采用轻质材料。围护结构的热工性能参数高于"高要求值"。外窗应采用可调外遮阳。采光顶和天窗面积应适中，且应做好遮阳和通风散热措施。建筑屋面宜采用遮阳、通风、绿化、被动蒸发等降温技术，并宜与太阳能光伏或光热技术相结合。

"设备系统优化"主要指对用能设备系统进行优化，包括通风空调系统、电气设备系统、照明系统、给排水系统等。系统优化主要体现在用能系统适应用户需求及需求变化的调节性能。应避免"大马拉小车"的不节能现象，同时避免因系统过大使用户使用时间受制于系统管理者，造成使用不灵活的现象。

空调冷源服务半径不宜过大，风系统不宜过长。空调排风口宜设置于室内热源较集中的区域。供暖空调系统的冷热源设备及系统的能效系数高于标准的"高要求值"。温湿度传感器宜安装在距地 0.8～1.2m 高，空气流通且便于安装、调试、维护的位置。集中空调系统应设置能耗分区、分项计量装置和相应的数据采集、存储、统计及分析系统。宜采用遮阳、自然通风、风扇、机械通风、蒸发冷却以及利用邻近空调区域的排风等技术措施，改善人员经常停留的开敞、半开敞空间、室内非空调区的舒适度。

应根据水平衡测试要求设置分级计量水表，并宜对水表实时监测，实现管网漏损报警。给水泵宜选用变频调速泵。有稳定热水需求的超低能耗建筑，其热水的热源应充分利用可再生能源或空调冷凝热。

电梯宜选用高效节能电梯。室内照明功率密度（LPD）值不宜高于《建筑照明设计标准》GB 50034—2013 中规定的目标值的 85%。主要功能区域宜采用智能化照明控制系统，按需照明。设置建筑能源管理系统，每个控制系统需进行调试并不断优化。根据当地气候和自然资源条件，合理应用可再生能源转换的电能。

为了降低建筑能耗，各个专业需进行充分、深入的沟通，做好细致的专业配合工作。例如空调与自控，需要暖通与电气专业的配合；空调冷凝热回收技术，需要暖通与给排水专业配合；暖通系统涉及的机房与室外机、冷却塔的摆放位置，需要建筑与暖通专业协调；导光管的设置，需要建筑、结构和电气专业协作。

超低能耗公共建筑年能耗指标不应高于广东省标准《公共建筑能耗标准》DBJ/T 15—126—2017 中的能耗指标"引导值"。

4.3 结 束 语

《标准》延续了上一版广东省标准对公共建筑节能设计的详细规定，明确了节能设计中的相关问题，有利于节能标准的执行。《标准》发布后进行了宣贯，得到广泛的实施。而且实施以来，广东省已经开始了超低能耗公共建筑的工程示范，形成广泛的社会影响。

《标准》的实施是贯彻党中央国务院以及广东省关于加强节能减排和提升节能标准要求的具体体现,是广东省建筑节能行业发展的需求导向,其中超低能耗建筑节能设计将为广东省建筑领域在 2030 年碳达峰、2060 年碳中和总目标下积极迈向更高水平的节能,提供技术标准支撑。

作者:杨仕超　唐毅　唐辉强　杜文淳　张景玲(广东省建筑科学研究院集团股份有限公司)

5 《绿色建筑被动式设计导则》 T/CECS 870—2021

5 Guideline for Passive Design of Green Building T/CECS 870—2021

5.1 编 制 背 景

我国绿色建筑历经十余年的发展，经济效益与社会效益十分显著。但在绿色建筑设计过程中，尚存在重后期技术叠加、轻前期设计优化的现象。现行常规的绿色建筑设计标准，针对各专业均提出了具体的技术要求与相应措施，对绿色建筑的科学建设与可持续发展起到了重要作用，但因在实际的绿色建筑设计过程中各专业介入阶段不同，设计侧重不同，致使各专业任务分离，建筑师不易清晰地把握设计中应开展的工作重点，对于组织跨专业的系统性协调工作也有一定难度。在绿色建筑设计中，科学合理地运用被动式技术会使后期的主动式技术措施更加有效。因此，有必要通过制定绿色建筑被动式技术设计标准，明确被动式技术运用的环节与要求，提高绿色建筑设计质量与最终效果。

根据中国工程建设标准化协会《关于印发〈2019 年第一批协会标准制订、修订计划〉的通知》（建标协字〔2019〕12 号）的要求，由天津大学等单位编制《绿色建筑被动式设计导则》（以下简称《导则》）。经协会绿色建筑与生态城区分会组织审查，于 2021 年 6 月 2 日批准《导则》发布，编号为 T/CECS 870—2021，自 2021 年 11 月 1 日起实施。

《导则》的制订依托天津大学承担的"十三五"国家重点研发计划项目"目标和效果导向的绿色建筑设计新方法及工具"（2016YFC0700200）的集群科研技术优势，以课题组科研成果为核心内容，所制订的内容由该重点研发计划项目内多个示范工程进行验证，确保了《导则》制订的技术可靠性、先进性、合理性和易用性。

5.2 技 术 内 容

编制组在广泛技术调研、试验测试等研究工作的基础上，开展《导则》的编制工作,形成了基于建筑设计流程的章节编排和核心技术内容,具体工作内容详述如下。

5.2.1 章节编排

如图 1 所示,《导则》共分 6 章,包括:1. 总则;2. 术语;3. 设计策划与评估;4. 规划与室外环境;5. 建筑单体;6. 围护结构。附录包括绿色建筑被动式设计内容和建筑遮阳设计措施和方法。针对《导则》章节编排,主要开展以下研究工作。

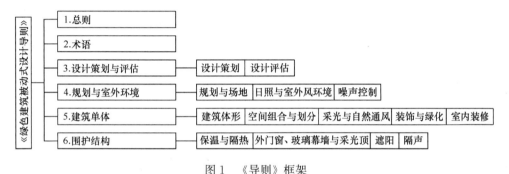

图 1 《导则》框架

(1) 构建与设计过程紧密结合的绿色建筑被动式设计标准体系框架

通过分析按照建筑设计流程、技术和策略作用对象、绿色建筑设计实现目标以及国内外现有的标准体系目录结构 4 种标准体系分类方式的优缺点,强化建筑师在绿色建筑被动式设计的作用,结合建筑设计阶段、设计流程以及各专业分工,建立了与设计过程紧密结合的绿色建筑被动式设计标准体系框架。

(2) 提出契合绿色建筑各设计流程中被动式技术及措施要求

在前期的研究工作中,采用 Citespace 科学知识图谱研究分析方法,得到了绿色建筑被动式研究的 21 个热点主题,其中包含 51 个关键词;得到主动式技术的 7 个研究热点。以"获得绿色建筑评价+认证星级的建设项目"作为技术与策略提出的研究媒介,从重要性、可实施性以及发展潜力三个维度进行研究,将其划分成高期望、高水平、高潜力等 8 类,再将分类评价项划分成高中低三个优先选择等级,作为技术策略遴选雏形。以 234 个我国 LEED 认证项目与 6762 个全球 LEED 认证项目在各评价项的得分水平进行对比,分析我国绿色建筑被动式技术的应用情况。结合绿色建筑评价标准与绿色建筑实践项目样本,分析提炼效果显著的被动式技术与措施。在此基础上,综合我国 98 个绿建国标(地方标准)认证项目中被动式技术的应用情况,提出契合绿色建筑各设计流程中被动式技术及措施要求,为《导则》的编制提供参考依据。

(3) 明确绿色建筑被动式设计内容

通过对《绿色建筑评价标准》GB/T 50378—2019、条文与建筑设计流程关系的研究，分析出不同专业在绿色建筑设计过程中相应的工作重点和切入时机，明确了建筑师在设计阶段负责的被动式设计内容，见表1。

绿色建筑被动式设计内容（部分） 表1

序号	设计层级	设计内容
1	设计策划	前期调研
2		项目定位与目标
3		被动式设计方案
4		经济技术可行性
5		被动式设计策划书
6	规划与室外环境	自然资源利用
7		生态环境保护
8		建筑布局
9	建筑单体	建筑体型
10		灰空间设计
11		建筑外立面
12	围护结构	外墙、屋顶构造
13		外墙、屋顶保温隔热材料

5.2.2 核心技术内容

（1）构建绿色被动技术效果的模拟预评估方法

通过分析不同建筑功能、地理位置、气候特点和时间阶段的建筑性能优化需求，针对绿色建筑被动式设计方案，运用灵敏度分析，构建了绿色被动技术效果的模拟预评估方法。该方法通过改变方案中涉及的被动式技术、策略或参数，确定其影响程度，并对被动式技术进行合理筛选，帮助建筑师在建筑性能优化过程中明确方向。

根据绿色建筑设计方案，在性能模拟软件中建立建筑的几何模型，作为被动技术模拟预评估的载体，建筑运行参数包括气象参数、照明功率、设备功率、新风量、空调温度设定以及人员密度等，是被动技术模拟评估的基础。被动式设计变量的阈值范围可通过参考热工设计、建筑设计相关规范进行合理选取，并在合理阈值区间内均匀抽取代表性的模拟样本，作为绿色建筑性能模拟输入的变量值。对于仿真模拟，采用常见的参数化建模平台搭建方案模型，调用能耗、采光等模拟软件进行仿真模拟。最后，通过设计变量在模拟结果中的灵敏度分析，对各个变量灵敏度结果由大到小依次排序，得到被动设计变量对指定建筑性能影响程度的排序结果,为综合效益评估提供设计依据。

(2) 创建基于资源与环境综合效益的绿色建筑技术评价体系

通过对建筑活动在生命周期时间段的影响进行分析,以系统动力学分析方法为主要技术手段,综合考虑经济发展以及不同资源、环境要素在自然界的作用机理,分析为了维持可持续发展每种要素所需要的环境成本和总体投入,将凝练出 12 种主要的资源、环境要素归纳为大气、水体、土地及非生物质资源 4 大类环境影响,通过序关系法确定类别权重,筛选加权欧式距离法作为综合评价方法,确定技术的绿色化程度,最终提出基于资源环境综合效益的绿色建筑技术评价方法。此外,还初步构建了常用建筑材料及非建筑材料资源、环境数据库,并编制了绿色建筑技术评价工具,该评价程序能够对不同建筑技术手段的资源环境效益进行比较,实现对不同绿色建筑技术手段的评价和优选。

综合效益评价指标体系 Sp 分为 2 个层次(图 2),第 1 层次为大气 S1 (1, p),水体 S2 (1, p),土地 S3 (1, p),资源 S4 (1, p) 4 大类指标。第 2 层次中,大气有 4 个子评价指标,S11 (2, p)～S14 (2, p) 分别为:温室效应、臭氧耗竭、光化学烟雾、粉尘污染;水体有 2 个子评价指标,S21 (2, p)～S22 (2, p) 分别为:富营养化和水资源耗竭;土地有 4 个子评价指标,S31 (2, p)～S34 (2, p) 分别为:酸化影响、生态毒性、土地用途改变、固体废弃物;资源有 4 个子评价指标,S31 (2, p)～S34 (2, p) 分别为:酸化影响、生态毒性、土地用途改变、固体废弃物。

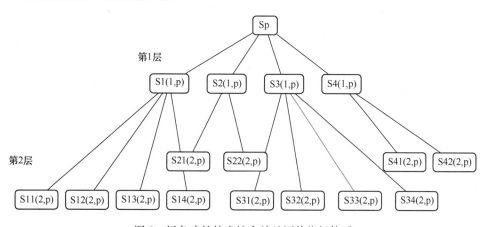

图 2 绿色建筑技术综合效益评价指标体系

5.3 结 束 语

《导则》适用于新建、改建及扩建民用绿色建筑的被动式设计,以被动式技术优先，主动式技术优选为理念，参照建筑设计流程形成标准体系框架，针对绿色建筑设计中的被动式技术应用要求制订主要内容。《导则》是绿色建筑设计标准体系的补充与完善，旨在明确被动式技术运用的环节与要求，强化建筑师在绿色建筑设计中的积极作用，在绿色建筑设计流程中指导选用与地域气候适宜的被动式技术，实现由建筑设计专业统筹主导、其他各专业协同优化，满足环境舒适、资源利用和环境影响综合需求的绿色建筑设计，促进绿色建筑高质量发展。

作者： 王立雄[1,2]　吴雨婷[1,2]　于娟[1,2]　孔光燕[1,2]（1. 天津大学建筑学院；2. 天津市建筑物理环境与生态技术重点实验室）

6 《绿色科技馆评价标准》T/CECS 851—2021
6 Assessment Standard for Green Science and Technology Museum T/CECS 851—2021

6.1 编 制 背 景

科技馆作为开展科学技术普及工作和活动的公益性基础设施，是日常广大民众走进科学、接触科技的一个传播载体，一般作为城市的重点公共建筑项目。20世纪80年代，我国掀起了建设科技馆的高潮，北京、天津、上海、武汉等大城市相继建成了科技中心、科技馆、科学宫等标志着科技发展的现代化建筑。国家先后发布了《关于加强科学技术普及工作的若干意见》《中华人民共和国科学技术普及法》《全民科学素质行动计划纲要（2006—2010—2020年）》《中国科协科普发展规划（2016—2020年）》《全民科学素质行动规划纲要（2021—2035年）》等一系列文件，科技馆事业发展迅速，据统计2000~2020年间，全国建成并对外开放科技馆总数从11座增长到345座，场馆总建筑面积达到399.21万平方米。

2013年，住建部发布《绿色建筑行动方案》，2017年发布《建筑节能与绿色建筑发展"十三五"规划》，2019年发布《绿色建筑评价标准》GB/T 50378—2019，再到2020年9月，习近平总书记在第七十五届联合国大会一般性辩论上发表重要讲话时指出，我国二氧化碳排放力争于2030年前达到峰值，努力争取2060年前实现碳中和，可以看出绿色低碳发展是我国自身的内在需求，绿色科技馆的建设也是势在必行。由于科技馆以展教功能为主，大多数科技馆建筑形态多样，并且具有内部空间高大、展教设施种类多且差异性大、参观人流量大等特点，在建筑功能及使用特性上与常规民用建筑存在显著差异。

基于科技馆在能源消耗、场馆设计、室内环境与人居环境营造等方面的差异性，编制组采用问卷调研、实际考察和座谈等方式相结合，对不同省市、不同规模、不同建设年代的科技馆进行了调研，充分了解科技馆建设现状和需求。2019年3~4月，由科普部统一发函，共收回42份调研问卷，包含22份省级科技馆、20份地市级科技馆，获得全国不同规模、不同建设时代科技馆的建设现状。同年5~7月，编制组实地调研了上海、合肥、蚌埠、新疆、甘肃、重庆等地9个科技馆、博物馆,深入了解既有科技馆现状和存在的问题。研究构建了适用的绿色科技馆评价指标体系,并选取项目进行试评验证标准内容的合理性,最终编制形成《绿色科技馆评价标准》T/CECS 851—2021(以下简称《标准》)。

《标准》在条文设置上紧抓科技馆的内涵,综合考虑建筑、科技、节能、环保、健康、智慧等元素,凸显我国科技馆绿色、低碳、健康、人文的建设理念,评价内容更具有针对性,有助于促进科技馆绿色低碳发展,为全民科学素质提升提供高质量载体。

6.2 技术内容

6.2.1 体系架构

《标准》围绕建筑、能源、环境、展览教育、服务管理等方面,建立科学合理的绿色科技馆评价指标体系,共分为 9 个章节,包括:1. 总则;2. 术语;3. 基本规定;4. 建筑与人文;5. 能源与资源;6. 环境与健康;7. 展览与教育;8. 智慧与服务;9. 创新与发展。《标准》框架见图 1。《标准》提出"绿色科技馆"是指在建筑场地、建筑本体、展教设施、教育服务的整体性内容上,能够传达绿色发展理念,展示绿色技术,引导绿色生活方式,可感知、可互动的科技馆。每类指标均包括控制项和评分项。为鼓励绿色科技馆对科学发展、前沿技术的展示,评价指标体系还统一设置"创新与发展"加分项。

绿色科技馆评价的基本原则如下:

(1)《标准》规定申请评价绿色科技馆的项目需要满足现行国家标准《绿色建筑评价标准》GB/T 50378 中"基本级"的要求。绿色科技馆以低碳、节能环保、健康、智慧为目标,既保证建筑"绿色"的同时还要满足展教装备"绿色",更加注重观众的身心健康。建筑作为科技馆的重要基础,是实现绿色科技馆的前提,因此当申请评价的项目已取得绿色建筑标识或已通过绿色建筑施工图审查,才可申请绿色科技馆认证。

(2)《标准》要求绿色科技馆评价应在运行一年后进行,并提出"建筑施工图设计以及展教方案完成后应进行绿色科技馆预评价",预评价能够更早地掌握科技馆可能实现的绿色性能,可以及时优化或调整建筑方案或技术措施,调整建筑与展陈的设计,为建成后的管理服务做准备。

(3)绿色科技馆等级划分为银级、金级、铂金级 3 个等级。等级划分按下列规定确定:①银级、金级、铂金级 3 个等级的绿色科技馆均应满足《标准》全部控制项的要求,且每类指标的评分项得分不应小于其评分项满分值的 30%;②银级、金级、铂金级 3 个等级的绿色科技馆公共区域均应进行全装修,全装修

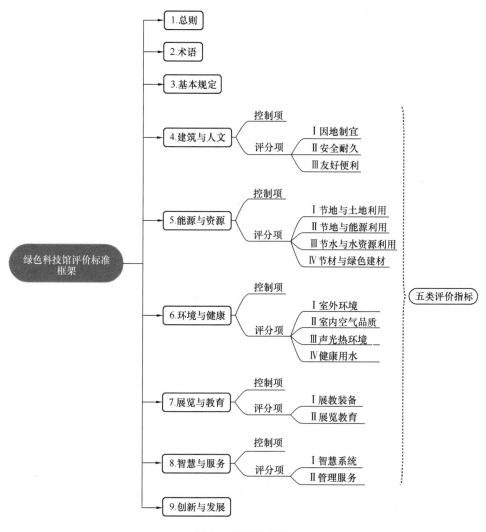

图 1 《标准》框架

工程质量、选用材料及产品质量应符合现行国家有关标准的规定；③当总得分分别达到 60 分、70 分、85 分且绿色建筑的技术要求满足表 1 时，绿色科技馆等级分别为银级、金级、铂金级。

银级、金级、铂金级绿色建筑的技术要求　　　　表 1

技术	银级	金级	铂金级
建筑工程一体化	常设展厅、科普活动室除外的功能性用房土建与装修一体化设计与施工，展厅装修与布展一体化设计与施工		
室内主要空气污染物浓度降低比例	10%	20%	20%

续表

技术	银级	金级	铂金级
展品互动率	70%	80%	90%
建筑信息模型（BIM）技术	在规划设计、施工建造和运行维护某一个阶段应用	在规划设计、施工建造和运行维护某两个阶段应用	在规划设计、施工建造和运行维护某两个阶段应用

注：1. 室内主要空气污染物包括氨、甲醛、苯、总挥发性有机物、氡、可吸入颗粒物等，其浓度降低基准为现行国家标准《室内空气质量标准》GB/T 18883 的有关要求；
  2. 专题类科技馆不做展品互动率要求。专题类科技馆是指以某一科学技术领域中与科学技术相关的内容为主要收藏和展示对象的科技馆，如光学馆、生命科学馆、低碳馆等；
  3. 建筑工程一体化和建筑信息模型（BIM）技术两项技术，对于在标准实施日期之前完成竣工验收的科技馆不做要求。

6.2.2 标准特色

《标准》结合国家政策导向，将评价对象从建筑延伸到内容建设，充分契合科技馆以展教服务为主的功能特点，在评价内容设定上有以下特色：

（1）充分体现科技馆以"人"为中心的建设要求

《标准》以人为本既体现在与人文的结合又要满足不同年龄段观众的使用需求，围绕科技馆作为城市文化地标性建筑的定位，将建筑设计因地制宜传承地域建筑文化的评价纳入评分项，对于传承地域建筑文化、与周边区域协调、与历史文化相结合的科技馆给予更高分值；结合科技馆主要以"青少年观众为主"，更加重视营造良好的室内热湿环境、声环境、室内空气品质，更有针对性地采用隔声降噪措施，合理设置空调通风系统，加强室内环境质量监测。

（2）从建筑和内容建设综合降低科技馆总能耗

《标准》不仅考虑建筑自身节能降耗，还将展教装备能耗纳入评价内容。针对科技馆"建筑能耗高、展教装备能耗占比大"等问题，从建筑本体出发，考虑科技馆建筑玻璃幕墙比例较高，从幕墙形式和透明比例要求提出评价要求，鼓励降低玻璃幕墙透明部分占比。由于科技馆建筑访问人流时空分布波动大、差异大的特点，针对耗能强度比较大的展教设施，提出使用节能型电气设备、展教装备，采取自动控制的间歇运行方式可有效减少能源消耗等评价内容，综合降低科技馆的总能耗。

（3）突出科技馆在展览与教育方面的绿色化引导作用

《标准》将"展览与教育"单独设为一章，适当增加展览与教育的评价内容占比，充分体现科技馆特色，使《标准》评价内容更加系统、全面。从展教装备和宣传教育两方面，结合青少年的心理特点，重点从展品互动性、展品合作模式、展品运输维修、教育拓展合作模式、绿色教育机制等方面设置创新性条文，鼓励科技馆展示自身应用的设备、绿色技术及相关内容，起到宣传推广、科学普及的作用。

（4）充分体现智慧化手段对科技馆运维与管理服务的提升作用

科技馆展教活动是对社会大众开放的，在节假日会有较大人流量出现，建筑能耗也会出现高峰期，因此借助智慧化手段实现科技馆运维管理服务十分必要。以观众流量控制为例，《标准》提出针对不同时期观众流量特点，控制观众流量，保障参观舒适性和安全性，流量控制分为管理制度和技术手段两方面，包括人流量的预测、发布、控制限流、人流量引导等。《标准》在条文设定中突出"智慧"与管理和服务的融合。

6.2.3 项目试评

编制期间选取9个已建成的科技馆项目对标准进行试评价（项目清单见表2），特大型馆、大型馆和中型馆占比分别为56%、22%、22%，科技馆的建设年代覆盖了1995～2017年，分布在严寒地区、寒冷地区、夏热冬冷地区等不同气候区，在时间分布和地区分布上也具有一定的代表性。编制组从总得分率、分项得分率、各章节条文的达标难易度、不同规模科技馆适用性、不同气候区科技馆的适用性等方面对标准进行了分析，并与2019版和2014版的国家标准《绿色建筑评价标准》GB/T 50378进行了对比。试评结果："展览与教育"章节的平均得分率最高为68.7%，其次是"智慧与服务"和"环境与健康"两个章节，分别为55.3%、48.9%（图2）；建筑相关条文的得分率为42.9%，展教服务相关条文得分率为62%（图3）。由此可以看出标准在条文设置上比较契合科技馆项目以展教服务为主的功能特色。

试评项目清单 表2

序号	项目名称	馆类型	热工分区	开放时间
1	项目1	特大型馆	寒冷地区	2009年
2	项目2	特大型馆	寒冷地区	2017年
3	项目3	特大型馆	严寒地区	2016年
4	项目4	特大型馆	夏热冬冷	2006年
5	项目5	特大型馆	夏热冬冷	2015年
6	项目6	大型馆	寒冷地区	2013年
7	项目7	大型馆	寒冷地区	2006年
8	项目8	中型馆	寒冷地区	1995年
9	项目9	中型馆	夏热冬冷	2002年

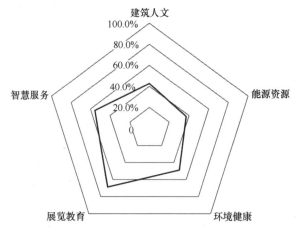

图 2　标准试评项目各章节平均得分率

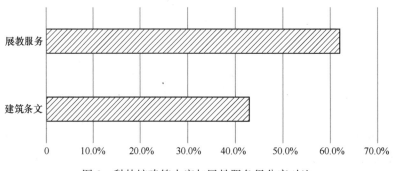

图 3　科技馆建筑内容与展教服务得分率对比

虽然对于一些建设年代较早的科技馆在条文达标上具有一定难度，但通过条文的设置意义和技术实现难易角度分析，验证了条文设置的必要性和可行性。总体来看，标准在条文内容和分值设定上，考虑了不同科技馆建设情况，以及既有科技馆和新建科技馆的区别，提高了展览与教育、智慧与服务的内容和占比，更加契合科技馆的展教和管理服务功能为主的特点，保证了整个标准的科学性和合理性。

6.3　应用前景

科技馆相比于一般公共建筑而言，要以满足科技馆的展示功能需求为前提，具有更为复杂的建筑外形、设备系统，因此科技馆在建筑性能和展教功能上都具有非常鲜明的特点。《标准》编制充分契合绿色科技馆的发展需求，具有很好的应用前景。

一是《标准》突出科技馆特色，有助于提升科技馆绿色发展水平。《标准》条文内容和分值设定上，考虑了不同科技馆建设情况，以及既有科技馆和新建科技馆的区别，提高了展览与教育、智慧与服务的内容和占比，更加契合科技馆的展教和管理服务功能为主的特点，保证了整个标准的科学性和合理性。

二是充分发挥科技馆展览与教育功能，宣传绿色、低碳发展理念。《标准》引导通过组织绿色建筑技术宣传、绿色生活引导，鼓励可以实践参与的展教活动，将绿色低碳理念通过展品展示互动的方式向民众尤其是青少年传播，传达绿色发展理念，有助于提升公民科学素质。

三是助力科学普及，激发技术创新。科技馆是提升全民科学素质和创新意识的重要基础设施之一，通过绿色环保设备、新能源装置及相关内容的展示宣传，推动科技馆由数量与规模增长的外延式发展模式向提升科技馆绿色性能与科普水平的内涵式发展模式转变，推进创新发展。

6.4 结 束 语

建设高品质、高性能的绿色科技馆符合我国绿色发展要求，满足人们对高质量建筑科技产品的需求，是绿色生活创建的重要组成部分。《标准》将评价对象从建筑延伸到内容建设，并适当加大展览与教育以及智慧服务的评价内容占比，充分体现科技馆特色，使《标准》的应用范围更加聚焦。《标准》充分体现我国科技馆绿色、低碳、健康、人文的建设理念，将为科技馆的建设提供强有力的技术支撑，对促进现代科技馆体系建设具有强有力的推动作用。

标准编制工作及成果获得评审专家高度评价，认为《标准》技术内容科学合理，可操作性强，为绿色科技馆的评价提供了依据，与现行标准相协调，整体达到国际先进水平。

作者： 常钟隽[1] 殷皓[2] 王清勤[1] 周海珠[1] 李晓萍[1] 齐欣[2] 张成昱[1] (1. 中国建筑科学研究院有限公司；2. 中国科学技术馆)

7 《绿色智慧产业园区评价标准》 T/CECS 774—2020

7 Assessment Standard for Green Smart Industrial Park T/CECS 774—2020

7.1 编 制 背 景

随着国内智慧城市建设步伐的不断加快,党中央和国务院也更加注重智慧园区的建设与发展。从 2012 年至今,国家颁布了多项政策推进智慧园区的建设,从"十三五"规划、"十四五"规划、《科技企业孵化器管理办法》到《关于推动创新创业高质量发展打造"双创"升级版的意见》,在众多指导文件中从各方向推动产业发展。其中国家发改委于 2018 年 6 月发布的《关于实施 2018 年推进新型城镇化建设重点任务的通知》中要求分级分类推进新型智慧城市建设,引导各地区利用互联网、大数据、人工智能推进城市园区和公共服务智慧化。与此同时,各级政府也纷纷开展了智慧园区的试点,促进智慧园区政策的广泛落地。智慧园区作为智慧城市的落脚点,是当今发展数字经济的新理念和新模式。

集约化、绿色化、智慧化成为各类园区运营和升级的客观需要,"绿色智慧产业园区"一词逐渐走入人们的视野,各类智慧园区也如雨后春笋般在全国各地涌现。然而,与智慧城市、智慧楼宇、智能家居等行业逐步推出的国家/行业标准相比,智慧园区始终缺乏一个统一的行业评价标准,影响整个行业的健康发展。

为贯彻落实党的十九大精神,加快推进智慧园区的建设与发展,根据中国工程建设标准化协会《关于印发〈2018 年第二批协会标准制订、修订计划〉的通知》(建标协字〔2018〕030 号)的要求,立项制定《绿色智慧产业园区评价标准》T/CECS 774—2020(以下简称《标准》),主编单位为中关村乐家智慧居住区产业技术联盟、青岛亿联信息科技股份有限公司。

该标准的发布为推动绿色智慧产业园区评价标准应用与落地,提高产业园区整体水平,提升规划建设和管理服务品质做出了指导性工作。为智慧园区建设创新提供系统性的技术支撑和理念引导,通过园区信息化建设及运营维护等全生命周期的服务,帮助园区构建核心竞争优势,为园区产业发展不断注入活力。

7.2 技术内容

7.2.1 体系架构

绿色智慧产业园区评价以新建、改建、扩建产业园区的建成部分为评价对象，并遵循因地制宜的原则，结合产业园区所在地域的气候、环境、资源、经济和文化等特点，注重节能、环保、生态、宜居，实现产业园区可持续发展。体系架构见图1。

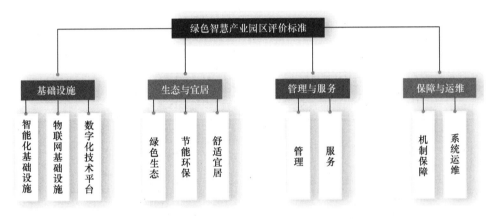

图1 绿色智慧产业园区评价标准体系架构

评价机构按标准有关要求，对申请评价方提交的报告、文件进行审查，对申请评价的绿色智慧产业园区，进行现场勘验，出具评价报告，确定等级。

绿色智慧产业园区评价得分包括两部分：第一部分为绿色智慧产业园区客观评价，占总评分的80%；第二部分为绿色智慧产业园区企业及员工主观评价，占总评分的20%。新建产业园区以客观评价结果作为依据，在客观评价完成后2年内补充完成主观评价，并以汇总得分最终确定绿色智慧产业园区等级。

7.2.2 指标体系

绿色智慧产业园区客观评价指标由基础设施、生态与宜居、管理与服务、保障与运维4项一级指标，智能化基础设施、绿色生态、节能环保等10项二级指标，物联网平台、绿色建筑、信息安全管理系统等71项三级指标进行评价和等级划分，且每类指标细分为控制项、一般项和优选项。其中控制项应为必须达到的指标，满分50分；一般项和优选项应为扩展指标，申请评价方可根据项目具体条件进行选择。

绿色智慧产业园区评价等级分为一星级、二星级、三星级、四星级、五星级5个等级，评价等级按评价分数确定。适用于新建、扩建、改建的智慧产业园区建设及评价。

评价等级与对应分数参照表1的规定。

评价等级与对应分数 表1

评价分数 T（分）	评价等级
$T \geqslant 110$	五星级
$100 \leqslant T < 110$	四星级
$90 \leqslant T < 100$	三星级
$80 \leqslant T < 90$	二星级
$50 \leqslant T < 80$	一星级

绿色智慧产业园区客观评价指标体系参照表2的规定。

绿色智慧产业园区客观评价指标体系 表2

信息化基础设施	智能化基础设施
	物联网智能设施
	数字化技术平台
生态与宜居	绿色生态
	节能环保
	舒适宜居
管理与服务	管理
	服务
保障与运维	机制保障
	系统运维

基础设施主要评价对象为绿色智慧产业园区内的各类基础设施，包括信息设施系统、公共安全系统、建筑设备及能效监管系统，物联网平台、集成管理平台等数字化技术平台。通过对基础设施的分级评选对园区内智能化、信息化设施建设提供相关指导依据，保障园区基础运行。

生态与宜居主要评价对象为绿色智慧产业园区的空间环境，包括绿色建筑、空气质量、污染源管理等绿色生态选项，节能环保、人文空间、绿色交通、环境噪声等舒适宜居选项。通过对生态与宜居两方面的分级评选优化园区内的生产、生活环境，让在园区内居住、生产、生活、交流的人员有一个更舒适的空间，从而推动园区的可持续发展。

管理与服务主要评价对象为绿色智慧产业园区的信息化系统，包括基础信息管理、综合管理、运营管理、数据分析、企业服务，个人服务等。通过对管理系统、服务系统两大园区主要信息化系统进行分级评选提升园区整体运营管理效率，也让园区能够更好地利用各类信息化手段使园区内的人员获得更好的生产生活体验。

保障与运维主要评价对象为绿色智慧产业园区的运维保障信息系统及相关制度，包括制度建设、运维系统、信息安全管理系统、设施设备生命周期管理系统等。通过对保障与运维系统进行分级评选切实保障园区内的基础设施及信息化系统可长效使用，减少各类故障隐患。

7.3 应用情况或应用前景

目前全国各种各类产业园区约2.5万个，对国家经济贡献达到35%以上。智慧园区是智慧城市发展最重要的构成部分之一，也是一个城市或地区创造产能的最重要部门。智慧园区是智慧城市的产业中心和创新中心，也正因为智慧园区的高经济性、高创新性的特点，其成为智慧城市应用发展较快的一个领域，园区经济已经成为中国经济的主要承载平台和增长动力。

中国持续的城市化进程和园区智慧化趋势，赋予了园区智慧化行业广阔的市场。智慧园区市场随着信息化市场的发展呈增长态势。国家级开发区的智慧化建设是智慧园区市场的重要组成部分，其数量的增长也带动了智慧园区市场规模的扩大。截至2020年底，国家级高新区共169家，国家级经开区共218家，总数已达到387家之多。

国内智慧园区的潜在市场空间庞大，竞争格局尚未稳定，市场还处于混沌状态，呈百家争鸣的态势，缺乏行业领袖和行业标准。智慧园区作为一个新兴蓝海行业，尚未形成固定的市场格局，有着丰富的发展可能。《标准》发布将更加提高产业园区整体水平，提升规划建设和管理服务品质。

7.4 结 束 语

随着科学技术发展的日新月异，新一代物联网在智慧园区等产业应用已日趋成熟，作为行业内首个绿色智慧产业园区评价标准，对促进绿色智慧园区的规范发展和服务管理水平的提升具有重要引领作用，实现园区的规划与设施、管理与服务的合理布局，也促进了"绿色"发展在智慧园区领域的推广应用。

《标准》正式发布推动了园区生态化、智慧化、标准化发展，智慧产业园区要依据《标准》进行设计建设，在各方面开展探索。整体解决方案规划主要由大型信息技术企业主导，与此同时，其他众多信息技术企业依托自身人工智能、云

第二篇 标 准 篇

计算、数字孪生等共性支撑技术方面的实力,为不同层面的企业进行技术赋能,负责具体项目的落地实施,拓宽行业边界,具有在行业内长远发展的可能性。

作者: 程卫东[1] 华清波[1,2] (1.中关村乐家智慧居住区产业技术联盟;2.青岛亿联信息科技股份有限公司)

第三篇 科研篇

为全面落实《国家中长期科学和技术发展规划纲要（2006—2020年）》的相关任务和《国务院关于深化中央财政科技计划（专项、基金）等管理改革的方案》，科技部会同教育部、工业和信息化部、住房和城乡建设部、交通运输部、中国科学院等部门，组织专家编制了"绿色建筑及建筑工业化"重点专项实施方案，列为国家重点研发计划首批启动的重点专项之一，中国21世纪议程管理中心为该重点专项的专业管理机构。

"绿色建筑及建筑工业化"专项围绕"十三五"期间绿色建筑及建筑工业化领域重大科技需求，聚焦基础数据系统和理论方法、规划设计方法与模式、建筑节能与室内环境保障、绿色建材、绿色高性能生态结构体系、建筑工业化、建筑信息化7个重点方向，设置了相关重点任务。总体目标为：瞄准我国新型城镇化建设需求，针对我国目前建筑领域全寿命过程的节地、节能、节水、节材和环保的共性关键问题，以提升建筑能效、品质和建设效率，抓住新能源、新材料、信息化科技带来的建筑行业新一轮技术变革机遇，通过基础前沿、共性关键技术、集成示范和产业化全链条设计，加快研发绿色建筑及建筑工业化领域的下一代核心技术和产品，使我国在建筑节能、环境品质提升、工程建设效率和质量安全等关键环节的技术体系和产品装备达到国际先进水平，为我国绿色建筑及建筑工业化实现规模化、高效益和可持续发展提供技术支撑。

本专项共立项60个项目，执行期为2016～2020年，按照分步实施、重点突出原则分年度落实重点任务，国拨经费为13.54亿元。截至2021年底，60个项目全部完成绩效评价。

本篇通过对专项的技术进行全面总结，形成了"十三五"期间我国绿色建筑技术进展与展望。并从60个项目中遴选7个代表性项目，从项目研究目标、主要成果、推广应用、研究展望等方面进行简要介绍，以期为读者提供技术支撑和借鉴，形成可实施、可推广、可复制的绿色建筑技术。

1 "十三五"期间我国绿色建筑技术进展与展望

1 Progress and prospect of green building technology in China during the 13th Five-Year Plan period

1.1 引　言

应对气候变化是全人类面临的巨大挑战。作为全球碳排放大国，我国政府制定了一系列自主减排举措，承诺在2030年碳达峰、2060年碳中和。建筑领域是全社会碳排放的重要组成部分，我国建筑领域CO_2排放量近年来呈现逐年增长的趋势。2019年我国建筑建造和运行相关CO_2排放占全社会总CO_2排放量的比例约为38%，其中建筑建造占比为16%，建筑运行占比为22%。发展绿色建筑、推动建筑工业化，是解决目前我国建筑业存在的劳动生产效率低下、建材消耗量大、建设过程和运行过程碳排放量高等突出问题，实现建筑业绿色高质量发展的必然要求。绿色建筑是指在建筑的全寿命期内，最大限度地节约资源（节能、节地、节水、节材）、保护环境和减少污染，为人们提供健康、适用和高效的使用空间，与自然和谐共生的建筑。

绿色建筑发展将引领建筑行业发展理念的转变，推进建造方式的变革。"十三五"期间，建筑领域技术不断提升，绿色建筑规划设计、建筑节能技术、室内空气质量保障技术、高性能结构技术和绿色建造施工与建筑工业化技术等方向，在技术理论、产品研发和应用示范方面取得了良好成果，为我国建筑领域实现绿色低碳、节能高效、舒适健康以及产业升级提供了技术支撑和实践经验。

1.2　绿色建筑技术进展

在绿色建筑规划技术发展方面，基于不同空间尺度建立了绿色建筑规划设计方法。在建筑微观尺度，建立了不同气候区不同建筑类型的开源策略库，量化其对节能、减排、节材以及可再生能源利用的贡献作用。提出了建筑全生命周期的分阶段评价标准，建立了标准化建筑绿色性能计算方法，建立了严寒及寒冷地区、夏热冬冷气候区和极端热湿气候区等不同气候条件、不同建筑类型的绿色公共建筑设计新方法和地域气候适应型绿色公共建筑设计分析工具及多主体、全专业设计协同技术平台。在区域宏观尺度，建立了适合我国不同区域特征的城市新区规划设计理论方法和优化技术体系，开发多政策背景的决策优化和多场景模拟的技术优化于一体的智能规划平台，并在雄安新区、浦东新区、青岛西海岸新区、成都天府新区等不同类型地域示范。

在绿色建筑节能技术方面，基于热舒适和节能需求建立了暖通空调室内、室外设计计算参数方法与数据集，开发构建了面向建筑节能设计需求的基础数据平台，为建筑节能设计、标准规范制定提供了充分的数据支撑。研发了具有我国完全自主知识产权、开源的建筑采光、建筑热过程、空气流动、室内空气品质、热湿动态耦合传递、新型围护结构、机电系统、可再生能源系统和建筑能耗联合仿真平台内核。针对既有建筑，开展既有居住和公共建筑宜居改造、城市住区和工业区功能提升等技术研发和应用。基于主被动技术建立近零能耗建筑技术体系，编制完成涵盖近零能耗建筑设计、施工、检测、评价等内容的工程标准，推动不同气候区近零能耗建筑示范。针对长江流域地区部分时间、部分空间供暖空调行为特性和气候特性，提出了室内热环境营造的解决方案，开发了高效冷热源设备，为长江流域主要城市典型建筑每年 $20kW \cdot h/m^2$ 能耗目标的实现提供了经济可行的技术策略。针对公共交通建筑特殊的空间布局和功能特性，建立了高大空间及地下交通建筑室内环境节能控制关键技术。提出了 2030 碳达峰和 2060 碳中和要求下的绿色建筑技术路线图。

在室内空气品质保障技术方面，研发了空气微生物快速检测与在线监测技术，研制了采样流量达到 200L/min 的大流量高效率采样装置（传统采样流量通常为 28.3L/min），将空气微生物浓度检测耗时从传统的 24～48h 缩短至 5～6min 即可获得检测结果。建立了非均匀环境洁净室送风量理论，提出了手术室梯级送风、局部负压吸引装置等技术，为电子洁净厂房、制药洁净厂房、医院手术室的气流组织设计、变风量技术、自循环净化机组降低新风量技术等项目提供了理论指导。针对高污染散发类工业建筑，基于强热源、强污染条件，揭示了气体及气载污染物的输运机理和分布特性，建立了气流组织新模式，并开发了针对典型污染物（聚焦高温烟尘、有害气体、油雾漆雾）散发特性的控制技术和装置。建立了基于逸出因子、阻隔因子的污染物散发预测模型，污染物散发速度的精度大于 80%，研制了系列动态环境舱系统、SVOC 散发微舱、检测仪等装备。

在建筑材料与建筑结构性能提升方面，研发了建筑、城市桥梁、地下空间等领域包括新型钢板-混凝土组合结构在内的系列高性能组合结构体系，研制了自感知与多种愈合机制的自修复混凝土技术，研发了被动自适应金属复合高能耗、可恢复与损伤可控构建及抗风抗震一体化结构体系。研发了高性能钢结构体系，创新形成了新型剪力墙、新型框架、模块化、装配式板柱、装配式交错桁架 5 类典型装配式钢结构体系产业化技术体系。开发了高强钢箱形柱梁柱节点和高强钢框架的抗震设计方法,减小了构件截面;试验捻制出国际最大直径180mm高性能密闭拉索,相比传统锁拱结构用钢量大幅减少。提出了超高性能混凝土(UHPC)多尺度性能诱导调控技术,建立装配式结构体系规模化和标准化的高效建造技术,实现了黏度降低50%、收缩降低60%、极限拉伸应变较普通混凝土提高10倍以上。成功制备海水海砂、珊瑚礁砂骨料、火山灰渣等地域天然原料混凝土。研制复材网格、大吨位复材索等5大类高性能纤维增强复合材料新产品及制备技术,建立了复材在复杂环境、复杂结构应用的成套技术。成果在世博会场馆、深中通道、内马铁路、中马友谊桥等重大工程和"一带一路"项目中应用。

在绿色建造施工与建筑工业化方面,开发了具有自主知识产权的装配式建筑全产业链设计平台,实现了全产业链一体化关键技术协同集成体系和各环节数据交互。提出并验证了新型"干式"预应力装配结构体系(PPEFF体系),实现了五天两层的高效建造。构建了适合于工业化建筑隔震、消能减震新体系的优化设计理论和性能设计方法,研发了工业化建筑装配式结构隔震与消能减震关键装置、构件和节点,解决现有装配式建筑结构抗震性能提升和传统结构抗震设计理论框架下的局限性问题。研发了具有自主知识产权、建筑全产业链的建筑信息模型协同工作应用平台(PKPM-BIM),实现了建筑内的3D可视化、实时数据获取和智能操控。研发了具备构建自动取放、吊运、寻位、调资与接缝施工一体的构件吊装安装专用起重平台。研发了超高层建筑爬升式整体钢平台模架与塔机一体的智能化大型集成组装式平台系统及施工实施方案,与集成平台一体的、多关节的、超长臂架横折臂混凝土布料大型装备,布料半径35m。

1.3 总结与展望

总体而言,在"十三五"期间我国绿色建筑在规划设计、建筑节能、室内空气品质、高性能建筑结构、施工及工业化等多方面取得了标志性技术成果并推广了大规模示范应用,支撑和引领了建筑行业绿色低碳发展。随着我国绿色建筑产业的发展和提升,特别是"十四五"时期也是我国实现2030年前碳达峰、2060年前碳中和目标的关键时期,未来绿色建筑的发展也将迎来新阶段。亟须做好以下工作:

(1)提升绿色建筑发展质量。倡导建筑绿色低碳设计理念,充分利用自然通风、天然采光等,降低住宅用能强度,提高住宅健康性能。加强规划、设计、施工和运行管理。引导地方制定支持政策,推动绿色建筑规模化发展。

(2)提高新建建筑节能水平。实施我国新建民用建筑能效提升计划,构建完善节能标准体系,推进绿色建筑标准实施,分阶段、分类型、分气候区提高城镇新建民用建筑节能标准。鼓励建设高星级绿色建筑，开展超低能耗建筑规模化建设，推动零碳建筑、零碳社区建设试点。

（3）推动可再生能源应用。根据太阳能资源条件、建筑利用条件和用能需求，统筹太阳能光伏和太阳能光热系统建筑应用。开展以智能光伏系统为核心，以储能、建筑电力需求响应等新技术为载体的区域级光伏分布式应用示范。推广应用地热能、空气热能、生物质能等解决建筑采暖、生活热水、炊事等用能需求。

（4）实施建筑电气化工程。鼓励建设以"光储直柔"为特征的新型建筑电力系统，发展柔性用电建筑。夏热冬冷地区积极采用热泵等电采暖方式解决新增采暖需求。开展新建公共建筑全电气化设计试点示范。

（5）推广新型绿色建造方式。完善装配式建筑标准化设计和生产体系，推行设计选型和一体化集成设计，推动构件和部品部件标准化。完善适用于不同建筑类型的装配式建筑结构体系，加大高性能混凝土、高强钢筋和消能减震、预应力技术的集成应用。

作者：宋敏　温全（中国21世纪议程管理中心）

2 既有城市住区功能提升与改造技术
2 Research on function improvement and retrofitting technology of existing urban residential areas

2.1 研究目标

在严控增量、盘活存量、优化结构的思路下，我国城市已迈入增量发展向存量提质的关键阶段。城市住区是人民生产生活的重要载体，随着生活水平和建设标准的不断提高，2000年（含）前建成的以居住为主要功能的既有城市住区存在的规划前瞻性不够、文脉传承保护不足、功能设施不完善、集约节约程度不高、健康化与智慧化水平较低等问题逐渐凸显，不能满足绿色健康、舒适宜居要求。优化既有城市住区形态和功能是提升人居环境、促进以人为核心的新型城镇化发展的重要抓手，也是推动城市高质量发展的必然要求。

2018年7月，中国21世纪议程管理中心批准立项"十三五"国家重点研发计划项目"既有城市住区功能提升与改造技术（项目编号：2018YFC0704800）"（以下简称"项目"），由中国建筑科学研究院有限公司牵头，联合中国城市规划设计研究院、中国建筑设计研究院有限公司、中国中建设计集团有限公司、上海市政工程设计研究总院（集团）有限公司、北京清华同衡规划设计研究院有限公司等14家科研院所、高校、设计与施工单位共同实施，执行周期为2018年7月至2021年6月。项目针对我国既有城市住区面临的多项关键问题，以"美化、传承、绿色、智慧、健康"为改造目标，坚持需求导向与目标导向相结合，从"规划引领""关键技术""集成示范"3个层面出发，在既有城市住区规划与美化更新、停车设施升级改造、浅层地下空间改造、历史建筑修缮保护、能源与管网系统更新换代、海绵化升级改造、功能设施智慧化与健康化升级改造等方面开展技术攻关与示范。项目历时3年实施，形成了一批适用于既有城市住区绿色低碳、宜居改造与功能提升的设计方法、关键技术与产品、重点标准、软件平台、集成技术等创新成果。目前，项目已顺利通过中国21世纪议程管理中心组织的项目综合绩效评价，研究成果为有效改善既有城市住区环境品质、增强文脉传承、完善功能设施、提高智慧化与健康化程度提供了科技引领与技术支撑。项目实施路线见图1。

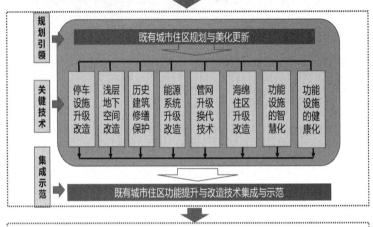

图 1 项目实施路线

2.2 主要成果

项目以"规划方法引领—关键技术支撑—标准规程指引—集成应用示范"的总体思路开展攻关，系统构建了基于既有城市住区改造特点的标准体系和功能提升技术体系，研发了基于限制性条件下适用的既有城市住区功能提升关键技术和产品，编制了重点标准 8 部，形成新方法 5 项、新产品 3 项，专利授权 11 项、专利申请 15 项，获批软件著作权 10 项，并通过集成示范实现研究成果的推广应用，支撑既有城市住区精准施治改造实施。项目主要成果包括：

（1）提出了既有城市住区改造规划升级与更新改造设计新方法

针对既有城市住区居住人群多元、现状情况复杂、改造情景多样等问题，基于人本视角、需求导向和各类住区特点，研发了面向实施的整体性既有城市住区规划升级与美化更新技术，建立了涵盖改造前期筹备、改造实施、改造后评价的既有城市住区更新规划设计新方法，开发了既有城市住区美化更新模拟工具，为不同类型既有城市住区规划更新提供可选择性解决方案。该方法在前期筹备方面，明确了住区分类、目标分层的住区更新决策程序，提出了包括居住空间、公共空间、配套设施、风貌环境、交通空间、基础设施 6 大类 38 个指标的住区更新需求诊断评估方法；在改造实施技术方面，形成了面向实施落地的改造技术方法集成，明确了保障更新实施的政策机制；在改造后评估方法方面，构建了涵盖目标完成度后评估、改造项目建成环境影响后评估、改造项目全过程后评估 3 种类型的不同评价指标体系。

基于"区域协调、文脉传承、绿色低碳、健康宜居、用户参与"的改造原则，建立了既有城市住区历史建筑新老结构协同的一体化融合设计方法，研发了以被动式性能参数为主的历史建筑绿色性能模拟软件，更关注建筑的室内环境、建筑节能率，通过经济性平衡绿色技术措施与历史信息保护间的关系，形成综合可行的历史建筑绿色改造建议。开发了服务旧城区改造的既有城市住区负荷强度预测分析软件，基于能源协调利用、梯级利用、综合利用的原则，分析了终端碳减排量和投资回收期对多种能源耦合技术的影响，建立了以"校核能源系统多能互补改造可能性—能源系统负荷评估及预测—既有城市住区资源分析—既有城市住区微气候及其他影响因素—既有城市住区能源系统升级改造经济及碳减排计算"为思路的既有城市住区多能互补能源规划新方法，为实现低碳住区、提高能源系统多能互补利用比例提供了有力支撑。针对空间受限下的管网，综合考虑其周围环境信息，提出了既有城市住区管网更新换代设计方法，构建了基于蚁群算法的管网最短路径模型、基于潜能模型的管网可达性的路径优化模型、基于安全性的管网路径优化模型，开发了既有城市住区管网更新模拟软件，辅助设计人员构建三维设计模型、提高设计效率，实现了空间受限的地下管网最短、可达、安全三种路径的决策优化。针对既有城市住区海绵化改造过程中存在的问题识别不清、设计方法不当、技术措施不适宜等问题，提出了基于分类施策的既有城市住区海绵化改造设计方法与图示，明确了分类设计原则、关键要点、设计流程、技术路径和具体设计参数，为既有城市住区实现"渗、滞、蓄、净、用、排"功能的海绵化改造提供具体的设计指引。研究成果对既有城市住区改造中精准化识别与分析，科学制定改造方案、采取因地制宜的改造措施提供决策支撑。

（2）研发了既有城市住区功能提升适宜关键技术

针对既有城市住区限制性条件下的改造需求，提出了面向实施的既有城市住区功能提升适宜改造多项关键技术。结合不同类型既有城市住区停车设施现状、居住人群特征及停车需求，建立了不同规模城市、不同地段既有城市住区的调查样本清单，提出了针对不同既有城市住区各种场地类型适宜的停车设施建设改造方式，提出了停车收费、投融资、运营管理等一系列配套策略建议，弥补了国内研究和应用的空缺，有助于缓解居民停车困难问题，提高人们的居住体验。

针对既有城市住区历史建筑保护和再利用需求，提出了历史建筑全过程保护修缮关键技术，建立了基于阻抗仪和 X 射线的木材缺陷综合检测方法和预测模型，已完成 20 幢历史建筑木结构现场检测（图 2）；提出了砖木结构平面外抗震承载力计算方法和力-位移骨架线模型；研发了历史建筑适用的高延性水泥基复合材料（ECC）抗震加固技术（图3），与传统加固方法相比，加固后墙体承载能力提高39%～89%、极限位移提高12%～96%。

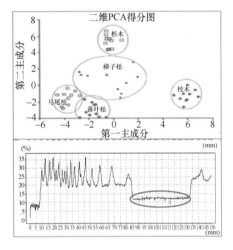

图2 木构件树种鉴定分析及缺陷检测结果

图3 ECC材性对抗震性能、厚度对加固效果影响的试验

能源与管网系统改造方面，构建了涵盖"基础数据分析、能源需求预测、替代情景研究及检验、策略提出"的全流程既有城市住区清洁能源替代技术，为提高既有城市住区能源利用率、减少污染排放提供决策参考；研发了既有城市住区管网高效高精度检测鉴定技术，建立了基于全局因子和区域大小宽容度的管网风险最优检测路径搜索算法（图4），检测效率提高3倍以上，建立了既有城市住区管网维护和修复需求评价方法（图5）及覆盖不同管道形式和常见技术措施的管网维护修复技术体系，解决了既有城市住区管网检测鉴定低效不准、维护修复效率低的问题。

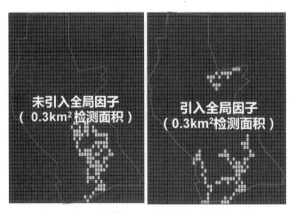

图4 管网风险最优检测路径搜索算法对比

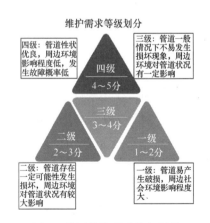

图5 管网维护需求等级划分

在海绵化改造方面，以突出居民体验感为目标，构建了针对既有城市住区内公共区域和老旧小区海绵化改造的分类评估方法，提出了涵盖问题评估和改造条件评估的 19 项评估指标，提出了既有城市住区海绵设施与景观系统有机融合技术，包括 60 余项海绵设施与景观融合设计类型（图 6），科学规范既有城市住区海绵化改造技术应用。

图 6　海绵设施与景观融合模式示例示意图

在上述关键技术研究的基础上，研发了集声波激振旋进和高压旋喷于一体的高压旋喷钻机（图 7），其声波动力头振动频率高达 110Hz，可在黏土、砂砾、卵石、中等硬度岩石等复杂地层中成孔，钻进效率高、对周围地层扰动小，填补了国内空白，解决了在地下狭小空间施工中单一功能钻孔桩、旋喷桩设备摆放困难的问题。研发了高性能透水铺装设施（图 8），用于机动车道的高强度透水铺装的抗垂直压强为 15.76MPa、抗水平压强 0.75MPa、抗折压强 0.66MPa，规避了现有透水铺装设施存在的缺陷和不足。基于声学与振动原理，研发了既有城市住区有压管网泄漏无线检测传感阵列原型设备（图 9），实现了高精度微声微振双参感知，经第三方检测与实际应用，可实现 DN250 及以下管道漏损检测，单次检测时间小于 3min，定位误差小于 1m。

图 7　高压旋喷钻机样机　　　　图 8　高性能透水铺装设施

(3) 提出了既有城市住区健康化改造集成技术

针对我国既有城市住区存在的功能配套设施不完善、空间分布不均衡、室外

图 9　管网无线检测传感阵列原型机

物理环境有待提升、改造指标不明确等问题，以既有城市住区居民身心健康为目标，综合考虑了我国国情和既有城市住区改造特点，以规划设计为引领、以区域环境和功能设施综合整治为措施，在充分考虑既有城市住区内居民生理、心理、社会 3 个层面需求的基础上，建立了以"空气、水、舒适、健身、人文、服务"六大健康要素为核心的既有城市住区健康改造指标体系，包括 6 类一级指标、17 类二级指标、56 类三级指标；构建了涵盖现状评估、技术实施和效果评价全流程的既有城市住区健康化改造集成技术体系，开发了既有城市住区健康化升级改造评估软件（图 10），指导完成了项目 10 余个示范工程的健康化改造；开发了疫情感知与精准防控功能模块，研发了住区防疫小程序，建立了基于分布式架构的既有城市住区智慧和健康综合管理平台，为实现既有城市住区智慧化改造一体化管理提供支撑。

针对既有城市住区改造的减碳潜力评估以住区范围内住宅建筑单体为主、缺少对基础配套、景观绿地及交通出行等方面影响的关注等问题，根据资源、气候及既有城市住区的碳源碳汇特点，建立了涵盖景观绿化、住宅建筑、水资源、固体废弃物、基础配套和交通出行 6 个方面的住区改造碳排放清单，构建了适用的既有城市住区运行阶段和改造阶段的碳排放影响评价模型，开发了城市住区改造碳排放评价软件（图 11），为既有城市住区的低碳运行和改造提供理论基础和实践指导。

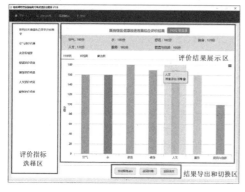

图 10　既有城市住区健康化升级改造评估软件

图 11　城市住区改造碳排放评价软件界面

（4）建立了既有城市住区改造技术标准体系

针对我国现行工程建设标准对既有城市住区功能提升与改造存在针对性不强、适用性不高等问题，以现有标准为依托、实际需求为导向，构建了既有城市住区功能提升与改造技术标准体系。该技术标准体系以美化更新、能源系统升级、管网升级换代、海绵改造升级、功能设施完善、历史建筑修缮维护六大目标性能作为核心，覆盖检测鉴定、改造设计、维护修缮、效果评价等主要阶段，涵盖规划设计、多能互补、管网维护修复、公共设施配置、适老设施、健身设施、停车设施、智慧设施等专项技术。标准体系涵盖了128项现行、在编、待编标准，其中国家标准36项、行业标准21项、待编标准47项。

以建立的标准体系为引领，以更强调公众参与性为主，主编了《既有住区健康改造评价标准》T/CSUS 08—2020、《既有住区健康改造技术规程》T/CSUS 13—2021、《既有住区全龄化配套设施更新技术导则》T/CSUS 19—2021、《既有城市住区环境更新技术标准》T/CECS 871—2021、《既有城市住区历史建筑价值评价标准》T/CECS 918—2021、《既有住区管网维护修复技术规程》T/CECS 911—2021、《既有城市住区海绵化改造评估标准》T/CECS 903—2021等8部重点标准，为既有城市住区精准施治提供技术支撑。

2.3 推广应用

为实现项目成果的落地实施，项目实施过程中及时总结研究成果，以示范工程为试点对象开展集成应用，取得了显著的社会、经济和环境效益。项目在不同气候区的12个城市实施了19项示范工程，包括遂宁市镇江寺片区、绍兴市柯桥区柯桥街道和柯岩街道住区改造等环境品质和基础设施综合改造示范工程，浦东新区金杨新村街道绿色健康社区更新改造、玉溪大河上游片区绿色健康城区、唐山市机场南楼-祥荣里片区绿色低碳区示范等绿色低碳或健康城区示范工程，以及长控艺术区、旧上海特别市政府大楼（绿瓦大楼）修缮改造、南头古城中山南街53号综合改造等地域性、文脉传承和气候适应优先的绿色建筑示范工程。结合各示范工程本底条件、改造目标、改造需求，选用适宜的项目成果开展集成示范。其中，绿色低碳区类示范工程改造后的碳排放强度降低20%以上；健康城区类示范工程改造后的健康性能指标达到国际先进水平并且获得了既有住区健康改造标识；地域性、文脉传承和气候适应优先的历史建筑改造示范工程改造后的能耗比《民用建筑能耗标准》GB/T 51161—2016同气候区同类建筑能耗的引导值降低10%，室内环境品质达到国际水平优级以上，可再循环材料利用率超过10%，并且均满足了《既有建筑绿色改造评价标准》GB/T 51141—2015一星级标准要求。

此外，项目实施过程中，结合住房和城乡建设部老旧小区改造试点城市计划,将研究成果直接应用在全国 15 个城市的既有城市住区双修、地下空间扩展等改造工程中,支撑城市更新工作推进。"十四五"期间,我国将围绕群众"急难愁盼"问题,完成 2000 年底前建成的 21.9 万个城镇老旧小区改造,项目成果契合城市更新需求,为进一步增强人民群众的获得感、幸福感和安全感发挥积极的支撑作用,具有重要的推广应用潜力和前景。

2.4 研究展望

2020 年 10 月 29 日,十九届五中全会首次提出"实施城市更新行动",2021 年和 2022 年国务院政府工作报告连续将"实施城市更新行动""有序推进城市更新"列为政府工作任务。2021 年 10 月 24 日,《国务院关于印发 2030 年前碳达峰行动方案的通知》(国发〔2021〕23 号)在"城乡建设碳达峰行动"重点任务中明确指出,城市更新要落实绿色低碳要求。既有城市住区升级改造是一项重大的民生工程和民心工程,在"健康中国""双碳"重大战略推动下,既有城市住区改造对推动城市整体更新和资源优化配置、提升城市功能品质、实现绿色低碳可持续发展具有重要意义。在当前重大战略机遇期,既有城市住区改造尚需持续开展进一步研究和发展:

(1) 完善既有城市住区改造标准体系。基于我国国情,制(修)订既有城市住区绿色、低碳、健康改造全过程及覆盖国家、地方、团体多层级的技术标准,进一步完善标准体系。

(2) 持续开展关键科技攻关。随着国家新型城镇化建设,深入开展基于可持续发展路径下的既有城市住区功能空间优化、健康住区环境监测评价与保障、历史文化街区保护更新、绿色低碳智慧化运维等关键技术研发;结合既有城市住区改造特点,进一步开展经济可行的地域适宜性既有城市住区绿色、低碳、健康协同改造集成技术研究。

(3) 以试点示范推动既有城市住区改造规模化。结合顶层政策支撑,深入研究既有城市住区改造的发展方向、重点和实施路线图,以京津冀协同发展、长江经济带发展、粤港澳大湾区建设、长三角一体化发展等区域协调发展战略为契机,推进城镇化和城市发展中相关科技成果技术转化,推动不同气候区既有城市住区改造规模化实施,进一步支撑城市可持续发展。

作者:王清勤[1] 李迅[2] 苏童[3] 满孝新[4] 刘澄波[5] 张险峰[6] (1. 中国建筑科学研究院有限公司;2. 中国城市规划设计研究院;3. 中国建筑设计研究院有限公司;4. 中国中建设计集团有限公司;5. 上海市政工程设计研究总院(集团)有限公司;6. 北京清华同衡规划设计研究院有限公司)

3 藏区、西北及高原地区利用可再生能源采暖空调新技术

3 Tibet, northwest and plateau areas utilize renewable energy heating and air conditioning technology

3.1 研究目标

藏区、西北及高原地区利用可再生能源采暖空调新技术项目（图1）针对藏

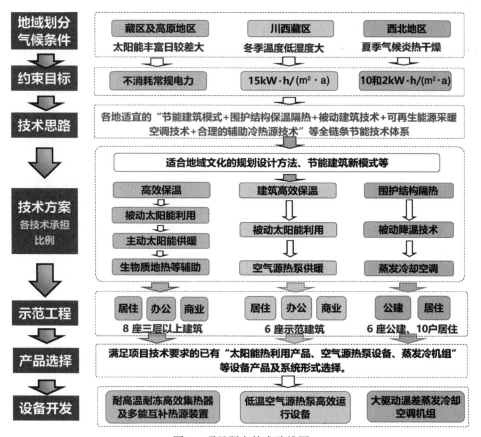

图1 项目研究技术路线图

区太阳能供暖、川西地区空气源热泵供暖、西北炎热干燥地区蒸发冷却空调等关键技术问题，对可再生能源采暖空调室内外设计参数、建筑负荷被动削减技术等研究成果进行梳理总结，以利用被动式技术及围护结构蓄能为先导，提出各地适宜的"节能建筑模式+围护结构保温隔热+被动建筑技术+可再生能源采暖空调技术+合理辅助冷热源"全链条节能技术体系；以关键产品研发为重点，以可再生能源与常规能源协同优化研究为主线，研制出大驱动温差露点间接冷却器，集热性能优于国家标准15%的耐冻耐高温高效平板太阳能集热器，太阳能有用得热量提升30%~50%的紧凑式多能源互补热源装置，新型高效空气源热泵水机、户式露点间接蒸发冷却空调等关键设备；建立了可再生能源采暖空调高效稳定应用技术体系，并建成"山南浪卡子县县城供热工程"等15项示范工程41座示范建筑，使上述地区在建筑节能、环境品质提升等关键环节的技术体系和产品装备达到国际先进水平，为我国绿色建筑及建筑工业化实现规模化、高效益和可持续发展提供技术支撑。此外，项目还完成国家、行业、地方标准编制6项，申请发明专利61项，获得授权发明专利9项，授权实用新型专利38项；发表论文168篇，其中SCI、EI论文54篇，培养研究生83名。

3.2 主 要 成 果

3.2.1 主要成果1：藏区太阳能供暖关键技术与示范

项目针对藏区、西北及高原地区气候资源条件、地域建筑特征等，提出了适宜的"节能建筑模式+围护结构保温隔热+被动建筑技术+可再生能源采暖空调技术+合理辅助冷热源"全链条节能技术体系。在理论与基础数据层面分析了西藏高原可再生能源建筑动态热过程特性，并以此为基础，提出了可再生能源采暖空调负荷计算新方法。建立了逐日太阳辐射逐时化模型，解决了我国西部高原地区气象台站分布稀少、太阳辐射数据缺失的问题。在围护结构保温与被动式技术方面，针对藏区与高原地区昼夜温差大、朝向辐射强度差异大的问题，研发出夜间强化保温、朝向差异化保温技术，提出围护结构保温热阻配比设置方法，创建了围护结构保温体系优化顺序与原则。建立了太阳能供暖地区/建筑类型适用性判据；明确了典型被动太阳能技术与各功能房间匹配关系。提出了集热蓄热屋顶等系列被动太阳能增益技术。

在可再生能源供暖技术方面，项目以藏区可再生能源和常规能源供暖系统的供能特性和用能需求特性分析为基础，依据藏区不同气象和资源特征，提出了适用于新建建筑分散采暖的太阳能空气集热建筑构件蓄热的热风采暖技术，适用于既有建筑分散采暖的户式多能源互补供热装置，适用于既有建筑集中采暖的太阳能区域供暖技术等太阳能主动供暖解决方案；研发了适用于藏区农牧区供暖的多能源互补供热装置；针对高原藏区强辐照、昼夜温差大等特有气象条件，研发了耐高温、耐冻高性能平板太阳能集热器并实现批量生产。目前相关成果已应用于多项示范工程，取得良好供暖效果的同时，节能效益显著。

项目成果因地制宜充分利用可再生能源解决人们的采暖需求，通过示范工程积累经验，推广太阳能采暖技术（图2）的应用，有利于改善了人民群众的工作、生活环境，解决西藏地区居民供暖需求同时降低人民群众的经济压力，完善当地基础设施，促进新型城镇化建设，也为提高我国太阳能利用水平，促进太阳能产业发展提供了技术支撑。2021年"大型太阳能供热关键技术及规模化应用"项目获中国可再生能源学会科学技术进步一等奖。

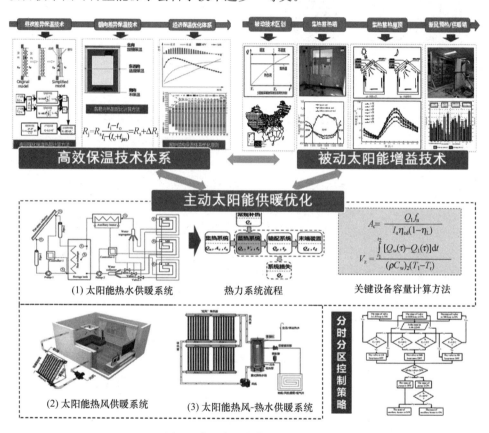

图 2 藏区太阳能供暖关键技术

3.2.2 主要成果2：适于低温高湿环境的高效空气源热泵抑霜控霜技术与设备

项目针对川西藏区高海拔、低温高湿的地域特点，研发了适用于川西藏区的空气源热泵有效抑霜技术和高效控霜技术（图3）。

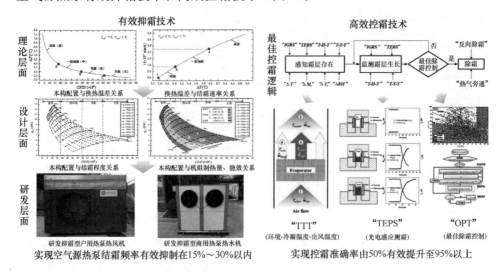

图3 空气源热泵高效控霜除霜技术

项目组提出了空气源热泵抑霜综合特征参数"CICO"，揭示了空气源热泵本构配比与抑制结霜程度的内在机理，为突破传统抑制结霜方法提供了全新的理论基础；建立了基于最佳"CICO"的抑霜理论模型，提出了针对不同地域气候特点的空气源热泵最佳本构配比系数，为空气源热泵结霜抑制提供了全新的技术路线；建立了基于"抑霜和制热多目标优化"的空气源热泵全新研发方法，开辟了空气源热泵机组研发由"单目标制热"转向"抑霜、制热多目标优化"的全新研发方法。同时，项目基于上述新型设计方法，分别研发了抑霜型户用空气源热泵热风机和商用空气源热泵热水机，经现场运行测试，在安全、稳定运行的同时大幅降低结霜频次，可将空气源热泵结霜频率有效抑制在15%～30%以内，提高了机组在复杂结霜地区的运行能效。

项目组建立了最佳除霜控制点预测模型，可实现针对不同复杂结除霜气象条件，以能效最高为优化目标确定最佳除霜控制点，奠定了空气源热泵除霜优化控制的理论基础；针对小型户用空气源热泵，研发了THT、TTT、TIT等除霜控制新策略，推动了基于"间接测霜"方法的空气源热泵除霜控制技术新发展；针对大型商用空气源热泵，研发了TEPS、IGRS等除霜控制新策略，推动了基于"直接测霜"方法的空气源热泵除霜控制技术新发展。经现场运行测试，新型除霜控制技术的除霜准确率高达95%以上，推动了空气源热泵除霜控制技术的发展与变革。

研究成果将有效解决川西藏区长期供暖需求，改善人们工作和生活环境质量，提高建筑节能水平，促进当地社会实现创新发展、绿色发展和协调发展。同时，有助于改善空气源热泵在相似气象条件和相近地域的应用性能，从而推动空气源热泵在全国的高效应用和规模化推广。2021年"抑霜型空气源热泵机组研发与应用"项目获中国制冷学会科学技术发明一等奖。

3.2.3 主要成果3：大驱动温差露点间接蒸发冷却技术及应用

项目针对西部炎热干燥地区，直接和间接蒸发冷却降温驱动温差均受湿球温度所限的问题，通过利用分形理论研究新型聚合物复合膜材料的传热传质机理，建立聚合物复合膜传热传质过程与多孔介质亲水性和微观结构的关系，利用传热传质模型分析预测热力学状态。同时从换热器中一次空气与二次空气的传热传质特性和均匀布水方式优化设计出发，开发了基于新型聚合物复合膜等换热器材料的大驱动温差露点间接蒸发冷却器。以提高蒸发冷却效率，降低空调能耗及耗水量，减小换热器尺寸，解决蒸发冷却产出空气（水）温度逼近露点的能效提升问题。

该装置可提高干空气能驱动势和冷却效率，减小设备的结构尺寸，通过在焓差实验室内模拟标准干燥工况进行试验分析，该露点间接蒸发冷却器制冷量为0.95~2.83kW，冷却器降温8~18℃，露点效率在70%~90%之间，冷却性能对比当前传统间接蒸发冷却器50%~60%的露点效率有着大幅度的提升。以此间接蒸发冷却器为核心，项目进一步开发了露点蒸发冷却空调机组与露点蒸发冷却冷水机组，经技术鉴定达到国际领先水平（图4）。

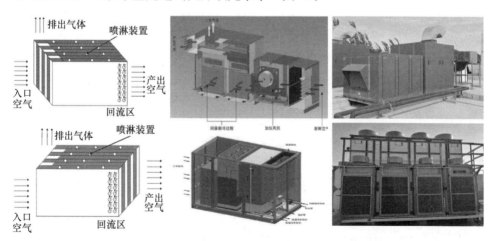

图4 露点间接蒸发冷却器及新型露点蒸发冷却空调机组、露点蒸发冷却冷水机组

目前，项目已建成了以复合式和交叉流式露点间接蒸发冷却器为核心的露点间接蒸发冷却空调机组和露点间接蒸发冷却冷水机组生产线（图4）。机组尺寸相比现在实际工程机组尺寸缩减50%以上的同时，干燥工况下实测数据表明露

点效率可达80%左右。新产品露点间接蒸发冷却空调机组应用于甘肃敦煌机场综合用房工程，实测结果显示，机组温降幅度达到12℃，同时可保持室内相对湿度60%左右，机组露点蒸发冷却效率达70%以上，露点间接蒸发冷却冷水机组应用于新疆阿拉山口汽车展厅，出水温度达到亚湿球温度，降温效果理想。

以上关键技术与产品应用在西北地区，可充分利用西北及高原地区丰富的干燥空气可再生低品位能源，有效节电节煤，促进当地经济社会实现创新发展、绿色发展和协调发展。

3.3 推广应用

以上技术成果为因地制宜充分利用可再生能源解决供暖空调需求提供了解决方案，带动了太阳能、空气源热泵、蒸发冷却等产业技术升级。通过项目实施，共建成"山南浪卡子县县城供热工程"等15项示范工程41座示范建筑，推动可再生能源在建筑中规模化应用。

3.3.1 代表性工程示范

（1）山南浪卡子县县城供热工程

山南市浪卡子县县城供热工程由中国建筑科学研究院有限公司、日出东方太阳能股份有限公司等单位共同实施。示范工程实施方案于2018年6月8日通过了专家组论证。工程实施单位克服了工期短、海拔高等一系列难题，一期工程已于2018年10月底完工，室内温度可达20℃，全部依靠太阳能满足供暖用热需求。2020年7月29日，示范工程通过验收。

示范工程位于海拔约4600m的西藏自治区山南市浪卡子县（图5、图6），是国内首个、亚洲最大的太阳能区域供热工程，工程一期总投资1.2亿元，太阳能集热场采用1680块大单元平板型集热器，总集热面积2.3万平方米，蓄热水池

图5　山南浪卡子县县城供热工程全景

容积 1.5 万立方米，可满足浪卡子县城 8.26 万平方米建筑的 4.8MW 供暖需求。根据 2019～2020 年现场监测数据，示范工程冬季供暖系统热量 100％来自太阳能，室内温度不低于 15℃且昼夜温差不超过 10℃。

图 6　山南浪卡子县县城供热工程集热场

项目组与实施单位共同攻克了高性能太阳能平板集热、大型集热场温度流量动态平衡等关键技术，克服了太阳辐照强度高、昼夜温差大、产能负荷不匹配等难题，提出了适用于藏区既有建筑集中采暖的太阳能区域供热技术体系，对解决藏区常规能源匮乏，满足人们供暖需求提供了可行的解决方案，实践证明藏区可以通过因地制宜，充分利用可再生能源解决供暖需求，在提高民族地区居民生活水平和幸福指数的同时，推动当地经济建设和可持续发展，为国家安全做出贡献。

(2) 乌鲁木齐会展医院（现名为友爱医院）门诊楼、医技楼、住院楼蒸发冷却空调工程

乌鲁木齐会展医院，又名乌鲁木齐友爱医院，为乌鲁木齐市城建投资有限公司投资兴建的会展片区综合医院。建设地点位于乌鲁木齐市黄金地段会展片区会展大道东侧。该建筑建设占地面积 52019.00m²。总建筑面积 59411.44m²，其中地上部分 50940.62m²，地下部分 8470.82m²。建筑地上 11 层，地下 1 层，总高 49.5m。

示范工程夏季总建筑冷负荷为 3895.5kW，总空调面积 49000m²，空调系统采用风机盘管＋新风＋地板辐射供冷。空调冷源为 15 台间接蒸发冷却冷水机组，供回水温度为 16/21℃，通过地下 1 层设备机房的板式换热系统换热后，制出温度为 17.5/22.5℃的冷水为室内干工况风机盘管末端、新风机组以及地板辐射供冷系统提供高温冷水，冷水机组置于屋面。空调系统采用干工况风机盘管＋新风系统，同时采用地板辐射系统辅助供冷，新风机组分层设置。

示范工程于 2014～2015 年开始并完成设计，2017 年完成空调系统的安装，2019 年夏季监测数据表明，空调系统累计耗电量为 242372.4kW·h，每平方米

的建筑耗电量约为 5.240kW·h。2019 年 12 月 28 日，示范工程通过验收。

3.3.2 国际合作交流与推广

2018 年项目组西安建筑科技大学、中国建筑科学研究院、北京工业大学等与英国卡迪夫大学在西藏拉萨联合组织召开"中英（China-UK）零碳城镇与可再生能源系统国际会议"，邀请国内清华大学、浙江大学、哈尔滨工业大学、香港大学，英国牛津大学、帝国理工大学、伯明翰大学等顶尖科研机构 70 余名学者赴藏交流，其中包括中国工程院院士、长江学者、国家优青等高层次人才，会后参观了项目组在西藏的系列示范工程，交流热烈，成效显著。

项目组成员先后多次受邀赴阿联酋阿布扎比参加"2017 年世界太阳能大会（SWC）"，瑞典韦斯特罗斯参加"第十一届国际应用能源大会（Applied Energy）"等国际会议，并且与国际能源署、丹麦科技大学、挪威科技大学等国际知名机构建立了长期深入的合作关系。与美国加州大学伯克利分校、丹麦科技大学、加拿大康考迪亚大学等高校联合获批 2019 年教育部高校创新引智计划"西部绿色建筑与化境控制技术"，形成了完备的国际研究合作交流和项目间协同创新合作创新机制。

3.4 研究展望

综合分析国内外可再生能源供热供冷技术最新发展趋势，除单项技术的关键部件性能提升，系统能效提升技术以外，通过多种可再生能源和常规能源的耦合技术，最大化利用可再生能源，提高系统运行效率，降低建筑碳排放成为未来可再生能源应用技术的重要发展方向。

（1）分布式多能源互补供热技术

2021 年 10 月，国务院印发《2030 年前碳达峰行动方案》将优化建筑用能结构列入城乡建设碳达峰行动的重点任务，指出"深化可再生能源建筑应用，推广光伏发电与建筑一体化应用。积极推动严寒、寒冷地区清洁取暖，推进热电联产集中供暖，加快工业余热供暖规模化应用，积极稳妥开展核能供热示范，因地制宜推行热泵、生物质能、地热能、太阳能等清洁低碳供暖。"国家发改委等十部委共同发布的《北方地区冬季清洁取暖规划（2017—2021）》（以下简称《规划》）指出，国家鼓励因地制宜采用天然气、清洁电力、地热能、余热、太阳能等多种清洁供暖方式配合互补的方式。《规划》还要求要建立健全行业标准体系建设，及时健全相关设备、设计、建设、运行标准，保障清洁取暖可持续发展。多能源互补供热技术是我国北方地区清洁取暖的重要技术手段。除优化多能源互补系统各部件以及相互间匹配，进一步提高系统经济性和节能性以外，当前多能源互补供热系统的技术要求、相关性能指标以及试验方法没有统一的标准规定,消费者难以选择、对比、应用相关产品,生产厂家的设计、定型、生产、销售、宣传工作也缺少相关依据。因此,未来还需在归纳整合现有多能源互补供热系统形式的基础上,给出明确、统一的产品技术要求和试验方法,在保障供热可靠性的基础上,提高产品性能,促进多能源互补供热系统在我国的发展。

(2) 可再生能源分布式冷热电联供系统(图7)

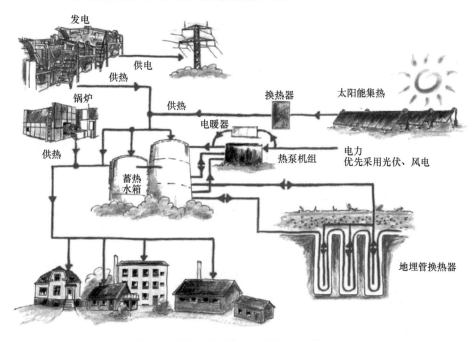

图7 可再生能源分布式冷热电联供系统

当前建筑光伏一体化的焦点集中在组件效率提升与部件开发上,而对于建筑来说,对能源的需求多种多样,且负荷也在时刻变化,进而影响了建筑光伏部件的实际应用效果。因此,未来除分布式光伏发电特性分析及适用性研究、蓄电技术特性分析及适用性研究之外,还需要对不同类型建筑的冷、热、电用能需求进行综合分析,结合光伏、热泵等技术,对冷热电联供系统与用能需求匹配特性进行研究,包括热电联供系统与用能需求的相互影响研究,相互匹配成能源利用效率最高的集成系统。

作者:何涛[1] 刘艳峰[2] 张昕宇[1] 孙峙峰[1] 李博佳[1] (1. 中国建筑科学研究院有限公司;2. 西安建筑科技大学)

4 既有公共建筑综合性能提升与改造关键技术
4 Key technologies for improving and transforming the comprehensive performance of existing public buildings

4.1 研究目标

项目基于"安全优先、能耗约束、性能提升"原则,提出我国具有地区差别性、类型差异性、技术针对性的既有公共建筑综合性能改造中长期发展目标和实施路线,从宏观层面为改造发展提供方向引领;研发既有公共建筑安全、能效、环境综合性能改造提升的关键技术、产品和设备,为我国既有公共建筑大规模改造提供技术支撑。

4.2 主要成果

(1) 既有公共建筑综合性能提升改造路线图

遵循自上而下能耗总量上限约束与自下而上工作基础、技术实现支撑能力等相结合的规划理念,运用中长期情景分析与工程经济领域成本效益分析相结合的规划方法,提出了安全性能专项提升、节能与环境两项综合提升、安全、节能、环境三项综合提升的定量化改造目标。运用数据推演及聚类分析相结合的方法,系统构建了时间、地域、类型多个维度的实施路线图,扭转了以往路线研究多围绕节能、低碳发展的现状,填补了既有公共建筑综合改造路线图研究空白。我国既有公共建筑综合性能提升改造路线如图1所示。

(2) 既有公共建筑防灾性能与寿命提升关键技术

针对我国既有公共建筑建成年代久、防灾性能差、材料性能劣化等问题,创新性提出了基于极值Ⅱ型分布的不同后续使用年限内的地震作用计算方法以及基于使用年限的性能化抗震鉴定技术;研发了基于碟形弹簧材料和SMA棒材的两种双向自复位装置,提出了填充抗震墙巨型支撑、外部附加带框钢支撑和双向自复位摇摆墙三种适宜性抗震加固新技术;提出了性能化防火改造策略与技术路线,开发了火灾热响应预测模型与相应的软件;建立了考虑既有大跨空间结构锈

4 既有公共建筑综合性能提升与改造关键技术

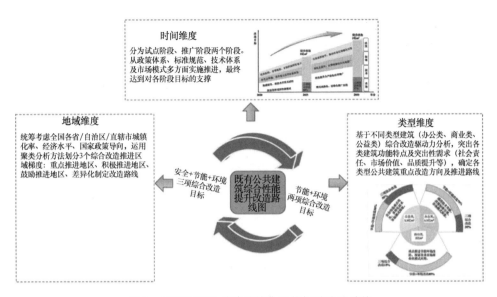

图 1 我国既有公共建筑综合性能提升改造路线

蚀因素的阻尼减震技术及大跨空间网架结构参数优化方案,并基于腐蚀钢结构、钢筋混凝土结构加固前后的使用寿命预测模型,提出了既有公共建筑的耐久性修复与寿命提升技术。既有公共建筑防灾性能与寿命提升关键技术如图 2 所示。

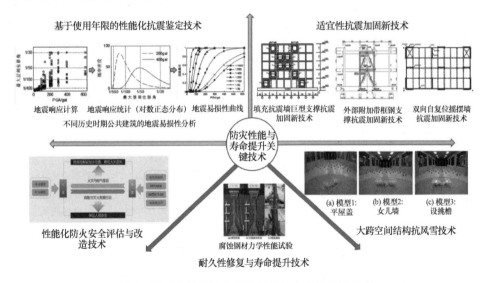

图 2 既有公共建筑防灾性能与寿命提升关键技术

(3) 既有公共建筑能效提升关键技术

开发了包含 2839 条数据的围护结构材料性能、改造目标和改造技术数据库,研发了集保温、遮阳、新风功能于一体的高性能外窗并建立了 2 条生产线,解决了窗保温、隔声与通风之间矛盾的同时较3项独立功能系统/产品造价降低50%以上。研发了基于公共建筑能源账单的两级分项能耗拆分方法和测算模型，提出了基于历史用能数据的公共建筑分项能耗拆分解耦技术，分项能耗拆分误差小于5%；提出了基于前馈预测的既有公共建筑机电系统能效偏离识别及纠偏寻优控制技术，并开发配套应用软件工具；研发了既有公共建筑机电系统高效供能与能效提升改造集成技术体系、可启闭式三维热管能量热回收装置，支撑既有公共建筑空调末端换热设备升级改造。提出了降低不必要渗透风和提高设备能效的既有交通场站节能方法，研制了适用于地铁车站通风空调系统的"大风量高效直接蒸发式组合空调机组"，研发机组IPLV＞4.8，比传统系统能效提升35%。既有公共建筑能效提升关键技术如图3所示。

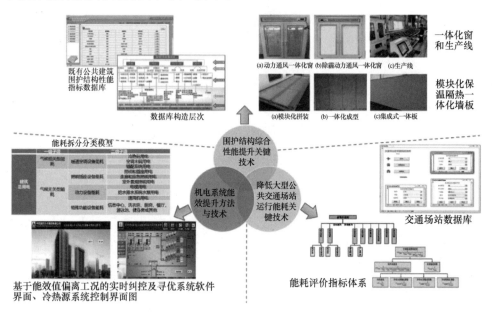

图3　既有公共建筑能效提升关键技术

4.3　推　广　应　用

4.3.1　成果集成与转移转化情况

项目集成了顶层设计中"目标、路径、模式、标准"等关键要素，建立了既有公共综合改造领域中长期发展目标与实施路径，出版了《既有公共建筑综合性能提升改造路线图研究》专著，相关成果被纳入地方建设事业、绿色建筑发展"十四五"规划中，指导地方城市更新及既有公共建筑改造工作；创新了既有公共建筑综合改造市场化推广模式,在朗诗等房地产企业开发活动中进行应用,解决了提升改造过程中资金制约等突出问题,丰富了开发模式,缩短了项目周期,为房地产企业带来了显著的经济效益、社会效益和品牌效应。项目从安全、环境、能效三个方面建立了基于综合性能提升的既有公共建筑改造性能评价体系,明确了综合性能、专项性能分级标准与评价规则,相应成果纳入《既有公共建筑综合性能提升技术规程》T/CECS 600—2019,为既有公共建筑综合性能的判断提供了方法和依据。此外,项目建立了既有公共建筑综合性能提升技术体系和产品目录,加强了传统技术和新技术的融合,相应成果也已通过《既有公共建筑综合性能提升技术指南》的出版向全社会共享,应用推广前景广阔。

4.3.2 成果示范与推广应用情况

项目形成的安全、能效、环境综合性能提升关键技术在 25 项示范工程中进行应用,示范工程分布于四大建筑气候区,涵盖综合改造示范、专项改造示范两种类型,示范面积达到 155 万平方米。其中建筑能效提升关键技术在四川省建筑科学研究院科技楼进行应用,项目改造后达到超低能耗建筑要求,并获得中国好建筑示范;安全加固及性能提升技术应用支撑了中央军事博物馆等国家重点工程建设工作。项目研发了多项综合性能提升产品及装备,其中保温、遮阳、新风一体化窗已实现规模化生产,拥有塑料型材一体化窗生产线和断桥铝合金型材一体化窗生产线各 1 条,年产能分别为 4.2 万平方米和 4.5 万平方米;研发了适用于地铁车站的高效直接蒸发式磁悬浮制冷空调机组,该设备已实现了产品化,并逐步在地铁车站中得到实际应用。此外,综合性能提升改造路线、标准及关键技术研究支撑了天津、重庆、上海等能效提升重点城市建设工作,为政府管理工作提供决策支持。典型工程示范案例如图 4 所示。

(a)   (b)

图 4 典型工程示范案例

(a) 综合性能提升改造案例——四川省建筑科学研究院科技楼

(b) 安全性能提升改造案例——中国人民革命军事博物馆

4.3.3 成果的国际研究合作与交流情况

项目研究成果先后在第九届建筑与环境可持续发展国际会议（SuDBE2019）、欧洲暖通大会（Clima 2019）、国际供暖通风及空调学术会议（ISHVAC 2019）等国际重要会议上进行宣讲，提高了研究成果的国际影响力。研究团队与英国赫尔大学、日本名古屋大学、英国亨伯有限公司（NPS公司）、世界绿色建筑委员会、马瑞斯咨询有限公司等专家在既有建筑综合性能提升方面的最新科研成果进行了深入交流，促进了前沿科技理论、先进技术等的互通与借鉴。

4.4 研究展望

我国城市建设已由快速开发建设转向存量提质改造和增量结构调整并重的发展阶段，以既有建筑改造为主的城市更新将成为城市发展转型升级的重要途径。针对既有公共建筑能耗高、差异大、综合性能较差等特点，科学制定面向我国"双碳"战略需求和世界科技前沿的既有公共建筑改造政策及技术创新体系，全面提升既有公共建筑综合性能，为我国2030年实现"碳达峰"和基本实现社会主义现代化做好支撑。

一是"双碳"目标下的既有公共建筑综合改造政策机制创新。结合"双碳"战略需求，研究制定能耗限额约束下、促进公共建筑综合改造更加细化、更加实操的实施路径及政策保障机制；融合绿色债券、绿色信贷等新型市场化工具，探索能耗限额管理、碳交易等管理机制实现路径。

二是既有公共建筑区域化协同提升改造关键技术。在城市更新背景下，研究既有公共建筑区域协调规划布局设计方法和技术，建立资源绿色集约的基础设施和能源资源利用关键技术，研究基于CIM的既有公共建筑集群智慧监测及管理技术，实现既有公共建筑改造与区域协同发展。

三是能耗限额约束下的既有公共建筑改造关键技术。以建筑全生命期为考量，研究既有公共建筑更健康、更舒适以及更低能耗的改造关键技术，建立基于BIM技术的既有公共建筑全过程管理、智慧化改造运维技术，实现既有公共建筑质量提升改造和可持续发展。

作者：王俊　李晓萍　程绍革　狄彦强　杨彩霞　魏兴（中国建筑科学研究院有限公司）

5 近零能耗建筑技术体系及关键技术开发
5 Near zero energy building technology system and key technology development

5.1 研究目标

2015年12月的联合国气候变化大会首次提出到2050年使建筑物达到碳中和的发展目标，建筑物迈向超低能耗、近零能耗是达到碳中和的重要发展节点，各国纷纷响应，全球趋势向好。2016年12月，国务院印发《"十三五"节能减排综合工作方案》提出：开展超低能耗及近零能耗建筑建设试点。2016年8月，《住房城乡建设事业"十三五"规划纲要》要求：在不同气候区尽快建设一批超低能耗或近零能耗建筑示范工程。我国推动超低、近零能耗建筑从试点示范到规模推广，还存在一些基础性问题急需解决，因此，"十三五"时期，"近零能耗建筑技术体系及关键技术开发"重点研发专项立项，研究目标为：

（1）解决建筑空间形态特征对能耗的影响、高气密性高保温隔热条件下建筑热湿传递机理及能耗与空气品质耦合关系等科学问题，建立机理分析模型及新风需求形成理论；科学界定我国近零能耗建筑的定义及不同气候区能耗指标；

（2）开发高性能一体化保温隔热墙体构造及附件、高性能多功能门窗等产品；研究基于用户需求、精准控制、与可再生能源和蓄能技术相结合的主动式能源系统，开发集成式高效新风热回收及除湿设备；

（3）以研发目标为导向的多参数性能化设计方法及优化工具，建立高性能材料及产品数据库；解决无热桥、高气密性、装配式建筑施工工艺及标准化问题，建立新型建筑工法及质量控制体系；研究高性能部品及建筑整体性能检测评估方法及工具；

（4）建立近零能耗建筑技术应用体系，制定国家标准《近零能耗建筑技术标准》GB/T 51350—2019。

5.2 主要成果

（1）解决近零能耗建筑多因素对能耗及空气品质的耦合影响问题，建立热湿

传递机理分析模型,提出建筑气密性最佳平衡点确定方法

揭示近零能耗建筑空间形态特征、热湿传递、气密性、空气品质、热舒适、新风系统能源系统等各参数间的耦合关系规律的科学问题。课题建立了近零能耗建筑围护结构热湿耦合计算模型;提出了高气密条件下,综合热舒适、超低能耗及我国气候特征等多因素的新风量指标的确定方法;提出了不同气候区气密性与室内空气品质及建筑能耗耦合作用下的最佳平衡点确定方法;建立了近零能耗导向并结合建筑设计方法与技术措施的建筑案例基础数据库(图1)。

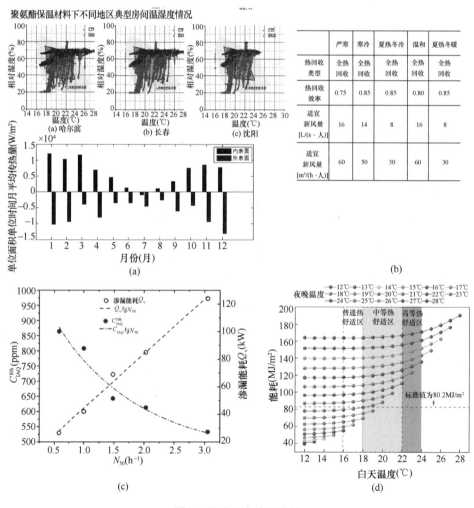

图1 基础理论重要进展

(a)量化湿迁移对于室内热湿环境的影响;(b)近零能耗居住建筑新风量指标;
(c)建筑气密性最佳平衡点的确定方法;(d)寒冷地区舒适区与能耗的关系

150

（2）提出近零能耗建筑定义（图 2）及技术指标体系，编制首部建筑节能引领性国家标准

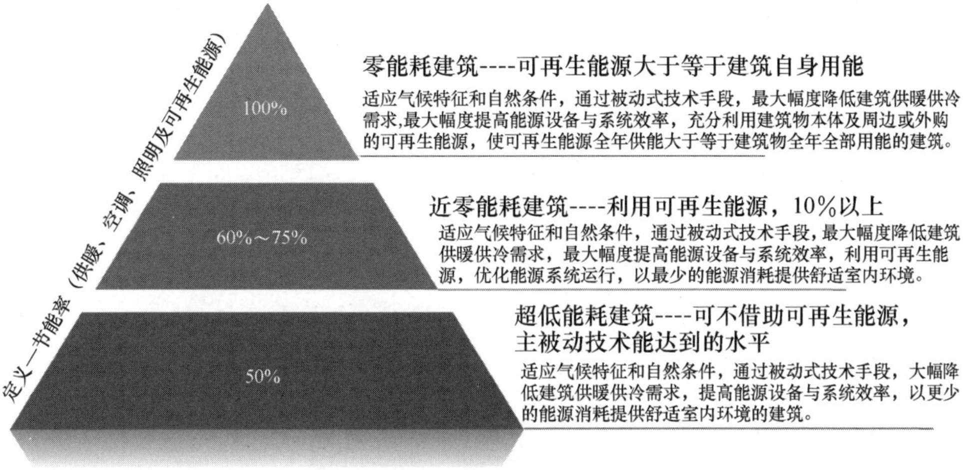

图 2　近零能耗建筑定义

近零能耗居住建筑能效指标　　　　表 1

建筑能耗综合值		≤55 [kW·h/(m^2·a)] 或≤6.8 [kgce/(m^2·a)]				
建筑本体性能指标	供暖年耗热量 [kW·h/(m^2·a)]	严寒地区	寒冷地区	夏热冬冷地区	温和地区	夏热冬暖地区
		≤18	≤15	≤8		≤5
	供冷年耗冷量 [kW·h/(m^2·a)]	$\leq 3+1.5\times WDH_{20}+2.0\times DDH_{28}$				
	建筑气密性（换气次数 N_{50}）	≤0.6		≤1.0		
可再生能源利用率（%）		≥10				

通过情景分析和优化分析建立适应我国建筑特征、气象条件、居民习惯、能源结构、产业基础，法规及标准体系的近零能耗建筑技术体系，包括定义、性能指标、技术路线等，科学界定我国近零能耗建筑的定义及内涵。课题开发了基于多参数多目标非线性优化算法的近零能耗建筑技术指标优化分析方法及工具，采用优化工具进行近零能耗建筑技术方案优化研究。研究确定了近零能耗建筑能耗指标优化相关的建筑使用模式、内部发热量、关键部品经济模型等关键技术参数，用于近零能耗建筑指标体系的确定。课题利用多元统计学聚类分析和模糊分析方法进行气象特征和近零能耗使用特征研究，利用 SPSS 工具建立建筑气象特征和使用特征与能耗性能指标的数学关系。基于气候区划结果，分别以经济最优和能耗最低为目标函数对不同气候区的近零能耗建筑模型数据库中的 10 类典型建筑进行优化计算，最终建立适应我国气候特征的近零能耗建筑能耗技术指标体

系，制定国家标准《近零能耗建筑技术标准》GB/T 51350—2019。搭建了国内首个集科研、展示、体验为一体的综合柔性建筑能源与环境全尺寸近零能耗居住建筑技术综合试验平台。

（3）研究近零能耗建筑高性能主被动式、可再生能源与蓄能关键技术，研发高性能产品

针对现有近零能耗建筑中被动技术的研究与应用现状，通过文献调研、试验研究、工程测试和理论分析等方法，对适应不同气候区的近零能耗建筑技术及相关产品进行研究和开发，完成了不同气候区近零能耗建筑围护结构适宜体系建议，开发了超级绝热保温材料、高性能保温装饰一体化产品及高效新型节能门窗遮阳产品（图3），完成了通风、采光、太阳辐射参数优化设计软件、近零能耗居住建筑外窗热工性能计算软件等，为近零能耗建筑的实现奠定基础。

  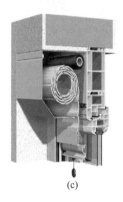

(a)　　　　　　　　　(b)　　　　　　　　　(c)

图3　高性能被动式产品部品研发

（a）高性能窗；（b）高性能窗生产线；（c）高性能遮阳产品

针对近零能耗建筑低负荷、微能源和环境质量控制要求高等特点，研究严寒、寒冷、夏热冬冷（暖）地区低冷热负荷建筑供暖供冷系统的运行规律，研发热泵型

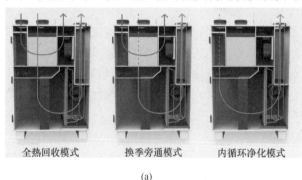 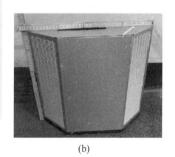

(a)　　　　　　　　　　　　　　(b)

图4　高性能主动式产品部品研发

（a）热泵型新风一体机不同运行模式；（b）热回收交换芯

新风一体机、湿热地区热泵转轮除湿新风空调一体机、热回收交换芯（图4），实现基于用户需求的主动式能源系统的精准控制和调试，达到近零能耗建筑深度节能与提升室内热环境的目标。

围绕可再生能源和蓄能技术在近零能耗建筑中耦合应用的关键技术开展研究，在基础理论方面，建立了更加准确的土壤未扰动温度数值预测模型，提出了浅表层土壤温度场修正方法和高品位能量补偿HGECR评价指标，揭示了热泵与多种蓄能方式耦合供能能量传递规律、太阳能蓄热系统与新风负荷的匹配规律，明晰了近零能耗建筑中结构体蓄能与室内外环境的动静态耦合机理。在产品研发和关键技术方面，开发了新型定型相变材料及复合相变蓄放热换热器、新型太阳能双效集热器（图5）、双源热泵机组和相变储能水箱系统，提出了近零能耗建筑光伏一体化设计方法。在系统集成和工程技术应用方面，研发了新型热泵与蓄能耦合供能系统、太阳能-土壤源热泵系统、光伏幕墙（PVT）辅助的双源热泵耦合供能系统、基于太阳能集热器和相变储能水箱的地源热泵耦合供能系统、热水型相变储能地板采暖系统、复合热源热激活蓄能系统、基于光伏直流驱动的建筑微能网7种可再生能源供能系统，并开展了工程技术应用，取得良好的技术效果。光伏幕墙（PVT）辅助的双源热泵耦合供能系统和基于太阳能集热器、相变储能水箱的地源热泵耦合供能系统作为主要成果获得了2020年辽宁省科技进步二等奖。

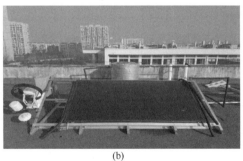

(a)   (b)

图5　高性能可再生能源产品部品研发
(a) 环肋串联式复合定型相变换热器；(b) 新型太阳能双效集热器

（4）研究规范化的设计方法及工具、标准化施工工艺、性能检测及评价技术

开发了近零能耗建筑全过程性能化设计软件集：提出了近零能耗建筑全过程性能化设计方法，开发了《近零能耗建筑能耗预测软件》《近零能耗建筑能耗性能合规判别工具》《近零能耗建筑性能优化设计工具》及《多数据源文档协同系统》等性能分析软件，构建了具有简单适用、计算快速且界面友好等特点的CAE软件集。研发了近零能耗建筑数字设计技术及平台：提出了建筑信息描述新方法，开发了近零能耗建筑设计数据库、设计协同平台及展示平台，初步建立了建筑信息模型的"感知—比对—修正"技术体系，为近零能耗建筑数字化设计

提供了新的技术手段。构建了近零能耗建筑设计技术体系：提出了近零能耗建筑热桥设计与评估方法，开发了多能互补系统技术及综合评价软件，编制了近零能耗建筑技术规范及图集，为近零能耗建筑推广及应用提供了技术支撑。

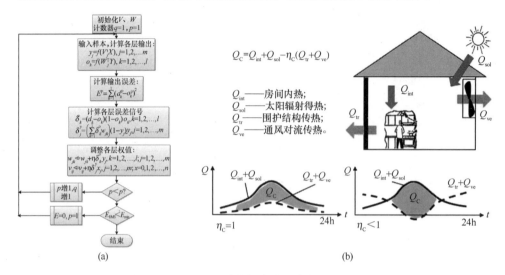

图 6　近零能耗建筑设计方法
（a）多性能参数能耗预测方法；（b）近零能耗建筑能耗性能合规判别方法

完成了一种装配整体式高性能外挂墙体（装配式轻钢轻浆料无空腔复合保温墙体）设计与制作，墙体热工性能指标为传热系数 $U=0.1\sim0.15$ W/（m²·K），满足建筑气密性 $N_{50}\leqslant0.6/h$ 要求；完成了近零能耗建筑无热桥标准化施工及质量控制技术方案、近零能耗建筑气密性标准化施工及质量控制技术方案以及近零能耗建筑装配式标准化施工及质量控制技术方案，形成施工工艺，施工效果达到近零能耗建筑关键节点无热桥、高气密性及围护结构热工参数等设计标准要求，形成可复制、推广的标准化施工工艺（图 7）。

形成近零能耗建筑气密性材料、围护结构热桥及建筑门窗等被动式部品部件测评方法，形成新风热回收装置、多联机、冷却塔、地源热泵等近零能耗建筑用主动式关键系统全年性能评价技术，搭建近零能耗建筑整体性能检测评估软件框架，获得软件著作权（图 8）。提出新风热回收系统全年能效性能动态检测评估方法的原理和方案。在国家标准《热回收新风机组》GB/T 21087—2020 中增加非标工况性能要求和测试方法；完成国家标准《建筑外门窗保温性能检测方法》GB/T 8484—2020 中对于 $U\leqslant1.0$ W/（m²·K）的门窗，测试精度可达 ±0.03 W/（m²·K）的修订；完成标准《建筑整体气密性检测及性能评价标准》T/CECS 704—2020 中对建筑整体气密性进行分级，规范现场检测方法。

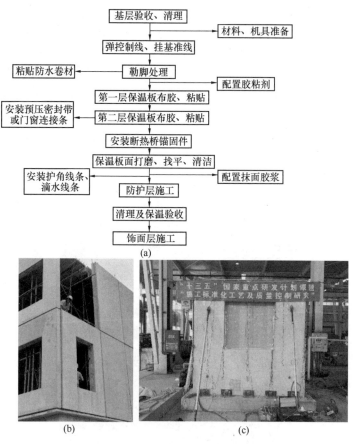

图7 近零能耗建筑标准化施工工艺及产品
(a) 双层保温体系标准化工艺流程图；(b) 夹芯保温墙板装配式施工；
(c) 严寒寒冷地区装配式近零能耗夹芯保温外墙板

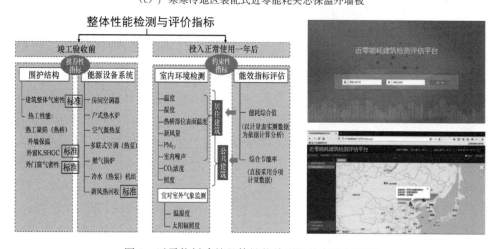

图8 近零能耗建筑整体性能检测评价方法与工具

5.3 推广应用

项目开展近零能耗建筑示范工程 20 项，建筑面积 56.4 万平方米，包括国家重点建设项目——雄安新区建设的第一个近零能耗示范项目，甘肃、河南等省市首栋近零能耗建筑示范，示范项目获得财政奖励资金逾 5800 万元，完成全尺寸近零能耗建筑综合试验平台 1 个（图 9）。"十三五"时期，我国完成近零能耗建筑 1200 万平方米。

图 9　试验平台场地布局及揭幕仪式

（1）示范工程中，居住建筑 10 项，严寒地区居住建筑示范 1 项，建筑面积 253.3m²，寒冷地区居住建筑示范 6 项、共 51.4 万平方米，严寒、寒冷地区居住建筑实际供暖能耗比国家建筑能耗标准中目标值低 50％以上；夏热冬冷地区居住建筑示范 2 项、共 588m²，示范建筑全年通风供冷供暖电耗≤15kW·h/（m²·a）；夏热冬暖地区居住建筑示范 1 项，共 1500m²，示范建筑比同期国家建筑节能标准降低 30％以上。

（2）公共建筑 10 项，共 4.7 万平方米。其中严寒地区 3 栋、寒冷地区 5 栋、夏热冬冷地区 2 栋，示范建筑能耗目标比国家建筑能耗标准目标值低 50％以上。

（3）完成全球最大的近零能耗居住建筑全尺寸技术综合试验平台，即未来建筑环境与能源科技实验室，是面向 2025 年、2035 年、2050 年建筑节能技术发展开发研制的全尺寸试验平台。以居住建筑能源和环境为关注点，开展 9 大试验主题研究，服务重点研发专项。一期开展超过 20 种围护结构体系的试验和验证，6 种新型暖通系统的对比研究，同时可开展气密性、气流组织等多种试验，支持同时开展试验数量超过 30 个，试验点位超过 1200 个。通过全尺寸、长时间的科学试验，解决我国迈向零能耗建筑的关键技术问题。

5.4 研究展望

2021 年 3 月 13 日，《中华人民共和国国民经济和社会发展第十四个五年规划和 2035 年远景目标纲要》发布，提出：实施重大节能低碳技术产业化示范工程，开展近零能耗建筑、近零碳排放、碳捕集利用与封存等重大项目示范。展望未来，还要继续加强以下工作：

（1）加强顶层设计，推进政策立法。应按照目标导向、学科交叉、分类统筹、经济适用的原则，将近零能耗建筑规划、建设、运维、激励措施等融入城乡治理全过程，推动近零能耗建筑纳入法律法规立法计划。

（2）开展科研攻关，完善技术标准体系。研究 100% 可再生能源供给情景下的建筑用能负荷调节、蓄能装置的跨时空协同技术，推动零能耗社区弹性能源系统构建。建立完善零能耗建筑及社区设计、施工、运行评价标准。

（3）开展规模化推广，推动产业发展。在新型城镇化发展的重点区域，尽快开展不同气候区、不同建筑类型的零能耗建筑与老旧小区改造研究，提升老旧小区建筑室内环境和舒适度，并通过规模化示范加快推动产业发展。

（4）布局"一带一路"，引领国际合作。依托"科技部近零能耗建筑国际科技合作基地"，加强与国际顶尖科研机构的合作，举办有影响力的国际科技会议，牵头国际合作项目，引领本领域国际合作。

作者：徐伟　张时聪　于震　杨芯岩（中国建筑科学研究院有限公司）

6 长江流域建筑供暖空调解决方案和相应系统

6 Yangtze River valley building heating and air conditioning solutions and corresponding systems

6.1 研究目标

长江流域作为中国乃至世界最具影响力的经济区，约占我国国土面积的25%，其气候涵盖了严寒、寒冷、温和和夏热冬冷四大气候区，且主要以夏热冬冷气候区为主（约占65%）。由于其典型的夏季炎热、冬季寒冷、全年高湿气候特点，加上历史政策原因，该地区长期以来并没有采用集中供暖，室内热环境相比北方地区更恶劣。随着经济社会发展、人民家庭收入增加和人们舒适需求提高，改善室内环境质量的建筑终端用能需求不断上升。然而，由于该地区气候特点、建筑本体结构性能、人员长期生活习惯、能源结构等差异，其室内热环境营造远比北方更加复杂，在没有适宜建筑供暖空调节能技术支撑和政府有序指导的情况下，如果照搬北方集中供暖模式及国外技术路径，不仅会带来沉重的能源负担，也将直接影响到国家"双碳"愿景的实现。因此，亟需探寻该地区低耗能的建筑环境改善关键技术，这既是关系民生、以人为本的实际需求，同时也是我国可持续发展的战略需要。

项目围绕长江流域独特的气候特征和生产生活习惯特点，结合我国能源消费总量控制节能减排目标及建筑室内热环境改善的民生需求，研发适合长江流域的绿色建筑营造技术、高效供暖空调产品和系统，提出改善长江流域建筑室内热环境的低能耗绿色解决方案，并实现产品的产业化、技术集成与示范推广。项目研究以"人员需求—建筑技术—设备末端"为核心，以"技术路径—关键技术与产品—集成与示范相结合"为技术路线，系统性地研究长江流域建筑供暖空调解决方案和相应系统，形成包括室内热环境营造定量需求、围护结构优化技术、通风技术、高性能供暖空调末端与一体化技术及产品、高效冷热源设备与供暖空调系统等在内的室内热环境营造技术体系、关键产品、标准法规等。

6.2 主要成果

6.2.1 长江流域建筑热环境定量需求

项目组通过对长江流域 5 个主要城市 150 个住宅小区进行大规模调研，以及涵盖 20 万台空调运行数据的监测云平台，分析了该地区居民空调供冷供暖开启时间、运行时间、设置温度、使用模式等规律，从而揭示了该地区居民空调使用的行为模式和特点。

结合实验室开展的分子生物学方法，通过自然环境下人体暴露的长期实验室实验，发现了体感温度从 5℃到 35℃变化的人体生理指标动态响应规律。当环境温度在 18~28℃ 范围内时，神经传导速度（SCV）与环境温度呈线性相关关系，此时人体处于舒适温度区；由于人员的适应性，可利用自身的调节行为及心理适应进行调节，舒适温度区间可扩展到 16~30℃，则 16~18℃ 和 28~30℃ 属于过渡区。课题从人体生理指标客观验证了该地区人们对于建筑热环境的舒适需求。

结合分子生物学方法，采用分子免疫组织化学方法和分子信号通路阻断技术，确定了机体冷、热感受器 TRP 通道蛋白的表达变化，揭示了机体温湿度敏感性瞬变受体蛋白 Thermo-TRP（TRPV1、TRPV2、TRPV4 和 TRPM8 等）与热应激的调节规律，确定了 Thermo-TRP 在偏热、偏冷环境下的表达量，从机理层面阐释了热环境分区阈值的科学性，为该地区热环境定量需求提供了科学理论依据。

6.2.2 适宜围护结构绿色技术体系

（1）建筑热环境低碳营造的热过程解析

对长江流域地区建筑热过程的正确理解和分析是提出合理建筑热环境低碳绿色营造技术的基础。项目组采用桑基图展现了不同阶段能量流动的特点，构建了涵盖设计与运行阶段的室内热环境营造桑基能流图，分析了影响室内热环境营造的主要因素，即"得热/失热""冷/热负荷""供冷/热量"和"能源消耗"，以及能量流动关系。进而分析了降低建筑供暖空调能耗的各种被动和主动节能技术。

（2）长江流域居住建筑适宜围护结构技术路径

长江流域覆盖范围广、气候独特多样，而气候区细分能够对建筑供暖空调技术方案的选择与节能效果的评估提供更加明确的指导，更有助于建筑被动技术的适应性分析及其推广应用。项目组采集了该区域内 166 个气象台站近 10 年（2006~2015）的 514 万条气象数据，以采暖度日数和空调度日数为一级指标，相对湿度、太阳辐射和风速为二级指标，建立了多因素、分层级的气候特征划分方案，利用凝结层次聚类（Hierarchical agglomerative clustering）中的 Ward's 方法基于聚类参数的平方欧式距离将气象站进行逐一聚合，对集群进行验证后形成了 7 种气候特征（A1、A2、A3、B1、B2、C1 和 C2）。利用该气候特征划分方案结合现行国家标准，在考虑供暖供冷需求的前提下，形成了供暖供冷兼顾（3A）、供冷主导（3B）和供暖主导（3C）的三个微气候分区，这就为指导不同子气候区的节能技术设计提供了更加精细的指导。

为进一步获得权衡能耗、舒适和经济三个目标的最佳建筑设计技术方案，项目组采用"多因素敏感性分析—多目标优化—多因素决策"综合分析方法，在 Python 编程平台中将 EnergyPlus 模拟程序和改进的遗传优化算法（NSGA-Ⅱ）耦合，对长江流域 8 个典型城市，每个城市 5000 个设计方案，共 40000 个设计方案的能耗、经济性、舒适性不断进行评估、优化，从 Pareto 方案解集中决策计算得出各个典型城市的最优推荐被动技术方案。同时结合主动设备性能提升的节能潜力，最终形成被动优先、主动优化的建筑集成技术方案，确立了"延长非供暖空调时间、降低峰值负荷、提升设备系统能效、合理优化用能模式"的热环境低能耗营造技术路径。研究成果为该地区建筑热环境低碳营造提供了系统的指导和参考，同时也为建筑节能技术发展和相关政策制定、标准修编等，提供了科学依据和有力支撑。

（3）围护结构节能构件产品及施工工法

项目提出的气候适应型建筑被动设计指标体系和节能方案，离不开围护结构构件和施工质量保障。"十三五"项目期间研发的集采光、遮阳、隔热、集热和通风功能于一体的外窗，以嵌管窗和嵌管墙为例的主动式围护结构组件，以主动式冷梁空调末端和复合能源空气处理机组为例的室内末端组件等，均通过技术和材料创新，最大程度的挖掘被动技术的节能潜力。此外，项目通过持续研究，确定了热桥部位的热工性能要求和热桥保温关键节点的保温做法，提出了适宜该地区的围护结构施工工法体系，保障建筑施工质量。

6.2.3 高效空气源热泵末端

（1）强化制热、兼顾全年的高效空气源热泵技术

长江流域由于独特的夏季炎热、冬季寒冷、全年高湿气候特点，冬季制热的需求压缩比大，压缩机性能是影响空气源热泵性能最为重要的因素之一。项目组基于现场测试、大数据分析和模拟仿真，探明了长江流域住宅建筑的冷热负荷特征和对空气源热泵压缩机的压比需求，根据长江流域不同地区供冷、供热及压比需求特征，提出了长江流域不同负荷需求和室外环境条件下空气源热泵适宜技术。项目组通过对传统单转子补气技术缺陷的深入分析，据此提出了新型端面补气、滑板补气以及吸气/补气独立压缩三种压比适应及容量调节压缩机技术。新

型端面补气压缩方案综合了传统端面补气和气缸壁补气结构的优点,同时避免了传统补气结构的缺点,具有补气口面积增大、大幅提升变工况适应性、避免补气制冷剂向吸气腔回流和避免余隙容积对容积效率的影响等优点。通过与普通压缩性能对比,在所有的工况下,端面补气压缩机的制热量提升了16.2%~30.0%,制热COP则提升了1.5%~4.6%。据此研发出的3种宽工况范围、高适应变频调速转子压缩机技术,为长江流域空调器提供了压比适应、变容调节解决方案,实现了"强化制热,兼顾全年"的高效制冷与高效制热效果,并也已经应用在相应产品中,实现了产业化。

(2) 高湿气候下空气源热泵抑霜/探霜/除霜技术

长江流域冬季室外相对湿度大,供暖时室外蒸发器结霜严重,导致空气源热泵制热量和COP的严重衰减,延长除霜周期、降低除霜能耗、减少除霜时对室内温度波动的影响,是实现该地区空气源热泵高效供热的关键。

针对有效抑霜问题,项目组基于相变动力学分析探明了换热器翅片的抑霜机理,提出了对普通翅片管换热器依次进行溶液刻蚀、去离子水煮沸和表面氟化处理的"三步法"工艺,实现超疏水换热器的整体化制备,其翅片表面具有高接触角和低滞后角特征。此外,通过制取SiO_2疏水涂层直接喷涂普通翅片也可获得性能优异的超疏水翅片,并最终组装成超疏水换热器。相比传统换热器,超疏水型换热器表面的结霜量分别减少了18.5%和38.9%,表面抑霜效果较好。

在有效抑霜的同时,冷凝器结霜时准确探霜是解决空气源热泵除霜控制策略的基本环节。采用智能算法,在蒸发器的送风系统中配置静压计,根据结霜厚度对风机静压的影响规律,选择不同静压点进入除霜,利用关联因子duty(风扇的驱动电压占比参数)模拟霜层厚度作为除霜控制判断条件之一,并结合通过室外盘管温度、环境温度、环境温度变化率参数,实现精准探霜,降低了误除霜概率。

由于空气源热泵在采用四通阀换向除霜时必然影响室内舒适性,同时影响制热量和制热能效比,据此提出了针对空气源热泵的相变蓄热除霜技术和针对具有多个室外蒸发器多联机系统的蒸发器分组交替热气旁通除霜技术,解决了除霜时低温热源不足、室温快速降低的问题。试验结果表明,相比于四通阀换向除霜,相变蓄热除霜电耗降低30%,除霜时间缩短70%,实现了除霜时室内出风从10℃提高到30℃,室温波动从8℃减小到2℃,交替热气旁通除霜的除霜周期由60min延长至82min,且一个除霜周期的制热量提高10.5%,具有显著的节能和室内舒适性改善效果。

(3) 舒适对流统一末端

对流空调末端具有响应快、供冷供暖能力强的特点,可以较好地适应长江流域部分时间、部分空间的间歇运行需求,但是对流末端在供暖供冷时也普遍存在吹风感强、供暖温度分层、舒适性差等问题。项目通过校企联合研究,提出了可以实现上下分区、冷暖分送的空调送风系统。项目组从风机风道的导风、送风、静压、噪声等多参数进行综合考虑，开展了集成送风技术研究，提出了S形风道设计、燕尾式稳流风道技术等，保证扩压段平滑过渡，提高流动效率，实现气流路径最优化以及局部流动效率最优化，增加整体送风风量。此外，该种风道设计前蜗舌设置在蒸发器侧，进风阻力小，换热器表面风速分布均匀性高，较普通风道送风效率高，相较于普通离心风道，同等转速下风量增加6%～9%。

针对长江流域供暖供冷特点和舒适性需求，项目组研发了基于个性化温冷感知控制技术、分时分区温冷感知技术、非对称双贯流送风技术和精准送风技术等。针对人体状态信息的检测反馈，通过精准送风及节能控制技术，确定适宜的冷媒、送风系统工作模式，可实现空调送风迅速达到预设需求位置，并保证用户所处区域的温度和风速处于舒适区间。这类技术和控制策略减少了不必要的制冷量/制热量输出，节电量提升10%以上。

6.3 推广应用

6.3.1 支撑行业标准修订/编制

项目研究成果有力支撑了行业标准的修订和编制。《夏热冬冷地区居住建筑节能设计标准》JGJ 134—2010 明确规定了建筑能耗限额和相关节能技术要求，为建筑节能做好了顶层设计，并且为地方节能标准的制订提供了参考，实现因地制宜的节能理念和节能技术。研究成果被纳入国家强制性规范《建筑节能与可再生能源利用通用规范》GB 55015—2021、行业标准《夏热冬冷地区居住建筑节能设计标准》JGJ 134—2010 和团体标准《夏热冬冷地区低能耗住宅建筑技术标准》T/CABEE 004—2021，且被多部国家和地方标准引用，包括《健康建筑评价标准》T/ASC 02—2016、《绿色建筑评价标准》GB/T 50378—2019、《绿色校园评价标准》GB/T 51356—2019、《居住建筑节能65%（绿色建筑）设计标准》DBJ 50—071—2016 等。成果被 *CIBSE Guide A*、*Building performance modelling* 等国际标准指南引用。目前，项目组正牵头编制国际热环境标准 ISO/TC 159/SC5/WG1。

6.3.2 指导示范工程建设

项目的技术成果指导了长江流域16个城市中38个示范工程的实施，包括27个住宅建筑、8个办公建筑、2个学校建筑等。显著提升了室内热环境的舒适性，同时控制了供暖空调能耗。其中22个示范工程实施效果好，通过示范工程备案及验收，起到了这个地区的示范引领作用。示范工程均采集了1年以上的实时测试数据，包括室内温湿度、人员行为及供暖空调能耗等参数，经过实时监测数据的分析及第三方检测结果表明，集成技术在各个示范工程中达到良好效果，热环境舒适性满足国家标准《民用建筑室内热湿环境评价标准》GB/T 50785—2012。结合该地区"部分时间、部分空间"的用能模式，以及人员行为调节适应特性，居住建筑全年供暖空调通风能耗都不超过 20kW·h/(m²·a)，而办公、学校建筑全年运行能耗相比现有建筑显著降低。同时通过示范工程的开展，规范了示范工程的管理，形成了一系列管理文件，为以后示范工程的开展提供宝贵的经验，有利于改善长江流域居民室内热环境状况，促进该地区的民生改善和和谐发展。

6.4 研究展望

长江流域既有建筑约占全国既有建筑的 50%，其通过新技术、新装备进行节能改造和减碳的潜力巨大。在既有建筑中应用项目组研发的冬夏一体化、高效舒适的空气源热泵产品既能提升居民的热湿环境，又能极大地减少既有建筑碳排放。此外，对于长江流域每年新增的约 6 亿平方米的新建住宅建筑，若应用项目提出的长江流域建筑热环境低碳绿色营造的整体解决方案，与现有技术方案相比，可平均节省全年供暖空调能耗达 12kW·h/m²，节约 229 万吨标煤（转换系数：1kW·h（电）=0.318kgce），实现 CO_2 排放减少约 507 万吨（转换系数：1kW·h（电）=0.7035kg CO_2），这将有利于极大地促进该地区建筑领域节能减排工作，创造良好的社会环境效益，为全面实现碳达峰、碳中和目标做出贡献。

随着中国城镇化进入高质量发展阶段，坚持在发展中保障和改善民生已成为国家发展战略。中国政府提出的双碳目标，则对建筑热环境绿色低碳营造提出了更高的要求。长江流域由于其独特的气候特征，低能耗建筑尚未完全兴起。"十四五"是碳达峰的关键期、窗口期，随着国家把碳达峰、碳中和纳入生态文明建设整体布局，建筑领域节能标准不断提升，未来能耗低、舒适度高的低能耗建筑将成为必然趋势。长江流域未来低能耗建筑的发展将重点关注以下几个方面：(1) 在项目提出的"长江流域建筑供暖空调解决方案和相应系统"基础上提升健康性能，加强包括热湿、空气品质、声、光综合因素的室内环境综合保障技术的研究；(2) 识别既有建筑能效薄弱环节，提出既有建筑的性能提升方案和城乡建筑性能整体提升途径，将是全面实现建筑的节能、低碳、可持续发展的必然需求和发展方向；(3) 推进城镇住宅的电气化发展也是未来低碳建筑发展的重要内容，供冷供暖用电需求大的长江流域住宅如何实现全面电气化，如何解决电力供需矛盾，也是未来发展中亟待解决的重要问题。

作者：姚润明　杜晨秋　曹馨匀（重庆大学）

7 基于实际运行效果的绿色建筑性能后评估方法研究与应用

7 Research and application of green building performance post evaluation method based on actual operation effect

7.1 研究目标

自 2006 年《绿色建筑评价标准》GB/T 50378 颁布实施以来,十余年间我国绿色建筑从启蒙、示范到快速化蓬勃发展,提高了我国建筑的质量门槛;但发展过程中也暴露了绿色建筑"重功能、轻感受"和"重设计、轻运行"等问题。这导致从政府部门到社会公众,从政策制定者到建筑业主,往往都对绿色建筑的实际运行性能缺乏全面的认知,同时也产生了一些对绿色建筑的质疑。为了有效解决这些挑战,绿色建筑的发展需要建立从设计思维转向运行效果认知的新思路,拓新绿色建筑性能后评估技术标准,并从理论和实践层面形成多维度绿色建筑性能评价优化技术体系,满足我国绿色建筑快速发展的需求。

基于上述需求,项目开展了多项研究,其技术目标主要包括(图 1):

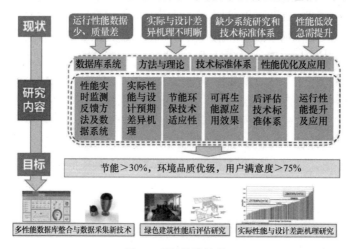

图 1 项目整体情况

（1）低成本、高精度、大规模推广的新型建筑环境性能监测、使用者行为记录和满意度实时评测及反馈系统：基于物联网的集成绿色建筑性能、人行为和定位感知以及主观反馈的监测和数据采集模块，仪器成本下降50%，可实现多参数无线传输；形成完善的绿色建筑环境品质和能耗监测的方法学。（2）涵盖不同气候区、建筑类型的绿色建筑性能综合数据库：数据库包括100栋以上绿色建筑，包含各类绿色建筑性能长期逐时运行数据（能耗、水耗、温湿度、照度、CO_2浓度、$PM_{2.5}$等数据不少于1年），不少于20%使用者典型使用行为的量化调研和满意度反馈。（3）建立基于实际运行数据和使用者满意度量化评价的绿色建筑性能后评估模型：包括绿色建筑实际性能与设计预期差异的产生机理及定量描述、缩小绿色建筑实际性能与设计预期差异的技术策略、绿色建筑节能环保技术适应性评价方法及分级方法、绿色建筑适应性技术体系。（4）完成建筑可再生能源应用效果分析和未来发展规划报告。（5）绿色建筑性能关键指标基准线：包括各地区、各功能类型绿色建筑能耗、水耗、环境质量的基准线。（6）绿色建筑性能后评估标准体系，制修订国家/行业技术标准（送审稿）或导则3项。（7）绿色建筑运行性能提升研究及应用：对100项以上已建成的各类型绿色建筑开展后评估并提出改进策略，使其能耗比《民用建筑能耗标准》GB/T 51161—2016同气候区同类建筑能耗的约束值降低不少于30%，室内环境用户满意度高于75%。

7.2 主要成果

项目按照"数据采集方法—机理研究—技术途径—标准体系—工程应用"的研究思路开展研究工作。项目研发了基于物联网、精确传感器构建的室内环境新设备及系统，构建了国际领先的绿色建筑性能数据库，建立了基于实际使用模式的绿色建筑性能预期评价校准模型和绿色建筑节能环保适应性技术体系，提出了基于实际运行效果分析的绿色建筑性能后评估方法及技术标准体系和性能优化技术方法。主要成果如下：

主要成果一：研发了室内环境多参数监测新设备及绿色建筑运行性能数据库系统。

当前绿色建筑运行性能数据少、质量差、覆盖范围有限，缺少高质量、长周期、大规模的建筑运行性能定量数据，尚未建立可供深入研究的建筑性能基础数据库。尤其对于建筑环境品质，因其表征指标众多，且监测时需要将设备部署在室内，导致其监测方法繁冗、侵入性强，因此室内环境数据尤其匮乏。

针对以上问题，研发了集传感、无线通信和云平台技术为一体的非侵入式室内环境场监测方法，建立了"单传感器标准化校准＋多传感器干扰CFD模拟＋

出厂整机标准化校准＋云端机器学习算法实时诊断"的数据长期监测有效性保障技术。在此基础上，研发了高灵敏度、高通量、快速准确的室内环境多参数集成式监测设备（监测参数包括温度、相对湿度、$PM_{2.5}$、CO_2及照度），集成了Wi-Fi/3G/4G分布式无线通信模块，从而实现数据远程传输、云端存储与实时查看，极大程度地降低了数据丢失风险（图2）。

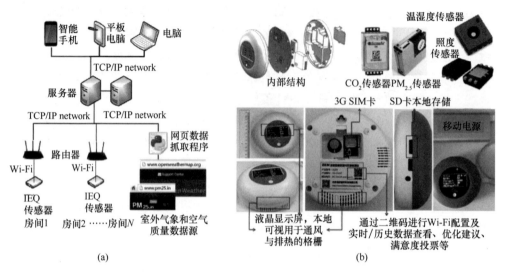

图 2　室内环境多参数监测新设备及绿色建筑运行性能数据库
(a) 室内环境监测设备数据采集系统原理图；(b) 室内环境监测传感器及设备构造

设备还具有即插即用、布置灵活等优势，可实现多场景、多需求的长周期在线与离线连续实时监测。相比行业同级别设备，项目研发设备成本降低50%。研发了视觉辅助多模态数据融合的室内定位技术，实现人员定位精度1~5m，相比传统算法提升18%~30%，人员检测正确率大于90%。针对传统数据采集过程中信息流向单一，缺乏与用户之间的反馈、交互等问题，基于云技术，构建了集数据查询、下载、评估、反馈与优化等功能于一体的Web端和移动端建筑性能可视化平台，可同时容纳访问用户数量达2000个，每秒可处理事务数量达4000个，响应速度达到毫秒级，并可实现"即测即评"调研，突破以往回顾式调研方法中主客观环境数据不匹配的问题。通过大规模、长周期（连续监测1年以上）、高频次（平均数据采集间隔5min）、高密度（同一建筑内平均测点数10个以上）的建筑运行性能监测，建立了涵盖能耗、室内温湿度、CO_2浓度、$PM_{2.5}$浓度、照度和用户满意度等多维性能的云端数据库，数据总条数达27亿条，总容量达317G。

主要成果二：明晰了我国绿色建筑能耗、室内环境参数和用户满意度的基本特征和内在关系，揭示了绿色建筑设计预期性能与实际性能之间的差异机理。

绿色建筑性能多样、影响因素复杂，设计阶段具有不确定性、投入使用后状态易改变等问题。可能导致高估或低估绿色建筑的性能、设计决策失误、不必要的成本增加等。当前，研究其产生机理不够明晰，理论上缺少描述差异的定量模型，应用上缺少行之有效的缩小差异的技术策略。

项目基于长期海量数据，揭示了我国绿建运行性能基本特征。其中：（1）我国绿色建筑与普通建筑相比，节能效果并不显著（除夏热冬冷地区 A 类建筑外）；但与国外绿色建筑相比，我国绿色建筑能耗显著较低。（2）我国绿色建筑室内环境问题重点集中在热环境，具体表现为供需不平衡、冷热不均；空气品质和光环境整体表现良好。（3）我国绿色建筑与普通建筑相比，用户满意度显著提升，且我国绿色建筑的满意度提升效果显著优于美国 LEED 建筑和英国 BREEAM 建筑。

针对缺少节能与环境质量提升之间辩证关系的定量化研究等问题，揭示了绿色建筑能耗、室内环境参数与用户满意度之间的内在关系（图 3）。主要发现包括：（1）节能会对室内热环境同时产生正负面作用。对于 A 类建筑，节能的负面作用较大；而对于 B 类建筑，节能不会导致环境品质的下降。（2）客观参数的改善未必带来主观满意度的提升，尤其是空气品质，应重点关注"信息不对称"问题。

针对绿色建筑设计预期的能耗/能效、自然通风和天然采光性能与实际表现差异较大的问题，明晰了人行为、设备系统、围护结构是产生能耗差异的主要原因，室外风环境边界条件、门窗启闭状态、室内布局与陈设等是导致自然通风效果差异的主要原因，采光介质形式的变化和理论计算模型的缺陷是影响天然采光效果差异的主要原因，在此基础上提出了定量的预测校准模型，并与已有的绿色建筑性能计算工具集成，通过实际数据验证，显著缩小了差异。

主要成果三：建立了基于机理驱动数据挖掘的绿色建筑运行性能诊断新模型和新算法，提出了低成本、多目标的绿色建筑综合性能优化方法。

室内环境质量改善与节能是我国新时期绿色建筑高质量发展面临的新挑战和重大需求。如何用较低的能耗尽可能提高室内环境质量和用户满意度，是提升民众获得感和节能减排的关键。近些年，数据挖掘技术在建筑领域应用的作用和价值日益凸显，通过对海量建筑运行性能数据的挖掘，可深入发现性能提升的潜在空间。此外，传统的性能提升研究往往将能效和环境性能割裂开来，未形成耦合，缺乏以多目标性能提升为导向的建筑运行优化方法系统性研究，制约了我国建筑的高质量发展。

项目针对室内环境数据维度高、来源杂、数据量大、时空分布性强、与人体之间关联机理复杂等难题，通过海量实测数据分析，揭示了我国建筑室内环境性能的时空分布动态特征与演变规律，并构建了一套基于环境动态参数时空序列特征的识别、诊断和风险评估新方法；提出了量化的分级、动态环境性能评价体

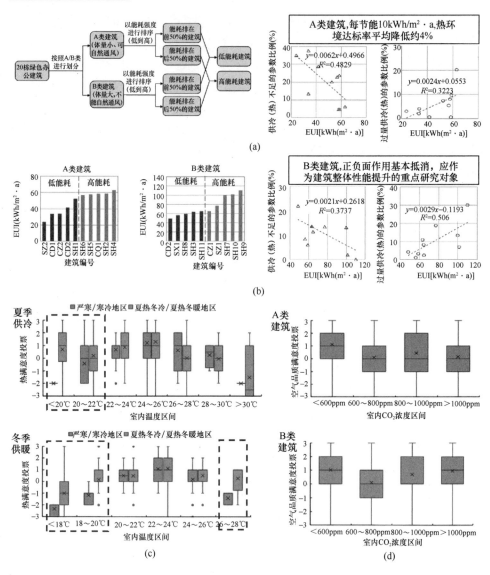

图 3 绿色建筑能耗、室内环境参数和用户满意度的内在关系
(a)、(b)、(c) 室内温度与用户的热环境满意度；(d) CO_2 浓度与用户的空气品质满意度

系，突破了环境标准单一性与个体需求差异性不一致的问题。针对传统研究重节能、轻环境，缺少闭环反馈，难以建立能耗与室内环境的解析式关系等问题，提出了基于统计回归模型的建筑能耗快速诊断与靶向提升新方法，可实现节能15%以上；针对传统分析方法难以处理的海量、多源性能数据，提出了数据挖掘与专业知识有机结合的解决方案，提出了兼顾数据价值与物理意义的异常值检测、信息增益敏感性分析、频繁模式挖掘、决策树、时间序列聚类、深度学习与贝叶斯推断等新算法；建立了以多目标性能提升为导向的公共建筑运行优化新方

法，开发了基于实时信息交互反馈和云端模拟的新技术（图4）。

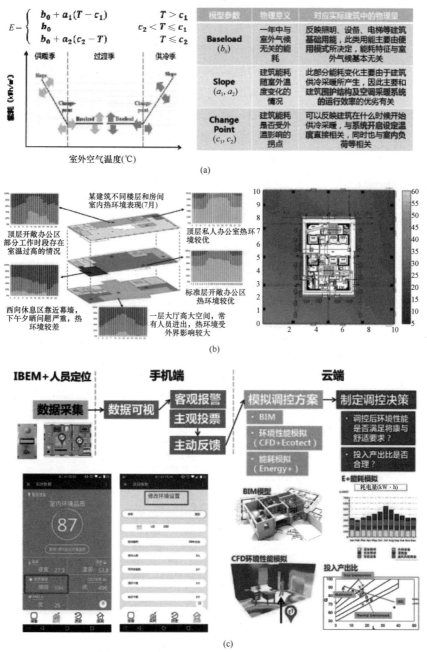

图4　数据驱动的建筑能效和环境健康性能综合提升新方法
（a）基于低质量数据的能耗快速诊断与靶向提升新方法；
（b）基于室内环境参数时空分布特征的识别诊断新方法；
（c）基于信息反馈的多目标性能提升方法

主要成果四：提出了绿色建筑性能基准线与节能环保技术适宜性评价方法，构建了主客观相验证、投入科学量化的绿色建筑性能后评估方法与符合我国国情的绿色建筑后评估标准体系。

针对现行绿色建筑节能环保技术模糊性堆砌应用、绿色建筑综合性能不佳的现状，建立了基于主因素识别及实测数据反馈的11项典型技术和主流可再生能源（地源、空气源热泵、太阳能热水和太阳能光电）技术适宜性分析方法，提出了一套多层级的技术评价体系方法，用于绿色建筑设计阶段的技术初选或投入运营后的后评估。针对现有绿色建筑设计"重能耗轻舒适""设计与运行脱节"等问题，建立多情景多性能导向的动态优化模型。集成耦合建筑信息建模，代理模型技术和优化算法提出多维优化方法提高设计部门的决策效率。针对当前绿色建筑能耗、水耗、环境质量等关键性能基准线标尺缺失、运行性能量化评估方法和评价标准体系研究匮乏的瓶颈，项目在全国大范围数据调研和比对研究基础上，系统建立了绿色建筑性能量化评估方法、标准和应用工具，包括：率先提出结合行业标准、建筑运营数据和模型训练技术的三结合基准线确定方法及其限值；建立了双主客观因素相互验证、投入产出相互对应的绿色建筑性能后评估方法、标准和应用工具；形成了建成后绿色建筑后评估标准体系框架表（图5）。

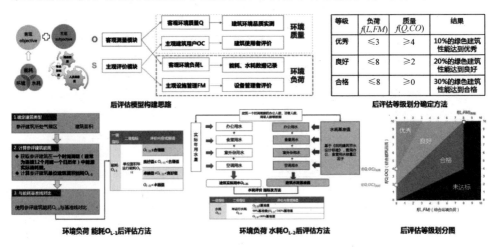

图5 绿色建筑性能后评估方法

7.3 推 广 应 用

项目研发的室内环境健康性能监测新设备及系统，在国内外31个城市的209个建筑案例（共1030万平方米建筑面积），包括综合办公楼、医院、航站楼中得到了应用，积累数据量总条数达30亿条，总容量达1.09T。成果为大数据时代推动人工智能在建筑领域的发展起到了重要的支撑作用。

项目提出的室内环境性能特征识别、诊断和风险评估技术服务于全体建筑使用者的健康需求，通过建筑环境中空气新鲜度、洁净度等指标的实时监测与在线分析预警，为有效合理、节能和节资并有效改善室内环境，实现降低社会疾病负担，提供了数据支持和技术支撑，符合"把人民健康放在优先发展战略地位"的"健康中国"发展战略。在2020年新冠肺炎疫情期间，该技术应用于武汉市雷神山医院、火神山医院等8家医院，识别医院内隐性高气溶胶感染风险区域15处，显著降低了医护感染风险，为医院零感染和疫情防控信息化做出了重要科技支撑，体现了"平疫结合"的突出社会价值。项目提出的数据驱动、基于系列新模型和算法的建筑能效和环境质量提升关键技术，在20栋建筑中得到应用，建筑面积超过80万平方米，取得了良好的节能环保和室内环境效果，实现节能率15%以上，用户满意度达到85%以上。此外，项目建立的基于实际运行效果的绿色建筑性能后评估方法及技术体系已被5部国家/行业与地方标准采纳，且相关成果连续3年在上海市、重庆市等地方政府绿色建筑年度报告等政策文件中采用。提出的建筑能效和环境健康性能提升技术已应用于全国范围内百余栋办公、商场、酒店、学校、住宅等绿色建筑工程案例的后评估实践，实现了建筑能耗比《民用建筑能耗标准》GB/T 51161—2016同气候区同类建筑能耗的约束值降低不少于30%，用户满意度高于75%，经济、社会、环境效益显著。

上述成果有效指导了公共建筑健康节能管控，显著提升了绿色建筑绿色运营水平，对于推动我国绿色建筑高质量发展具有重要的作用。

7.4 研究展望

绿色建筑性能后评估技术研究工作是一个长期、开放、动态的过程，这也意味着本次项目研究周期中完成的关键技术、后评估方法和标准体系、软件工具还是阶段性成果，需要随着绿色建筑行业的发展不断更新和完善。项目组对后续研究展望如下：

（1）由于项目研究周期的原因，实现基准线标尺、后评估方法、后评估标准体系同步开展和推进仍然具有相当难度。此外，由于绿色建筑后评估的指标多，还涉及物业管理者和建筑使用者等人因因素，因此导致了研究的难度。项目研究中针对绿色建筑后评估中存在的问题，建立了3个关键基准线的方法和后评估新方法，确保了绿色建筑后评估的实施落地。然而，由于绿色建筑后评估标准涉及多个专业领域，针对绿色建筑后评估这一专项工作，需要建立一定的工作机制，工作各方及业务主管部门需要进一步提高对绿色建筑后评估相关标准制修订及宣贯工作的认识，统筹协调，及时根据实际工作开展过程中的业务需求，提出完善相关标准的意见和建议。在绿色建筑后评估标准体系表的指导下建立绿色建筑后评估标准体系，持续推进后评估标准体系的实施。

（2）虽然项目研究成果能够在一定程度上支撑建筑室内环境的感知控，并能较好地满足能效要求，但是在：①"感"层面——建筑运行性能各种参数感知技术和装备相对独立，缺乏室内环境健康性能、能耗、室内人员实时状态及主观感受的同步一体化感知设备与系统；②"知"层面——缺乏能够反映日常公共建中多环境参数对建筑使用人员健康综合影响的指标，无法反映"平时"环境的健康风险，同时建筑室内环境与通风空调系统等因素对感染风险的作用机理仍未知；③"控"层面——基于建筑环境的健康风险反馈以及人员实际需求动态匹配的建筑环境智慧调控与健康性能提升技术方面，缺乏相关研究。因此，未来可开展以"建筑运行能效—室内环境质量—降低人员疾病传染风险"三维目标为导向的建筑性能"感知控"关键技术体系研究，为我国建筑行业落实健康中国行动与碳中和、碳达峰目标提供科技支撑。

（3）随着我国碳达峰碳中和目标的提出，建筑领域如何实现碳达峰碳中和的路径，包括建筑领域电气化、可再生能源高比例应用、系统效率优化等仍需时间去深入研究。由于项目执行周期的原因，以及部分可再生能源建筑应用技术的局限性问题，现有研究仍存在一些不足。随着可再生能源技术进步、产品优化、标准完善，可再生能源应用发展规划有待进一步优化完善。

作者：林波荣　余娟（清华大学建筑学院）

8 既有城市工业区功能提升与改造技术
8 Function improvement and transformation technology of existing urban industrial zone

8.1 研究目标

随着城市化进程和产业升级换代，我国大量的既有工业区存在区域价值不匹配、空间布局不合理、资源消耗不节约和环境污染不生态等问题。过去我国既有城市工业区更新主要以拆除重建方式为主，因此针对保留提升改造方式存在理论方法缺乏、改造模式不清晰、技术体系不完善等技术瓶颈。项目属于绿色建筑及建筑工业化专项，主要目标是以绿色低碳为目标驱动，以解决实际技术问题为导向，构建针对既有城市工业区功能提升与改造的技术体系。

8.2 主要成果

项目主编完成技术标准文件12部、其他标准化文件1部、申请发明专利14项、实用新型专利授权9项、开发软件工具7项（取得软件著作权11项）、示范工程12项、论文发表45篇、人才培养12人。项目的核心成果构成了一套既有城市工业区功能提升与改造的全过程技术体系，涵盖模式评估、诊断策划、规划设计、实施建造、运营管理和后评估等环节。针对功能提升与改造方向判断层次、功能提升与改造内容确定层次、改造技术路径寻优确立层次，本文选择主要成果进行简要介绍。

8.2.1 既有城市工业区功能提升与改造评价指标体系及模式

项目针对既有城市工业区功能提升与改造评价理论欠缺的问题，从城市土地价值提升寻找既有工业区功能提升有效途径角度归纳了产业转型升级、城市公共功能、可持续生态修复、城市生活功能等4种功能转变模式，从功能模式与投资主体之间存在的路径对应关系角度归纳政府主导、市场主导、公私合营、自发改造等4种改造投资模式；构建了涵盖产业经济、生态环境、资源节约、高效健康和文化活力的多维度评价指标体系,实现了功能提升与改造前后状态的综合量化评价,为改造模式判断提供支撑(图1);开发《既有城市工业区功能提升与改造多维度指标评价工具》,用雷达图、绿更指数呈现结果,直观反映改造前后状态(图2);开发了《既有城市工业区功能提升与改造模式分析工具》,综合多维指标评价和典型案例数据库比对,输出改造方向和改造模式(图3)。

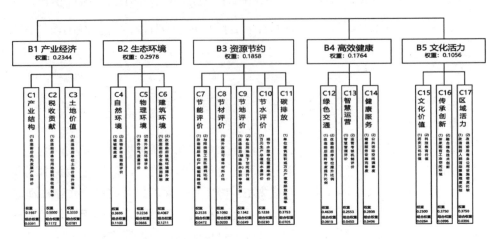

图1 既有城市工业区功能提升与改造多维度评价指标体系

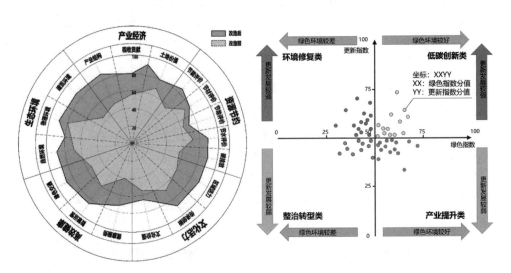

图2 既有城市工业区功能提升与改造多维度评价指标体系结果
呈现(左:雷达图,右:绿更指数)

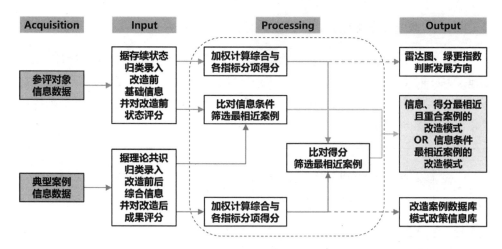

图 3 综合多维指标评价和典型案例数据库比对的改造模式分析工具

8.2.2 既有城市工业区功能提升与改造诊断、策划方法和后评估技术

针对既有城市工业区功能提升与改造前现状问题不清晰、不系统的问题，综合 POI、机器学习、大数据分析等技术构建了定量诊断评估体系，诊断因子涵盖了区域基础支撑、功能、交通、体验、安全、文化等维度；基于此开发了《既有城市工业区改造诊断评估软件》，输入改造功能转变模式，输出诊断评估结果，用于提示改造需求（图 4）。主编中国建筑节能协会标准《既有城市工业区功能提升与改造策划导则》T/CABEE—JH 2019005，适用于既有城市工业区功能提升与改造前期策划阶段中的现状诊断评估、投资开发策划、改造目标制定、改造设计策划、运营管理策划等环节，支撑项目可行性研究。

图 4 既有城市工业区功能提升与改造诊断评估体系

8.2.3 既有城市工业区功能提升与改造规划设计方法

项目形成了我国多尺度、多层次的既有城市工业区功能提升规划设计方法：创建了基于时空数据深度分析的老旧工业区功能业态更新研判技术，为我国既有城市工业区的功能提升定位、功能定量与落位、分期规划建设的多尺度研判提供量化支撑（图5）。

	1.市级医院	2.普通高等院校	3.大型体育设施	4.中学	5.小学及幼儿园	6.养老中心	7.社区商业中心	8.城市商业中心	9.城市中心公园	10.郊野公园	11.博物馆、美术馆、艺术中心等	12.文化产业园	13.商务办公	14.科技产业园	15.生产园区
1.市级医院															
2.普通高等院校	○														
3.大型体育设施	○	○													
4.中学	□	△	△												
5.小学及幼儿园	□	△	○	△											
6.养老中心	△	△	○	○	○										
7.社区商业中心	○	□	○	△	△	△									
8.城市商业中心	○	□	○	□	□	○	△								
9.城市中心公园	△	△	△	△	△	△	△	△							
10.郊野公园	△	△	△	△	△	□	□	□							
11.博物馆、美术馆、艺术中心等	□	△	△	△	△	△	○	△	△	△					
12.文化产业园	□	△	○	○	○	△	○	○	△	△	△				
13.商务办公	○	○	○	△	△	△	△	○	△	△	△	△			
14.科技产业园	○	△	○	△	△	△	△	○	△	△	△	○	△		
15.生产园区	○	○	○	□	□	□	□	□	□	○	□	○	△	○	

△-适宜　○-协调　□-冲突

图5　功能组合协调矩阵

首次建立基于工业产业集群时空特征的历时性、共时性、共生性的多尺度工业遗产系统保护利用方法：从城市层面建立工业遗产价值-要素时空统一的完整体系，为工业遗产充分保护奠定理论基础，构建老旧工业区多尺度系统保护利用方法；针对工作流程不清晰或缺项等问题，建立"调查研究—综合评估—分层次保护—展示利用—生态治理与环境提升—支撑体系提升"全流程工作方法体系（图6）；主编中国城市规划学会标准《老工业区工业遗产保护利用规划编制指南》T/UPSC 0009—2021，适用于城镇开发边界内成规模的老工业区的工业遗产保护利用规划或相关规划中保护利用相关技术内容的编制。

8.2.4 既有城市工业区功能提升与改造环境综合提升技术

项目针对工业区改造"重空间轻环境，内容不全面，质量参差不齐"的现状，基于具体改造活动类型与环境的相互影响机理，构建了多环境要素诊断评估体系，涵盖地质、水、土壤、景观和物理环境要素，并明确各环境要素的诊断范围、诊断方法、诊断工具及评估标准，基于此主编中国工程建设标准化协会《既有工业区环境诊断及评估标准》，评估结果可用于判断改造活动的适宜性，并为环境安全治理与修复、低影响开发、物理环境和景观环境提升的需求确定和技术

8 既有城市工业区功能提升与改造技术

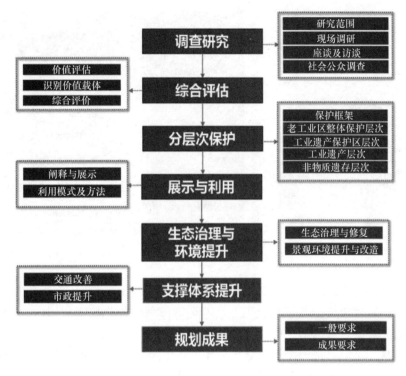

图 6 工业遗产保护利用规划全流程体系

选择提供依据。

针对既有工业区功能提升过程中的低影响开发需求，构建适用于既有城市工业区的低影响开发雨水控制方法和低影响开发技术路径；以世博城市最佳实践区海绵城市为案例，开发了具有智慧监测和智能管控功能的《低影响开发管控平台》，实现海绵城市核心考核指标（年径流总量控制率）的动态监测，完成了雨水基础设施与降雨预报的联动控制（下渗系统与降雨量预报），以及不同雨水基础设施之间的联动控制（雨水收集系统提升水泵与进水水质）；针对监测既有工业区改造前后生态环境变化，通过视觉识别植物长势和人员活动，声纹识别鸟类昆虫等动物活跃度，并收集土壤环境、空气质量，记录工业区生态环境变化（图7）。研发《多层次嵌套耦合物理环境多目标优化设计方法及工具》，可用于对区域进行风热环境多目标优化，得到区域的最优建筑布局方案，实现建筑布局在物理环境平衡提升，解决以往工业区模拟计算设置参数多、时间长、无法满足规划阶段少量指标快速优化设计需求等问题。

8.2.5 既有城市工业区能源及废弃物资源利用技术

针对既有城市工业区改造缺乏系统的能源高效利用技术问题，从区域层面系

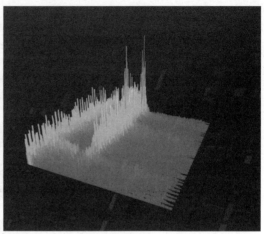

图 7　生态环境监测模块（左）及鸟类声音时频特征（右）

统性的研究建立了适用于城市工业区功能提升能源利用的方法，基于此主编中国工程建设标准化协会标准《既有工业区改造能源利用优化技术导则》，从区域层面对既有工业区更新改造中的能源利用进行引导。

分别从"区域可再生能源规划—单体可再生能源应用"两个维度，形成了适用于城市工业区可再生能源规划方法体系，结合工业建筑的单体特征研究提出了可再生能源应用的适宜性评价指标体系，提出了工业建筑屋面布置太阳能组件的技术要点。基于此开发了《可再生能源应用分析软件工具》，面向百余个城市，实现改造规划阶段可再生能源规划评估与规划指标核算等功能。

基于废弃物资源"来源—处理—再利用"环节的特征，明晰了工业区改造的废弃物来源特点，开发了用于废弃物处理的移动破碎机降尘降噪装置，开展了免烧结渣土造粒制备再生骨料研究，针对工业区功能提升中的废弃物循环利用典型场景（废弃混凝土—再生骨料—屋面、雨水花园和人行道等海绵设施建设场景），主编完成中国城市环境卫生协会标准《建筑废弃物再生骨料蓄水层应用技术规程》。

8.2.6　既有城市工业区功能提升与改造智慧建造和空间植入技术

创新研发了免支模外包钢筋混凝土加固技术及屋盖修复技术。针对传统钢结构钢柱加固时存在焊接变形大、安全风险大的问题，创新研发了免支模外包钢筋混凝土加固技术，可显著提高钢柱的抗压承载力，无需在钢柱上进行焊接或打孔操作，对原钢结构造成的扰动小；而且柱形钢筋笼由具有侧边敞口的 U 形钢筋笼和后补钢筋网架组成，可以不受钢柱外伸牛腿的限制，施工难度低，可实施性强，适用于既有城市工业区等老旧城区的升级改造。针对既有城市工业区屋盖结构因建筑功能发生改变、结构遭受损害、服役期满等因素引起的承载力不足或无法正常使用的问题,通过检测评估、概念设计、数值模拟及工程应用等方法,创新性提出了由"单坡屋盖结构"改为"双重坡屋盖结构"的拆除重建方法,并发明了一种金属屋面系统固定支座及连接技术,解决了原屋盖结构迎风面积大、抵御恶劣台风天气能力弱和原金属屋面抗风压能力较差、易开裂的问题,实现了在原主体结构保留完好的前提下对既有空间屋盖结构安全、经济及高效的改造。

研发了采用高性能材料加固和提升厂房结构及节点性能的技术,提出了CFRP包裹钢管混凝土结构加固技术。针对既有城市工业区钢管混凝土柱及节点受损后难以加固的问题,研发了CFRP包裹钢管混凝土柱及节点加固技术,结果表明随着CFRP层数的增加,屈服承载力的提升比例呈线性增大;CFRP可有效约束T节点试件在轴压作用下的节点变形,从而提高节点刚度,改善节点极限承载力。经6层CFRP加固后,含缺陷T节点极限承载力的提高幅度可超过未发生缺陷前的T节点承载力,加固效果明显。

针对既有城市工业区空间钢结构拆除时具有稳定性差、结构跨度大及安全风险大等特点,基于关键杆件瞬时失效的连续倒塌拆除技术、高空分片拆除与地面人工解体相结合的拆除技术,解决了不同场景下空间钢结构的快速安全拆除方法,助力既有城市工业区建筑加固改造。

8.2.7 既有城市工业区功能提升建设综合信息监管平台

项目对既有城市工业区功能提升建设综合信息监管平台进行设计开发,集成了项目下相关课题开发的工具软件,主要功能模块包括:数据采集工具、现状分析工具集、规划设计工具集、改造建设过程监测、运营监测子系统等核心模块,可支撑改造前数据的采集、处理、分析,改造后数据感知、收集和分析展示。

为适应工业区建筑繁多、结构复杂等应用场景,开发了多种协议物联网数据采集节点和统一的大数据中台。该多协议物联网数据采集节点,基于树莓派核心板,通过添加自定义模块快速实现lora、Wi-Fi、zigbee和485通信的数据采集与转发通用程序。系统实现定时休眠,定时唤醒(非硬启动,设备长期在线)。研发的RTC模块工作模式可云端配置,各外设工作模式独立配置,云端更新。主机设备上的所有非OS系统代码可远程更新,工作方式云端配置。系统数据处理和上传采用多线程机制,实现参数和设备独立的信息上传,提高系统稳定性。

为解决各类离线水电表数据的采集,开发了基于人工智能的快速抄表小程序——光速抄表,可根据需求分组建表并在手机端快速识别。人工智能算法基于CNN和LSTM的组合网络,在街景网络的识别基础上增加多个dropout层以提高算法泛化性能。水表的算法准确率为87%,电表的识别准确率可以达到93%。

为解决改造过程中材料环保性能快速辨识问题,开发材料污染散发率快速检测便携仪。其基本原理是用罩子罩在材料上形成小型空腔，使材料表面散发的污染物在空腔中累积，利用甲醛和 VOC 传感器检测污染物累积一定时间的浓度曲线，换算成污染散发率，从而判定材料的甲醛和 TVOC 污染散发率是否合格。试验结果表明设备测试数据平行性较好（标准相对偏差小于10%）。

8.3 推广应用

通过项目协调、课题联动，项目实施了杨浦滨江南段公共空间和综合环境改造提升工程等 5 个工业区示范和龙华区宇丰工业园等 7 个工业建筑改造示范，其中夏热冬暖地区 5 项、夏热冬冷地区 6 项、寒冷地区 1 项，涵盖产业升级转型、城市公共服务、城市生活功能和可持续生态修复 4 种模式，总规模近 20km^2。

示范项目均取得了良好的社会经济效益。其中，示范工业区杨浦滨江南段获得世界建筑节景观项目金奖等国内外大奖，并作为 2019 上海城市空间艺术季主场，2019 年 11 月习近平总书记到此考察并给予了充分肯定；示范工业区景德镇大陶溪川片区已成为城市活力副中心，获多项大奖和国内外媒体报道，2019 年 11 月李克强总理视察了其中的陶溪川陶瓷文化创意产业园。除此之外，项目参与单位还在 20 余个实践项目中推广应用相关研究成果，包括深圳国资国企创新中心、梅林街道"一街一路"中康艺术长廊、桃花源工业区等，取得良好的效益。

实施城市更新行动是党的十九届五中全会作出的重要决策部署，是国家"十四五"规划《纲要》明确的重大工程项目。住建部印发的《关于在实施城市更新行动中防止大拆大建问题的通知》（建科〔2021〕63 号），明确了实施城市更新要以内涵集约、绿色低碳发展为路径，转变城市开发建设方式，坚持"留改拆"并举、以保留利用提升为主，加强修缮改造，补齐城市短板，注重提升功能，增强城市活力。项目研发成果正好是保留提升改造所亟须的成套技术体系，可应用于既有工业区改造诊断、规划、设计、建造、运维服务等方面，有利于提高我国既有城市工业区土地利用集约度与综合效益、降低能源资源消耗强度以及 CO_2 排放，预计在"十四五"期间有广阔社会需求和市场前景。

8.4 研究展望

（1）项目属于绿色建筑专项，研究和示范均以低碳为核心目标之一，关于碳排放测算项目组内形成了一定共识，未来将有必要研究建立清晰统一的碳排放测算指标体系。

（2）项目研究以建筑学、城市规划及设计学、景观学和环境学为基础，跨学科综合应用了信息技术、大数据分析和人工智能等技术，已取得一定成效。未来随着数字技术的发展，既有工业区功能提升与改造将需要更深更广地融合应用数字化技术，从而支撑更多元的目标平衡、更高效的实施运营。

（3）项目在研究解决技术层面问题的同时，也发现既有城市工业区功能提升普遍存在实际建筑用途与规划土地性质不一致的问题，导致大量的功能提升需求无法释放。这实质是自身利益与社会利益、长期利益和短期利益的平衡问题，还涉及更为根本的土地、空间规划系统问题。未来保留改造将逐渐取代拆除重建成为主流模式，研究理顺与之相匹配的土地政策、空间规划机制甚为重要。

注： 项目由深圳市建筑科学研究院股份有限公司牵头，由华南理工大学建筑设计研究院、同济大学、清华大学、华东建筑设计研究院有限公司、中建科工集团有限公司、中科院建筑设计研究院有限公司、上海市建筑科学研究院、西安建筑科技大学、北京清华同衡规划设计研究院有限公司、深圳大学、中国矿业大学、中建工程研究院有限公司和中国建筑科学研究院有限公司 14 家单位共同参与完成。

作者： 郭永聪（深圳市建筑科学研究院股份有限公司）

第四篇 交流篇

本篇针对绿色建筑发展过程中的热点问题、理论研究及技术实践等，从学组提交的文章报告中分别选取了"十三五"时期超低/近零能耗建筑政策分析研究、绿色建造中的正向整合设计方法研究、村镇建筑节能与清洁用能现状和展望、国产BIM的发展近况与应用情况、"双碳"背景下城市园林绿化的价值思考、室内环境性能提升与关键要素分析、绿色建筑践行双碳战略的设计策略与研究方法7篇文章，分别从绿色建筑政策、设计方法、项目实践等方面为读者展示双碳目标下绿色建筑发展的现状和趋势，助力推动我国绿色建筑高质量发展。

零能耗建筑与社区组的文章汇总和梳理了"十三五"期间超低能耗建筑的政策，并对未来政策提供建议和展望，超低能耗建筑是我国建筑领域实现双碳目标的主要技术手段，此文从政策层面提供了建议参考；绿色建材与设计学组的文章梳理了设计行业存在的不足和问题，提出了正向整合设计的概念，并以实例展示了其设计流程方法；绿色小城镇组的文章介绍了我国广大农村地区建筑节能情况及清洁能源利用技术，并对农村地区的清洁能源利用进行展望，有助于该地区试点节能减排降碳；绿色建筑软件和应用组的文章介绍了我国首款完全自主知识产权的BIM平台软件，详细介绍了目前平台国产数字化应用、平台推广和生态建设相关工作，并对国产 BIM 进一步发展提出了前瞻性展望；立体绿化学组的文章介绍了绿化的碳汇方式，介绍了城市园林绿化的生态功能，指出城市园林绿化的生态功能远大于其碳汇功能，并提出了发展城市园林绿化生态价值的努力方向；建筑室内环境组的文章针对新发布的《建筑环境通用规范》GB 55016—2021 从室内的热环境、光环境及室内空气质量方面分析了与其他相关现行标准的差异，并对其影响要素进行了分析；绿色建筑理论与实践组的文章介绍了长周期可持续的设计策略，以及以人为本性能导向的建筑与建成环境研究方法，并介绍了多种场景下的设计策略和工程实践。

1 "十三五"时期超低/近零能耗建筑政策分析研究

1 Analysis and Research on ultra-low/near zero energy building policy in the 13th Five-Year Plan Period

1.1 超低能耗建筑发展概况

截至2018年底,我国城乡建筑总量已达到620亿平方米,建筑能耗约占社会总能耗的20%,并且将随着人们生活水平和对室内环境要求的提高持续攀升,因此建筑节能成为应对全球能源危机和实现绿色低碳与可持续发展的重要手段。

不断降低建筑能耗,提升能源系统能效和利用可再生能源,推动建筑迈向超低能耗、近零能耗和零能耗始终是建筑节能领域的中长期发展目标,规模化推广超低/近零能耗建筑是国际上应对气候变化的重要手段。在双碳背景下,发展超低/近零能耗建筑成为建筑领域实现碳达峰、碳中和目标的重要抓手之一。2021年9月22日,中共中央、国务院印发了《关于完整准确全面贯彻新发展理念做好碳达峰碳中和工作的意见》,强调"加快推进超低能耗、近零能耗、低碳建筑规模化发展。"2021年7月中共中央办公厅、国务院办公厅印发《关于推动城乡建设绿色发展的意见》,强调"大力推广超低能耗、近零能耗建筑,发展零碳建筑"。2021年10月26日,国务院发布《2030年前碳达峰行动方案》强调"推动超低能耗建筑、低碳建筑规模化发展"。

我国在2011年与德国能源署开展"中国超低能耗建筑示范项目"合作,首次借鉴德国Passive House被动房技术体系,成功建设了河北秦皇岛"在水一方"等符合我国国情的超低能耗建筑示范项目;2013年与美国合作开展了近零能耗、零能耗建筑节能技术的研究,建成中国建筑科学研究院近零能耗建筑示范工程;2017年,住建部《建筑节能与绿色建筑发展"十三五"规划》中首次明确提出大力发展超低能耗建筑;2019年,首部引导性建筑节能国家标准《近零能耗建筑技术标准》GB/T 51350—2019颁布,提出超低能耗、近零能耗和零能耗建筑的定义并规定室内环境参数与能效指标,为我国2025年、2035年和2050年中长期建筑能效提升目标奠定理论基础。

1.2 超低能耗建筑政策汇总与研究

1.2.1 既有政策文件统计

"十三五"时期（2015～2020年），全国各省市及地区纷纷出台激励政策，对超低能耗建筑发展起到关键性推动作用。从2015年第一个超低能耗建筑政策发布起，随后4年内相关政策数量激增，对超低能耗建筑项目给予了大力支持和各种激励措施，尤其是2020年，超低能耗建筑在全国范围内迅速发展，自1月中旬起，为推进住房城乡建设领域高质量绿色发展，加快促进建筑行业转型升级，河北省、黑龙江省、河南省、重庆市、保定市及青岛市相关省市又竞相出台支持超低能耗建筑发展的专项规划、实施方案及指导意见等纲要性文件，进一步明确了超低能耗建筑发展目标、任务与路径；对超低能耗建筑项目给予资金补贴、外墙保温不计入容积率核算等多种政策激励；提出了通过优化产业布局、支持科技创新、完善标准体系等手段加强超低能耗建筑产业培育，为日后稳步推进我国超低能耗建筑规模化发展和创新发展奠定了良好的开局。据统计，"十三五"时期我国共有13个省及自治区和25个城市出台的对超低能耗建筑项目给出明确发展目标或激励措施的政策文件共计72项，规定2020年全国范围内超低能耗总建筑面积目标达1000万平方米。累年具体出台政策数量如图1所示，各省市及自治区历年政策发布数量如图2所示。

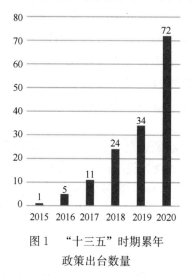

图1 "十三五"时期累年政策出台数量

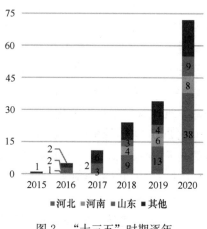

图2 "十三五"时期逐年政策出台地区组成

1.2.2 激励措施分析

各地政策中针对超低能耗建筑项目的激励内容主要分为图3中的15类内容。由图3可以看到在所有激励方法中，规划目标占比最大，约占全部激励措施种类的21.72%，接下来是资金奖补和容积率奖励，分别占15.27%和12.32%；用地保障、绿色金融和提前预售三类均占总数的6.40%，其余各方法推行数量如图3所示。

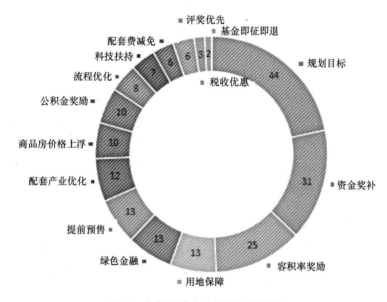

图3 各类激励方法推行地区数量

（1）规划目标：11个省及自治区、19个城市明确给出了"十三五"规划中未来几年各地超低能耗建筑项目的具体发展规划和目标，主要以超低能耗建筑总面积和占比要求为主。（2）资金奖补：8个省及自治区、15个城市给出了相应补贴奖励政策。（3）容积率奖励：8个省16个城市推行了容积率奖励政策，对建筑面积核定予以3%~9%的奖励。（4）用地保障：4个省、9个城市推行了用地保障政策，对按照被动房标准要求建设的项目，优先保障用地。（5）提前预售：2个省、9个城市推行了商品房提前预售政策。（6）绿色金融：5个省、9个城市推行了绿色金融激励方法，改进超低能耗建筑、被动式建筑的金融服务工作，加大绿色信贷支持。（7）商品房价格上浮：2个省、7个城市出台了商品房价格上浮政策，对满足要求的超低能耗建筑项目，在办理商品房价格备案时可以适当上调价格。（8）配套费用减免：1个省、4个城市实行了配套费减免政策，规定示范项目不再增收土地价款和城建配套费，且通过评审的项目配套享有系列优惠。（9）流程优化：3个省、7个城市推行了流程优化。（10）科技支持：4个省及自治区、5个城市推行了科技支持，逐渐开始对超低能耗建筑项目开展科技支持，解决工程上的技术难点。（11）公积金奖励：3个省、7个城市推行了公积金奖励。（12）评奖优先：3个省、6个城市推行了评奖优先政策，规定超低能耗建筑在评优评奖时优先考虑，参建单位在信用考核中加分奖励。（13）配套产业优化：5个省市及自治区、9个城市推行了配套产业优先政策，利用新旧动能转换基金对超低能耗建筑配套产业链企业给予优先支持。（14）税收优惠：2个省、2个城市推行了税收优惠政策，规定超低能耗建筑、被动式建筑的单位和企业可享受税收优惠政策，按15％税率缴纳企业所得税。（15）基金即征即退：河北省和海门市对征收的墙改基金、散装水泥基金推行了即征即退政策，扬尘排污费按规定核定相应的达标削减系数执行。

1.2.3 政策类型研究

对于上述15类主要鼓励措施，按照其激励模式和鼓励力度可分为流程支持、间接经济效益和直接资金奖励，分别分析其有效性。图4中对15类鼓励措施进行了分类，分别为A直接资金奖励类、B间接经济效益类和C流程支持类，三类鼓励措施数量分别占激励措施总数量的20％、40％和40％。各类鼓励措施特点及主要内容如下：（1）流程支持类型政策。流程支持类型政策主要是针对超低能耗建筑项目在规划、立项、施工、运营、后期评估、预售等流程方面的工作进行激励，为项目实施过程中进展顺利提供辅助支持，并无直接资金补助或间接经济奖励，激励力度较弱。（2）间接经济效益政策。间接经济效益政策虽然没有直

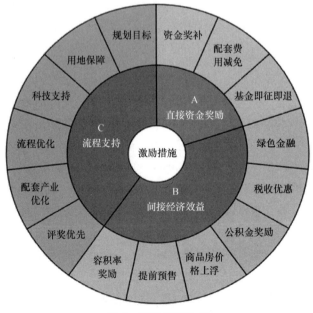

图4 激励措施分类

观的资金补助，但对项目给予一定的后期经济效益，能一定程度上使开发商和消费者得到经济利益，激励力度较高。(3) 直接资金奖励。直接资金奖励主要是对超低能耗项目工作进行直接经济激励，激励力度最高。

各省市及地区三类政策推行情况如图 5 所示，图中右侧数量是对同一地区不同政策文件中同一类型激励措施累加得到。

	河北	河南	山东	天津	湖北	山西	上海	江苏	新疆	北京	宁夏	广东	湖南	数量	级别
规划目标														44	C
资金奖补														31	A
容积率奖励														25	B
用地保障														13	C
绿色金融														13	B
提前预售														13	B
配套产业优化														12	C
商品房价格上浮														10	B
公积金奖励														10	B
流程优化														8	C
科技扶持														7	C
配套费减免														6	A
评奖优先														6	C
税收优惠														3	B
基金即征即退														2	A

图 5　各省市及自治区三类政策推行情况

1.3　超低能耗建筑政策推广建议

1.3.1　已有政策地区建议

对于超低能耗建筑中长期发展而言，简化政策要求，减少执行摩擦、加强对既有示范项目的第三方设计评价、运行评价和后评估、推动从单体示范走向区域示范、从超低能耗迈向零能耗、加强消费者用户侧的绿色金融支持，都是未来的潜在政策发展方向，对已有超低能耗建筑政策地区下一步建议为：(1) 简化政策要求，减少执行摩擦，推动鼓励条款快速落地；(2) 加强对既有示范项目的第三方设计评价、运行评价和后评估；(3) 研究出台超低能耗建筑规模化推广鼓励政策；(4) 研究出台政府投资项目和部分地区强制性推广政策；(5) 研究出台近零能耗、零能耗建筑鼓励政策；(6) 加强用户侧绿色金融激励举措。

1.3.2 未出政策地区建议

对于目前还未出台针对超低能耗建筑项目政策的地区而言，分别按照各地政府部门财政情况和对超低能耗建筑的推广意愿，提出适用于不同地区的未来政策制定和推行建议，同类型政策优先级如图6中阶梯所示。

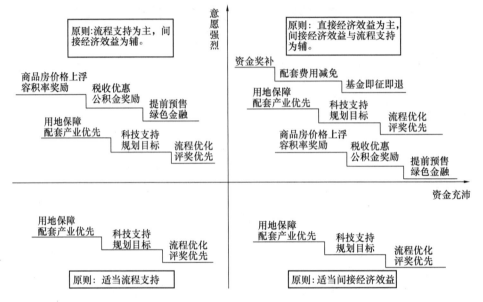

图 6　各地区激励政策推行建议图

图6中按照地方政府资金是否充沛和意愿是否强烈划分4个区间，各省市及地区可按照自身资金情况和是否有超低能耗建筑项目发展意愿，选择对应的政策建议。(1)资金充沛且意愿强烈（完整一体化政策包）：政府可以同时给予直接经济效益政策、间接经济效益和流程支持三种类型政策。(2)资金不足但意愿强烈（间接经济效益＋流程支持政策包）：主要推行间接经济政策，同时给予完善的流程支持政策。(3)资金充沛但意愿不强（间接经济效益政策包）：推行一定的间接经济效益政策。(4)资金不足且意愿不强（流程支持政策包）：推行流程支持政策，在力所能及范围内逐渐推进超低能耗建筑项目顺利实施。

1.4　主 要 结 论

目前我国对超低能耗建筑的发展给予极大支持，通过对各地政策内容的分类和研究，得出以下结论：

(1)"十三五"时期我国共有13个省及自治区和25个城市出台的对超低能

耗建筑项目给出明确发展目标或激励措施的政策文件共计 72 项,政策规定 2020 年全国范围内超低能耗总建筑面积目标达 1000 万平方米。

(2) 针对超低能耗建筑项目的激励政策主要涵盖明确发展目标、资金奖励补贴、容积率奖励、用地保障等 15 项内容,按照其激励模式和鼓励力度可分为流程支持类、间接经济效益类和直接经济效益类 3 类。

(3) 对已有政策地区给出未来政策推广路线和执行建议:加强对既有示范项目的第三方设计评价、运行评价和后评估,研究出台超低能耗建筑规模化推广鼓励政策,研究出台部分地区强制性推广政策,加强用户侧绿色金融激励举措。

(4) 按照各地政府部门财政情况和对超低能耗建筑的推广意愿,提出不同基础的城市未来超低能耗建筑政策制定和推行建议:①资金充沛且意愿强烈:同时给予 3 种类型政策;②资金不足但意愿强烈:间接经济效益政策为主,流程支持政策为辅;③资金充沛但意愿不强:间接经济效益政策;④资金不足且意愿不强:给予流程支持政策。

1.5 未来政策方向展望

习近平总书记在第七十五届联合国大会提出中国力争于 2030 年碳达峰、2060 年碳中和的双碳目标,"零碳"将成为未来发展战略的主基调,目前全国已有 23 个省市出台了双碳目标相关政策。对于建筑领域,基于现有建筑节能政策与相关研究基础,面向未来双碳目标,零碳建筑及社区将成为下一个重点政策引导方向,中共中央办公厅、国务院办公厅等政府部门从国家层面相继制定并发布了碳达峰、碳中和工作相关的指导文件和行动方案。中共中央、国务院在 2021 年 9 月发布了《关于完整准确全面贯彻新发展理念做好碳达峰碳中和工作的意见》,明确了要加强绿色低碳重大科技攻关和推广应用。2021 年 4 月 9 日,国家标准《零碳建筑技术标准》编制工作在中国建筑科学研究院启动,将对建筑领域碳达峰的路线图和时间表的落实发挥重要技术支撑作用。

各地响应国家双碳目标出台相应指导性政策文件,明确建筑领域碳达峰碳中和的技术发展路径。"十三五"至"十四五"期间,随着各地对社区低碳认识逐步深入,深圳、上海、天津、北京等地先后出台零碳社区试点示范工作方案文件,明确了建筑领域助力双碳目标的重点科研方向——大力推动近零能耗与零能耗建筑。深圳市出台了《近零碳排放区试点建设实施方案》;天津市出台了《天津市低碳(近零碳排放)示范建设实施方案编制指南(试行)》;浙江省出台了《浙江省碳达峰碳中和科技创新行动方案》,从中央到地方的政策体系正在逐步构建。

基于上述政策文件导向分析,超低/近零能耗建筑体系是未来建筑领域双碳目标实现的必要途径,从节约能源、改变能耗结构及将建筑由能源消耗对象转变为产能工具3个维度,逐步升级最终实现碳达峰碳中和的战略目标。建议未来零碳建筑相关政策参考超低/近零能耗建筑政策体系脉络,结合各地区超低/近零能耗建筑发展基础,政策导向逐渐从节能目标转向能碳双控目标,完善并强化现有超低/近零能耗建筑技术体系,指导建筑领域双碳技术路径稳步推进。

作者:傅伊珺[1,2] 张时聪[1,2] 陈曦[1,2] 徐伟[1,2] (1. 建科环能科技有限公司;2. 中国建筑科学研究院建筑环境与能源研究所)

(中国绿建委零能耗建筑与社区专业组)

2 绿色建造中的正向整合设计方法研究
2 Research on the forward integrated design method in green construction

2.1 现行设计方式的问题

2.1.1 设计行业整体存在的不足

与发达国家相比，我国市场巨大，设计行业有着较为广阔的发展空间，但仍存在很多问题制约行业的高质量发展，主要体现在：

一是对"设计引领"理念的认识不足、各方角色倒置，基于各种原因，在项目整体系统中，建设方（业主方）实际上承担了总设计、总统筹、总协调的"项目经理"角色，设计仅作为一个工作阶段集成在整个项目系统中，然而实际中建设方（业主方）对关乎项目性能和品质的技术指标、经济造价、专业协调等工作内容的把控与整合能力参差不齐，设计机构不能充分发挥"技术大脑"的角色和资源优势，导致项目建设质量和用户使用体验整体不高。

二是设计机构自身角色认知和技术成果存在问题，设计院对于设计业务在建造全过程产业链的角色与作用认识存在滞后，还没有认识到图纸仅是设计工作成果的一部分，设计院是提供"设计咨询服务"的技术服务机构，而不是各类图纸的制造工厂，同时图纸大多是为了满足相关规范而不是以建造效果为核心进行设计。

三是技术创新不足，现阶段设计行业已成为劳动密集型行业，建筑师/设计师大多沦为"图纸生产线"上的操作工，未能充分发挥各专业技术人员"智慧输出"和"知识管理"的作用，同时设计机构大多对技术研发、重大课题攻关、新技术和新产品的推广应用积极性不高，导致的结果就是设计行业创新环境不足、人才梯队建设存在断档。

2.1.2 设计过程中存在的问题

一是项目决策过程缺乏注册建筑师的技术判断。我国政府投资项目的立项决策由发改委部门组织并审批，目前项目的可行性研究和决策过程中基本没有建筑师团队的参与。在缺乏建筑师对项目选址、规模、设计方案等进行严肃客观的技术判断的情况下，下一步的建筑设计以及工程建设的准确预测将难以实现。虽然有些项目的可行性研究中加入了设计方案，但该方案一般只是建筑师根据建设方要求提供的一些片段想法或是初步的概念，缺乏可行性研究的技术严肃性，建筑师往往只是为了取得下一步的设计任务而配合建设方工作。

二是设计阶段各专业割裂严重，二次深化设计与建筑设计脱节。目前普遍采用的分阶段设计办法，造成规划、建筑、景观、室内装修、幕墙、照明等设计阶段割裂严重，设计单位各自为政，缺乏整体的控制和协调，建筑师的管控范围仅限于其中建筑设计的环节，难以对项目设计的全部内容进行整体把握和综合控制，无法贯彻整体的设计思路，严重影响了项目设计的完整性，使得建筑的完成度大打折扣。

三是建筑设计各专业，二次深化设计各单位责权不明。国外建筑师要对最终的产品负责，因此建筑师具有建筑设计、材料、施工等多方面的控制权，并领导和组织各专业公司（景观、室内、照明、标识等）的工作。国内建筑师与各专业工程师、施工者是各自领域的决定者，建筑设计各专业二次深化设计各单位各自为政，难以形成统合关系，相关责权也常有含混之处。在建筑师没有相关技术控制权的情况下，责任的承担难以落实。

2.2 绿色建造的正向整合设计方法

2.2.1 技术路线

绿色建造的设计关注的是建筑全生命周期内的性能和运行效果，强调从策划—设计、施工、调试—交付—运行维护在内的协同。其中"策划—设计"作为建造最前端，需统筹协调建造的全过程、全专业，对于建筑能否实现预期的性能、品质、效果起到了引领性作用。"整合设计"区别于以往传统的线性设计过程，旨在使建筑各方面性能系统性达到目标要求的基础上，通过整合设计过程的实施提升效率并降低开支。

推动设计过程向建筑全产业链前后端延伸。建立绿色建筑全过程多主体全专业协同高效设计模式和标准体系，开发基于大数据的绿色协同发展CIM数字平台；开发绿色建造协同设计模式与数字化工具。

推动全产业链集成产品体系研发。研究绿色建造全过程：优化设计、节点深化、建材比选和设备选定等协同技术体系，支撑不同专业之间以及设计与后续工艺加工、制作制造、施工、调适的不同过程之间的高效数据交换和信息共享（图1）。

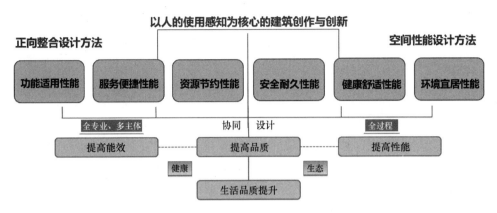

图 1 绿色建造技术路线架构

加快建筑高品质建造管理数据库的建设，加快部品部件生产数字化、智能化升级，推广应用数字化技术、系统集成技术、智能化装备和建筑机器人。充分发挥设计院的引领作用，加快推动新一代信息技术与建筑工业化技术协同发展，加快推动精益化建造关键技术发展。

2.2.2 正向整合设计协同流程

新的设计策略必将导致新的管理模式，以绿色设计为目标，保证低碳等一系列目标的精益化落实，需依赖全过程精益化协同流程。流程包含从项目立项到设计、施工及验收的全过程，并包含设计、选材、建造、运行等面板的管理，并对关键节点进行专项管控（图2）。

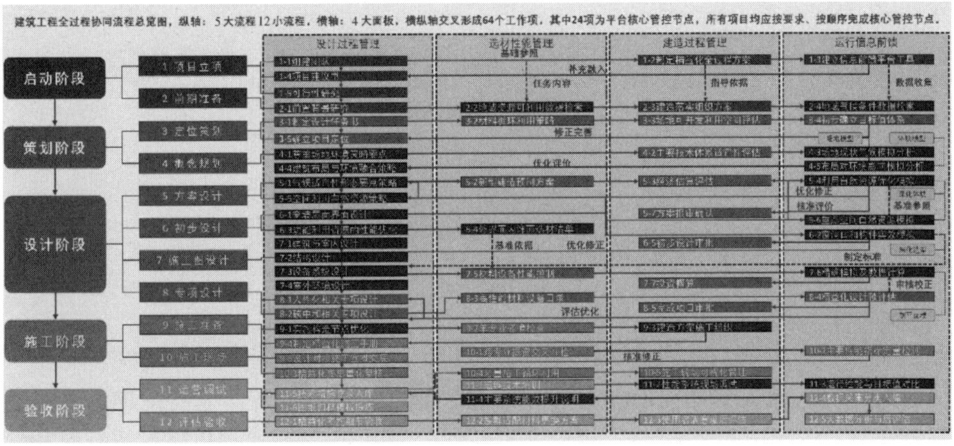

图 2 全过程精益化协同流程示意

同时，还应突破经验支撑的传统规划设计方法，建立绿色建造协同设计"四全"方法学：一是采用与工程立项和施工全过程协同的一体化设计；二是采用全专业正向整合设计，实施绿色建筑技术策略；三是结合建筑全寿命期的经济效益分析，采用性能化设计；四是采用有利于精益化建造全过程的投资和碳排放限额设计。

2.2.3 协同平台管理工具

管理模式依赖于中建自主研发的全过程精益化协同平台来实现对项目的具体管控，平台依托于全过程精益化协同流程，着眼于"全过程协同"和"精益化管理"，包含项目管理、版块管理、评级打分、进程管理、事项管理、汇总统计 6 大功能，成为真正形成优秀节碳项目的流程节点管控软件（图 3）。

图 3 协同平台管理工具示意

2.3 未来绿色园区设计案例

2.3.1 项目概况

内蒙古民族大学是内蒙古自治区东部的重点综合型大学，前身由内蒙古民族师范学院、内蒙古蒙医学院、哲里木畜牧学院合并组建而成，合并后的校区相对分散且长期使用的老旧校舍无法满足未来的使用和发展。通辽市政府在城北新区选址建设内蒙古民族大学新校区，新校舍占地 2200 亩，建设规模 57 万平方米，需满足十几个学院 16000 师生的学习和生活，全面应用绿色建造正向整合设计方法。

2.3.2 绿色理念引导的规划设计

园区旨在打造以绿色生态景观为导向的自然山水园的现代高等学府,高绿化率形成茂密的树植作为碳捕获、碳封存的天然场所。遵循绿色建造正向整合设计理念,对建造过程实行全过程控制。校园建设遵循生态优先等原则,将自然途径与人工措施相结合,在确保校园排水防涝安全的前提下,最大限度地实现雨水在校园区域的积存、渗透和净化,促进雨水资源的利用和生态环境保护。校区占地面积大,视野开阔,景观规划以本地植物为主导,大面积簇团式白桦林和胡杨林形成小型林区,农科试验田点缀其间,打造蓝天白云映衬、碧水环绕、绿草延绵的自然山水校园(图4)。

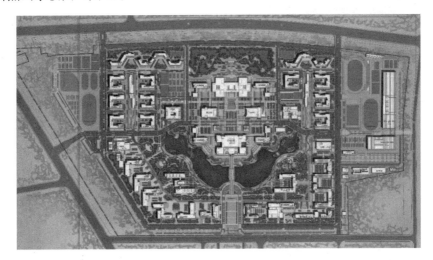

图4 内蒙古民族大学园区总平面图

规划框架围绕"一轴""一心""一带""三环""三岛"展开:

"一轴"为自南向北贯穿整个校园的绿色生态轴,从进校门开始的入口绿化,延伸至中部水系、中心岛内绿化以及北侧的园林山体,遵循前文框架所述"绿化"部分,利用立体多样化的绿化系统形成一条完整的绿色生态空间序列。

"一心"为中心岛图书馆前广场的中心,着重强调整个校区的中心位置,凸显中心岛的重要地位,以设计为本源,技术为支撑,从使用者的角度出发,提升建筑环境的品质和性能,打造绿色校园、智慧校园。

"一带"为围绕中心岛的近百亩湿地景观,向东西方向延伸展开,围绕整个中心岛,给整个学校提供了非常舒适的环境感受,为当地动植物提供可栖息的完整微生态系统。

"三环"为自外向内车行、人行、沿湖漫步带,外环解决主要车行及道路交通，内环打造环校区的景观长廊，环水漫步带是学生休憩运动的惬意场所。

"三岛"为中心岛、文科岛及农科岛。"三岛"的布置方式以中心岛为中心形成了环绕的功能分区模式，缩短了各区之间的交通距离，提高了整个校区的使用效率。以校园自然灵动的山水景观为背景，根据不同的使用功能赋予建筑应有的气质属性，打造富有文化内涵，体现区域风格、民族特色的学院风格。

2.3.3 绿色校园的绿色协同设计流程方法

校园规划设计采用正向整合设计的流程方法，分步骤分阶段进行设计流程控制，并通过协同设计平台进行流程管控（图5～图7）。

图5 内蒙古民族大学规划设计所采用的协同设计平台

图6 内蒙古民族大学农科岛组团

(1) 规划阶段

1) 对场地基本资源分布进行环境模拟分析：

内蒙古民族大学新校区用地现状为低洼地，整体呈梯形，北宽南窄，南北最长处约1000m，东西最宽处约2000m，整体标高低于外部道路1~2m。

用地东西北场地标高低于相邻的道路标高，用地北侧为水泥厂，远期考虑迁移但学校建成的几年内会有不利影响。

综上分析，设计最先考虑对场地进行地形改造，选取标高最低的南侧道路作为市政排水汇集点，场地中心区域下挖形成小的湿地环境，减少整个场地的填方，形成的水体区域作为雨水回收系统天然储水库；最北侧利用开挖的土方堆起丘陵绿地带，减少北侧影响。

图7 内蒙古民族大学中心岛公共教学组团

2) 对场地进行日照环境、风环境、光环境、声环境等模拟分析：

通辽地区因冬季寒冷，冬季西北风为主，夏季东南风为主，所以在布置时，先考虑将垃圾站的高污染建筑放置在场地的东北角，避免对其他区域的影响；建筑布局优先考虑南向采光，其次为西向和东向。

3) 对场地交通与公共设施合理规划，形成开放、共享的公共空间：

校园分为几大区域，以学生一天的主要活动及运动轨迹为核心，将使用频率高的公共教学、图书馆、大学生活动中心、会堂等集中在中心岛区；其他区域根据学生的住宿、体育活动、老师工作活动的区域依次向外辐射。

4) 对围绕建筑的公共空间合理规划其区域、尺度、与建筑的围合关系等：

确定了功能区块布局后以及场地和建筑关系，形成围绕中心湿地的公共空间，公建组群的中心岛北区院落空间，学院区和宿舍区向内形成相对独立的院落空间。

5) 保留农田

校园所在的通辽市地处中纬度地带，稻田的设计保留了原有用地功能，不仅是对原生地的一种生态保护，更是对自然的尊重。稻田的存在对本地物种的栖息繁衍提供了宝贵的生存条件，如鸟类、蛙类、各种昆虫、微生物，较大程度上保护了本地生物链。

稻田在生态环境保护方面意义重大，水稻较其他草本植物有较强的固碳释氧能力，对维持大气碳氧平衡、推动生态系统的物质循环和能量流动具有重要意义，也构成了生态系统碳循环的重要环节，更为校园微气候环境提供了良好基础。

(2) 方案单体阶段

1) 优化调整建筑形态和重点耗能功能空间布局：优化调整建筑形态、体形控制、重点耗能功能空间布局；

在设计农学院的过程中，最初的方案根据功能和空间延展平面呈S形布局，后续为控制体形系数我们将平面优化为C形布局（图8）。

图8 内蒙古民族大学文化符号

2) 优化调整窗墙体界面有利于利用自然资源：优化调整不同朝向，周边自然环境资源影响建筑开窗和窗墙、幕墙比例；

位于中心湿地周边的主要公共建筑，在单体设计阶段考虑了增加开窗比例，充分利用中心景观。

3) 建筑利用自然资源优化模拟分析，对地上、地下建筑主要功能空间的光环境、日照环境、窗洞口及其构件、导光构件进行模拟分析。

在设计过程中，根据图书馆主体部分双层镂空幕墙实际的镂空比例，将其优化为窗体系＋外幕墙体系，在保证原有开窗比例的基础上减少了幕墙能耗。

（3）设计选材

1）外立面利用废旧材料、自然材料和复合材料进行选材优化；室外环境材料采用废旧材料或者就地取材。

外立面主要外挂材料为生态板，这种材料在加工过程中加入了部分回收废弃水泥灰，并且在室外景观设计中也大量选用了当地的芒草及树植。

2）建筑内装修产品选材优化：采用装配式装修、环保材料。

室内的地面材料大量采用零排放的抛光混凝土和水磨石，且大大减少了后期维护。

（4）超低能耗建筑技术应用

选取大学生活动中心作为超低能耗示范楼。

1）屋面出挑遮阳，遮挡正午太阳高度角较高的直射阳光。但并不阻碍立面开窗接收大面积的漫反射采光。

2）对建筑的南北两个立面采用差异的立面策略，北侧开窗尽量缩小，减少热量散失可能，南侧则尽可能加大采光面，增加室内得热。通过模拟南侧开窗面积与其室内夜晚温度关系，发现南侧开窗面积越大，则房间白天蓄热越多，夜晚温度就越高。据此，南部基本为玻璃幕墙。西侧按照当地气候特点，夏季午后遮阳为主。

3）大学生活动中心约1.5万平方米，多为大空间功能，东西最大约60m，南北进深最大处约90m，建筑物进深和面宽都很大。通过屋顶天窗、内庭院、中庭等平面及空间组织方式，主要功能房间和公共空间及走道都能得到自然采光，主要办公房间统一朝南布置。除大空间外的功能房间由单侧走道组织平面且走廊尽端临外墙，这样可以保证房间及走道的自然通风，同时利用临外墙部分的开窗通风，最大限度满足消防防烟要求，替代机械排风设施（图9）。

图9　内蒙古民族大学文科岛组团

(5) 其他绿色措施

1) 除大面积绿地之外还采用了立体绿化、屋顶绿化、可移动的花箱、营养土培绿植等。

2) 内蒙古民族大学校区农科岛设有大量实验室，整个园区采用垃圾分类站点，分类实验室垃圾、生活垃圾、厨房垃圾等。

3) 校园内主要交通为无人驾驶公交系统、校园共享单车等低碳出行方式。

2.4 总　　结

绿色低碳相关发展趋势在建筑行业引起了一场极其广泛深刻的绿色革命，本文以内蒙古民族大学项目为例，探讨绿色建造中的正向整合设计方法。未来园区设计将在设计建造全过程融入绿色低碳价值观，将全产业链的生产加工、施工装配、交付调适等要素与绿色建造正向整合设计融合成为集成系统，实现设计、工艺、制造一体化协同，并形成统筹策划、设计、生产、施工、交付建设全过程集成设计协同方法和数字设计基础平台。

作者：薛峰　凌苏杨　梅杨（中国中建设计研究院有限公司）

（绿色建材与设计组）

3 村镇建筑节能与清洁用能现状和展望
3 Current situation and prospect of energy conservation and clean energy use in rural buildings

3.1 引 言

2020年9月22日，习近平主席代表中国政府在第七十五届联合国大会上提出："中国将提高国家自主贡献力度，采取更加有力的政策和措施，二氧化碳排放力争于2030年前达到峰值，努力争取2060年前实现碳中和。"而村镇建筑能耗占比高，二氧化碳排放量大，要实现碳中和的目标，需要显著降低能源尤其是化石能源的消耗，从而实现节能降碳。同时，传统的农村用能主要依靠散煤和生物质直接燃烧，造成严重的室内外空气污染问题。据世界卫生组织报告，2019年中国有103万人死于空气污染，其中62%发生在农村。因此，村镇建筑的清洁用能又关系到大气环境质量和农民的身体健康，需要引起高度重视。

3.2 村镇建筑节能概况

3.2.1 村镇建筑节能现状

自国家2017年开展北方地区清洁取暖试点行动以来，我国村镇建筑节能工程稳步推进，绿色村镇建设得到试点推广，村镇建筑用能结构持续优化，散煤消耗总量从2014年的1.97亿吨（折合1.4亿tce）降低到2018年的1.59亿吨（折合1.13亿tce），降低了约19.3%。同时，空气热能、生物质能、太阳能等可再生能源技术在农村地区逐步推广应用，成为北方农村地区替代传统散煤的重要方式。

在节能绿色村镇建设中，部分试点示范工程开始参照《农村居住建筑节能设计标准》GB/T 50824—2013、《绿色农房建设导则（试行）》等进行设计和建造。

其中，北京市积极推进既有农宅节能抗震改造，截至2018年底，累计完成村镇节能改造100多万户，取得了良好的节能效果，也为北京市在平原地区率先实现散煤清零奠定了基础。京津冀大气污染传输通道"2+26"城市以及汾渭平原11城市推进既有农宅节能改造工作，探索出了保温吊顶、保温窗帘、太阳能暖房等多种技术路径。截至2018年底，上述区域已累计实施村镇节能改造约4000万平方米。

村镇建筑节能技术分为两个方面：一是建筑围护结构节能改造技术；二是清洁能源（含可再生能源）应用技术。其中，围护结构节能是村镇建筑节能的基础，既往工作表明，经济型"靶向"保温技术是适合村镇建筑节能改造的最佳路径。在清洁能源利用方面，自《北方地区冬季清洁取暖规划（2017—2021年）》发布以来，北方农村地区因地制宜地推进了多种清洁供热技术，主要分为两类：燃烧型和非燃烧型。燃烧型主要包括清洁煤供热系统（煤改清洁煤）、燃气壁挂炉供热系统（煤改气）、户用生物质成型燃料供热炉系统（煤改生物质）；非燃烧型主要包括煤改电直热/电蓄热、低温空气源热泵热水机、低温空气源热泵热风机，以及分布式太阳能供热、户用地源热泵供热等形式。总体上看，目前已经改造的清洁供热技术仍以"煤改气"和"煤改电热"为主，技术路径尚需优化。

3.2.2 村镇围护结构节能技术

相比于整体保温改造方案，仅对农户常用房间进行围护结构节能改造，能大幅度降低改造成本，兼顾保温效果和经济性。北墙、门窗和屋顶是围护结构的薄弱环节，加强这些部分保温性能可在节约成本的同时达到较好的保温效果。(1) 墙保温：外墙外保温所用材料主要有膨胀聚苯板和挤塑聚苯板；常用的内保温材料有酚醛树脂板、聚氨酯板、胶粉聚苯颗粒等；(2) 屋顶保温：对于已有龙骨吊顶的农房，可以充分利用农户原有吊顶龙骨，裁剪与原有吊顶板相同尺寸的保温材料，拆卸原有吊顶进行更换，也可使用保温隔热包均匀铺设在被保温房间承重能力较强的吊顶上部进行保温；对于没有吊顶的农房，可在屋顶内侧直接新增吊顶，采用木龙骨做支撑，覆盖合适尺寸的保温板，并采用铝合金条固定；(3) 门窗保温：改造方案主要有更换门窗材料和加保温帘两种。对于前者，可选择传热系数较低的双层中空塑钢窗、断桥铝合金窗或者Low-E玻璃，窗框材料可选择导热系数低的木材或PVC塑料；对于后者，可在外窗内侧增加一层带有边框的EVA透光材质的内保温帘，其边框固定在窗洞内表面的四周并可通过上部卷轴做伸缩调整，如图1所示。外门保温帘则可以用磁性PVC自吸门帘（或布制棉帘等）将其悬挂在外门内侧或外侧。

窗框清理 ⇒ 上卷膜框固定 ⇒ 边框固定 ⇒ 膜帘卷拉调整

图 1 外窗内保温帘施工流程

3.2.3 村镇清洁能源利用技术

（1）低温空气源热泵热风机

低温空气源热泵热风机的设备形式外表与家用分体式空调器类似，但是作为独立运行的清洁取暖末端，与常规冷暖空调相比进行了根本上的技术变革。同时保证了取暖运行的稳定性、可靠性、经济性、舒适性等多个方面的需求，并可实现间歇运行和独立调节，如图 2 所示。现阶段，通过新的压缩机技术和变频技术，低温空气源热泵热风机的适用范围已扩展到－30℃的低温环境地区，实现了我国整个北方地区的全覆盖。

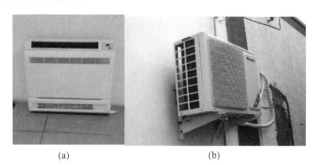

图 2 低温空气源热泵热风机
(a) 室内机；(b) 室外机

热泵热风机设备自身即是取暖系统，无需加装散热器、地暖等末端，不会出现热水热泵取暖工程中的冻结及跑冒滴漏等问题，且户内多台热泵热风机均独立控制、独立运行，同时发生故障的概率低，维护需求小，系统运行可靠性高，契合广大农村地区的实际情况和需求。

（2）智能型生物质颗粒炊事炉

智能型生物质颗粒炊事炉是指专门燃烧生物质颗粒燃料的具备自动点火、自动进料、自动调节风配比和自动除灰等基本功能，且能通过控制器实现自动化运行的取暖炊事炉具，如图 3 所示。

近几年，在山东、山西、河北、河南、黑龙江等地开展了生物质清洁取暖试点，取得了较好的示范效果。农户使用智能型生物质颗粒燃料取暖炉的热效率可达80%以上（相较于普通煤炉40%～50%的热效率提升1倍左右，能够在使用低热值秸秆燃料的情况下输出与煤相当的热量），每户年消耗玉米秸秆、小麦秸秆、树枝等农业废弃物加工的颗粒燃料2～3t左右，实现了农林废弃物的高效利用和农户的减支增收。

图3 智能型生物质颗粒炊事炉

（3）村镇建筑一体化太阳能空气取暖技术

村镇建筑太阳能空气取暖技术立足于开发易与建筑结合的高效构件化太阳能空气集热装置与高效紧凑型太阳能蓄热装置，从而有效利用太阳能得热，实现全天高效取暖。适合太阳能空气取暖系统的蓄热方式有卵石堆蓄热、相变蓄热、地面（墙面）蓄热；太阳能空气集热系统非取暖季防止过热的最简单有效的措施是在集热系统的进风端和出风端分别设置旁通风口，采用外吸外排的方式，利用热压通风在吸风口处吸入室外空气，并由顶部排风口排向室外。

（4）反射镜太阳能集热供热系统

反射镜太阳能集热装置由两部分组成，一是水平形全玻璃真空管太阳能集热器阵列，二是在太阳能集热器底部以一定倾斜角度摆放的镜面反射器。选用全玻璃真空管太阳能集热器可以减少集热原件的散热；选用反射镜一是因为其相对于传统放置在真空管背部的内嵌式漫反射器更加便宜并且易于维护，二是采用反射镜可以进一步聚集太阳光、有效提高真空管太阳能集热器的辐照度，反射镜一般采用超白镀银镜面，理想情况下反射率高达0.9，如图4所示。

 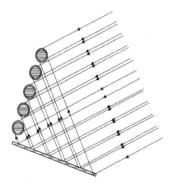

图4 反射镜太阳能集热供

(5) 户式光伏发电及供暖一体化技术

该技术将太阳能电池组件与建筑供暖和供电相结合,使系统同时具有供电、供暖和供生活热水三种功能,可有效提高太阳能综合利用效率。将太阳能光伏板安装在每户屋面,并根据当地日照条件确定安装倾斜角与朝向,系统生产的电能在供暖季满足建筑取暖需求,非供暖季则正常并网发电。

3.3 村镇建筑清洁用能现状

3.3.1 存在的问题

2017~2019年期间,共有43个北方城市进入国家清洁取暖试点行动计划,采用电力或者天然气代替散煤的使用对农户进行供暖。截至2020年底,累计完成散煤替代约2677万户,理论减少散煤约5000万吨,取得了显著的环境和社会效益。

但是,有些地区技术方案主要以"煤改气""煤改电直热"替代为主,缺乏因地制宜的顶层技术规划,农宅的角色定位以消费为主,没有充分利用农宅的产能潜力。而且,设备运行、能源供应安全存在隐患,气荒、CO中毒事件时有发生。同时,上述方案只部分解决了"清洁供"问题,尚未实现"节约用",更未实现"能承受、可持续"。加上初投资或运行费高,地方财政压力较大,农户用不起,部分地区出现了"返煤"的问题。

3.3.2 清洁取暖"四一"模式

为了解决村镇建筑清洁用能存在的问题,清华大学提出了北方农村住宅清洁供暖的"四一"模式,即:每户建筑节能和取暖设备改造的总投资不超过一万元;年运行费用不超过一千元;设备一键式操作;一个地区实现一个整体规划。"四一"模式采用的技术主要是:(1)围护结构靶向保温技术,对常用房间散热大的围护结构如北外墙、屋顶、门窗等进行保温;(2)低温空气源热泵热风机;(3)户用生物质清洁炊暖炉具等。

"四一"模式已在河南鹤壁、山东商河等地成功实施,为我国北方农村清洁取暖的整体推进提供了可复制性样板工程,破解了农村地区清洁取暖技术方案与成本制约的困局。2018年5月和2019年3月,住建部分别在上述两地组织召开北方清洁取暖现场会,对上述模式给予充分肯定,建议推广。

山东省商河县"四一"模式示范县项目

商河是山东省济南市的下辖县,位于济南市北部,冬季取暖室外计算温度−5.2℃,历史极端低温−19.2℃。取暖期从11月25日到来年3月5日共100

天。商河县现有农村住户 12 万户，分布在 962 个村。当地农宅房屋以坡屋顶、砖木、砖混结构为主，建筑保温措施比例几乎为零，窗户多为单层玻璃铝合金窗或木窗，平均层高较高，达 3.3m。每户平均建筑面积约 106m^2，每户平均取暖面积约 50m^2。2017 年以前以燃煤、秸秆取暖为主，取暖方式主要有燃煤炉＋散热器的形式和燃煤炉的形式，如图 5 所示，户均取暖能耗为 937kgce/a，年花费约 1000 元。

(a) (b) (c)

图 5 山东省商河县典型农宅及改造前的取暖方式
(a) 燃煤热水炉；(b) 散热器；(c) 燃煤炉

2018 年初，商河县以"四一"模式为整体目标，结合商河县实际情况，从用户侧围护结构保温和热源侧清洁改造两个方面开展农村清洁取暖工作。

首先，制定针对农宅薄弱环节以内保温为主的经济型农宅保温技术方案，采用室内吊顶保温隔热包、室内新增高分子树脂保温吊顶、北外墙内侧高分子树脂保温板、南向外门窗增加内保温帘等多种经济型农宅保温技术进行科学组合。同时，由于农宅具有房间数量多、使用时段不规律、人员间歇性在室等特点，取暖设备或系统宜具备分室调节功能，充分利用农户的行为节能以达到最大化的有效取暖，选择低温空气源热泵热风机作为主要改造方式。

改造完成后，针对当地典型户进行测试。测试户型图和外立面如图 6（a）、图 6（b）所示，该户为农村典型的三世同堂型农户，常住人口为 6 人，建筑总面积为 186.2m^2。在客厅安装一台低温空气源热泵热风机，为客厅及相邻卧室供暖。根据 2018 年 12 月 15 日到 2019 年 3 月 15 日共计 90 天的连续测试结果，测试期内共耗电 934kW·h，平均每天耗电量为 10.3kW·h。由图 6（c）、图 6（d）可以看到，热风机开启时间集中在 7：00～21：00，与人员在室时间一致。用户会在中午室外温度升高、室温上升后主动关闭热风机以节能。由于经常出入房间，用户的衣装量较大，通常上衣穿保暖内衣＋针织衫＋棉服，室内温度维持在 12℃左右即认为可以接受，行为节能明显。

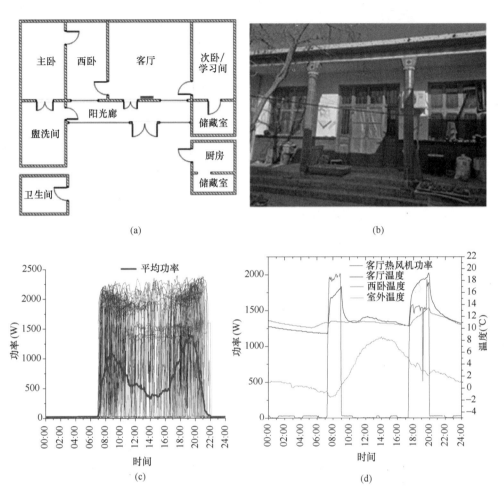

图 6 商河县典型户使用低温空气源热泵热风机取暖情况
(a) 户型图；(b) 典型户外立面；(c) 每日瞬时功率及平均功率；
(d) 每日逐时功率、典型日功率及室温

在运行管理上，建立了集中设备运行监测和管理大数据平台，如图 7 所示。平台随时了解取暖设备的运行动态，追踪用户使用习惯，掌握设备能源消耗，及时响应用户需求。根据温度监测，热风机开启 1h 后，农户温度上升 10～15℃，最高温度达 19℃。根据实时功率记录仪测定，热风机每小时最高实际耗电 1.5～1.8kW·h。设定室内温度降低及当室外环境升高时，耗电量都随之降低。通过运行大数据为整体方案赋能，商河县走出一条"清洁供、节约用、能承受、可持续"的农村清洁取暖特色道路。

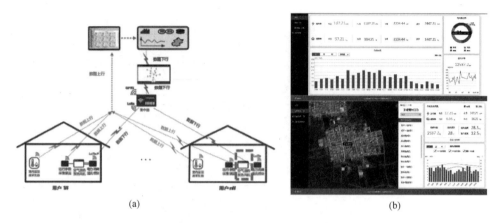

图 7 山东省商河县热泵热风机运行大数据监测平台
(a) 热风机运行数据监测系统架构示意图；(b) 商河县清洁能源监测平台

3.4 村镇建筑清洁用能展望

根据清华大学建筑学院建筑节能研究中心的预测结果，在理想情况下，预计到 2030 年可消除农村户用散煤，2040 年实现农村建筑全清洁用能及近零碳排放。村镇建筑碳排放在理想情况下的预测结果见图 8，随着北方清洁取暖行动的推进，我国农村建筑用能和碳排放已于 2016 年双双达峰，目前已处于下降趋势，但未来路径如何发展需要认真设计。为了降低农村建筑碳排放，农村生物质资源和屋顶光伏资源应得到大力发展，在理想发展情景下至 2030 年能够消除农村建筑用散煤，2040 年农村建筑实现近零排放；而要实现这个目标，需要进一步加

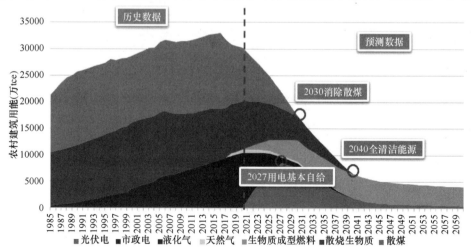

图 8 农村建筑用能变化情况

大农村建筑节能和新能源开发力度，充分利用农村生物质能丰富的优势，逐渐减少传统化石商品能的使用，并建立新型分布式农村新能源系统。

分布式农村新能源系统是充分利用太阳能光伏、风力发电以及生物质等本地能源，建立以自然村为单元的直流微网和能源产供用网络，同时解决农村建筑、交通、农机等用能问题，全面实现农村电气化。同时，分布式电力的发、储、用，促进就地就近消纳，增加了用能的灵活性。光储直柔技术就是未来新技术的一个代表。

所谓光储直柔（PEDF），是在建筑领域应用太阳能光伏（Photovoltaic）、储能（Energy storage）、直流配电（Direct current）和柔性交互（Flexibility）四项技术的简称。光储直柔技术被认为是实现建筑碳中和目标的重要方式。技术示意见图9。

"光"即太阳能光伏发电技术。太阳能光伏发电是未来主要的可再生电源之一，而村镇建筑体量巨大的建筑外表面是发展分布式光伏的空间资源。近十几年来，太阳能光伏技术有了快速的迭代与进步，已经可以实现大规模商用。"储"是指储能技术。对于村镇建筑，百姓家中的电动汽车、电动农机具等都可以作为一种储能工具，用于削峰填谷，减少光伏发电带来的不稳定不均匀问题。"直"即直流技术。在建筑中采用直流供电系统目的在于利用直流简单、易于控制的优势，便于光伏、储能等分布式电源灵活、高效的接入和调控，实现可再生能源的大规模建筑应用。"柔"是指柔性用电，也是最终目的。柔性是指能够主动改变建筑从市政电网取电功率的能力，要解决的是市电供应、分布式光伏、储能以及建筑用能四者的协同关系以及未来与高比例可再生能源发电形态相匹配的问题。

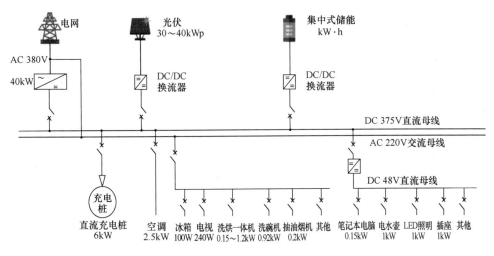

图9 光储直柔技术示意图

3.5 总　　结

村镇建筑面积占比大、能耗高且污染物及二氧化碳排放量大，如何实现村镇建筑深度节能减排是未来发展的重点、难点和突破点。目前采用加强围护结构保温，结合适宜的采暖末端如低温空气源热泵热风机等可以实现降低村镇建筑能耗和降低排放的效果。而村镇建筑未来的发展方向是通过开发农村各类可再生能源，建设分布式农村新能源系统，从而实现清洁高效、减污降碳、提升品质等多目标的有效协同，探索出一条独特的绿色低碳发展之路，引领我国绿色建筑在乡村地区的全面发展。

作者： 杨旭东　职远　何馨（清华大学建筑学院）
（绿色小城镇组）

4 国产 BIM 的发展近况与应用情况
4 The development and application of domestic BIM

4.1 引　言

建筑信息模型（Building Information Model，BIM）是一种以三维数学技术为基础，通过对信息资源进行整合，应用于工程设计、建造和管理的信息化模型。我国 BIM 技术相对欧美各国起步较晚，但由于我国建设量及工程量大，BIM 技术在我国的推行必将成为大势所趋[1]。当前我国 BIM 发展已相对成熟并取得不错成果，但仍存在和遗留很多问题需要解决。例如，工程建设周期中各环节无法有效衔接、数据无法信息共通、建筑全生命周期工程管理对接严重受阻、自主的 BIM 三维图形系统缺乏等。

因此建立国产 BIM 至关重要，北京构力科技有限公司推出国内首款完全自主知识产权的 BIM 平台软件——BIMBase 系统，解决了中国工程建设长期以来缺失自主知识产权的 BIM 三维图形系统、国产 BIM 软件无"芯"的"卡脉子"关键技术问题，实现了关键核心技术自主可控。BIMBase 平台自 2020 年 9 月正式面世以来，陆续发布了一系列完全自主可控的专业 BIM 设计软件，包括通用 BIM 设计软件、装配式 BIM 设计软件、钢结构深化 BIM 设计软件、绿色施工铝模板设计软件、结构计算设计软件、绿建节能设计软件等。目前在多家设计、施工等企业的支持下，BIMBase 系列软件已在各类实际项目上开展深入的实践应用，按照应用中反馈的实际问题进行快速优化迭代。自主 BIMBase 平台及系列 BIM 软件的各项技术性能指标达到国外成熟软件的 80% 以上，软件功能可以满足大部分常规性建筑的数字化建模、自动化审查、数字化应用等需求，并且能够支持规模化推广和应用。

本文通过梳理国外 BIM 现状及国内形势，在国内主流 BIM 相关技术与软件基础上，分析构力科技 BIMBase 与国外软件对比特有优势，重点介绍自主可控 BIMBase 平台软件的研发，详析介绍目前平台国产数字化应用、平台软件推广和生态建设相关工作，对国产 BIM 进一步发展提出前瞻性展望。以期帮助工程师及研究人员明晰国产 BIM 现状，为建筑工程管控、多方面集成应用提供高效工具与强大技术支撑，促使我国 BIM 技术层出不穷、助推相关产业转型升级。

4.2 国外 BIM 软件现状与国内环境分析

建筑信息模型（BIM）概念来源于 20 世纪 70 年代的美国，之后 Charles Eastman[2]、Jerry Laiserin[3]等都对其概念进行了定义，作为一种全新的理念和技术[4]，受到了国内外学者和业界的普遍关注。在北美、北欧、英国等为代表的发达国家或地区，国外 BIM 技术及其先进理念得到广泛传播，并在 BIM 规划、BIM 设计、BIM 施工和 BIM 运维等工作流程中得到示范与推广[5]。相关 BIM 软件不断推出，其中 ArchiCAD 在 BIM 应用程序市场中历史最为悠久[6]，其支持微软系统和 MAC 系统，用户界面精细且易于上手，所生成图形可简单发布至布局。Bentley 系统于 2004 年发布，为建筑、机电、公共建筑及施工提供了许多相关产品，在自由曲面和实体建模功能上具有很好的表达，既能支持三维模型里二维详图的部分注释，又可为多种大型项目提供扩展支持[7]。此外 BIM 技术在工程应用等其他方面具备多项软件，如钢结构详图设计方面 tekla 软件，可通过创建三维模型，利用模型数据自动生成钢结构详图及各种不同报表；环境能源整合分析方面以 Virtual Environment 软件为主，可实现精确的模拟和分析建筑对象中的热、光、日照等因素。由此可见，国外主流 BIM 软件经过多年的研发，在 BIM 核心技术和基础功能上已相对成熟。然而这些软件却难以满足国内使用者的应用习惯、政策及标准要求等，因此开发适应我国国情的 BIM 软件具有重要意义。

我国在 BIM 政策支持中，先后发布多项指导方针。2013 年 9 月，住房和城乡建设部发布《关于推进 BIM 技术在建筑领域内应用的指导意见》（征求意见稿），明确指出"2016 年，所有政府投资的 2 万平方米以上的建筑的设计、施工必须使用 BIM 技术"。2015 年，《关于推进建筑业发展和改革的若干意见》发布，把 BIM 和工程造价大数据应用正式纳入重要发展项目。此外《国家安全法》出台，其中第二十五条强调信息核心技术、关键基础设施和重要领域信息系统的数据安全[8]。此系列政策推出充分彰显了我国对 BIM 的高度重视。从技术开发与软件推广方面来看，当前加强国内 BIM 软件研发，解决国产 BIM "卡脖子"关键技术问题亟需高度重视[9]。

4.3 自主可控 BIMBase 平台软件研发

2020 年 9 月国内首款完全自主知识产权的 BIM 平台软件——BIMBase 系统推出（图 1）。解决了中国工程建设长期以来缺失自主知识产权的 BIM 三维图形系统，实现了关键核心技术自主可控。2021 年，福州召开的第四届数字中国建设峰会上，自主可控 BIMBase 系统被国务院国资委作为建筑行业唯一入选技术纳入国有企业科技创新十大成果，与"九天"人工智能平台、麒麟操作系统并列。

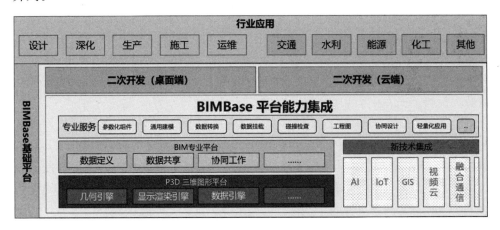

图 1　自主可控 BIMBase 平台软件架构图

BIMBase 为中国建造提供了数字化基础平台，不仅满足建筑行业数字化三维化的需求，还可以实现电力、交通、水利、石化等行业的数字化建模、设计、交付、审查、归档。此外，通过开放的二次开发接口，支持软件开发、企业研发各种行业软件，随着大量基于 BIMBase 开发的全国产 BIM 应用软件陆续完成，将形成覆盖建筑全生命周期的国产软件体系，逐步建立起自主 BIM 软件生态。

4.4　国产 BIMBase 与国外 BIM 对比

国外主流 BIM 软件经过多年的研发，在 BIM 核心技术和基础功能上非常成熟，并已经在国内市场广泛应用。在此背景下我们以高度的社会担当，一贯秉承专业、准确、高效的研发理念，紧扣国家级、地方级标准，从用户角度出发，保持设计持续创新与实践应用探索中国特有的国产 BIM。

对于常规工程项目 BIMBase 的建模和出图功能与国外软件基本相当。对于异形体建筑项目，国外 BIM 软件的功能处于优势和领先地位。

从开发平台角度，BIMBase 对专业设计全流程应用支持较好，能支持 BIM 软件从建模、设计、出图和交付全过程应用开发。

从国内软件企业二次开发合作方面，国内软件企业多年来基于国外 BIM 软件平台进行了大量的各类软件、系统、资源库的开发。这方面，国外 BIM 软件尚处于优势地位。基于构力科技 BIMBase 平台的开发和应用生态虽初步形成，但由于我国建筑工业量大、潜在需求多，对生态建设提出必要前景需求。

在性能方面，美国 Bentley 公司的 MicroStation 和法国 Dassault 的 CATIA 效率都比较高，但是平台内核使用的是十几年前的技术，不能充分利用现代多核 CPU、GPU 算力。据 Autodesk 官方宣布其将于未来两年中研发新的图形内核以适应现代硬件。

构力科技 BIMBase 运行时充分利用多核 CPU 和图形卡的 GPU 渲染，可以获得更好的流畅度，处于市场同类产品的前列。其中，通过基于 BIMBase 平台开发的装配式设计软件 PKPM-PC 测试，建模和出图效率对比国外 BIM 软件都有较大优势。

国外 BIM 软件本地化不足，不能及时响应国内应用需求，据设计院人员反映，向国外软件厂商反馈的问题（BUG 或功能改进）通常是两三年都不能修改，制约国内 BIM 深入应用。国产 BIMBase 拥有专属服务团队，支持二次开发和软件应用，提供完善及时的软件培训和技术支持。上海、深圳、武汉拥有区域属地服务团队，对客户需求在两个工作日内做出反馈，重要问题做到上门服务。二次开发支持方面，国产 BIM 有北京、上海、武汉三地的本地化团队，给客户提供有力支持，有条件的用户可要求驻场服务。

4.5 基于 BIMBase 的国产数字化应用情况

目前 BIMBase 基础平台可提供三大引擎和九大基础功能，综合指标已达到国际主流软件的 80% 以上。基于平台研发的全国产 BIMBase 建模软件、建筑全专业协同设计软件 PKPM-BIM 2021，装配式建筑设计软件 PKPM-PC 2021 已正式推向市场，有近千家用户单位使用。国产 BIMbase 在原有基础上，不断迭代更新，其他如铝模板设计软件、爬架设计软件、市政管廊设计软件、电力隧道设计软件、总图设计软件等也将于近期发布。

4.5.1 通用 BIM 协同设计软件应用情况

与国外主流 BIM 软件相比，构力 BIMBase 满足常规项目 80% 以上的需求，作为国内主流软件，因其功能完善性被全国各地、多家企业、多项工程采用。例如：2021 年，部分国内大型设计企业已有数十个工程项目采用 PKPM-BIM 2021 进行探索与应用（图 2）。湖南省作为第一个 BIM 自动化审查的地区，采用国产 PKPM-BIM 软件完成设计和 BIM 审查的项目占比已达 15%。

（1）自主 BIM 支持数字化交付

在数字化交付方面，中信数智、北京市院、天津大学、启迪设计等多家企业，采用 PKPM-BIM 独立完成模型创建与交付，形成 BIM 国产化应用生态圈。

图 2 采用建筑全专业协同设计系统 PKPM-BIM 完成设计的工程项目

(2) 自主 BIM 支持快速过审

湖南、南京、广州等地区对 BIM 施工图智能化审查需求日益增加，目前已有多地区、多项工程采用自主 BIM 达到项目过审。湖南省院、江苏省院、常德市设计院等多个项目均采用 PKPM-BIM 进行建模（图 3），并通过 BIM 审查；江苏省院铁北高中项目成为南京市 BIM 施工图审查系统首个过审项目。

图 3 常德市设计院：常德市工人文化宫项目

(3) 自主 BIM 正向设计探索

在 BIM 正向设计探索方面，广东省院针对机电专业正向出图难的问题，通过 PKPM-BIM 探索出一套正向设计出图模式，并在广东美术馆、广东非物质文化遗产展示中心、广东文学馆项目中落地应用（图 4）。

图 4　广东省院：三馆合一（美术馆、展览馆、文学馆）项目

4.5.2　基于 BIM 的绿色建筑设计、模拟软件应用情况

对标国外同类专业软件，国产绿色建筑设计、模拟软件处于绝对优势。基于 BIMBase 绿色建筑、建筑节能与碳排放计算软件，根据我国绿色、低碳整体的整体规划与各地经济、环境、社会条件要求，充分利用 BIM 的空间结构、材料参数与建筑、结构、暖通多专业数据，实现设计与模拟同步，计算参数反馈、优化于模型，大幅降低设计时间与专业门槛。同时设计成果既能对接 BIM 审查平台又能满足现行施工图审查需求。有效提高设计效率及质量，助力建筑绿色化发展。

目前该技术已服务全国设计、科研、建材单位 3000 多家，并在大量实际工程项目中应用（图 5），与基于 CAD 软件传统的设计方式相比，本软件可提高装配式设计效率 20% 以上，大幅降低因建模误差导致的审核不通过率。

图 5　基于 BIM 的绿色建筑设计、模拟软件应用案例

4.6　自主 BIMBase 平台软件推广和生态建设

自主 BIMBase 平台具有独特优势，并广泛应用于多地区工程项目，亟需加强软件推广及生态建设，提升其价值。

4.6.1 软件应用推广

根据 BIM 推广规划要求组织、建立科学高效推广组织工作参与多项 BIM 相关项目与会议，确保软件推广实施的有序化进行，并最终确保 BIMBase 在全国范围内推广实施的成功。

其中，《建筑信息模型（BIM）技术应用体系研究》项目启动会于 2021 年 5 月 18 日在湖南召开，住建部信息中心、住建部质安司、湖南省住建厅、广州市住建局及多家设计院就国产 BIM 技术应用体系建设和自主 BIM 推广进行深入研讨，围绕 BIMBase 及二次开发和实践成果在试点城市应用验证制定了初步实施方案。自主 BIM 软件研究系列课题暨 BIMBase 试点应用座谈会于 2021 年 3 月 26 日由湖南住建厅宁艳芳副厅长主持召开，湖南省各大设计和咨询企业参会，共同研讨推动自主 BIM 联合攻关，推进自主 BIM 技术应用，建立国产 BIM 应用生态。

此后国产 BIMBase 项目团队在湖南省举办了 3 次大型自主 BIM 软件应用培训班，累计培养自主 BIM 软件应用人才 600 余人。此外，广东省住建厅陈天翼总工主持召开的自主可控 BIM 和 CIM 软件调研座谈会中，国产 BIMBase 在会上系统介绍了 BIMBase 平台软件的情况，进一步加大在广东省的自主 BIM 技术应用推广力度。

4.6.2 高校人才培养

重视高校人才培养，改善 BIM 应用型人才的缺失，大力推行 BIM 人才培养方案制定，为 BIM 技术领域建设提供持续生产力。

其中国产 BIMBase 项目团队于 2021 年举办了两届 BIMBase 平台 Python 建模大赛，让参赛学生自主建立各类具有创新创意的三维 BIM 模型，对推动自主 BIM 的应用起到了很好作用。同年 5 月，国产 BIMBase 项目团队联合国内各大高校举办"构力杯"国产 BIM 软件大学生精英邀请赛（图 6），旨在培养掌握自主 BIM 技术的高校后备人才，大赛受到全国 29 个省份的近千家高校和企业关注，共有来自包括清华大学、同济大学、东南大学、重庆大学、天津大学等 115 所高校，502 支队伍，2005 名学生参赛，550 位高校老师指导。目前大赛初赛已结束，入围复赛的 16 支参赛队伍于 9 月开展了决赛。

4.6.3 二次开发生态建设

在建立自主 BIM 软件开发生态方面，目前 BIMBase 平台集成应用于多行业，已在建筑、公路、铁路、电力、石化等行业展开开发生态建设（图 7），国内已有众多软件开发企业和科研设计单位基于 BIMBase 平台展开各自领域的软件研

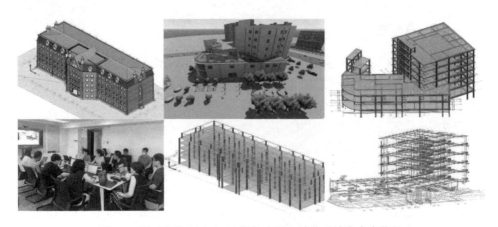

图 6 "构力杯"国产 BIM 软件大学生精英邀请赛参赛作品

发,其中包括建筑行业的天正软件公司、中信工程公司、中电光谷公司、北京建筑设计院、中建西南院等;公路行业有山东高速;铁路行业有铁科院;电力行业有金华电力、江西博微;石化行业有北京高佳科技有限公司等。

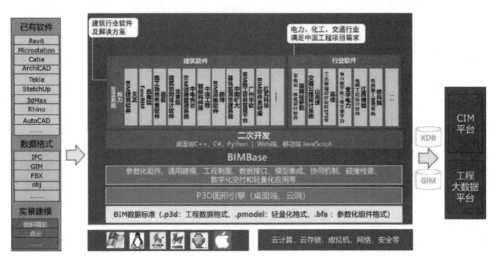

图 7 BIMBase 平台多行业开发生态建设

其中,在电力行业与国家电网经济技术研究院有限公司在三维设计、数字化施工、科技创新、人才培养等方面展开广泛合作,共同推进电网工程数字化技术发展(图 8),先后发布了"变电站一体化三维协同设计软件"助力电力行业在输变电工程的数字化建模、三维正向设计、数字化移交和校审等方面提质增效,为培养三维设计深化应用人才搭建了学习和交流平台。此外在铁路行业,与中国铁设完成了 BIMBase 在铁路行业 BIM 应用需求的技术方案和验证(图 9),目前正在根据交通行业的应用需求扩展平台能力,并开展基于 BIMBase 平台的交通

4 国产BIM的发展近况与应用情况

领域数字化设计软件的研发工作和科研课题合作。

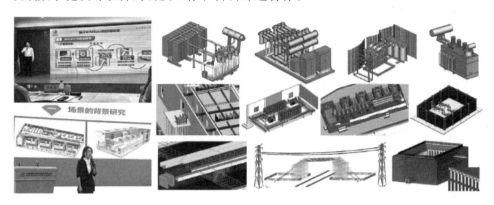

图8 电力行业自主BIM软件开发生态建设

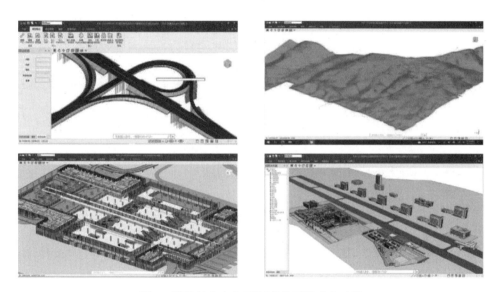

图9 铁路行业自主BIM软件开发生态建设

4.7 结论与展望

基于上述情况，我们认为自主可控BIMBase系列软件已初步具备大规模推广条件。软件能够满足国内80%建设项目的BIM常见应用，可应用于常规造型建筑项目，如：住宅、办公楼、学校、医院、酒店、商场等，并在装配式建筑实现全流程应用。通过大量项目的应用迭代，将逐步提升软件成熟度与适用性。软件将在以下方面进行提升：

（1）正向设计智能化出图：国产BIMBase项目团队已和中建西南院合作开

发了结构施工图（EasyBIM）软件，可解决结构专业 BIM 正向设计图纸交付问题。预计 2022 年对图纸表达以及图纸编辑功能做出完善和优化。

（2）复杂造型建模能力：目前市面上的国外 BIM 软件对于复杂造型的创建，更多采用 Rhino、3Dmax 等软件完成后导入实现。此功能预计将在 2022 年上半年提供。

（3）实时协同设计：国产 BIMBase 项目团队正在开发基于服务器的协同工作模式——构件级协同设计，目前已经进入内部测试阶段。预计 2021 年 10～12 月根据测试进展寻找合适时机对外发布。

（4）专业化分析能力：针对国内项目的各类专业化分析，PKPM-BIM 等软件持续进行优化，这方面与国外 BIM 软件相比，处于绝对优势。

当然，开发完成自主可控的国产 BIM 平台和软件只是迈出了第一步，后面还有很多艰苦的工作要做。一方面，国产 BIMBase 项目团队将担负起央企责任，加强对自主 BIM 技术的攻关力度，推出好学易用满足需求的应用软件；另一方面，国产 BIM 软件生态的建立需要全行业的共同努力，特别是政府主管部门的大力推动，并通过大量实际工程项目应用，才能使软件尽快走向成熟。随着新型建筑工业化及物联网快速发展，国产 BIMbase 与全行业 BIM 技术应携力加快全寿命周期一体化集成应用，实现 BIM 技术利益化与维持建筑行业健康持续发展的双重效益。

作者：张永炜　夏绪勇　程梦雨（北京构力科技有限公司）
（绿色建筑软件和应用组）

5 "双碳"背景下城市园林绿化的价值思考
5 Value evaluation of urban greening in the era of carbon emission reduction

5.1 "双碳"背景知识

人类开始面对越来越严重的气候变化形势,大气中CO_2浓度从1800年的281ppm(The Oceanic Sink for Anthropogenic CO_2,2004)升高到2021年6月的419.13ppm,其中所增加CO_2的3/4主要源于过去20年来大量化石燃料的燃烧使用,并且化石燃料所引起的CO_2排放量仍在持续增加中(Pearson & Palmer,2000)。2020年全球每年排放的二氧化碳大约是400亿吨,其中14%来自土地利用,86%来自化石燃料利用。排放出来的这些二氧化碳,大约46%留在大气,23%被海洋吸收,31%被陆地吸收。人类活动加剧了大气中温室气体浓度的升高,继而导致大气温度的提升,从而产生了一系列连锁反应,如冰川融化、海平面上升、生物灭绝和健康问题等。联合国政府间气候变化专门委员会(Intergovernmental Panel on Climate Change,IPCC)认为,大气二氧化碳浓度升高的原因是温室气体的排放。

2020年9月中国在联合国大会上承诺二氧化碳排放量将在2030年左右实现碳达峰(有推算认为最高将达到150亿吨),碳达峰即二氧化碳排放量达到历史最高值,然后经过平台期进入持续下降的过程,即二氧化碳排放量由增转降的历史拐点;2060年前实现碳中和,也就是人为排放的二氧化碳(化石燃料利用和土地利用),被人为努力(木材蓄积量、土壤有机碳、工程封存等)和自然过程(海洋吸收、侵蚀-沉积过程的碳埋藏、碱性土壤的固碳等)所吸收。碳中和方程式可以表示为:

碳中和=人为碳排放-(海洋生态系统碳汇+陆地生态系统碳汇+CCUS)=0,式中,人为碳排放=化石燃料使用排放+土地利用排放;CCUS(Carbon Capture,Utility,and Storage)是指通过物理、化学和生物学的方法进行CO_2捕集、封存与利用。碳汇(Carbon sink)指从大气中清除二氧化碳的过程、活动或机制。(《联合国气候变化框架公约》)

我国正处在实现工业化和现代化进程中，碳达峰（2030 年）与碳中和（2060 年）之间仅有 30 年间隔，必然面临着技术升级和产业转型的巨大挑战。

5.2 碳汇方式简介

碳汇主要分为：陆地生态系统碳汇、海洋生态系统碳汇以及 CCUS。

5.2.1 陆地生态系统碳汇

陆地生态系统碳汇主要包括：森林碳汇、草地碳汇、湿地碳汇、碱性土壤碳汇、耕地碳汇（不计）。

过去十多年间，我国学者采用不同方法系统评估了中国陆地生态系统碳汇[10]，我国陆地生态系统碳吸收量相当于同期化石燃料 CO_2 排放量的 $4\%\sim20\%$。陆地生态系统碳汇的形成受气候变化以及人类活动对生态系统的管理与干扰的共同影响。

城市化、毁林造田等土地利用变化导致生态系统净碳释放，而以植树造林为代表的土地利用变化导致生态系统净碳吸收。有很多学者包括联合国政府间气候变化专门委员会（Intergovernmental Panel on Climate Change，IPCC）都认为，大气二氧化碳浓度升高的原因是温室气体的排放（图 1）。

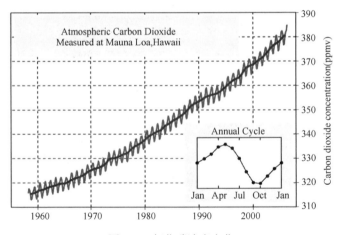

图 1　二氧化碳浓度变化

然而，更有可能的是大气二氧化碳浓度升高也源自植被的破坏，全世界范围内，每天有 $800km^2$ 植被覆盖的土地变成沙漠（每天森林开采量 $450km^2$，森林种植 $100km^2$，城市化土地 $150km^2$，沙漠化土地 $300km^2$）。植物通过光合作用将二氧化碳转变成氧气，这种作用正在被削弱，当这种作用完全消失，空气中 21% 的氧气将完全转化为二氧化碳。

因此,以提升碳汇和增大可持续绿化面积作为共同目标,科学评估土地利用变化碳收支,认识生态系统管理措施的增汇潜力,增加可持续植被覆盖地表对实现碳中和、实现二氧化碳浓度下降具有重要意义。

5.2.2 海洋生态系统碳汇

海洋占地球表面积的71%,是地球上极为重要的碳汇[11]。海洋每年从大气中净吸收大约22亿吨的二氧化碳(1800~1994年),每年从大气中净吸收大约23%人类排放的二氧化碳。已知的机制尚很难用于增加海洋碳汇。但海洋生态系统正在遭到破坏,原本的碳汇功能正在受到严重影响,陆地大量营养输入导致近海溶解有机碳活化并被呼吸致使近海水域经常是CO_2的"源",通过实施海陆统筹生态恢复工程提高微型生物碳泵的储碳能力,有利于近海水域变成CO_2的"汇"。

5.2.3 二氧化碳捕集、利用与封存技术(CCUS)

将煤化工、燃煤电厂等高碳排放企业产生的CO_2进行捕集(Capture),然后运输(Transportation)注入地下深部进行永久性封存(Storage)或者应用的过程。

5.2.4 城市园林绿化碳汇的作用估算

城市园林绿化以提供景观、休闲娱乐设施和城市开敞空间为主要目的,与森林相比,绿地作为生态功能和艺术的统一体,内部构成元素相对比较复杂,通常由水面、道路、游憩设施等组成,导致树木群落结构不明显,单位面积树木数量少,单位面积碳储量较低。以上海为例2007年能源碳排放量为$5042.45×10^4 t$,同期城市园林绿化碳固定仅为$0.63×10^4 t$,碳固定抵消碳排放比重不足0.01%。2010年北京园林树木固碳量约为$1.08×10^4 t$,同期北京碳排放约$1×10^8 t$,碳固定抵消碳排放比重约0.01%。

5.3 城市园林绿化的生态功能

显然仅在"碳"评价体系下,以碳汇数值来评价城市园林绿化是不公平的,因为城市园林绿化及其包含的城市立体绿化具有众多生态价值和意义,而这些是在"生态"评价体系下的,我们应该在一个通用的评价体系下对城市园林绿化的"生态"价值进行"碳"评价。

下面针对城市园林绿化的生态功能进行阐述。

5.3.1 空气净化功能

研究结果表明[12]：绿地对空气中一次污染物 NO_2、SO_2 均有明显的净化效应，体现了绿化植物带来的环境生态效益；大多数绿地对二次污染物 O_3 也有明显的净化效应。1亩树林，1个月可吸收二氧化硫 4kg，1亩松柏林，1昼夜能分泌出 2kg 杀菌素，可杀死肺结核、伤寒、白喉、痢疾等病菌，相当于1台杀菌剂制造机。

5.3.2 释氧功能

植物不仅可以吸收二氧化碳，更关键的是生命呼吸所需要的氧气也是通过光合作用产生的，园林植物与大气的物质交换，主要是 CO_2 和 O_2 的交换，确切地说，是固定并减少大气中的 CO_2 和提供并增加大气中的 O_2，这对维持地球大气中的 CO_2 和 O_2 的动态平衡，减少温室效应及提供人类生存基础，有巨大且不可替代的作用，从而产生很大的经济价值。1亩树林，每天能吸收 67kg 二氧化碳，释放 49kg 氧气，足够 65 个人呼吸之用。

5.3.3 园林废弃物资源化利用

这世上本没有垃圾，只有放错了地方的资源。园林废弃物每年产生，北京每年可利用园林废弃物超 500 万吨[13]，全国每年园林废弃物估计约 2 亿吨。园林废弃物的利用包括：改良贫瘠土壤、造纸、制备生物燃料、制备化工原料、制备生物炭等多种方式。

5.3.4 城市园林绿化增湿降温功能

一亩阔叶林比一亩无林地多蓄水 20t，等于一座地下水池，一年还可蒸发 300 多吨水。因此，树木多的地区，常常是风调雨顺。绿地对环境的增湿降温作用，自然界中，每平米太阳辐射 4514Wh，热辐射、热反射 2052Wh，超过了

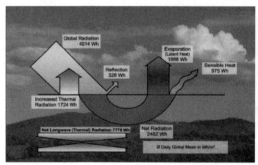
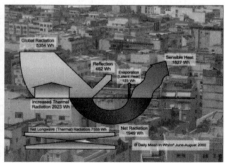

图 2　自然界、硬化城市太阳辐射去向分布图

40%的太阳辐射能量被蒸腾作用（约1888Wh）带走，环境加热575Wh。

在城市区域，由于绿化地面的破坏、硬化地表的增加、雨水流失、城市区域的降雨蒸发率只有80%，蒸腾作用的丧失导致大量太阳辐射热量被留存在大气中，导致温度的升高形成热岛效应。增大城市园林绿化面积，植物表面强大的蒸腾作用会消耗大量的能量，达到降低气温的目的，蒸腾带出的水气可以降低环境温度，增加环境舒适度。

5.3.5 雨水利用

城市各类绿地占城市总面积的30%以上，充分利用这一丰富的土地资源，可以实现雨水资源化[14]。在城市园林绿地中雨水利用的方式主要是雨水的渗透蓄积，其次是截留储存并加以利用。

5.3.6 保护生物多样性

城市园林绿化中充分利用空间资源，增加林下植物的多样性，是保护生物多样性的重要手段，不仅使地域性的植物资源得到保护和培育，也使城市生态空间的生物多样性效益得到显著提升。

5.3.7 生态健康功能

城市园林绿化通过优美环境的营造可以带动更多的市民参与到植物的种植和照料中来，以从视觉、嗅觉、味觉、触觉、听觉等几个方面刺激人的感官系统，实现身体机能的统一和协调，起到园艺疗愈的健康功能。而更多的户外生活可以帮助降低碳排放。从景观的吸引到户外活动的参与再到实现低碳健康生活，这就是城市园林绿化能给我们提供的生态健康功能。

5.4 城市立体绿化的独特生态功能

5.4.1 城市园林绿化的空气净化作用

试验结果表明[15]：(1) 花园式屋顶绿化平均滞尘量 $12.3g/m^2$，平均滞尘比率 31.13%；(2) 简单式屋顶绿化平均滞尘量 $8.5g/m^2$，平均滞尘比率 21.53%；(3) 花园式屋顶绿化滞尘率比简单式滞尘率只高约 10%。

对于室内立体绿化的空气净化研究显示，墙体绿化对可吸入颗粒物、甲醛、苯系物也有着非常明显的净化效果[16]。并且这种净化效果不同于传统的空气净化装置，随着植物长大而增强。

5.4.2 建筑节能降耗作用

如果想将 1m³ 的水变成水蒸气，需要提供 700kW·h 的能量，但如果用水泵把 1m³ 的水提升起来，那只需要 0.4kW·h 的能量，阳光辐射会使水分蒸发，而植物的蒸腾作用可以帮助建筑有效降温，从而节省空调费用，经过试验[17]，利用储存雨水提升灌溉的立面植物作为建筑物外遮阳，可以节约空调能源消耗 90%，对比外遮阳的方式，可以极大地降低运营成本，同时提供更好的窗外景观（图3、图4）。

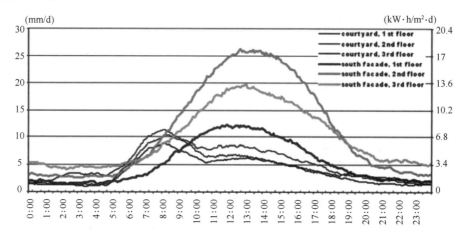

图3　立面绿化系统的平均蒸散量（mm/d）及相应的冷却速率

图4　立体绿化与电动外遮阳运营成本对比

5.4.3 延长建材寿命

温度变化会引起屋顶构造的膨胀和收缩，使建筑屋顶面层产生裂缝，雨水下渗导致钢筋锈蚀，屋面板结构受影响。植物阻挡了阳光、紫外线对屋顶面层受直射和辐射及雨水的直接袭击，同时起到保温作用，防止建筑表面温度剧烈变化，从而防止建筑结构和材料的大幅度热胀冷缩现象，保护了建筑结构和建筑安全。研究表明，在绿化覆盖下的屋顶平均寿命是40～50年，而裸露屋面的平均寿命只有25年。

5.4.4 增加高密度城市的可用面积

经过估算，在北京增加10%的城市园林绿化面积需要投入超过5万亿元的拆迁成本，因此，在建筑物上进行的绿化是高密度城市核心区最节省成本的绿化方式，例如可上人屋面进行屋顶花园的开发、共享空中社区、屋顶商业、屋顶农场的开发，可以节约大量土地资金，用较低的成本在寸土寸金的都市打造人与人自由交流的绿色生态空间。

5.5 城市园林绿化的价值探讨

综合来看，尽管城市园林绿化和城市立体绿化在直接固碳方面对于城市碳减排贡献率较低，但从其上述多重生态价值、美学和为市民提供游憩场所等功能来看，城市园林绿化是城市低碳发展、生态环境改善的重要措施，如何定量评价其价值变得尤为重要。

印度加尔各答农业大学德斯教授在1979年发表的文章[18]，对一棵50年的树的生态价值进行了计算：累计产氧价值约31200美元；吸收有害气体、防止大气污染价值约62500美元；增加土壤肥力价值约31200美元；涵养水源价值37500美元；为鸟类等动物提供繁衍场所价值31250美元；产生蛋白质价值2500美元；总创值约19.6万美元，然而如果砍掉它，只值300美元。

然而，如果我们以一棵50年的树碳储量为1t进行估算，核算成碳汇约为3.67tCO_2。欧盟碳排放权配额（EUA）71.21欧元/吨（2021年11月23日），因此，按每吨70欧元（1欧元＝7.2052人民币）计算，在"碳"计量体系下，这棵树的碳汇货币价值约1850人民币（图5）。

图 5　一棵树 50 年的生态价值

5.6 "双碳"背景下，城市园林绿化的努力方向

综上所述，由于城市园林绿化及其包含的城市立体绿化（屋顶绿化、垂直绿化、桥梁绿化等）具有不可替代的众多生态价值和意义，仅在"碳"评价体系下，以碳汇数值来评价城市园林绿化是不公平的，我们在"价值"这个通用的评价体系下将城市园林绿化的"生态"价值和"碳汇"进行了阐述、比较，将两种评价体系拉通，发现城市园林绿化的"生态"价值远远大于其"碳汇"价值。因此，不能因为双碳目标而弱化生态目标。在"双碳"目标下，做好低碳型城市园林绿化依然是我们的工作重心，具体从以下几个方面进行工作：

（1）客观认识城市园林绿化不同方面的碳汇和碳源效果，形成城市园林绿化工程的"碳自查"方法体系，提出针对城市绿地全生命周期的统一科学测算方法，根据自查结论，通过技术、管理等综合措施降低碳源、提升碳汇。

（2）继续努力推动城市园林绿化的发展，在高密度城市中通过立体绿化、多元增绿、见缝插绿等方式不断拓展绿色生态空间，助力公园城市建设。

（3）针对园林废弃物的资源化利用进行深入研究，给出可行方案路径，尤其应该体现其经济价值，利用低成本高收益的技术应用实现园林废弃物处理的良性经济推动。

（4）倡导减少园林工程中的硬质景观以及其他高碳排放人工部品的应用，增加自然元素、材料的使用，倡导实施节约型园林，避免过度装饰。

（5）通过绿色教育，倡导绿色生活，通过林荫路增加户外活动，推广鼓励绿色出行，通过营造优美人居、低碳生活达到减排效果。

（6）根据叶面折算比例，研究立体绿化全寿命周期在净化空气、增湿释氧、降温节能、延长建材寿命、提供居民活动空间等方面产生的综合经济价值。

（7）探讨立体绿化与清洁能源利用的复合应用方法，在不降低绿化面积的情况下尽可能多地使用、利用清洁能源降低化石能源的使用。

作者：王珂[1] 张佐双[2] 王香春[3] 韩丽莉[4] 李慧[5]（1. 中国中建设计研究院有限公司工程技术研究院；2. 北京市植物园原园长；3. 中国城市建设研究院有限公司城乡生态文明研究院；4. 北京市园林绿化科学研究院；5. 中国建筑技术集团有限公司）

（立体绿化学组）

6 室内环境性能提升与关键要素分析
6 Indoor environmental performance improvement and key element analysis

6.1 引 言

2021年9月8日,国家住房和城乡建设部发布强制性工程建设规范《建筑环境通用规范》GB 55016—2021,主要针对建筑室内的声环境、光环境、热环境及室内空气质量的相关参数做了相应的规定,并废止了一些现行标准的条文。

为了对比全文强制规范内容与现行标准的差异,为工程人员掌握必要的性能提升要求,文章对比分析了《建筑环境通用规范》GB 55016—2021 与《民用建筑隔声设计规范》GB 50118—2010 之间的不同使用功能房间的噪声限值以及隔声量的差异,《建筑环境通用规范》GB 55016—2021 与《建筑采光设计标准》GB 50033—2013、《建筑照明设计标准》GB 50034—2013 之间的光照均匀度、显色指数之间的差异,以及《建筑环境通用规范》GB 55016—2021 与《室内空气质量标准》GB/T 18883—2002 之间各污染物浓度限值之间的差异,并就声环境、光环境与室内空气质量的影响要素进行了分析。如下分别针对声环境、热环境、光环境以及室内空气质量性能与现行标准进行对比分析。

6.2 声 环 境

6.2.1 声环境现行标准

现行《声环境质量标准》GB 3096—2008 提出了声环境功能区监测和噪声敏感建筑物监测的要求,声环境功能区可分为 0~4 五种类型,噪声限值依据为等效连续 A 声级。《民用建筑隔声设计规范》GB 50118—2010 规定了不同类型建筑(住宅、学校、医院、旅馆、办公、商业)的室内允许噪声值,并对建筑围护结构(分户墙、分户楼板)的隔声做了基本要求。

6.2.2 《建筑环境通用规范》GB 55016—2021 的要求

《建筑环境通用规范》GB 55016—2021 规定了建筑物外部噪声源传播至主要房间室内的噪声限值，如表1所示，还要求了建筑的隔声、吸声与消声设计，以及隔振设计。

6.2.3 《建筑环境通用规范》GB 55016—2021 与现行标准的对比

对比两个标准可知，《建筑环境通用规范》GB 55016—2021 只对具有睡眠功能的房间规定了昼间和夜间的噪声限值，而对其他使用功能的房间并没有划分，而且噪声限值都较低，该标准对声环境的要求更加严格。

将《民用建筑隔声设计规范》GB 50118—2010 与《建筑环境通用规范》GB 55016—2021 中对外部噪声源传播至主要房间室内的噪声限值进行对比，结果如表1所示。由表1可以看出，《建筑环境通用规范》GB 55016—2021 提升了不同房间的噪声限值要求，并且噪声限值要求提升幅度都大致为5dB。

《民用建筑隔声设计规范》GB 50118—2010 与《建筑环境通用规范》GB 55016—2021 中
对外部噪声源传播至主要房间室内的噪声限值对比   表1

不同使用功能的房间	噪声限值（dB）《建筑环境通用规范》GB 55016—2021		《民用建筑隔声规范》GB 50118—2020	
	昼间	夜间	昼间	夜间
睡眠	40	30	≤45	≤37
日常生活	40		≤45	
阅读、自学、思考	35		≤40	
教学	40		≤45	
医疗			≤45	≤40
办公			≤45	
会议			≤45	

《民用建筑隔声设计规范》GB 50118—2010 中主要是通过"空气声隔声单值评价量＋频谱修正量"的方法对围护结构（房间与房间之间的隔墙、楼板的隔声量）的隔声量进行计算并规范。而《建筑环境通用规范》GB 55016—2021 是通过"Z振级"的方法对房间外的噪声进行计算并规范，且没有对围护结构的隔声量进行要求，而是将房间看做一个整体要求其隔声量。

《建筑环境通用规范》GB 55016—2021 中不同类型的房间允许噪声值达到了国家标准的最低限值，但该标准中并没有对不同功能房间的墙体类型进行划分，只是单一地规定了某一房间的隔声量限值。且该标准中对房间使用功能的划分较为宽泛,并没有像《民用建筑隔声设计规范》GB 50118—2010 中将每种建筑中的房间根据使用功能进行详细分类。

6.2.4 声环境提升要素分析

作为建筑对噪声的控制主要反映在围护结构的隔声性能上,包括空气声隔声和撞击声隔声。单层匀质密实墙的空气声隔声性能除了跟入射声的频率有关,还取决于墙本身的面密度、劲度、材料的内阻尼等因素。

从低频 f_0 开始,隔声量受到劲度控制,随着声音频率的增加而降低。频率继续增加质量效应增强,在达到共振频率 $f_{共}$ 时,劲度和质量效应相抵消产生了共振现象,此时墙的振幅很大,隔声量出现极小值;劲度和质量效应之间的阶段隔声量主要受控于构件的阻尼效应;频率进一步提高则质量起到了主要控制作用,隔声量随频率的增加而增加。一般情况下,日常的声频范围在 f_a 和 f_b 之间,墙的共振频率 $f_{共}$ 低于日常的声频范围,因此质量控制常常是空气声隔声量最重要的控制因素。

通过分析墙的面密度与隔声量之间的相对关系,对于入射声波频率不可控制的噪声,只能通过提高墙的面密度来提高隔声量,因此对墙体隔声量的提升应重点从墙体的面密度提升来考虑。将所需要提高的隔声量要求与墙体面密度的提高倍数绘制出函数关系图,如图 1 所示。

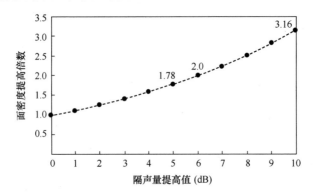

图 1 隔声量与面密度提高倍数函数关系图

6.3 光 环 境

6.3.1 现行标准

现行标准中,办公建筑、商业建筑、医院、学校、旅馆照明标准值应符合《建筑照明设计标准》GB 50034—2013 的要求。办公建筑由于其功能的复杂性,根据《建筑采光设计标准》GB 50033—2013，对于其采光标准主要按150lx、300lx、450lx和600lx四个档次划分。商业建筑使用功能覆盖面广，各个分区对光的要求差异较大，暂时并没有对商业建筑自然采光的统一标准。同一建筑对室内光环境的要求不尽相同，即使是同一建筑，不同的功能区对光的需求点也不一样，根据《光环境评价方法》GB/T 12454—2017，我国评价室内光环境主要依靠八项基本的光环境评价指标，表2列出了五类公共建筑和八项基本的光环境评价指标。

基本八项光环境评价指标　　　　　　　　　　　　　　　　　表2

建筑类型	基本光环境质量评价项目
商业、办公、医疗卫生、教育、旅馆	照度、均匀度、眩光值、色温、显色指数、频闪、光谱、光效

对于不同公共建筑对应的功能重要性把五种公共建筑内部功能区划分为主要功能区域、次要功能区域、一般公共区域和特殊功能区域四大类区域，其分别对应每项光环境质量评价项目的着重程度的标准分为A、B、C、D、E五个等级，分别对应必须考虑、重点考虑、一般考虑、可以考虑、可以忽略五种程度。

6.3.2 《建筑环境通用规范》GB 55016—2021 的要求

《建筑环境通用规范》GB 55016—2021主要规定了采光等级以及各等级对应的采光标准值，提出了特殊场所室内照度和照度均匀度的要求，还有室外公共场所照度以及显色度的要求。

《建筑环境通用规范》GB 55016—2021中还规定了不同年龄阶段的人员长时间学习或活动的场所所需的灯具类型，比如儿童及青少年长时间学习或活动的场所应选用无危险类（RG0）灯具，RG是灯珠防蓝光危害数据的结果。蓝光危险级别分为四类，分别是RG0免除危险、RG1低危险、RG2中等危险和RG3高危险。

6.3.3 《建筑环境通用规范》GB 55016—2021 与现行标准的对比

《建筑环境通用规范》GB 55016—2021中提到普通教室的采光均匀度不应低于0.5，而《建筑采光设计标准》GB 50033—2013中提到普通教室的采光均匀度不应低于0.6，两者略有差异。光照均匀度的改变，主要可通过灯具布置及灯具数量实现。

《建筑照明设计标准》GB 50034—2013中提到只有在使用发光二极管灯作为照明光源时，才可规定长时间工作或学习的房间或场所的特殊显色指数不应小于

0，而《建筑环境通用规范》GB 55016—2021 中提到所有类型的照明光源下长时间工作或学习的房间或场所的特殊显色指数不应小于 0，特殊显色指数 $\Delta R_9 = 100 - 4.6 \times \Delta E$，其中 ΔE 为此颜色样品在参照光源下和在待测光源下的色差，想要提高或降低特殊显色指数，则需要降低或增大 ΔE，也就是说通过选择不同色差的光源达到相关标准要求。

《建筑照明设计标准》GB 50034—2013 中提到对于设计室等辨色要求高的场所，一般显色指数大于 80，而《建筑环境通用规范》GB 55016—2021 中规定对辨色要求高的场所，照明光源的一般显色指数不应低于 90。

6.3.4 光环境提升要素分析

室内光环境中采光系数是重要的评判依据，影响采光系数的因素主要有窗墙比、外窗类型、体形系数、建筑朝向、建筑遮阳等。

(1) 天然采光影响因素分析

根据相关研究结果分析，可得到如下结果：

1) 建筑的采光系数与照度值随着窗墙比的增大而增大，窗墙比每增大 0.1，卧室房间采光系数、照度增大近 45%，窗墙比对室内光环境影响效果尤为显著。

2) 平均采光系数与平均照度变化趋势一致，随着体形系数的增加，室内采光系数、照度值相应程度降低。平均体形系数每增大 0.01，采光系数、照度值降低 1.2%。

3) 建筑由南向向南偏东 10°、南偏东 20°变化的过程中，采光系数与照度呈上升趋势，室内光环境性能得到提升，再继续向东向偏移时，采光性能出现下降，由 418.96 lx 降至 412.33 lx。建筑由南向向南偏西 30°偏移时，采光系数与照度缓慢下降，幅度不大。

4) 随着水平遮阳挑出长度的增加，室内采光系数、照度值逐渐降低，平均水平外遮阳长度每增加 0.1m，室内采光系数、照度值降低 1.0%。遮阳板由 0m 增至 0.3m 时室内平均照度降幅最大，达 27.75 lx，占比 6.51%。

5) 通过研究分析可以得到各因素影响室内光环境的影响程度主次顺序为：窗墙比＞建筑遮阳＞体形系数＞建筑朝向＞外窗类型。通过研究窗墙比变化与采光系数达标面积比例的变化情况模拟分析，可以得到窗墙比与室内采光系数达标比例关系如图 2 所示。

(2) 人工照明质量影响因素分析

目前，建筑室内人工照明基本上都为 LED 光源。一般来说，评价 LED 光源质量时主要考察的几个指标有功率因数、光效、显色指数、平均寿命，《普通照明用非定向自镇流 LED 性能要求》GB/T 24908—2014 中对这些参数进行了相应规定。在进行 LED 灯具的选择时，应着重考虑以下几项指标。

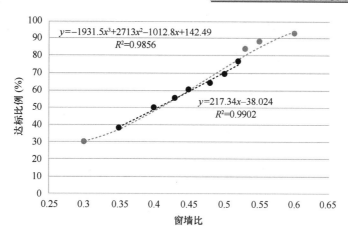

图 2　窗墙比与达标比例的函数关系图

1) 驱动电源类型

LED 光源所需求的驱动电流是低电压的直流电,必须依靠 LED 驱动电源将 220V 交流电转换为低电压的直流电才能正常运行。LED 芯片本身的寿命很长,目前可以达到 50000h,但是 LED 驱动电源中的电解电容寿命相对来说较短,通常为 5000~10000h,LED 整灯寿命主要受到电源寿命的限制。

对于民用建筑室内照明光源来说,恒流式电源有较好的亮度稳定性与安全性,是一种适宜的 LED 驱动电源;阻容式电源虽然成本低但稳定性、安全性较差。一些节能改造工程中为了降低成本采用阻容式 LED 灯具,但从长远来看,由于阻容式电源的稳定性较差,对 LED 灯具的寿命也造成了削减,导致改造后维护、换灯成本的增加。

2) 功率因数

LED 驱动电源中存在容性负载,对于未采用功率因数校正或功率因数无有效校正的低功率驱动电源,其功率因数甚至会低于 0.5,大量使用低功率因数的 LED 灯具将可能导致严重的谐波电流,污染公共电网,增加线路损耗,降低供电质量,影响供电安全。

3) 显色指数

显色指数是区别 LED 光源质量的另一个重要指标参数,在许多特殊场合例如商场的生鲜区、珠宝区等,对 LED 光源的显色指数有比较高的要求。《建筑照明设计标准》GB 50034—2013 中规定,长期工作或停留的房间或场所,照明光源的显色指数不应小于 80。

人工照明质量改善,主要是提升光照均匀度和显色指数,在实际工程中有如下几方面需要关注。

1) 照度均匀度

在一般的灯具更换工程中,出于施工方便与成本控制考虑,许多工程中采取的是一替一式地替换光源,不替换原有灯具、不改变原有灯具位置、不改变原有光源数量,这种替换方式可能会导致改造后照明质量下降。由于原有灯具设计位置是基于传统荧光灯所考虑而确定,而LED灯具相比传统荧光灯,光效高、发光角度小。使用LED灯具替换后由于发光角度的减少,其光照均匀度有降低的风险。因此,在进行方案设计时应对替换后光照均匀度进行测试、论证,若无法满足标准的要求,应调整光源数量或灯具类型,并对光源位置进行重新设计。

2)眩光控制

传统光源的发光角度为360°,LED光源的发光角度一般在120°左右,在相同的光通量下后者有更高的发光强度,光通量更集中,与背景亮度差异更大,眩光感受更加明显。因此,出于对眩光控制的要求,应在改造工程中根据新光源特性更换原有灯具,以满足遮光角的要求。建议采用一体化的LED灯具,或采用漫反射暗装LED灯具,以及其他可以增加遮光角的措施。

3)光源色温

人工光源具有光色的属性,体现在所发射光的色调。色温是表征光源光色的指标,对于不同功能类型的房间有不同的色温要求,《建筑照明设计标准》GB 50034—2013中对各类房间的色温有相关规定。标准还要求当选用发光二极管灯光源时,长期工作或停留的房间或场所,色温不宜高于4000K。总体来说对于民用建筑,色温的选择应该以暖色调与中间色调为主。

6.4 热 环 境

6.4.1 现行标准

在我国,目前通用的国家标准是《民用建筑室内热湿环境评价标准》GB/T 50785—2012。该标准提出了一个适用于我国空调环境(人工冷热源环境)和自由运行环境(非人工冷热源环境)的评价方法和等级划分。对于"人工冷热源热湿环境"和"非人工冷热源热湿环境"的评价都可采用计算法或图示法进行评价;不具备条件时,可采用大样本问卷调查法。同时,根据建筑的使用要求、气候、适应性等条件,为了合理控制室内热湿环境,鼓励营造节能、健康、舒适的室内热湿环境,我国的建筑室内热湿环境细分为Ⅰ级、Ⅱ级和Ⅲ级三个等级,分别对应90%以上人群满意的环境、75%~90%人群满意的环境、75%以下人群满意的环境。

人工冷热源热湿环境评价的计算法采用国际标准中的预计平均热感觉指标PMV、预计不满意者的百分数PPD指标进行评价。标准中也允许偏热环境下风速对温度的补偿,对风速上限以及风速对温度补偿方法直接采用了ASHRAE55—

2010中的规定。

非人工冷热源热湿环境评价中用到了预计适应性平均热感觉指标APMV，重庆大学课题组应用自适应调节原理，在稳态热平衡的PMV-PPD模型基础上提出了用于实际建筑热湿环境评价的适应性平均热感觉指标（APMV）模型，并给出了APMV指标的准确计算公式。

6.4.2 《建筑环境通用规范》GB 55016—2021的要求

《建筑环境通用规范》GB 55016—2021要求了建筑内表面温度与室外温度的差值，规定了建筑的防热要求及防热计算、隔热要求及隔热计算以及防潮设计与防潮计算，还对建筑验收时的防热、隔热以及防潮的复核作了相应的要求。

6.4.3 《建筑环境通用规范》GB 55016—2021与现行标准的对比

《建筑环境通用规范》GB 55016—2021中对热工设计中的保温、防热、防潮等部分的设计与《民用建筑热工设计规范》GB 50176—2016并无差异。

6.4.4 热环境提升要素分析

通过提升围护结构热工性能、改善透光围护结构的太阳得热系数、采取遮阳措施、温湿度独立控制等技术措施都能够改善室内热湿环境，其最终目的是提高人员在室内的热舒适度，因此作为更高要求，在此分析Ⅱ级热舒适提升为Ⅰ级热舒适的热湿环境可以从哪几方面进行提升。供暖与空调的室内热舒适性应按现行国家标准《民用建筑室内热湿环境评价标准》GB/T 50785—2012的有关规定执行，采用预计平均热感觉指数（PMV）和预计不满意者的百分数（PPD）评价。根据PMV的计算式分析，在人体处于热平衡状态时，PMV值主要由代谢率M、空气温度t_a、水蒸气分压力p_a、平均辐射温度$\bar{t}_r$、服装热阻I_{cl}、风速v_{ar} 6个变量决定。根据《热环境的人类工效学 通过计算PMV和PPD指数与局部热湿适准则对热舒适进行分析测定与解释》GB/T 18049—2017附录C中最能代表供冷供热工况的PMV计算结果进行分析发现，无论是哪种工况下，2℃的作业温度变化，都可以使PMV变化0.5以上，即可以从Ⅱ级热舒适度提升为Ⅰ级热舒适度，因此作业温度的变化是室内人员热舒适提升的关键。

当风速较低时，空气温度和平均辐射温度的影响均占50%，单独考虑二者对作业温度的影响，需要4℃的变化才能实现作业温度2℃的变化。

室内的空气温度主要由供暖空调系统决定，通过供暖空调系统设计，调整供冷供热量，可以实现整个空调区域的空气温度改变，从而提高空调区域的热舒适度。

另一个对作业温度产生影响的因素是平均辐射温度，其意义是一个假想的等温围合面的表面温度，它与人体间的辐射热交换量等于人体周围实际的非等温围合面与人体间的辐射热交换量。建筑中大多数的房间临室均为其他空调房间，因此当室内空气温度不变时，平均辐射温度的变化只需要考虑外围护结构内表面平均温度的影响。在建筑室内热环境改善时，通过外围护结构的传热系数变化，可以实现室内平均辐射温度的变化，进而改善室内热环境的舒适度。

室内热环境直接影响人体热舒适，真实的供暖空调房间大多属于非均匀环境，存在部分空间舒适、其他部分空间过热、过冷或吹风不适等现象，对使用者舒适度影响较大，所以供暖空调等人工冷热源热环境质量提升要结合整体性和局部评价指标。热环境营造时应合理控制室内空气温度、湿度、辐射温度、风速等参数，对其整体评价指标和局部评价指标进行等级判定，且所有指标均应满足相应等级要求。

作为自然界中的组成部分，适应性模型认为人在室内热环境中具有自我调节能力，自然风对于人体具有更好的接受度，使用者在自由运行状态的建筑中具有更强的适应性。因此，无论从人体适应性热舒适的角度，还是从建筑节能减排的角度，都鼓励尽量采用自然通风等被动调节措施来营造舒适热环境。

6.5 室内空气质量

6.5.1 现行标准

针对室内空气污染物，我国发布了多部标准，现行标准主要包括国家标准《公共场所卫生指标及限值要求》GB 37488—2019、《民用建筑工程室内环境污染控制标准》GB 50325—2020、《室内空气质量标准》GB/T 18883—2002、《室内空气中细菌总数卫生标准》GB/T 17093—1997、《室内空气中二氧化碳卫生标准》GB/T 17094—1997、《室内空气中可吸入颗粒物卫生标准》GB/T 17095—1997、《居室空气中甲醛的卫生标准》GB/T 16127—1995，以及行业标准《公共建筑室内空气质量控制设计标准》JGJ/T 461—2019 等，这些标准对 17 种常见污染物的限值进行了规定。

6.5.2 《建筑环境通用规范》GB 55016—2021 的要求

《建筑环境通用规范》GB 55016—2021 规定了空气质量中一些污染物的浓度限值、场地土壤中氡的浓度以及建筑工程中所使用的材料中所附带的污染物的浓度，并要求了工程在验收时污染物的浓度限值。

6.5.3 《建筑环境通用规范》GB 55016—2021 与现行标准的对比

《建筑环境通用规范》GB 55016—2021 中对污染物浓度的要求与《室内空气

质量标准》GB/T 18883—2002 中对污染物的浓度要求略有不同，对比结果如表3 所示。

《建筑环境通用规范》GB 55016—2021 与《室内空气质量标准》
GB/T 18883—2002 中污染物浓度要求对比　　　　表3

规范名称 污染物浓度	《建筑环境通用规范》GB 55016—2021		《室内空气质量标准》GB/T 18883—2002	
	Ⅰ类民用建筑工程	Ⅱ类民用建筑工程	Ⅰ类民用建筑工程	Ⅱ类民用建筑工程
氡（Bq/m³）	≤150	≤150	≤200	≤400
甲醛（mg/m³）	≤0.07	≤0.08	≤0.08	≤0.1
氨（mg/m³）	≤0.15	≤0.20	≤0.2	≤0.2
苯	≤0.06	≤0.09	≤0.09	≤0.09
甲苯	≤0.15	≤0.20	≤0.15	≤0.20
TVOC	≤0.45	≤0.50	≤0.5	≤0.6

由表3 可知，《建筑环境通用规范》GB 55016—2021 对污染物浓度的限量更加严格，这就意味着要通过控制污染源、净化室内空气等方法降低室内污染物浓度。

6.5.4　空气质量提升要素分析

对于室内空气质量的提升和室内污染物的浓度控制，主要包括源头控制和过程清洁，这一方面需要合理选择和控制各类材料的污染源头，另一方面在使用过程中还可以结合各类污染去除控制技术予以清洁降污。其中，有效的通风对于改善室内空气质量、控制室内空气污染物浓度、保证健康舒适的室内环境具有重要的意义。通风控制室内空气污染的效果，主要取决于新风量、换气次数和气流组织形式三个方面。空调房间的新风主要是用来稀释 CO_2 浓度、颗粒物及化学污染物浓度，使其达到允许的标准值。还可通过一些技术手段，比如静电过滤技术、驻极体技术、负离子技术、等离子体、光催化技术、紫外线照射技术、吸附技术实现污染物的净化。也可通过空气过滤器、静电吸附装置去除污染物。

本文主要针对与物理控制相关的室内颗粒物的去除和控制的空气过滤过程进行分析。

在国家标准《空气过滤器》GB/T 14295—2008 中把空气过滤器分为粗效、中效、高中效和亚高效四种类型；国家标准《高效空气过滤器》GB/T 13554—2020 把高效过滤器又分为 A、B、C 三种类型，超高效过滤器分为 D、E、F 三种类型。

各国对于空气过滤器的效率分类方式和规格不尽相同，我国空气过滤器与国外产品的对比情况见表4。

国内一般空气过滤器与国外产品的分类比较　　　　表4

我国标准	欧商标准 EUROVENT 4/9	ASHRAE 标准计重法效率（%）	ASHRAE 标准比色法效率（%）	美国DOP法（0.3μm）效率（%）	欧洲标准 EN779	德国标准 DIN24185
粗效过滤器	EU1	＜65			G1	A
粗效过滤器	EU2	65～80			G2	B1
粗效过滤器	EU3	80～90			G3	B2
中效过滤器	EU4	≥90			G4	B2
中效过滤器	EU5		40～60		M5	C1
高中效过滤器	EU6		60～80	20～25	M6	C1/C2
高中效过滤器	EU7		80～90	55～60	F7	C2
高中效过滤器	EU8		90～95	65～70	F8	C3
高中效过滤器	EU9		≥95	75～80	F9	—
亚高效过滤器	EU10			＞85	H10	Q
亚高效过滤器	EU11			＞98	H11	R
高效过滤器A	EU12			＞99.9	H12	R/S
高效过滤器A	EU13			＞99.97	H13	S
高效过滤器B	EU14			＞99.997	H14	S/T
高效过滤器C	EU15			＞99.9997	U15	T
高效过滤器D	EU16			＞99.99997	U16	U
高效过滤器D	EU17			＞99.999997	U17	V

空气过滤主要是应用了滤料过滤技术，按过滤器的效率可分为粗效过滤器、中效过滤器、高中效过滤器、亚高效过滤器和高效过滤器。

粗效过滤器主要用于空调通风系统的新风过滤。其滤芯的结构形式多采用板式、折叠式、袋式和自动卷绕式等多种形式。所用滤料一般采用易于清洗和更换的金属丝网、粗孔无纺布、泡沫塑料等。粗效过滤器的过滤对象是 $5\mu m$ 以上的悬浮颗粒和 $10\mu m$ 以上的沉降颗粒，所以，粗效过滤器的效率以过滤 $5\mu m$ 为准。净化空调用粗效过滤器严禁选用浸油过滤器。

对中效过滤器的要求与粗效过滤器基本相同。滤芯的形式与粗效过滤器相当，只是中效过滤器的滤料一般采用中、细孔泡沫塑料，中、细孔无纺布，复合无纺布或玻璃纤维等。此类过滤器主要用于净化空调系统的新风和回风过滤，并作为中高效或高效过滤器的预过滤器，达到延长高效过滤器使用周期的目的。中效过滤器的过滤对象主要是 $1～10\mu m$ 的悬浮颗粒，其效率以过滤 $1\mu m$ 为准。

高中效过滤器可用作一般净化程度系统的末端过滤器，也可作为保护高效过滤器的中间过滤器。此类过滤器主要用于截留 $1\sim5\mu m$ 的悬浮颗粒，其效率仍以过滤 $1\mu m$ 为准。

亚高效过滤器既可作为洁净室末端过滤器使用，达到一定的空气洁净度级别；也可用作高效过滤器的预过滤器，进一步提高和确保送风的洁净度；还可作为新风的末级过滤，以提高新风品质。亚高效过滤器主要采用玻璃纤维滤纸、棉短纤维滤纸等，过滤对象为 $1\mu m$ 以下亚微粒末级的微粒，其效率以过滤 $0.5\mu m$ 的微粒为准。

高效过滤器主要用于洁净室、洁净厂房的终端空气过滤。目前，国产高效过滤器的滤芯材料主要有超细玻璃纤维纸、合成纤维纸和石棉纤维纸等，主要用于过滤 $0.5\mu m$ 的微粒，但其效率以过滤 $0.3\mu m$ 的微粒为准。国产高效过滤器的滤芯结构分为有隔板和无隔板两类。近年来，由于各种无纺布、玻璃纤维等新滤材的不断推新，材质强度大为改善，极大增加了无隔板过滤器的过滤面积，同时降低了滤速和阻力，保证了过滤器具有较高过滤效率和较大的容尘量。

6.6 结 语 展 望

室内环境质量直接关系到广大人民群众身体健康。保障室内环境质量，是维护公众健康的重要基础，是基本的民生问题。室内环境的标准体系对于改善居家环境、预防建筑类疾病、提高人民生活品质方面有着其他标准体系所不可替代的作用。在发达和比较发达的国家和地区，对于如何规范室内环境，建立相关标准已经完成了大量的工作，值得我们学习和借鉴。如何结合我国国情，制定更适合我国社会发展现状，并能够规范未来发展方向的标准体系，需要政府、公众和广大科技工作者以及企业家的共同努力！

作者：丁勇　姚艳（重庆大学）
（建筑室内环境组）

7 绿色建筑践行双碳战略的设计策略与研究方法

7 Design strategy and research method on green building oriented to practicing carbon emission peak and neutrality

7.1 践行双碳策略的目标与意义

习近平总书记提出的"2030碳达峰、2060碳中和"发展目标,是对节能减排任务的提升。建筑运行节能、材料降碳潜力巨大,是碳减排领域的重要阵地。绿色建筑的理论与实践长期关注节能减排,更强调从环境与系统的视角关注人与建成环境的协调发展,实现可持续发展的目标。因此,绿色建筑是"双碳"战略的重要践行手段,也是建筑学领域设计研究创新的重要阵地。

7.1.1 长周期、可持续设计策略

建筑运行阶段长周期的可持续性能是建筑设计无法忽视的关键因素。根据建筑场地、环境进行建筑方案设计,兼顾当地的传统建筑策略、自然资源和使用者的工作生活习惯,优化空间布局和能源供应来达到减碳目标;由于建筑师负责制已成为当前我国建筑行业发展的主要趋势,以建筑师为中心,各专业团队深度协同的整体思维的设计策略重要性持续凸显,需要在概念策划、工程设计、厂家深化、施工安装等各个阶段,充分统筹协调,关注减碳目标并逐步实施落地。因此,建筑师应将材料使用、能源应用,与空间利用、环境应对等传统设计边界条件通盘考虑,至少有如下设计策略:

(1)响应"双碳"战略是装配式建筑转型关键阶段。装配式建筑由于其自身特征,对施工建造过程中的资源能源消耗较低,并且自身蕴能量低,具有先天优势。因此,装配式建筑也是双碳目标的有利技术支撑。已有研究表明,建筑设计阶段的相关决策对建筑能源、资源消耗以及室内环境舒适度的影响巨大,因此被动优先的整体策略是装配式建筑低碳发展的重要环节。

(2)装配式建筑虽然较传统建筑体系更加依赖工厂的预制工作,但在设计过程中不应忽视对本土材料、可回收材料的装配和整合,这是降低建筑碳排放的重

要路径。一方面，当地传统建筑材料由于材料获得性强、加工强度低，往往具有较低的碳排放强度。另一方面，废弃回收利用的材料由于其生命期时间周期扩展，其碳排放强度同样较低。

（3）与传统建筑形态、空间、材质设计不同的是，材料分离涉及建构的一体化考量，即建构措施、空间形态、细部质感均由整体的设计策略引发，这对建筑设计提出了更高的要求。

（4）在碳中和的发展目标下，建筑可再生能源利用应逐步加强。光伏建筑一体化技术由于有效提升可再生能源产出量、整合建筑效果与能源系统等优势，成为当前着力的发展方向。

而面向绿色建筑践行双碳战略的重要战场，则主要有新建大型公共建筑、老旧建筑更新、太阳能利用与建筑一体化设计建造三方面的应用场景。

7.1.2 以人为本、性能导向的建筑与建成环境研究方法

以人为本依然是双碳战略实施的重要目标之一。健康、舒适、安全的建筑与建成环境是需要建筑学领域的学者们研究的重要议题，且涉及不同人员类型、不同空间权属或者不同建筑功能，其交叉耦合的场景较多，需要学者们细分深耕。重要研究领域的关键词主要有涉及健康的：主动健康、人体机能、情感计算，等；涉及舒适的：城市公共空间热环境、高层建筑群风环境、滨水街区空间微气候等；涉及安全的：高铁空间视觉、无障碍出行等。

可持续的城市更新也是面向双碳战略的新兴研究领域。随着建筑行业从粗放型增量扩张到智慧型存量挖掘，科学研究也在同步关注存量更新的关键技术方法。性能导向的城市更新是对存量价值补短板的第一步，也是绿色建筑设计策略的延续，部分城市已开始关注更新改造的技术标准、评价方法、实施指南等。同时，对居住建筑与公共建筑功能性更新的技术研发方兴未艾，未来将在各类软硬件开发中，升级各类适用于更新改造的建筑部品。

除上述应用型研究外，基础理论研究关注碳排放与节能的计算方法，并在不同类型的城市、建筑空间中尝试数据获取，以期在实施双碳战略过程中有据可依。

7.2 设计策略与工程实践

7.2.1 不同区域气候下绿色公共建筑适应性设计策略

绿色建筑理论与实践学组成员在不同气候区，开展了各有特色的绿色公共建筑工程实践，在实践项目中充分利用气候地理环境的特征，应用面向低碳的适应

性设计策略。如：海南生态智慧新城数字市政厅项目，引入自然景观台地，以及一系列高低贯通的院落、室外中庭和冷巷体系，与不同建筑功能空间体块相互嵌合设计（图1）。恩施中国土家泛博物馆，整合龙潭河畔的9个村寨，使得土家族农民的生产、生活及农业景观均成为博物馆的活态展示内容，将旅游与有机观光农业整合，吸引外出打工的村民回村参与新农村建设，在发展旅游的同时，恢复当地衰落的农业及传统文化，重建良性的农村社会及自然生态（图2）。小兴安岭湿地博物馆，方案在规划与单体两个层面，对冰雪、自然、文化和野外进行了回应，表达了"野寂"的概念，为小成本、低造价工程（图3）。长岛海洋生态文明综合试验区展示中心，通过基于生物多样性保护的景观设计、气候适应性建筑形态设计和韧性与健康兼顾的功能设置，创造尊重海岛自然生态的友好型环境（图4）。

图1　海南生态智慧新城数字市政厅外观

图2　恩施中国土家泛博物馆外观

图3　小兴安岭湿地博物馆外观

图4　长岛海洋生态文明综合试验区展示中心外观

北京大学附属中学台州飞龙湖校区，为应对新形势下的中小学教育体系变革对建筑空间的需求，校园在规划和单体设计时着重考虑场地环境气候对总图布局和建筑形体的生成要素，提出对架空层、空中连廊、屋顶活动平台等立体利用方式，并利用环境模拟手段优化空间形态（图5）。杭州北景园生态公园亚运电竞场馆（1号游憩建筑），根据电竞观演活动人群的行为特点及观演活动形成的声场特征，对建筑内场及部分房间进行了声学专项优化设计，为电竞场馆在赛后的可持续运行以及低碳运营提供技术条件（图6）。安徽滁州明湖第一幼儿园，设置内部庭院，提供充足的绿化及室外活动空间，庭院以活泼的圆形进行分割，创造不同形式的空间，为幼儿创造一个"又学习，又玩耍"的乐园（图7）。

图5　北京大学附属中学台州飞龙湖校区场地　　图6　杭州北景园生态公园亚运电竞场馆大空间室内效果

图7　安徽滁州明湖第一幼儿园方案　　图8　融寓北京黄寺大街店项目内院

7.2.2　公共建筑的绿色改造

绿色改造是发展低碳建筑，应对城市更新、存量挖掘的新兴市场。学组部分成员主持实施了一些典型项目的绿色改造，是对未来大规模实施既有建筑性能提升的示范。如：融寓北京黄寺大街店项目，以"轻设计"的概念，完成从老旧到焕新的更迭，以崭新的形象、恰当的造型、友好的界面与周边环境共生共融（图8）。上海龙华烈士陵园烈士纪念地服务中心，位于上海龙华的"国家历史风貌保护"区域内，对原有的老破建筑实施削层并更新，设计采用稻草棚、木构、青砖、白色GREC线脚等材料要素，很好呼应原有建筑风貌准则（图9）。广纸煤仓工业遗产可持续改造方案立足"双碳目标"与"城市更新"两大发展战略，在尊重场地、开放空间、材料雨水利用等方面努力减少环境干扰和碳足迹，意图打造适应岭南气候的零能耗建筑试验与示范平台（图10）。

图9　上海龙华烈士陵园烈士纪念地服务中心入口　　　图10　广纸煤仓工业遗产可持续改造方案内部空间

7.2.3　太阳能系统与建筑一体化技术策略

建筑光伏一体化技术可以通过发电满足建筑能耗需求，从而有效节能减排、助力碳达峰以及碳中和。可高效利用太阳能的建筑光伏一体化技术（Building Integrated Photovoltaic，以下简称BIPV）拥有巨大节能潜力：集成了光伏发电系统的建筑通过产出电能，不仅能满足建筑自身运行用电，甚至能创造额外能源收益，助力建筑与环境的可持续发展。2021年中国国际太阳能十项全能竞赛在河北省张家口市张北县举办，是展示太阳能系统与建筑一体化技术策略的重要平台，由30余所高校组成的15支竞赛队伍都表现出对该领域的试验性探索。

如：参赛作品"草原方舟"，研发并建造了基于斯特林发电机的光热、光电联产的能源梯级利用系统，将建筑表皮分为结构保温墙、采光保温复合墙、平板重力热管蓄热墙与内区角窗等四类，多种手段充分得热应对严寒气候（图11）。参赛作品"BBBC韧性之光"，对灾后救援方案提出了基于韧性人居空间的框架探索，包含多功能救灾包（Bag）、模块化救灾盒（Box）和灵活组合的救灾房（Building），三者在智能化备灾云（Cloud）的管理下，可根据不同阶段的救灾需求，灵活组合使用（图12）。参赛作品从实际街区形态出发研究城市街区尺度的太阳能利用空间分布特点与量化数据，提出建筑光伏利用潜力的差异化管控与高效的设计应用策略，为城市规划与太阳能建筑普及提供数据与策略参考。

图 11 "草原方舟"外观及碟式太阳能斯特林发电机　　图 12 "BBBC 韧性之光"可持续灾后应急建筑外观

7.3 理论探索与技术研究

7.3.1 以人为本的建筑与建成环境研究

"十三五"期间,多方学者对绿色建筑践行双碳战略的相关理论进行了诸多探索。如:NSFC 面上项目"主动健康导向的公共建筑室内环境与人体机能关键耦合作用及整合设计策略研究"(52078264),搭建主动健康建筑试验平台开展包含生理指标、行为模式及任务处理对建筑环境要素响应的对比试验,为健康导向的建筑设计在主动健康影响层面梳理核心耦合特征,并提出切实可行的建筑设计策略体系。NSFC 青年项目"基于情感计算的室内交互界面设计对老年人群的情绪效益研究"(52108004),针对老年人群生理心理的特殊性和个体间差异,基于情绪测量和多模态情感计算方法,系统性地研究交互界面与老年人群情绪反应间的关联机制。

NSFC 面上项目"滨水街区空间形态与江河风渗透之'量''效'关联性研究——以长江中下游城市为例"(51778251),运用实测与数值模拟方法,通过对滨水街区空间各种热量传递过程与特征以及滨水街区污染物扩散特征进行分析,研究江河风对滨水街区微气候及空气质量的影响机理。NSFC 面上项目"基于图形参数化的夏热冬冷地区高层建筑群风环境评价与布局设计策略研究"(51878608),主要为明确高层建筑空间布局对室外风环境的影响机制,寻求环境物理指标预测与建筑空间布局过程相融合的评价工具,并提出相应的设计策略。

NSFC 面上项目"城市街区绿色基础设施的空间模式与微气候、雨洪过程的联动影响机理研究"(52078229),对于城市街区绿色基础设施及其微气候及雨洪过程联动影响的研究,包括针对现代城市环境问题的绿色基础设施研究、绿色基础设施对于城市雨洪影响方面、绿色基础设施对于城市微气候影响方面,多尺度协同模拟工具以及绿色基础设施设计方法，对实现双碳战略具有重要意义。

"科技冬奥"专项课题子课题"京张高铁车站空间与车厢空间视觉设计技术"（2020YFF0304106-05），以提升旅客出行体验与服务水平为目标，以京张高铁文化建设需求和人文奥运精神为导向，以服务大课题中的京张高铁文化数据库创建和视觉全方案设计为核心，以设计美学与京张高铁文化有机融合为保障，研究美学与视觉设计理论，形成设计方案（图13）。深圳市无障碍城市联合会、深圳市无障碍环境促进会、深圳市标准化协会发布并实施的《无障碍城市（城区）评价标准》T/SZAS 30—2021，规定了无障碍城市（城区）评价标准的评价原则、评价内容、评价指标体系和评价方法的要求，适用于新建和更新改造的城市（城区）。

图13　高铁空间视觉设计方案

7.3.2　可持续的城市更新方法研究

在可持续的城市更新方法研究方面，也有大量学者展开了研究。如：NSFC面上项目"面向既有居住建筑改造的技术空间设计的人工智能优化方法研究"（51978358），旨在基于既有居住建筑分户改造工法工序的基础上，建立工法原则数据库，将工法工序以"堆栈式"算法进行编辑表达。"寒冷地区传统民居建筑的保温性能提升与节能改造"研究，探索改变用能方式，通过围护结构的性能提升、可再生能源的利用以及空间模式的优化设计等方法，将在室内舒适度提升、能源结构优化上具有显著的效果。通过调查研究、实地监测、试验与示范工程的思路，帮助寒冷地区的乡村居民提升居住品质并降低能耗。

辽宁省住房和城乡建设厅发布的《辽宁省城市更新条例》，立足辽宁老工业基地城市特点，明确辽宁省城市更新目标和原则，优化城市更新体制机制，促进完善城市功能，改善人居环境，将城市建设重点转向以提升城市品质为主的存量提质改造。著作《绿色建筑：可持续建筑导则（原著第二版）》，表达了应按照能源与资源节约以及气候保护原则，对新建建筑和既有建筑进行规划设计、建设与运营的观点，为我国建筑设计减碳提供可借鉴的经验和案例。

7.3.3 碳排放与节能标准的基础数据研究

碳排放与节能标准的基础数据研究方面，如：NSFC 面上项目"基于碳排放特征的绿色校园评价标准优化研究——以亚热带地区大学校园为例"（52178014），聚焦绿色校园评价标准缺乏综合碳评价指标、无法有效指导大学校园减碳的关键问题，借助谱系图揭示大学校园碳排放集中于运营阶段、强调区域整合的核心规律。"十三五"重点研发计划子课题"目标和性能导向的北方地区居住建筑绿色设计目标细化与基础数据库建设"（2016YFC0700206-2），建成了包含建筑基本信息数据、建筑设计措施数据、持续监测的室内环境数据、住户主观评价数据以及各项能耗数据的北方地区居住建筑性能数据库，形成了诊断建筑实际性能与具体设计措施之间关联性的平台。

"十三五"重点研发计划子课题"绿色公共建筑形体空间气候适应性评价工具研究"（2017YFC0702301-03），通过筛选、提取并生成可对公共建筑空间形态的气候适应性特征，提出基于这些指标的形体空间气候适应性量化评价标准基本架构，为绿色公共建筑气候适应性设计和后评估，提供精细化定量评价工具。NSFC 面上项目"基于街区尺度的长江中下游地区城市建筑能耗影响机理及引导性设计指标"（51978296），以长江中下游的夏热冬冷地区城市街区为例，对新建街区的建筑布局与形态提出了节能视角的设计策略与引导性的设计指标，以期为未来双碳目标下的高强度节能减排的规划设计与建筑设计提供参考依据。

7.4 小　　结

面向"3060 双碳"发展战略目标，绿色建筑始终"两条腿"走路，将理论与实践相结合，设计策略与研究方法并重，是践行"双碳"战略的重要发展路径。在"双碳"目标指引下，建筑学的内涵与外延更加丰富，设计研究也将不断推陈出新，让绿色建筑领域成为建筑学创新的重要阵地。

作者：宋晔皓[1]　朱宁[1]　丁建华[2]　褚英男[1]（1. 清华大学建筑学院；2. 东北大学建筑系）
（绿色建筑理论与实践组）

交流篇参考文献

[1] 李立. 基于BIM技术提升项目管理层次的研究与应用推广[D]. 青岛：青岛理工大学，2018.

[2] LAISERIN J. Comparing pommes and naranjas[EB/OL]. （2002）http：//www. Laiserin. com/.

[3] GUO H L，LI H，SKITMOREM. Life cycle management of construction projects based on Virtual Prototyping tech-nology[J]. Journal of Management in Engineering，2010，26（1）：41-47.

[4] 鲁丹. BIM内容库组织结构研究[D]. 天津：天津大学，2017.

[5] 郭淑军. 论BIM技术在智能建筑设计、施工与运维中的应用[J]. 建筑工程技术与设计，2018(16)：1785.

[6] 赵艳辉. ArchiCAD给国产BIM软件的启示[C]//大数据时代工程建设与管理——第五届工程建设计算机应用创新论坛论文集. 2015.

[7] 李方幸. 我国建筑设计领域BIM技术应用现状及其发展阻碍因素研究[D]. 合肥：合肥工业大学，2018.

[8] 陈浩. BIM在既有办公建筑节能改造中的应用研究[D]. 重庆：重庆大学，2017.

[9] 何栋. BIM技术在建筑设计中的实际应用[J]. 建筑工程技术与设计，2018.

[10] 方精云. 碳中和的生态学透视[R]. 2021.

[11] Nianzhi Jiao，Gerhard J. Microbial production of recalcitrantdissolved organic matter：long-termcarbon storage in the global ocean. Herndl，Dennis A. Hansell，Ronald Benner.

[12] 邹晓东. 城市绿地系统的空气净化效应研究[D]. 上海：上海交通大学，2007.

[13] 经济日报，2015-01-27.

[14] 徐桂娟. 浅谈园林绿地雨水利用途径及措施[J]. 当代生态农业，2011(1)：4.

[15] 韩丽莉. 屋顶绿化的滞尘效应研究[C]//第八届国际绿色建筑与建筑节能大会——立体绿化与绿色建筑论坛. 中国城市科学研究会，2012.

[16] 王珂. 室内植物墙空气净化效果的研究[J]. 风景园林，2014(5)：3.

[17] Ecological design for climate mitigation in contemporary urban living，Marco Schimdt，UN Berlin.

[18] T M Das. The value of a tree[J]. Indian Biologist，1979，11(1-2)：73，79.

第五篇 地方篇

2021年，为实现碳达峰、碳中和中长期发展目标，促进城乡建设绿色发展，各地方政府和主管部门继续积极推动绿色建筑和建筑节能相关工作，结合贯彻中共中央办公厅、国务院办公厅印发的《关于推动城乡建设绿色发展的意见》，完善相关的法律法规，编制发布地方《"十四五"建筑节能与绿色建筑发展规划》；修改提升绿色建筑和建筑节能相关标准，出台地方健康建筑、超低能耗建筑和装配式建筑相关标准，进一步完善相关标准体系；按照住房和城乡建设部关于规范绿色建筑评价标识管理的要求，出台地方绿色建筑管理办法，积极推动绿色建筑的发展；利用全国节能周、世界地球日、世界城市日等平台，积极组织开展各种宣传推广和研讨交流活动，传播绿色低碳发展理念和科学技术知识，推动城乡建设高质量发展。

本篇简要介绍了北京、上海、江苏、湖北、重庆、广东、深圳和大连等省市绿色建筑与建筑节能的发展。

1 北京市绿色建筑发展总体情况简介
1 General situation of green building development in Beijing

1.1 绿色建筑总体情况

截至2021年底,北京市累计通过绿色建筑标识项目共858项,建筑面积9772.48万平方米,其中运行标识104项,建筑面积1482.88万平方米,设计标识751项,建筑面积8283.0万平方米,通过新国标《绿色建筑评价标准》GB/T 50378—2019认证的绿色建筑标识项目3项,建筑面积6.6万平方米,二星级及以上建筑面积占比达到95.7%。2021年北京市获得绿色建筑市级奖励项目9个,奖励总建筑面积约86.41万平方米,奖励资金约4773.9万元。

1.2 发展绿色建筑的政策法规情况

1.2.1 2021年3月10日 中共北京市委办公厅、北京市人民政府办公厅印发《北京市关于构建现代环境治理体系的实施方案》

《实施方案》总体要求:到2025年,建立健全本市环境治理的领导责任体系、企业责任体系、全民行动体系、风险防控体系、监管体系、政策体系、市场体系、信用体系、联防联控体系,落实各类主体责任,形成导向清晰、决策科学、执行有力、激励有效、多元参与、良性互动的现代环境治理体系。《实施方案》中绿色建筑的重点工作任务包括,推进产业和能源结构清洁低碳转型。推进工业开发区发展循环经济,实施绿色低碳化改造。鼓励开展建筑垃圾再生产品的利用。建设绿色金融改革创新试验区,发展绿色金融,健全绿色产业投融资体系,完善碳排放权交易制度,承建全国温室气体自愿减排管理和交易中心。

1.2.2 2021年3月12日 北京市住房和城乡建设委员会印发《关于绿色建筑标识管理工作的通知》

《通知》①自2021年4月1日起不再受理按照北京市《绿色建筑评价标准》

DB11/T 825—2015 申报绿色建筑设计和运行标识的项目。此前已经受理的申报项目（已提交资料并通过形式审查）于 2021 年 5 月 31 日前完成评价和公示公告。按照国家标准《绿色建筑评价标准》GB/T 50378—2019 申报绿色建筑标识的项目不受影响。②自 2021 年 6 月 1 日起停止绿色建筑设计标识、运行标识以及三星级标识评价工作。③积极推动新版国家标准体系下绿色建筑标识认定工作。

1.2.3 副中心管委会建管局、副中心工程办制定《北京城市副中心建设工程绿色施工指导意见》

2021 年 5 月 26 日，北京城市副中心召开重大工程绿色建设、技术创新专题发布会，介绍制定的《北京城市副中心建设工程绿色施工指导意见》。指导意见明确提出要建造出一批体现绿色、智慧、先进、高效副中心工程的总体目标，通过科学管理和技术持续进步，实现环境友好和资源节约，提升建筑工程建造的整体水平。具体提出五项基本目标：一是严格执行高星级绿色建筑标准，新建政府投资及大型公共建筑全面执行三星级绿色建筑标准；二是鼓励实施装配式建造方式，降低施工现场垃圾排放量，减少施工现场用工量，提高质量和建造效率；三是优先采购全寿命期中环境影响小、环境绩效优的绿色建材，鼓励采用预制构件、整体卫浴、模块化内装产品，装配式机电产品等标准化部品部件，实现建造过程绿色化；四是实施碳排放策划，在工程规划与设计阶段充分考虑碳排放控制，合理确定碳排放水平，制定合理碳排放控制目标，助力副中心率先实现碳中和；五是优先选用先进、适用、经济的绿色建造技术，打造绿色施工科技示范项目绿色施工样板工地，为推进绿色建造提供实践依据。

1.2.4 2021 年 6 月 3 日 北京市住房和城乡建设委员会、北京市发展和改革委员会等十五部门印发《北京市绿色建筑创建行动实施方案（2020 年—2022 年）》（京建发〔2021〕168 号）

《实施方案》①提出了 2020—2022 年的绿色建筑创建目标，城镇新建建筑全面执行绿色建筑一星级及以上标准，新建政府投资公益性建筑和大型公共建筑全面执行绿色建筑二星级及以上标准。建筑节能、健康性能不断完善，到 2022 年，建设健康建筑示范项目 50 万平方米，实现装配式建筑占新建建筑面积比例达到 35％以上。继续推广超低能耗建筑。强化既有建筑运行管理，既有建筑能效水平不断提高。积极推广可再生能源建筑应用，大力发展安全耐久、节能环保的绿色建材。人民群众积极参与绿色建筑创建行动，形成崇尚绿色生活的社会氛围。②明确了推动新建建筑全面实施绿色标准、完善星级绿色建筑标识制度、持续稳步发展装配式建筑、提高住宅健康性能、加大超低能耗建筑推广力度、稳步推进公共建筑节能绿色化改造工作、加强公共建筑能耗限额管理、加大推动老旧小区综合整治力度、大力推广可再生能源建筑应用、建立健全能耗统计制度、积极引导行业开展绿色节能科技研发、大力发展绿色建材、建立绿色住宅使用者监督机制等13项重点任务和保障措施。

1.2.5　2021年6月3日 北京市生态环境局、中共北京市委宣传委、北京市发展和改革委员会等六部门印发《北京市"美丽中国，我是行动者"提升公民生态文明意识行动计划（2021—2025年）实施方案》

总体目标：到2025年，习近平生态文明思想更加深入人心，"绿水青山就是金山银山"理念巩固深化并进一步形成生动实践，导向鲜明、职责清晰、多元参与、良性互动的环境治理全民行动体系基本建成，"人与自然和谐共生"的社会共识基本形成，绿色低碳生产生活方式成为社会风尚。公民生态文明意识普遍提高，对美好生态环境的向往进一步转化为建设美丽北京的自觉行动。主要任务包括：推动开展节约型机关、绿色家庭、绿色学校、绿色社区、绿色出行、绿色商场、绿色建筑等创建行动；宣传推广践行简约适度、绿色低碳的工作与生活方式；引导企业自主自愿减排，挖掘节能潜力，推广应用低碳技术。

1.2.6　2021年7月19日 北京市住房和城乡建设委员会印发《北京市住建系统2021年生态文明建设工作要点》

为贯彻落实《中共北京市委生态文明建设委员会2021年工作要点》相关工作部署，制定了本工作要点。①二氧化碳排放控制专项行动，统筹推进建筑领域温室气体排放控制，2021年完成《北京市民用建筑节能减碳工作方案》。②推进既有居住建筑节能改造，对未达到民用建筑节能标准50%的既有城镇居住建筑进行节能改造；积极推进超低能耗建筑示范项目建设，定期跟踪超低能耗示范项目建设进度，推进管理办法修订和地方标准制定工作。稳步推进装配式建筑，发布"十四五"时期装配式建筑指导意见，进一步完善装配式建筑技术标准体系和评级体系，继续做好装配式建筑财政奖励项目相关工作。发布京津冀协同标准《绿色建筑评价标准》和地方标准《既有工业建筑民用化绿色改造评价标准》，并组织开展标准宣贯工作。修订北京市绿色建筑标识管理实施细则，开展绿色建筑标识管理和奖励评审工作，稳步提升绿色建筑标识数量。推动重点区域和重大项目实施高标准绿色建筑建设，做好技术支持与服务。③促进绿色消费，对15类节能减排商品，实施政府补贴政策；畅通绿色产品销售渠道，推广高效智慧家庭节能、节水器具、绿色建材和环保装修材料；在政府投资和政府采购领域严格实施绿色采购制度。④推动《北京市民用建筑绿色发展条例》立法工作，2021年完成立法调研工作并完成立法调研报告。

1.2.7　2021 年 9 月 23 日 北京市规划和自然资源委员会发布《北京市绿色建筑施工图设计要点（2021 年版）》

依据北京市《绿色建筑评价标准》DB11/T 825—2021 制定本要点。适用于北京市新建民用建筑工程的绿色建筑设计和审查。所有执行北京市地方标准《居住建筑节能设计标准》DB11/891 或《公共建筑节能设计标准》DB11/687 的项目均应执行本要点。规定 2021 年 6 月 1 日后取得建设工程规划许可证的房屋建筑类项目按此要点执行。

1.2.8　2021 年 10 月 15 日 北京市住房和城乡建设委员会、北京市发展和改革委员会等十五部门印发《北京市绿色社区创建行动实施方案》

为促进北京市绿色社区创建工作，按照《住房和城乡建设部等部门关于印发绿色社区创建行动方案的通知》（建城〔2020〕68 号）要求，结合北京市实际，制定本实施方案。①创建目标：到 2021 年底，各区制定本区绿色社区创建行动方案，每个街道至少启动 2～3 个社区试点，北京市 25％以上的城市社区参与创建行动并达到创建要求，全市绿色社区建设基本格局形成，起到一定程度的示范带动作用。到 2022 年底，北京市各区 60％以上的城市社区参与创建行动并达到创建要求，全市绿色社区创建行动取得显著成效，基本实现社区人居环境整洁、舒适、安全、美丽的目标。②创建内容包括从建立健全社区人居环境建设和整治机制、推进社区基础设施绿色化、营造社区宜居环境、提高社区信息化智能化水平、培育社区绿色文化五大方面。

1.2.9　2021 年 12 月 3 日 北京市住房和城乡建设委员会发布《关于规范高品质商品住宅项目建设管理的通知》（京建发〔2021〕384 号）

为了落实《北京城市总体规划（2016 年—2035 年）》中提出的建设国际一流和谐宜居之都的要求，提高商品住房项目建筑品质，以人民获得感为根本出发点，提出高标准商品住宅建设要求，包括最低品质要求和高品质住宅建设方案（建筑品质）。最低品质要求为绿色建筑二星级标准、采用装配式建筑且装配率达到 60％、设置太阳能光伏或光热系统；高品质住宅建设方案由绿色建筑、装配式建筑、超低能耗建筑、健康建筑、宜居技术应用和管理模式六个部分组成。

1.3　绿色建筑标准、规范情况

《绿色建筑评价标准》DB11/T 825—2021（京津冀协同版）发布实施

为深入落实京津冀协同发展战略，贯彻绿色发展理念，推进京津冀地区绿色建筑高质量发展，节约资源，保护环境，满足人民日益增长的美好生活需要，根据"京津冀工程建设类协同标准（2019—2021年）行动计划"，由京津冀三地住建委（厅）联合组织26家单位，11个专业领域的80余名专家组成编制组。北京建筑技术发展有限责任公司、中国建筑科学研究院有限公司等作为主编单位，清华同衡、北京实创鑫诚等单位参编。标准于2021年6月1日起实施。

1.4 绿色建筑科研情况

1.4.1 国家重点研发计划相关课题

2021年是"十三五"课题陆续结题。会员单位承担、参与课题包括《基于实际运行效果的绿色建筑性能后评估方法研究及应用——绿色建筑性能参数实时监测与反馈方法及数据系统研究》（2016YFC0700101）、《基于全过程的大数据绿色建筑管理技术研究与示范——绿色建筑运行管理策略和优化调控技术——公共建筑机电设备系统运行管理现状调研与分析》（2017YFC0704207-04）、《可持续发展的新型城镇化关键评价技术研究——可持续运行及典型功能系统评价关键技术研究——健康建筑可持续评价指标体系研究》（2018YFF021580401）、《近零能耗建筑技术体系及关键技术开发——居住建筑技术集成和示范工程研究》、《经济发达地区传统建筑文化中的绿色设计理念、方法及其传承研究——传统绿色营建人为控制的验证性实践》等。

1.4.2 专项技术课题与应用

北京建工技术公司将以"生态管家"服务新模式，融合数字孪生、生态管家、人工智能三大技术推进平台开发，最终实现助力苏州吴中区掌控绿色生态建设脉络，实现全流程绿色生态与碳排放信息化运营管理。平台共含八个子系统，分三期进行。目前，技术公司负责开发建设的绿色生态综合管理平台（一期）将形成绿色生态初步管控，与后续二期、三期开发内容相结合，最终实现苏州吴中太湖新城全流程绿色生态与碳排放信息化运营管理。

1.5 地方绿色建筑大事记

6月1日，北京市重大项目办介绍，北京2022年冬奥会经冬奥组委与国际奥委会确定的11个冬奥场馆，已全部通过绿色建筑认证。国家速滑馆（图1）、国家会议中心二期、五棵松冰上运动中心、北京冬奥村（图2）、延庆冬奥村等5个新建场馆获得绿色建筑三星级评价标识；国家高山滑雪中心、国家雪车雪橇中心、首钢滑雪大跳台中心（图3）等3个新建雪上场馆获得绿色雪上运动场馆三星级评价标识，国家游泳中心、国家体育馆、首体场馆群等3个改造场馆获得既有建筑改造绿色二星级评价标识。

图1　国家速滑馆

图2　北京冬奥村

图3　首钢滑雪大跳台中心

执笔： 白羽　胡丹阳（北京生态城市与绿色建筑专业委员会）

2 上海市绿色建筑发展总体情况简介
2 General situation of green building development in Shanghai

2.1 绿色建筑总体情况

2021年，上海市获得绿色建筑评价标识项目共351项，总建筑面积3417.22万平方米。其中，二星级项目260项，三星级项目73项。其中，运行标识项目数量为20个，面积为179.48万平方米。

截至2021年底，上海市累计获得绿色建筑评价标识项目1225项，总建筑面积11468.75万平方米。其中，二星级项目791项，三星级项目278项；运行标识项目数量为69个，面积为770.44万平方米。

此外，2021年，"奉贤上海之鱼""上海市西软件园""虹桥商务区机场东片区""临港新片区绿色生态先行示范区""静安市北高新园区"5个城区均达到绿色生态城区"三星级试点项目"标准。截至2021年，上海市已成功创建绿色生态城区16个。

2.2 绿色建筑发展规划和政策法规情况

2.2.1 加快上海市绿色建筑地方法规建设

发布《上海市绿色建筑管理办法》。2021年9月30日龚正市长签署公布《上海市绿色建筑管理办法》（上海市人民政府令第57号），并于2021年12月1日起施行。该管理办法作为地方规章，为上海绿色建筑发展提供了良好的法规保障。

该管理办法是在《上海市建筑节能条例》原则下，针对当前行业发展现状与需求编制而成。管理办法以解决问题和响应需求为主线，内容具有以下几个特色：一是绿色建筑内涵范畴全方位拓展。除了绿色节能外，绿色建筑还涵盖了装配式建筑、全装修住宅、可再生能源利用、绿色建材、绿色生态城区等内容；从实施范围上不仅包括民用建筑建设、运行、改造全过程，还包含工业建筑和城市基础设施的建设过程的装配式建造，与绿色建筑的总体范畴相匹配，便于专项工作的推进。二是形成绿色建筑全过程闭环监管。本办法与当前绿色建筑相关重点工作进行衔接，将绿色建筑、装配式建筑、住宅全装修等具体发展要求嵌入了建设管理全过程，实现从土地供应、立项审查、设计文件审查、竣工验收备案到交付使用各环节的闭环监管。三是强调以人为本，夯实人民群众对绿色建筑的获得感保障。在住宅交付时要求将绿色建筑性能纳入住宅使用说明书与质量保证书中，保障人民群众切实利益，同时要求新建保障性租赁住房实行全装修。

2.2.2 系统部署绿色建筑"十四五"发展规划

2021年11月，上海市住房和城乡建设管理委员会印发《上海市绿色建筑"十四五"规划》（沪建建材〔2021〕694号），发布了上海市"十四五"期间绿色建筑发展的总体规划部署，指引地方绿色建筑发展。本规划基于上海"十三五"绿色建筑发展主要成果及经验，"十四五"绿色建筑发展面临"以人民为中心"的理念升级、强化双碳战略目标的引领、区域发展的内在驱动的发展形势，坚持质量导向、突出重点、协同发展、国际视野、创新驱动五大原则，提出了推进绿色建筑高质量发展的总目标，并以此为基础提出三个具体目标及六大重点任务。

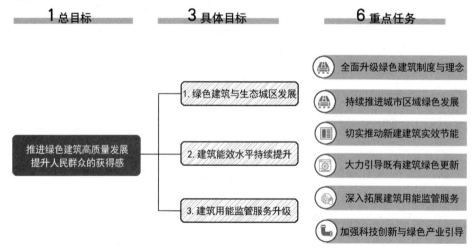

（1）绿色建筑与生态城区高质量发展

1）新建民用建筑全面按照绿色建筑基本级及以上标准建设。其中，国家机关办公建筑、大型公共建筑以及其他 $5000m^2$ 以上政府投资项目应当按照绿色建筑二星级及以上标准建设。超高层建筑和五个新城内新建大型公共建筑执行三星级绿色建筑标准。绿色生态城区内，绿色建筑星级应当符合该城区绿色生态专业规划的要求。

2）完善绿色建筑的全过程监管体系，将绿色建筑专项内容纳入新建民用建筑验收范围，研究探索绿色建筑交付使用机制。

3）全面推进绿色生态城区试点项目落地与经验推广，至 2025 年创建绿色生态城区项目 25 项以上，其中更新城区 5 项以上；至 2025 年力争建成 2 个绿色生态城区示范项目。

（2）建筑能效水平持续提升

1）实施城乡建设碳达峰行动。

2）形成适合地域特征的超低能耗建筑技术与标准体系，累计落实超低能耗建筑示范项目 500 万平方米以上。

3）建立建筑可再生能源综合利用量核算管理体系，2022 年起新建公共建筑、居住建筑和工业厂房全部使用一种或多种可再生能源。推进适宜的新建建筑安装光伏。

4）完成既有建筑节能改造面积 2000 万平方米以上，建设一批既有建筑绿色化改造示范工程。

（3）建筑用能监管服务升级

深化国家机关办公建筑和大型公共建筑能耗监测平台运行实践和数据应用，提升城市精细化管理服务水平，到 2025 年底纳入市级平台监测的公共建筑面积达到 1 亿平方米以上。

2.2.3 加快推进超低能耗建筑发展

在双碳战略目标指引下，城建领域绿色低碳发展持续深化。为了进一步贯彻落实《关于推进本市超低能耗建筑发展的实施意见》（沪建材联〔2020〕541 号）要求，规范超低能耗建筑项目和外墙保温一体化建筑项目的管理，2021 年 2 月上海市住建委发布了《上海市超低能耗建筑项目管理规定（暂行）》（沪建建材〔2021〕114 号）。

本规定从项目申报和评估、项目施工图设计、建设管理、项目审核等过程管理制度规定了超低能耗建筑建设工作的政府主管部门、建设单位、设计单位、施工单位、检测机构等不同责任主体的主要职责。同时对过程中的技术要求均提出了细化要求与流程管理。对规范超低能耗建筑发展具有重要的保障支撑作用。

2.2.4 大力推动绿色建材应用发展

完善建筑废弃混凝土回收利用专项管理。为深入贯彻落实国家和地方有关建筑垃圾处理和回收利用的管理规定，进一步提升建筑废弃混凝土回收利用水平和质量，加快推进循环经济发展，2021 年 5 月上海市住建委印发了《关于进一步做好建筑废弃混凝土回收利用工作的通知》（沪建建材〔2021〕284 号）。该通知要求，一是加快推进，实施信息报送全覆盖管理。即要求投资规模以上项目在开工前，由施工单位通过上海市建筑废弃混凝土回收利用信息管理系统完成合同信息报送。二是突出重点，强化履约管理。即进一步明确监理单位、施工单位、处理企业、建材管理部门、工程质监部门各自的履约职责。三是健全制度，加强对违规行为的处置。即对违规事项进行了明确，强化刚性。四是动态监管，规范临时场所建设运营。公布全市建筑废弃混凝土再生处理临时场所名录，以及提出区管理部门要加强事中事后监管。

持续强化绿色环保混凝土搅拌站发展。为了进一步提升环保整治力度与绿色发展转型，深入落实混凝土搅拌站、混凝土构配件厂以及混凝土预制品厂（以下简称"混凝土搅拌站厂"）等混凝土制品生产企业环保治理主体责任，加大污染排放和节能减排的监管力度，强化生产过程环境治理和污染排放监测，促进混凝土搅拌站厂绿色发展，推动绿色建材的发展应用，上海市努力推进混凝土搅拌站厂生产经营管理走上绿色、环保的发展新路，在保障建设工程顺利推进的同时，树立起新时代建材业绿色发展新典范。2021年2月，上海市住建委、生态环境局、水务局、城管执法局联合印发《本市混凝土搅拌站厂绿色环保管理工作提升方案》（沪建质安联〔2021〕37号），对混凝土搅拌站绿色发展工作提出分阶段工作目标，明确联合管理中的各方职责与相关的技术要求，为绿色混凝土发展构建专项方案。同时，2021年内组织了两次专家现场考核评审，公布了一批绿色环保达标混凝土搅拌站厂名单，以此推进整体工作落实。

加强外墙外保温系统及材料管理。为保证建筑节能工程质量和安全，根据《上海市建设工程材料管理条例》《上海市建设工程材料使用监督管理规定》等文件精神，上海市住建委于2021年9月印发《关于加强本市外墙外保温系统及材料使用管理的通知》（沪建建材〔2021〕586号），明确外墙外保温系统及材料全面实施备案管理制度，加强外墙外保温系统及材料检测管理和开展事中事后监管等方面的要求，同时公布了实施体积吸水率检测项目的检验检测机构名单，为提升外墙外保温系统及材料的质量提供管理保障。

2.3 绿色建筑标准规范情况

2021年，上海市绿色建筑领域的标准体系结合国家《绿色建筑评价标准》GB/T 50378—2019的发布开展了更新工作。

2.3.1 上海市《住宅建筑绿色设计标准》DGJ 08—2139—2021

主要技术内容：1. 完善了绿色建筑策划内容与要求；2. 补充了安全耐久、室内外环境质量及环保材料的相关要求；3. 完善了建筑结构的绿色设计范围与内容；4. 细化了节水与卫生要求，明确了全装修住宅节水器具使用比率要求；5. 明确了空气处理要求并强调地下车库应设置与排风设备联动的一氧化碳浓度监测装置；6. 明确了电气设计与电气产品的安全、节能、防火和智能化的要求。

2.3.2 上海市《公共建筑绿色设计标准》DGJ 08—2143—2021

主要技术内容：1. 完善了绿色建筑策划内容与要求；2. 补充了安全耐久、室内外环境质量及环保材料的相关要求；3. 完善了建筑结构的绿色设计范围与内容；4. 进一步明确了水专业的系统设计，提出了海绵城市要求和低碳、节能措施；5. 明确了空气处理要求并强调了地下车库应设置与排风设备联动的一氧化碳浓度监测装置；6. 明确了电气设计与电气产品的安全、节能、防火和智能化的要求。

2.3.3 其他在编标准编制情况

2021年启动了地方工程建设标准《绿色建筑工程验收标准》和《绿色建筑检测技术标准》的修订工作，依据新时期绿色建筑新要求，更新相关检测和工程验收技术依据，强化绿色建筑工程验收工作。

根据国家和上海市住建委关于发展工程建设团体标准的要求，重点开展了绿色建筑相关团体标准的推进工作。目前，在编标准有《上海市建筑信息模型（BIM）技术服务收费标准》《绿色城市新区规划评价体系》《民用建筑电气绿色设计应用规范》等。

2.4 绿色建筑科研情况

2021年上海市侧重于低碳节能与数字化转型，完成了"十四五"绿色建筑专项规划的研究和编制工作。围绕绿色低碳建筑管理及后评估、超低能耗建筑、围护结构性能优化等研发方向，依托众多科研主体，承担了多项国家层面和上海市层面的科技研发项目，覆盖多个绿色建筑相关技术领域。

2.4.1 国家级科研项目

2021年上海市各相关单位牵头承担的"基于全过程的大数据绿色建筑管理技术研究与示范""建筑室内空气质量控制的基础理论和关键技术研究""基于BIM的绿色建筑运营优化关键技术研发"等"十三五"国家重点研发计划项目，"夏热冬冷地区净零能耗建筑混合通风适宜技术研究"科技部国家重点研发计划-政府间国际科技创新合作重点专项等课题完成了验收工作。

2.4.2 市级科研项目

"长三角科技成果推广思路研究及建委科技规划研究编制""绿色建筑（含全装修）的质量保证和交付使用要求""高效建筑围护结构节能精准设计与体系研发""崇明零碳小镇超低能耗建筑关键技术研究及示范"等上海市级层面科研课题开展了验收工作。目前市级在研的课题有"健康街区环境性能保障关键技术研究与示范""公共机构高效节能及健康环境指标""近零碳为导向的超低能耗建筑关键技术研究""花博会园区展馆绿色低碳建设关键技术研究""高品质室内环境关键技术性能测评技术研究"。上海市科委立项了"建筑整合型分光谱式光伏光热系统性能调控与优化"等碳减排领域科技研发项目。

由上海市住建委委托上海市绿色建筑协会开展的相关研究工作有：编制《上海绿色建筑发展报告（2020）》《BIM 应用效益评价方法初探》《BIM 应用情况调查报告》《编制上海市 BIM 技术发展报告（2021）》等。

2.5 绿色建筑技术推广、专业培训及科普教育活动

2.5.1 举办 2021 上海绿色建筑国际论坛

9 月 29 日，2021 上海绿色建筑国际论坛在锦江小礼堂成功举办。上海市人大常委会肖贵玉副主任，中国工程院魏敦山院士、江欢成院士、吴志强院士，上海市人大常委会城市建设环境保护委员会崔明华主任委员，市政府王为人副秘书长，市政协人口资源环境建设委员会陆月星主任，市经济和信息化委员会吴金城主任，奉贤区委庄木弟书记，市住房和城乡建设管理委员会金晨副主任等出席了论坛。此次论坛聚焦"上海明天 绿色新城"主题，深入探索了城市绿色低碳发展路径与模式，为推动建筑业绿色化、工业化、信息化融合发展，推动绿色低碳生产生活方式提供了新思路，为企业搭建了高端前沿的信息交流平台，拓宽了企业的思路和视野。论坛同期开通了线上直播，在线观看人次 3000 余人。

2.5.2 举办 2021 上海国际城市与建筑博览会

2021 年 10 月 29 日至 10 月 31 日，由上海市住房和城乡建设管理委员会、联合国人居署联合主办、上海世界城市日事务协调中心协办、上海市绿色建筑协会承办的第七届上海国际城市与建筑博览会在上海世博展览馆盛大召开。"城博会"的展示面积近 5 万平方米，展示内容涉及城市规划、城市基础设施、智慧城市、绿色建筑等城市建设中的重点创新成果，与老百姓的日常生活息息相关。"城博会"以"韧性城市，低碳生活"为主题，聚焦五大新城，从绿色、治理、宜居、

韧性、智造五个维度出发，全面展示在城市可持续发展方面具有创新意义、推广价值和实践性的理念成果与示范案例。"城博会"期间举办了各种精彩纷呈的活动，吸引了各行各业、各年龄段的专业人士、市民朋友参加。

2.5.3 举办第四届"孩子眼中的未来城市"绘画活动

"孩子眼中的未来城市"绘画活动是上海市绿色建筑协会举办的一项独有、创新的公益性活动，已连续举办了四年。从第一届征集到几十幅画作到本届千余幅画作，从简单的一面墙到形式多样的展示区，不断拓展征集形式，改进评审方式，丰富形式内容、表彰方式和宣传方式，得到了越来越多的支持和关注。为了推广绿色低碳发展理念，第四届"孩子眼中的未来城市"绘画作品征集展示活动以"碳中和的明天"为主题，围绕"生态城市""低碳建筑"和"绿色生活"设置了幼儿组、小学组、中学组三个组别，共征集到1600余幅绘画作品。经专家评审，共244幅作品入围，其中65幅获奖。孩子们用绘画表现了自己对"碳中和"的理解，使我们感受到了孩子们对生活环境的关注和美好期待。在颁奖活动上，中国工程院吴志强院士与小朋友互动、合影留念、签名赠书。

执笔： 上海市绿色建筑协会

3 江苏省绿色建筑发展总体情况简介
3 General situation of green building development in Jiangsu

3.1 绿色建筑总体情况

绿色建筑标识情况

截至2021年11月,江苏省绿色建筑评价标识项目累计6588项,建筑面积6.64亿平方米。其中,2021年度新增绿色建筑评价标识项目1172项,新增绿色建筑面积1.14亿平方米。与2020年相比,江苏省大部分城市的绿色建筑评价标识项目面积均有一定增幅。

江苏省历年累计绿色建筑标识项目中,一星级1528项、建筑面积1.35亿平方米,二星级4606项、建筑面积4.91亿平方米,三星级454项、建筑面积3831万平方米。住宅建筑3361项、建筑面积4.87亿平方米,公共建筑3178项、建筑面积1.72亿平方米,工业建筑49项、建筑面积437万平方米。

2020年、2021年,累计绿色建筑评价标识项目中,设计标识占比90%以上,其中2021年运行标识面积略有上升,达6.08%。

3.2 绿色建筑发展规划和政策法规情况

3.2.1 印发《关于推进碳达峰目标下绿色城乡建设的指导意见》(苏建办〔2021〕66号)

2021年4月15日江苏省住房和城乡建设厅印发《关于推进碳达峰目标下绿色城乡建设的指导意见》(苏建办〔2021〕66号),总体目标提出:到2025年,全省绿色建筑规模总量保持全国最大,建筑碳排放强度力争全国最低;全省住房城乡建设系统绿色发展理念深入人心,构建完整的贯穿设计、建造、运营、拆除建筑全生命周期,涉及房地产业、建筑业、市政设施、园林绿化、城市管理、村镇建设等各行业的绿色发展新格局。指导意见还提出,为提升绿色建筑品质，全面落实新版《绿色建筑设计标准》《住宅设计标准》《居住建筑热环境和节能设计标准》，提升建筑安全耐久、健康舒适、资源节约、智能智慧水平，提高建筑室内空气、水质、隔声等健康性能指标，持续提升绿色建筑质量。

3.2.2　2021年江苏省发布绿色建筑相关发展规划

2021年江苏省发布的绿色建筑相关发展规划　　　　　表1

序号	名称	发文号
1	省住房城乡建设厅关于印发《江苏省"十四五"建设领域科技创新规划》的通知	苏建科〔2021〕108号
2	省住房城乡建设厅关于印发江苏省建筑业"十四五"发展规划的通知	苏建建管〔2021〕110号
3	省住房城乡建设厅关于印发《江苏省"十四五"绿色建筑高质量发展规划》的通知	苏建科〔2021〕114号
4	省住房和城乡建设厅关于印发江苏省"十四五"勘察设计行业发展规划的通知	苏建设计〔2021〕115号

3.2.3　2021年江苏省发布绿色建筑相关文件

2021年江苏省发布的绿色建筑相关文件　　　　　表2

序号	名称	发文号	内容简介
1	省住房和城乡建设厅关于发布《民用建筑施工图绿色设计文件编制深度规定》《民用建筑施工图绿色设计文件技术审查要点》的通知	苏建科〔2021〕146号	《江苏省民用建筑施工图绿色设计文件编制深度规定（2021年版）》和《江苏省民用建筑施工图绿色设计文件技术审查要点（2021年版）》发布
2	省住房和城乡建设厅关于公布2020年度"江苏省绿色建筑创新项目"的通知	苏建函科〔2021〕41号	公布南京鼓楼医院南扩工程等10个项目为2020年度"江苏省绿色建筑创新项目"
3	省住房城乡建设厅关于2021年度江苏省绿色建筑发展专项资金奖补项目的公示		对2021年度江苏省绿色建筑发展专项资金奖补项目共45项进行公示
4	省住房城乡建设厅关于举办第八届"紫金奖·建筑及环境设计大赛"（2021）的通知	苏建设计〔2021〕128号	发布《第八届"紫金奖·建筑及环境设计大赛"（2021）竞赛公告》

3.3 绿色建筑标准规范情况

3.3.1 江苏省住房和城乡建设厅发布的2021年度省工程建设标准修订计划和重点类标准

标准修订　　　　　　　　　　　　　　　　　　　　　　　　表3

序号	编号	名称	原主编单位
1	DGJ32/J 19—2015	绿色建筑工程施工质量验收规范	江苏省住房和城乡建设厅科技发展中心 江苏省建设工程质量监督总站
2	DGJ32/TJ 199—2016	预制预应力混凝土装配整体式结构技术规程	南京大地建设集团有限责任公司 东南大学土木工程学院
3	DGJ32/TJ 215—2016	既有建筑隔震加固技术规程	江苏鸿基节能新技术股份有限公司 江苏省住房和城乡建设厅抗震办公室

立项重点类标准　　　　　　　　　　　　　　　　　　　　　表4

序号	标准名称	主编单位
1	建筑工程绿色施工评价标准	中建八局第三建设有限公司 江苏省建筑安全监督总站
2	无机涂料应用技术规程	江苏丰彩建材（集团）有限公司

3.3.2 2021年江苏省发布的绿色建筑相关标准

2021年江苏省发布和实施的绿色建筑相关标准　　　　　　　表5

序号	编号	标准名称	实施日期
1	DB32/4066—2021	《居住建筑热环境和节能设计标准》	2021年7月1日
2	DB32/T 4019—2021	《民用建筑能耗计算标准》	2021年7月1日
3	DB32/T 4020—2021	《绿色城区规划建设标准》	2021年7月1日
4	DB32/3920—2020	《住宅设计标准》	2021年7月1日
5	DB32/3962—2020	《绿色建筑设计标准》	2021年7月1日
6	DB32/T 3964—2020	《民用建筑能效测评标识标准》	2021年5月1日
7	DB32/T 3913—2020	《综合管廊矩形顶管工程技术标准》	2021年5月1日
8	DB32/T 3915—2020	《装配式混凝土结构现场连接施工与质量验收规程》	2021年5月1日
9	DB32/T 3921—2020	《居住建筑浮筑楼板保温隔声工程技术规程》	2021年5月1日
10	DB32/T 3919—2020	《浅层地热能开发利用地质环境监测标准》	2021年5月1日
11	DB32/T 3914—2020	《重型木结构技术标准》	2021年5月1日

3.4 绿色建筑科研情况

3.4.1 申报 2021 年度江苏省绿色建筑发展专项资金奖补项目（科技支撑项目）

2021 年 4 月，江苏省住房和城乡建设厅对 2021 年度江苏省绿色建筑发展专项资金奖补项目进行公示，其中科技支撑项目 11 项。

2021 年度江苏省绿色建筑发展专项资金奖补项目（科技支撑项目） 表 6

序号	项目名称	承担单位
1	碳达峰目标下的江苏建筑节能策略和路径研究	江苏省住房和城乡建设厅科技发展中心
2	基于智能设计与先进建造的绿色公共建筑设计方法与示范	东南大学建筑设计研究院有限公司
3	城镇老旧小区功能与人居环境提升改造关键技术研究与示范	江苏建科土木工程技术有限公司
4	绿色智慧住区管控平台研究与示范	苏州市建筑科学研究院集团股份有限公司
5	公共建筑室内空气品质综合评价系统研究	东南大学能源与环境学院
6	可再生能源多能互补供暖关键技术研究与示范	南京工业大学、东南大学
7	固体废弃物制备绿色建材关键技术研究与应用	江苏镇江建筑科学研究院集团股份有限公司
8	装配式建筑围护结构隔声性能及其舒适性提升共性技术研究与示范	南京工业大学
9	BIM 技术在绿色建筑全寿命期一体化集成应用研究与示范	东南大学土木工程学院
10	装配化装修关键技术研究与示范	南京长江都市建筑设计股份有限公司
11	既有城区绿色宜居更新空间优化策略研究与示范	苏州九城都市建筑设计有限公司

3.4.2 2021 年度江苏省建设系统科技项目

江苏省住房和城乡建设厅发布 2021 年度省建设系统科技项目，其中，绿色建筑相关计划类 6 项，指导类 22 项。

（1）2021 年度省建设系统科技项目（计划类）

省建设系统科技项目（计划类） 表 7

序号	项目名称	承担单位
1	江苏省城镇老旧小区改造政策与技术体系研究	南京回归建筑环境设计研究院有限公司

续表

序号	项目名称	承担单位
2	江苏传统村落保护与发展研究	东南大学
3	基于固废利用的新型乡村建材与建造关键技术与应用研究	南京大学建筑规划设计研究院有限公司
4	江苏省既有街区更新关键技术研究	江苏省城镇化和城乡规划研究中心
5	江苏省绿色建筑高质量发展研究	江苏省住房和城乡建设厅科技发展中心
6	装配式混合结构住宅建筑体系的标准化集成设计研究	启迪设计集团股份有限公司

(2) 2021年度省建设系统科技项目（指导类）

省建设系统科技项目（指导类）　　　　表8

序号	编号	名称	承担单位
1	2021ZD03	基于防疫功能强化的被动式超低能耗办公建筑节能设计方法研究	苏州大学
2	2021ZD13	南京地区高校建筑的绿色效能提升被动式关键技术研究	金陵科技学院
3	2021ZD16	高职院校装配式建筑人才培养模式研究	江苏建筑职业技术学院
4	2021ZD24	公共建筑室内空气品质综合评价系统研究	东南大学
5	2021ZD25	BIM技术在绿色建筑全寿命期一体化集成应用研究与示范	东南大学
6	2021ZD26	可再生能源多能互补供暖关键技术研究与示范	南京工业大学
7	2021ZD27	装配式建筑围护结构隔声性能及其舒适性提升共性技术研究与示范	南京工业大学
8	2021ZD28	碳达峰目标下的江苏建筑节能策略和路径研究	江苏省住房和城乡建设厅科技发展中心
9	2021ZD29	城镇老旧小区功能与人居环境提升改造关键技术研究与示范	江苏建科土木工程技术有限公司
10	2021ZD30	基于智能设计与先进建造的绿色公共建筑设计方法与示范	东南大学建筑设计研究院有限公司
11	2021ZD32	绿色智慧住区管控平台研究与示范	苏州市建筑科学研究院集团股份有限公司
12	2021ZD33	既有城区绿色宜居更新空间优化策略研究与示范	苏州九城都市建筑设计有限公司
13	2021ZD34	固体废弃物制备绿色建材关键技术研究与应用	江苏镇江建筑科学研究院集团有限公司

续表

序号	编号	名称	承担单位
14	2021ZD39	公共建筑能耗监测项目数据分析及效能提升研究	江苏省住房和城乡建设厅科技发展中心
15	2021ZD34	医院建筑机电系统菜单式方案和能效提升技术研究	江苏省土木建筑学会
16	2021ZD47	超低能耗建筑墙体内保温应用技术研究	江苏省建筑科学研究院有限公司
17	2021ZD49	城市道路两侧住宅噪声污染及声环境控制研究	江苏建科鉴定咨询有限公司
18	2021ZD50	面向碳达峰的高品质建筑电气直流电源系统研究——以医院建筑电气直流电源系统为例	江苏省妇幼保健院
19	2021ZD60	地下空间绿色建筑技术体系研究——以南京南部新城地下空间为例	南京市南部新城开发建设管理委员会
20	2021ZD76	基于BIM技术的装配式建筑施工应用研究	江苏建智工程管理有限公司
21	2021ZD77	装配式混凝土构件材料的绿色制造及应用研究	江苏镇江建筑科学研究院集团股份有限公司
22	2021ZD79	BIM协同管理平台在项目全过程中的应用研究	泰州市绿色建筑与科技发展中心

3.4.3　住房和城乡建设部2021年科学技术计划项目（江苏省）

江苏省住房和城乡建设厅转发住房城乡建设部2021年科学技术计划项目（江苏省），绿色建筑相关科研类2项，科技示范工程类4项。

（1）科研类项目（江苏省）

住房和城乡建设部科研类项目（江苏省）　　表9

序号	项目编号	项目名称	研究单位	合作单位
1	2021-K-055	新型装配式混合结构公共建筑体系研究	中建科技镇江有限公司	
2	2021-K-066	大宗含铁固废协同互补制备绿色建材的低碳设计与产品评价研究	江苏镇江建筑科学研究院集团股份有限公司	东南大学

（2）科技示范工程类项目（江苏省）

住房和城乡建设部科技示范工程类项目（江苏省）　　表10

序号	项目编号	项目名称	研究单位
1	2021-S-002	南京市天津新村省级宜居示范街区建设项目	江苏省城镇化和城乡规划研究中心

续表

序号	项目编号	项目名称	研究单位
2	2021-S-029	奥体苏宁恒大中心绿色施工科技示范	中建一局集团第三建筑有限公司、中国建筑一局（集团）有限公司
3	2021-S-030	华贸国际中心绿色施工科技示范	中建三局第三建设工程有限责任公司
4	2021-S-046	南京朗诗绿色中心零能耗建筑示范项目	上海朗诗投资管理有限公司

3.5 绿色建筑技术推广、专业培训及科普教育活动

3.5.1 召开第十四届江苏省绿色建筑发展大会

为全面贯彻国家和省有关决策部署，深入推动绿色城乡高质量发展，2021年10月19日，第十四届江苏省绿色建筑发展大会在南京召开（图1），大会以"实现碳达峰目标，构建城乡建设绿色发展新格局"为主题。会议期间，江苏省住房和城乡建设厅、国际绿色建筑联盟发起《"双碳"目标下绿色城乡建设的江苏倡议》，以"全面推动绿色城乡建设 共建可持续人居家园"为主题，号召全行业"让城乡建设更加绿色宜居、让资源利用更加绿色节约、让绿色设计提高建设品质、让科技创新推动绿色发展、让绿色低碳生活成为社会风尚"，进一步推动江苏绿色城乡建设，加速城乡转型，共建美好家园，共同绘就"美丽中国"的新时代画卷！

图1 第十四届江苏省绿色建筑发展大会现场

会上，相关专家和学者围绕《可持续人居家园目标下的绿色低碳建设行动——江苏城乡建设2008年以来持续的绿色实践》《绿色低碳建筑材料》《降低建筑建造相关碳排放责任的路径研究》《中国能源展望——劳伦斯伯克利实验室

视角下的中国碳达峰和碳中和路径》等主题作主旨报告。会议聚焦城乡建设领域碳达峰行动、绿色建筑高质量发展、智能建造与新型建筑工业化等议题，通过十余场专题研讨打造了高质量行业互动平台。同期举办了"十三五"江苏建设科技高质量发展成果展、"绿色建筑服务网"上线、发布《江苏省绿色建筑发展报告2020》、宣介绿色建筑和建筑节能相关重大地方标准等活动。

由江苏省住房和城乡建设厅、江苏团省委共同指导，国际绿色建筑联盟、中国城市科学研究会绿色建筑与节能专业委员会共同主办，以"绿色·建筑·未来"为主题的江苏省青少年绿色低碳科普教育活动同步启动。

3.5.2 组织其他相关研讨培训活动

2021年9~10月，在南京、无锡、淮安、南通等四个设区市召开《住宅设计标准》DGJ32/J 26—2017、《绿色建筑设计标准》DB 32/3962—2020宣贯培训会。

2021年11月，在南京、常州两地召开《居住建筑热环境和节能设计标准》DB 32/4066—2021宣贯培训会。

2021年11~12月，开展以"绿色·建筑·未来"为主题的江苏省青少年绿色低碳科普教育活动，活动针对全省青少年开展科普宣传资料的推送发放、知识课堂、科普竞赛、项目参观等教育内容，旨在推动全省广大青少年倡导绿色低碳生活方式，厚植生态环保理念，在全社会形成节能减碳的浓厚氛围，培育绿色低碳生活新风尚。

2021年8月，江苏省机关事务管理局、各市机关事务管理局，积极响应"全国节能宣传周"号召，主要采取线上的方式进行节能宣传周系列活动。活动围绕"低碳生活，绿建未来"主题，重点宣传节能降碳和绿色发展理念，倡导绿色低碳生活方式，展示"十三五"经验成效，突出公共机构绿色低碳发展、节约型机关创建、生活垃圾分类、反食品浪费等重点内容，充分发挥公共机构在"守护绿水青山、建设美丽中国"中的示范引领作用，在全社会营造节能低碳浓厚氛围，助力实现碳达峰、碳中和目标。

执笔： 刘永刚　季柳金　刘晓静　陈龙　罗金凤（中国绿色建筑委员会江苏省委员会）

4 湖北省绿色建筑发展总体情况简介
4 General situation of green building development in Hubei

4.1 绿色建筑总体发展情况

截至 2021 年 12 月 10 日，湖北省已通过绿色建筑评价标识项目共计 150 个，其中设计标识项目 148 个，运行标识项目 2 个；设计标识中公共建筑项目 54 个（其中一星级项目 16 个，二星级项目 35 个，三星级项目 3 个），居住建筑项目 94 个（其中一星级项目 38 个，二星级项目 56 个）。

4.2 绿色建筑发展规划和政策法规情况

4.2.1 2021 年 1 月 14 日，湖北省住房和城乡建设厅发布了《关于下达 2020 年度省建设科技计划项目和建筑节能示范工程的通知》(厅头〔2021〕80 号)

根据《关于组织申报 2020 年度湖北省建设科技计划项目和建筑节能示范工程的通知》要求，对湖北省确定的 43 个建设科技计划项目和 6 个建筑节能示范工程进行公示，要求各建设科技计划项目承担单位对研究成果突出、为湖北省建设领域绿色发展和高质量发展起到促进作用的项目以适当方式进行表彰和推广，建筑节能示范工程要按照《湖北省建筑节能示范工程管理办法》组织实施。

4.2.2 2021 年 4 月 25 日，湖北省住房和城乡建设厅发布了《关于 2020 年度目标责任考核及"十三五"全省建筑节能与绿色建筑发展目标任务完成情况的通报》(鄂建墙〔2021〕2 号)

根据《湖北省"十三五"建筑节能与绿色建筑发展规划》和《关于印发〈湖北省"十三五"建筑节能与绿色建筑发展目标任务分解方案〉和〈湖北省"十三五"建筑节能与绿色建筑发展年度工作目标责任考核管理办法〉的通知》（鄂建墙〔2016〕3 号）要求，省建筑节能与墙体材料革新领导小组办公室对湖北省"十三五"建筑节能和绿色建筑发展目标任务完成情况及 2020 年度各市、州、直管市、神农架林区目标责任进行了考核，并公布相关结果。

4.2.3　2021 年 5 月 27 日，湖北省住房和城乡建设厅发布了《关于实施〈绿色建筑设计与工程验收标准〉(DB42/T 1319—2021) 的通知》(鄂建文〔2021〕14 号)

为贯彻落实《湖北省绿色建筑创建行动实施方案》，切实推动湖北省绿色建筑高质量发展，发布了新修订的湖北省地方标准《绿色建筑设计与工程验收标准》(DB42/T 1319—2021)，明确执行时间、责任主体以及强化监督管理的相关要求。

4.2.4　2021 年 7 月 21 日，湖北省住房和城乡建设厅发布了《关于三星级绿色建筑标识申报工作的通知》(厅头〔2021〕1175 号)

根据《住房和城乡建设部办公厅关于做好三星级绿色建筑标识申报工作的通知》(建办标〔2021〕23 号) 和《绿色建筑标识管理办法》(建标规〔2021〕1 号) 要求，对湖北省三星级绿色建筑标识项目的申报、初审以及要求做了明确规定，保障湖北省三星级绿色建筑标识申报工作有序开展。

4.2.5　2021 年 8 月 21 日，湖北省住房和城乡建设厅发布了《关于印发〈湖北省县城品质提升三年行动方案〉的通知》(鄂建文〔2021〕35 号)

为贯彻落实省委、省政府关于启动县城品质提升三年行动的有关要求，补齐县城建设短板，推进县城高质量发展，尊重城市发展规律，顺应城市发展阶段，围绕推进以县城为重要载体的新型城镇化，在全省县（市、区）实施县城品质提升三年行动，建成一批畅通、有序、安全、便捷、美丽、智慧的现代化县城，为将湖北建设成为中部崛起的重要战略支点提供有力支撑。

4.2.6　2021 年 8 月 31 日，湖北省住房和城乡建设厅发布了《关于 2021 年度省级建筑节能以奖代补资金竞争性分配计划的公示（厅头〔2021〕1447 号)》

根据《关于印发〈湖北省"十三五"建筑节能与绿色建筑发展目标任务分解方案〉和〈湖北省"十三五"建筑节能与绿色建筑发展年度工作目标责任考核管理办法〉的通知》(鄂建墙〔2016〕3 号) 及《湖北省建筑节能以奖代补资金管理办法》(鄂财建发〔2017〕37 号) 的要求，完成了全省 2020 年度建筑节能工作目标责任考核，对 2020 年度省级建筑节能以奖代补资金使用进行了绩效评价，确定了 2021 年度省级建筑节能以奖代补资金的奖励对象及分配资金并予以公示。

4.2.7　2021 年 9 月 28 日，湖北省住房和城乡建设厅发布了《关于开展 2021 年全省建筑节能与绿色建筑发展工作自查的通知》(厅头〔2021〕1639 号)

为贯彻落实湖北省节能减排工作要求，推进湖北省建筑节能和绿色建筑高质量发展，开展 2021 年全省建筑节能和绿色建筑发展工作综合检查，主要对开展绿色建筑创建行动情况、贯彻落实《关于加强和完善绿色建筑和节能管理工作的通知》（鄂建函〔2020〕62 号）和《关于实施〈绿色建筑设计与工程验收标准〉(DB42/T 1319—2021) 的通知》（鄂建文〔2021〕14 号）等文件情况、各责任主体落实建筑节能和绿色建筑标准规范情况以及绿色建材推广应用及新型墙体材料发展应用和市场监管情况开展检查。

4.2.8　2021 年 11 月 19 日，湖北省住房和城乡建设厅发布了《关于 2021 年度湖北省建设科技计划项目和建筑节能示范工程的公告》

按照《关于组织申报 2021 年度湖北省建设科技计划项目和建筑节能示范工程的通知》要求，全省各有关单位、企业、院校积极申报建设科技计划项目和建筑节能示范工程。经组织专家评审、公示，对湖北省各地区各单位申报的 110 个湖北省建设科技计划项目和 11 个湖北省建筑节能示范工程立项情况进行公告。

4.2.9　2021 年 11 月 19 日，湖北省住房和城乡建设厅发布了《关于进一步加强外墙保温工程管理的通知》

外墙保温是建筑节能的重要组成部分，对保证建筑能效、提升工程品质具有重要作用。为保障外墙保温工程质量安全，促进绿色建筑高质量发展，助力实现建筑领域"双碳"目标，结合湖北省现有外墙保温应用情况和产业条件基础，提出从技术和管理层面的解决措施，构建具有湖北特色的建筑外墙保温产业体系和工程保障体系。

4.2.10　2021 年 11 月 22 日，湖北省住房和城乡建设厅发布了《关于印发建筑节能与绿色建筑发展年度工作目标责任考核方案的通知》（鄂建墙〔2021〕5 号）

根据《湖北省"十四五"建筑节能与绿色建筑发展实施意见》要求，为做好建筑节能与绿色建筑发展目标责任考核工作，在碳达峰碳中和目标下，推动湖北省建筑节能与绿色建筑发展，全面完成"十四五"工作目标任务，落实目标责任考核制度，制定该方案。

4.2.11　2021 年 11 月 29 日，湖北省住房和城乡建设厅发布了《湖北省"十四五"建筑节能与绿色建筑发展实施意见》（鄂建墙〔2021〕4 号）

为深入贯彻习近平生态文明思想，准确把握新发展阶段，深入贯彻新发展理念，加快构建新发展格局，落实省委省政府绿色发展决策部署，根据住房和城乡建设部"十四五"建筑节能和绿色建筑发展规划和《湖北建筑业发展"十四五"规划》要求，围绕"双碳"目标，推动城乡建设事业高质量发展，制定该实施意见。

4.3　绿色建筑标准规范情况

湖北省2021年已发布及正在修订和编制的绿色建筑和建筑节能相关标准规范如下：

（1）修订发布了《绿色建筑设计与工程验收标准》DB42/T 1319—2021（代替 DB42/T 1319—2017），自2021年6月1日实施。标准根据《绿色建筑评价标准》GB/T 50378—2019 的要求，结合湖北省实际情况及近几年的工程使用经验，增加了部分绿色建筑技术条款的要求，使湖北省绿色建筑总体水平优于 GB/T 50378—2019 基本级的要求，同时绿色建筑工程验收内容也根据设计内容的变更调整了验收方法和验收内容，便于实施。

（2）发布了《公共建筑能耗监测系统技术规范》DB42/T 1712—2021，自2021年11月20日实施。本规范规定了公共建筑能耗监测系统的设计、施工、调试、检测、验收和运行维护的统一技术要求，适用于湖北省所有新建、改扩建、既有公共建筑的能耗监测系统的建设、运行管理与维护。

（3）发布了《被动式超低能耗居住建筑节能设计规范》DB42/T 1757—2021。本规范规定了被动式超低能耗居住建筑节能设计的术语和符号、基本规定及技术指标、建筑设计、建筑围护结构热工设计、构造节点设计、供暖、通风和空调系统设计、电气设计、给水排水设计等内容，适用于湖北省新建、扩建和改建居住建筑的超低能耗节能设计。

（4）发布了《湖北省海绵城市规划设计规程》DB42/T 1714—2021，自2021年11月20日实施。本规程规定了海绵城市规划设计的术语和定义、规划设计指标、规划指引、设计指引及评价指引，适用于湖北省行政管辖区内各城市海绵城市的规划设计，规程为住建、生态环境、自然资源、园林、水利、交通、发改等有关部门指导和监督海绵城市建设有关工作提供参考，推动各地在城市规划设计建设全过程中坚持海绵城市建设理念，从源头实现雨水减排，系统治理城市内涝。

（5）修订的湖北省地方标准《低能耗居住建筑节能设计标准》DB42/T 559，正在报批中。主要对围护结构热工设计计算相关内容进行了修改，并进一步提高建筑门窗的保温隔热性能指标，提高了建筑节能率。

4.4　绿色建筑科研情况

2021年，湖北省在绿色建筑方面开展了大量的研究工作，目前正在进行的科研课题如表1所示。

湖北省2021年绿色建筑相关科研情况　　　　　　　　表1

序号	项目名称	备注
1	武汉市老旧小区更新改造可持续性实施路径研究	
2	湖北省老旧小区绿色改造可持续性改造评价体系研究	
3	健康老龄化视角下绿地建成环境优化策略研究——以武汉市老旧住区为例	
4	老旧小区绿色更新改造技术研究	
5	存量背景下老旧住宅环境优化研究	
6	基于新型装配式建筑体系的国博会展功能完善提升项目研究	
7	湖北省建筑业绿色全要素生产率、集聚水平测度与提升对策研究	
8	低碳背景下BIM与装配建筑全过程协作模式研究	
9	碳达峰碳中和目标下黄石市高校零碳校园建设关键路径研究	
10	基于碳中和背景下的超低能耗建筑全过程高质量管控关键技术研究	
11	基于BIM技术的绿色建筑运维管理研究	
12	湖北省老旧小区绿色宜居改造关键技术研究	
13	夏热冬冷地区近零碳办公建筑适用技术研究	
14	基于湖北省百个绿色建筑项目的绿色建造设计创新技术研究	
15	绿色建造关键技术集成应用研究	
16	外墙外保温系统设计研究	
17	绿色环保轻质电离辐射防护建筑材料开发研究	
18	绿色建造关键技术集成应用研究	
19	绿色建筑品质和性能提升技术	
20	支持绿色建筑与绿色建材的绿色金融政策研究	
21	可再生能源建筑应用能效提升及关键技术的适宜性研究	

4.5　绿色建筑技术推广、专业培训及科普教育活动

4.5.1　为推进全省绿色建筑高质量发展，绿色建筑专委会协助省科技节能办在全省各地市举办"创建绿色建筑、推动绿色发展"的主题培训。"宣讲团"专家对新修订的地标《绿色建筑设计与工程验收标准》进行解读，对省住建厅等七厅局联合印发的《湖北省绿色建筑创建行动实施方案》进行宣贯，对《湖北省既有建筑绿色改造案例》进行讲解。

4.5.2　2021年6月，湖北省科技节能办召集近三年参与湖北省绿色建筑标识的咨询机构召开座谈会，共30余家咨询机构主要负责人、技术主管40余人参会。在"十四五"开局之年，"双碳"目标任务起步的关键时期，此次座谈会对推进绿色建筑发展非常及时和必要。通过项目情况通报、违规行为处理、评审问

题讲解，促进了企业提升业务水平，强化责任意识，从而规范绿色建筑评价标识申报行为。

4.5.3 2021年6月，湖北省科技节能办在武汉召开绿色建筑评审专家座谈会，邀请绿色建筑评审专家以及优秀施工单位代表等20余人参会。与会专家分专业对新国标如何开展评审、绿色建筑设计和工程验收操作实施、《湖北绿色建筑标识认定和管理实施细则（征求意见稿）》发表个人意见。此次专家座谈会通过违规行为处理、总结以往评审常见问题、谋划新标准具体落实，促进绿色建筑评审专家评审细节优化，强化责任意识，提高标识项目质量，推进绿色建筑高质量发展。

4.5.4 2021年11月，湖北省住房和城乡建设厅、湖北省绿色建筑与节能专业委员会相关人员参加了首届湖北绿色消费博览会，并设置了专题展厅。本次博览会聚焦"消费升级 绿色崛起"主题，旨在促进消费提质升级，推动消费绿色转型，创新引领经济高质量发展。

执笔：罗剑　丁云　秦慧（湖北省土木建筑学会绿色建筑与节能专业委员会）

5 重庆市绿色建筑发展总体情况简介

5 General situation of green building development in Chongqing

5.1 绿色建筑总体情况

截至2021年,重庆市通过绿色建筑评价标识认证的项目共计241个,总建筑面积为4391.4m²,其中公共建筑88个,总建筑面积1081.51万平方米,居住建筑150个,总建筑面积3069.16万平方米,工业建筑1个,总建筑面积11.6万平方米,混合建筑2个,总建筑面积12.97万平方米。其中,2021年通过绿色建筑评价标识认证的项目共计14个,总建筑面积261.03万平方米,公建项目4个,总建筑面积44.87万平方米;其中三星级项目2个,总建筑面积15.58万平方米;一星级项目2个,总建筑面积29.29万平方米;居建项目10个,总建筑面积216.16万平方米;其中三星级项目1个,总建筑面积10.15万平方米;二星级项目9个,总建筑面积206.01万平方米;竣工项目11个,总建筑面积221.59万平方米,运行项目3个,总建筑面积39.44万平方米。

5.2 绿色建筑发展规划和政策法规情况

为了规范行业发展,牢固树立创新、协调、绿色、开放、共享的发展理念,加快城乡建设领域生态文明建设,全面实施绿色建筑行动,促进建筑节能与绿色建筑工作深入开展,2021年重庆市发布了一系列政策法规、技术标准,为绿色建筑的迅速发展提供了有力支撑和坚强保障。重庆市制订发布的绿色建筑相关政策法规文件如下所示。

■ 关于落实《重庆市推进建筑产业现代化促进建筑业高质量发展若干政策措施》的实施意见

■ 关于印发《重庆市工程项目数字化建造试点项目管理办法(试行)》的通知

■ 关于印发《重庆市住房城乡建设领域数字化企业试点管理办法(试行)》的通知

■ 关于落实《重庆市推进建筑产业现代化促进建筑业高质量发展若干政策措施》实施意见的补充通知

5.3 绿色建筑标准规范情况

为进一步加强绿色建筑发展的规范性建设,根据工作部署,组织编制完成的相关标准如下。

5.3.1 重庆市相关标准

(1)《区域集中供冷供热系统技术标准》DBJ50/T—403—2021

为贯彻执行国家和重庆市节约资源、保护环境的有关法律法规和方针政策,改善重庆市公共建筑的环境质量,提高区域集中供冷供热系统的能源利用效率和资源综合利用水平,降低建筑能耗,结合重庆市的气候特点和公共建筑节能的具体情况,制定标准。标准适用于重庆市范围内的区域集中供冷供热项目的能源站房及系统管路设计。

(2)《高性能混凝土应用技术标准》DBJ50/T—389—2021

为促进高性能混凝土在重庆市工程中的应用,确保工程质量,达到经济合理、安全适用的目的,制定标准。标准适用于高性能混凝土的生产、施工和验收。

(3)《建筑工程现场检测监测数据采集标准》DBJ50/T—384—2021

为了在建筑工程施工现场检测、监测采集工作中,做到技术先进、保护环境、确保现场检测、监测工作质量,制定标准。标准适用于建筑工程中混凝土、砌体及钢结构工程施工现场检测、监测数据的采集。

5.3.2 行业协会标准

协会标准《绿色建筑技术咨询与服务行业自律行为规范》TCQGBAIA 001—2021。

5.4 绿色建筑科研情况

2021年,重庆市针对西南地区特有的气候、资源、经济和社会发展的不同特点,广泛开展绿色建筑关键方法和技术研究开发。

5.4.1 国家级科研项目

(1)"十三五"国家重点研发计划子课题"竹木建造体系民居环境物理性能

提升集成技术研发示范"子课题

研究以苗、土家族代表的竹木建造村寨的气候地理特征，调研典型性能问题与需求，构建竹木体系民居室内物理性能综合提升指标体系。针对竹木民居普遍面临的隔热、防潮、隔声以及能源利用等问题，研发示范基于围护结构集成提升和能源资源综合利用，耦合式能源资源优化应用与环境适宜性改善技术体系。最终在重庆市武隆区与黔江区开展了技术示范。

（2）联合国开发计划署/全球环境基金赠款/中国公共建筑能效提升项目："公共建筑节能低碳技术及产品信息获取及评估研究技术援助项目"

公共建筑能源管理信息系统是在归纳总结系统原有数据的基础上，进一步纳入建筑信息、设备信息、技术信息、用能信息甚至环境等信息，从而建立一个具备建筑的能耗统计、能源审计和能耗监测信息、建筑节能低碳技术和产品的应用与推广信息、建筑能源管理效果和人员需求等，满足我国公共建筑节能事业需求的公共建筑能源管理信息系统的数据需求指标体系。同时建立其他信息与系统的对接机制，保障系统在建立之后能始终发挥指导作用，将节能低碳技术的需求和应用、技术应用、技术发展和进步方向等信息不断总结更新，从而丰富系统中的公共建筑节能低碳技术信息。2021年11月12日，中国公共建筑能效提升项目管理办公室通过腾讯会议组织召开了项目验收评审会，该项目通过验收。

（3）联合国开发计划署/全球环境基金赠款/中国公共建筑能效提升项目：公共建筑节能教育培训中心潜在城市能力评估

研究针对在重庆市建立公共建筑节能教育培训中心的要求，开展城市公共建筑节能培训能力评估。针对城市设置公共建筑节能教育培训中心的条件，从培训机构管理制度、培训工作开展情况、相关培训需求等方面开展现状情况梳理，并在此基础上，形成基于需求、制度、基础三个方面的体系。构建了基于三级要求的评估模式，供不同的城市在开展相应能力评估时参考。

5.4.2 地方级科研项目

重庆市技术创新与应用发展专项重点项目：重庆市公共机构能源监管与运维评估大数据智慧平台：

公共机构用能系统信息统计与报表系统构建，实现公共机构用能系统信息统计，包括机构类型、建筑面积、能耗等；对采集的用能数据进行分析处理，生成数据报表，发布实时统计数据；进行全市公共机构能源消耗大数据分析，进行用能限额管理。公共机构用能系统大数据分析与在线诊断评估，实现公共机构的动态能源审计、诊断评估、改造建议、效果核定。公共机构能源系统运维动态管理与分析，实现公共机构用能系统运行状态的监控，包括室内环境、设备运行状态等；可实现超额报警功能，提供管理策略。

5.5 绿色建筑技术推广、专业培训及科普教育活动

为进一步促进绿色建筑的技术推广，扩大发展绿色建筑的影响，重庆市先后组织参与了一系列宣传推广、学术交流和研讨活动，共同探讨现状、分享实施案例、开展技术交流。

2021年1月20日，为进一步推动行业组织的建设发展，立足服务行业、推动产业、引领服务的社会团体组织发展的根本思路，重庆市绿色建筑与建筑产业化协会绿色建筑专业委员会、重庆市土木建筑学会暖通专业委员会组织召开主任委员年度联席会议。

2021年1月26日至27日，为推进国家重点研发计划"西南民族村寨防灾技术综合示范"项目、"村寨适应性空间优化与民居性能提升技术研发及应用示范"课题的开展，重庆大学"竹木建造体系民居环境物理性能提升集成技术研发示范"任务研究组成员先后前往重庆市武隆区后坪乡文风村、重庆市黔江区小南山镇新建村开展了冬季居住环境实地调研。11月1日至5日再次前往重庆市武隆区后坪乡文风村、重庆市黔江区小南山镇新建村开展秋季居住环境实地调研与测试。

2021年5月18日至19日，在第十七届国际绿色建筑与建筑节能大会上，由西南地区绿色建筑基地、四川省建设科技协会、西藏自治区勘察设计与建设科技协会联合打造的"青藏高原绿色与零碳建筑发展"主题论坛顺利召开。

2021年5月28日，四川省房地产业协会代表团到访重庆市绿色建筑与建筑产业化协会绿色建筑专业委员会。四川省房地产业协会秘书长张代强、副秘书长郑海涛、四川省建设科技协会秘书长侯文，以及四川大学和泸州市、德阳市、乐山市、乐至县等地房地产业联合协会，成都、泸州、绵阳、资阳等地的12家开发单位和3个绿色建筑咨询单位共计30余人参加了交流座谈。重庆市绿色建筑与建筑产业化协会绿色建筑专业委员会副主任兼秘书长丁勇接待了代表团一行。

2021年5月28日至30日，重庆大学"竹木体系民居声、光、热性能与室内空气质量综合提升技术研发示范"子课题研究组，针对国家"十三五"重点研发课题"村寨适宜性空间优化和民居性能提升技术研发及应用示范"课题示范工程的实施技术途径，组织相关企业单位开展了现场查勘与技术研讨。

2021年11月18日，由重庆市机关事务管理局组织的"重庆市公共机构能源监管与运维评估大数据智慧平台"项目研究成果《重庆市公共机构与公共建筑能源环境资源监管与运维智慧平台》（以下简称"平台"）用户使用研讨会在重庆市机关事务管理局组织召开。

执笔：丁勇　周雪芹　王玉　胡文端（重庆市绿色建筑与建筑产业化协会绿色建筑专业委员会）

6 广东省绿色建筑发展总体情况简介
6 General situation of green building development in Guangdong

6.1 绿色建筑总体情况

截至 2021 年 12 月底,广东省 2021 年新增绿色建筑评价标识项目 135 个,建筑面积 962.89 万平方米,其中设计标识 941.67m^2,运行标识 21.22 万平方米;居住建筑 407.10 万平方米,公共建筑 514.12 万平方米,混合功能建筑 41.67 万平方米;二星级项目面积 851.68 万平方米,三星级项目面积 111.21 万平方米。全省城镇新增绿色建筑竣工面积占新建民用建筑比例预计达到 70%以上。

6.2 绿色建筑政策法规情况

6.2.1 《广东省住房和城乡建设厅 广东省发展和改革委员会 广东省教育厅 广东省科学技术厅 广东省工业和信息化 广东省财政厅 广东省自然资源厅 广东省生态环境厅 广东省市场监督管理局 广东省能源局 国家税务总局广东省税务局 中国人民银行广州分行 中国银行保险监督管理委员会广东监管局关于印发〈广东省绿色建筑创建行动实施方案(2021—2023)〉的通知》(粤建科〔2021〕166 号)

2021 年 9 月 30 日,省住房和城乡建设厅联合 13 部门印发《广东省绿色建筑创建行动实施方案》,在国家 7 部委绿色建筑创建方案的基础上,立足建立长效机制,将《广东省绿色建筑条例》条文内容融入其中贯彻落实,联动更多主管部门凝心聚力共同开展绿色建筑创建。

《实施方案》共有三部分:

(一)创建目标。明确了 2021—2023 年绿色建筑创建总目标,提出:到 2021 年基本建立与《广东省绿色建筑条例》相配套的政策文件体系和绿色建筑全寿命期监管体制机制;全面推进新建民用建筑按照绿色建筑标准进行建设,2021—2023 年城镇新建民用建筑中绿色建筑占比分别达到 70%、75%、80%;星级绿色建筑面积持续增加，到 2023 年，全省按一星级及以上标准建设的绿色建筑占新建民用建筑比例达到 20%，其中粤港澳大湾区珠三角九市比例达到 35%。同时，分区域细化地市未来三年绿色建筑发展目标任务，确保《方案》更具可操作性。

（二）重点任务。在住房和城乡建设部原 8 项任务的基础上，结合《广东省绿色建筑条例》的宣传贯彻进行完善细化，主要包括四大层面的工作要求：一是健全绿色建筑全寿命期政策标准体系、二是实施全流程绿色建筑管理、三是提高绿色建筑质量品质、四是推进绿色建筑技术发展。提出了"1. 建立配套文件体系；2. 完善技术标准体系；3. 推动专项规划落地实施；4. 强化立项用地阶段管控；5. 压实建设全过程责任；6. 探索绿色住宅使用者监督机制；7. 加强绿色建筑运行管理；8. 发展星级绿色建筑；9. 规范绿色建筑标识管理；10. 发展节能低碳建筑；11. 加快既有建筑绿色化改造；12. 推广装配式建造方式；13. 应用绿色建材和可再生能源；14. 推动绿色建筑科技创新；15. 积极落实激励措施"等 15 项任务。

（三）组织保障。明确了组织领导、绩效评价、宣传引导等内容。

6.2.2 《广东省人民政府办公厅关于印发广东省促进建筑业高质量发展若干措施的通知》（粤府办〔2021〕11 号）

2021 年 5 月 10 日，为深入贯彻习近平总书记关于推动高质量发展的重要论述精神，坚持以人民为中心，贯彻新发展理念，抢抓建筑业发展机遇，促进建筑业高质量发展，巩固我省建筑业支柱产业、绿色产业地位，增强企业竞争力，加快建设建筑强省，全面提升工程品质和产业现代化水平，广东省人民政府办公厅印发《广东省促进建筑业高质量发展若干措施》，有关绿色建筑内容如下：

发展绿色建筑。推进既有民用建筑绿色化改造，新建民用建筑全面执行绿色建筑标准，大型公共建筑按照高于最低等级绿色建筑标准建设。在建设用地规划条件中明确绿色建筑等级要求。加快推进绿色建材产品认证及生产应用，开展政府采购支持绿色建材推广试点。鼓励利用建筑废弃物生产建筑材料。（省住房城乡建设厅牵头，省工业和信息化厅、财政厅、自然资源厅、生态环境厅、市场监管局按职责分工负责）

加大金融支持力度。大力发展绿色金融，向节能建筑、绿色建筑以及以智能建造和新型建筑工业化方式建设项目提供绿色信贷、绿色债券等融资对接服务，鼓励保险资金支持相关项目建设或者提供增信措施。（省地方金融监管局、住房城乡建设厅牵头，省发展改革委、财政厅、人民银行广州分行、广东银保监局、广东证监局按职责分工负责）

6.2.3 《广东省住房和城乡建设厅关于公开征求〈广东省绿色建筑发展"十四五"规划〉意见的公告》(粤建公告〔2021〕42号)

2021年6月25日,广东省住房和城乡建设厅就《广东省绿色建筑发展"十四五"规划》向社会公开征求意见。其中明确了广东省绿色建筑发展的目标、重点任务和保障措施。

6.2.4 《广东省住房和城乡建设厅关于公开征求〈广东省绿色建筑标识管理办法〉意见的公告》(粤建公告〔2021〕61号)

2021年9月17日,广东省住房和城乡建设厅就《广东省绿色建筑标识管理办法》向社会公开征求意见。《广东省绿色建筑标识管理办法》的主要内容包括:

(一)保留住房和城乡建设部印发《绿色建筑标识管理办法》关于绿色建筑标识概念、范围、星级类型、资金支出方式的基础上,进一步细化明确了绿色建筑地方标准、各星级标识组织方式、省市专家库建立等内容。

(二)明确了广东省绿色建筑标识申报和审查具体事项,主要包括:1. 绿色建筑标识认定需经申报、审查、公示、公布等环节。2. 绿色建筑标识实行分级认定,三星级绿色建筑经广东省住房和城乡建设厅推荐后报住房和城乡建设部,二星级绿色建筑直接向广东省住房和城乡建设厅申报,一星级绿色建筑向市级住房和城乡建设部门申报。3. 绿色建筑标识申报由项目建设单位、运营单位或业主单位提出,申报绿色建筑标识应已通过工程竣工验收并完成备案。4. 申报材料应包括绿色建筑标识申报书、自评估报告以及相关图纸、报告、计算书、图片、视频等。5. 住房城乡建设部门对申报绿色建筑标识项目进行形式审查和专家审查,确定绿色建筑等级,必要时可进行现场核查。审查结束后进行公示和公布,并授予证书。6. 明确对申报二星级绿色建筑标识的项目,评分未达到二星级标准,但满足一星级标准和省市相关政策要求的,市级住房城乡建设部门可根据省专家组出具的评审报告直接认定为一星级。7. 确定了广东省绿色建筑标识证书编号规则。

(三)明确了廉政防控、绿色建筑运行数据上报、标识整改或撤销、专家库管理、标识异议处理等绿色建筑标识管理内容。

6.2.5 《广东省住房和城乡建设厅关于我省绿色建筑标识申报等相关工作的通知》

2021年9月30日,为贯彻落实《绿色建筑标识管理办法》(建标规〔2021〕1号,简称《管理办法》),按照《住房和城乡建设部办公厅关于做好三星级绿色建筑标识申报工作的通知》(建办标〔2021〕23号,简称23号文)和《住房和城乡建设部办公厅关于发布绿色建筑标识式样的通知》(建办标〔2021〕36号,简称36号文)的要求,广东省住房和城乡建设厅印发绿色建筑标识申报等相关工作的通知,对广东省三星级绿色建筑标识项目申报和推荐、一、二星级绿色建筑标识项目申报和评审,以及统一在广东省绿色建筑信息平台进行操作等工作流程、绿色建筑标识式样等事项进行了明确规定。

6.2.6 《广东省绿色建筑项目申报一、二、三星级标识指南》

2021年12月3日,广东省住房和城乡建设厅更新发布绿色建筑项目申报一、二、三星级标识指南,明确了申报主体、受理部门、申报条件、申报方式、申报材料、申报流程等,并于12月1日举办了绿色建筑标识管理暨广东省绿色建筑信息平台应用视频培训班,培训班详细解读了绿色建筑标识管理政策,介绍了经升级改造的"广东省绿色建筑信息平台"的使用功能,并进行了在线答疑。

6.2.7 《广东省绿色建筑条例释义》

《广东省绿色建筑条例释义》由省住房和城乡建设厅联合省人大常委会法工委、省人大环境资源委、省司法厅共同组织编制,从立法目的、立法依据、扩展说明条文内容等方面,对《广东省绿色建筑条例》条文进行逐条深入阐释。

6.3 绿色建筑标准规范情况

6.3.1 《广东省绿色建筑设计规范》

根据2020年10月23日《广东省住房和城乡建设厅关于发布广东省标准〈广东省绿色建筑设计规范〉的公告》(粤建公告〔2020〕74号),广东省地方标准《广东省绿色建筑设计规范》DBJ/T 15—201—2020自2021年1月1日起实施,标准由广东省住房和城乡建设厅负责管理,由主编单位广东省建筑科学研究院集团股份有限公司负责具体技术内容的解释。

6.3.2 《广东省建筑节能与绿色建筑工程施工质量验收规范》

根据2021年8月13日《广东省住房和城乡建设厅关于发布广东省标准〈广东省建筑节能与绿色建筑工程施工质量验收规范〉的公告》(粤建公告〔2021〕47号),批准《广东省建筑节能与绿色建筑工程施工质量验收规范》为广东省地方标准,编号为DBJ 15—65—2021,其中部分条款为强制性条文,必须严格执行。标准自2022年1月1日起实施,原广东省标准《广东省建筑节能工程施工质量验收规范》DBJ 15—65—2009同时废止。标准由广东省住房和城乡建设厅负责管理，由主编单位广东省建筑科学研究院集团股份有限公司负责具体技术内容的解释。

6.3.3 《广东省绿色建筑发展专项规划编制技术导则》

《广东省绿色建筑发展专项规划编制技术导则》是省住房城乡建设厅组织编制的技术指导性文件。《广东省绿色建筑条例》第八条要求各市、县住建部门应当会同发展改革、自然资源等主管部门组织编制绿色建筑发展专项规划，报本级人民政府批准并向社会公开。专项规划作为《广东省绿色建筑条例》的顶层制度设计，通过专项规划明确绿色建筑的发展目标、布局、技术路线等，将其融入详细规划，将绿色建筑等级落到用地规划条件，从而实现绿色建筑等级贯穿建设过程的全流程管理。

6.3.4 《建筑碳排放计算导则》

《建筑碳排放计算导则》是省住房和城乡建设厅组织编制的技术指导性文件，主要是为了贯彻落实2022年4月1日起实施的国家全文强制性标准《建筑节能与可再生能源利用通用规范》，其中第2.0.5条要求建设项目可行性研究报告、建设方案和初步设计文件应包含建筑碳排放分析报告。

6.4 绿色建筑技术推广、专业培训及科普教育活动

2021年8月19日，广东省住房和城乡建设厅印发《2021年广东省建筑领域节能宣传月工作方案》，明确2021年建筑领域节能宣传月主题为"节能降碳 绿色发展"，活动时间为2021年8月下旬至9月下旬。8月25日，省住房和城乡建设厅采取视频会议形式在广州市举行2021年广东省建筑领域节能宣传月启动仪式，并在全省范围内通过形式多样、内容丰富的系列活动进行宣传推广。

特色活动有：建筑节能与绿色建筑优秀项目现场观摩、建筑节能与绿色建筑先进技术及优秀项目成果展、开展《广东省绿色建筑条例》普法及宣传、绿色建筑发展专家论坛；开展绿色建材政策宣贯活动、开展走进民众系列宣传活动、设置专题栏目宣传报道宣传月系列活动、制作和张贴建筑领域节能宣传月画册、海报等。

执笔：广东省建筑节能协会

7 深圳市绿色建筑发展总体情况简介

7 General situation of green building development in Shenzhen

7.1 绿色建筑总体情况

截至2021年底,深圳全市新增绿色建筑评价标识项目162个,建筑面积1886.56万平方米,其中28个项目获得国家三星或深圳铂金级绿色建筑标识,建筑面积368.32万平方米;125个项目获得国家二星级、深圳金级或银级以上绿色建筑标识,建筑面积1381.656万平方米;9个项目获得国家级或深圳铜级绿色建筑标识,建筑面积136.68万平方米。占新增绿色建筑项目总数的92.8%。

全市累计有1521个项目获得绿色建筑评价标识,总建筑面积超过1.46万平方米。

7.2 绿色建筑发展规划和政策法规情况

2021年2月,《深圳经济特区绿色建筑条例(草案征求意见稿)》在市人大常委会网站公开征求意见。围绕此草案,深圳市人大动员政府部门及行业各方力量积极建言献策,完成多个修订版本,力求为贯彻落实绿色发展、加快生态文明建设,为工程建设领域"碳达峰碳中和"目标愿景和转型升级提供法制保障,充分发挥深圳先行示范作用。此外,按照国家《绿色建筑创建行动方案》要求和市委市政府有关工作部署,深圳市住房和建设局正在积极研究编制《深圳市绿色建筑高质量发展行动实施方案》,以期进一步推动绿色建筑高质量发展,加速促进建筑产业转型升级。

7.2.1 《深圳市工程建设领域绿色创新发展专项资金管理办法》《深圳市工程建设领域绿色创新发展专项资金实施细则》

为促进工程建设领域高质量、可持续发展,加强和规范工程建设领域绿色创新发展专项资金管理,提高财政资金使用效益,根据有关规定,深圳市住房和建设局于2021年1月7日发布了《深圳市工程建设领域绿色创新发展专项资金管理办法》，同年 8 月 11 日又发布了《深圳市工程建设领域绿色创新发展专项资金实施细则》。

7.2.2 《关于进一步明确绿色建筑标准及标识管理的通知》

2021 年 6 月 25 日，深圳市住房和建设局发布了《关于进一步明确绿色建筑标准及标识管理的通知》，要求自发文之日起，新取得建设工程规划许可证的新建民用建筑，应当暂停深圳市《绿色建筑评价标准》SJG 47 的执行，按照国家《绿色建筑评价标准》GB/T 50378—2019 一星级或以上标准进行规划、设计、建设、运行；政府投资和国有资金投资的大型公共建筑、标志性建筑项目，应当按照二星级或以上标准执行。

7.2.3 深圳市建筑废弃物综合利用相关制度

2021 年，深圳市住房和建设局相继印发实施《深圳市建筑废弃物综合利用企业监督管理办法》（深建规〔2021〕4 号）、《深圳市建筑废弃物综合利用产品认定办法》（深建规〔2021〕5 号）、《深圳市建筑废弃物固定消纳场建设运营管理办法》（深建规〔2021〕10 号），进一步细化对综合利用企业的监督管理要求、规范建筑废弃物综合利用产品认定活动和建筑废弃物固定消纳场建设运营管理。

7.3 绿色建筑标准规范情况

深圳已建立起完善的涵盖了居住建筑和公共建筑节能、绿色建筑的规划设计、施工验收、运营维护等全过程标准体系，对推动建筑节能和绿色建筑项目建设起到了有效的规范和指导作用。

7.3.1 修订《深圳市建筑节能工程施工验收规范》

受深圳市住房和建设局委托，深圳市绿色建筑协会联合市建筑工程质量安全监督总站牵头于 2021 年 12 月完成《深圳市建筑节能工程施工验收规范》修订工作。

7.3.2 《深圳市超低能耗建筑技术导则》

为指导全市超低能耗建筑发展，提升建筑能效，在充分借鉴国内外超低能耗建筑建设经验并结合深圳地区气候特征及用能习惯的基础上，深圳市住房和建设局组织编制《深圳市超低能耗建筑技术导则》，于 2021 年 8 月 17 日印发。

7.3.3 《绿色校园设计标准》

2021 年 3 月 29 日，深圳市住房和建设局印发了《绿色校园设计标准》，并于

2021年7月1日开始实施。《标准》认真总结近年来绿色校园的实践经验，参考国内外编制经验和先进技术，广泛征求有关方面的意见，对具体内容进行了反复讨论、协调和修改，结合深圳特色，对深圳绿色校园设计提出具体技术要求。

7.3.4 《居住建筑室内装配式装修技术规程》

2021年4月13日，深圳市住房和建设局发布实施省内首部《居住建筑室内装配式装修技术规程》SJG 96—2021，为全市新建居住建筑室内装配式装修工程的设计、生产、施工、质量验收、使用维护阶段和改扩建工程提供技术支撑。

7.3.5 《叠合式预制拼装混凝土综合管廊标准图集》

2021年11月19日，深圳市住房和建设局批准《叠合式预制拼装混凝土综合管廊标准图集》为深圳市工程建设标准，编号为 SJT 01—2021，自2021年12月1日起实施。

7.3.6 修订《深圳市建筑工程施工图设计文件编制深度规定》

深圳市住房和建设局结合深圳市实际情况，组织有关单位全面重新编制了《深圳市建筑工程施工图设计文件编制深度规定》，并于2021年12月25日发布。该《规定》重新参考2021年部分国家标准规范变更内容，对2004年版中各专业施工图设计内容要求进行修订，并增加了装配式建筑设计专篇、节能设计专篇、绿色建筑设计专篇等内容。

7.3.7 《深圳市建筑废弃物受纳场安全监测预警信息系统建设技术规程》

2021年12月25日，深圳市住房和建设局批准《深圳市建筑废弃物受纳场安全监测预警信息系统建设技术规程》为深圳市工程建设标准，编号为 SJG 104—2021，自2022年3月1日起实施。

7.3.8 正在编制的标准规范

当前，深圳市《绿色建筑设计标准》《绿色生态城区评价标准》《公共建筑节能设计规范》《居住建筑节能设计规范》《建筑废弃物综合利用设施建设运营标准》等标准正在积极编制中；已完成编制的深圳市《既有建筑绿色改造评价标准》《既有公共建筑绿色改造技术规程》，因上位标准有变化，正在重新启动修订工作；此外，深圳市《钢结构模块化集成组合建筑（MIC）技术规程》《混凝土模块化集成-组合建筑（MIC）技术规程》《中小学建筑装配式装修技术规程》等编制工作以及新型建筑工业化评分体系等研究工作正在加快推进中。

7.4 绿色建筑科研情况

7.4.1 《可感知的绿色建筑价值及其应用研究》

2021年，受深圳市住房和建设局委托，深圳市绿色建筑协会组织专家开展《可感知的绿色建筑价值及其应用》研究。课题研究在分析国内外已有可感知绿色建筑研究成果的基础上，开展深圳市绿色建筑可感知后评估调研，定量掌握了绿色建筑使用者对其可感知程度和满意度，并通过分析绿色建筑的市场、经济和社会三大价值，构建了人体感知的"五感"与绿色建筑的"六知"之间的关系，提出了可感知的绿色建筑评估指标。

7.4.2 《适应新阶段发展的深圳市装配式建筑政策研究》

受深圳市住房和建设局委托，深圳市华阳国际工程设计股份有限公司开展《适应新阶段发展的深圳市装配式建筑政策研究》编制工作。该课题是基于深圳市装配式建筑在全产业链实施情况的调研、分析与研究，对国内外政策、标准、实施经验进行总结，于2021年6月通过专家评审会并结题。

7.4.3 《深圳市装配式钢结构发展政策研究》

2021年，受深圳市住房和建设局委托，中建科工集团有限公司在广泛调研基础上，研究适宜深圳装配式钢结构建筑的发展路径，从而更好统筹推进装配式钢结构建筑和装配式混凝土建筑共同发展，推动加快实现建筑领域高质量发展。

7.4.4 《深圳市新型建筑工业化评分体系研究》

2021年，受深圳市住房和建设局委托，深圳市华阳国际工程设计股份有限公司组织开展《深圳市新型建筑工业化评分体系研究》工作，对原《评分规则》做进一步修订与升级。

7.4.5 《深圳市工程建设领域标准对标港标暨英标实施路径研究》

2021年，受深圳市住房和建设局委托，深圳市房地产和城市建设发展研究中心开展了《深圳市工程建设领域标准对标港标暨英标实施路径研究》工作。课题全面分析了国（境）内外工程建设标准体系及重点领域的相关经验，同时有针对性地对深圳市工程建设标准国际化、高质量发展提出了科学合理的建议和意见。

7.5 绿色建筑技术推广、专业培训及科普教育活动

7.5.1 第十七届国际绿色建筑与建筑节能大会暨新技术与产品博览会

2021年5月18日至19日,"第十七届国际绿色建筑与建筑节能大会暨新技术与产品博览会"(以下简称绿博会)在成都召开。为充分展示深圳在绿色建筑、建筑节能和新技术产品等领域的发展成果,积极为企业搭建良好的宣传推广平台,深圳市住房和建设局委托深圳市绿色建筑协会继续组织深圳展团参展参会。

本届绿博会由深圳市住房和建设局领导带队,深圳绿色建筑行业优秀企业代表和专家组成超过300人的代表团队伍参加大会;同时,深圳展区以"深耕绿色,零碳未来"为主题,围绕行业发展趋势,展示深圳在可持续建设领域的实践探索和发展成果,业界反响热烈。

7.5.2 《深圳市绿色建筑适用技术与产品推广目录》

为进一步提升工程建设质量,以优秀的技术和产品打造高品质绿色建筑,受深圳市住房和建设局委托,深圳市绿色建筑协会组织行业专家及相关单位,以《绿色建筑评价标准》GB/T 50378—2019 有关技术要求为导向,充分考虑深圳市的气候特点和绿色建筑相关产业状况,于2021年编制完成《深圳市绿色建筑适用技术与产品推广目录》。

7.5.3 深圳市建设科学技术委员会组建成立"绿色建筑与低碳发展"专业委员会

为进一步推进全市绿色建筑和低碳循环发展,充分发挥专家智库作用,推动实现建筑领域碳达峰、碳中和,促进生态文明建设,深圳市建设科学技术委员会于2021年8月2日发布组建成立绿色建筑与低碳发展专业委员会的通知。9月28日,专委会成立大会在依托单位深圳市建筑科学研究院股份有限公司办公大楼隆重召开。大会同期举办了"双碳时代下的绿色建筑之路"主题论坛,受到业界广泛关注。

7.5.4 深圳市绿色建筑工程师继续教育系列培训

2021年,在深圳市住房和建设局指导下,深圳市绿色建筑协会开展了四场绿色建筑工程师继续教育培训,累计参训人员4000余人次,发放继续教育证明1000余份。培训以线上+线下+项目观摩形式开展,从绿色建筑行业发展动态、政策法规、行业标准、双碳目标及其实现路径、国际绿色建筑标准与新国标对

标、绿色建筑实践案例分享及观摩等方面进行讲解，为绿色建筑集成化发展建设人才队伍做出努力。

7.5.5 《建筑工程设计常见问题汇编》绿色建筑分册深度解读培训

2021年9月23日，由深圳市绿色建筑协会和深圳市勘察设计行业协会共同主办的"《建筑工程设计常见问题汇编——绿色建筑分册》深度解读培训"顺利开展。来自规划、设计、咨询等单位的100余位管理和技术人员参加培训。培训课程对绿色建筑设计过程中重复犯错、多发的典型问题提出应对措施，为广大设计人员提供参考借鉴，提高绿色建筑设计质量，充分发挥设计引领作用，实现绿色建筑效果打下坚实基础。

7.5.6 深圳市各区绿色建筑培训

2021年，深圳市龙华区、光明区、盐田区、罗湖区等相继开展绿色建筑有关培训活动，如6月23日龙华区"'碳达峰、碳中和'目标学习交流会"、10月15日光明区"绿色建筑与节能低碳系列云培训"等。

7.5.7 全市房屋建筑及市政工程"质量月"活动

为认真贯彻落实中共中央、国务院有关精神，进一步提升深圳市工程建设质量水平，全方位展现深圳建设领域工程质量提升成效，深圳市住房和建设局于2021年9月在全市建设系统开展"质量月"活动。主要内容包括开展优质工程、装配式建筑、新技术示范项目观摩，推行工程建设产业工人质量安全基础训练，组织开展质量相关的专项检查和整治行动，持续开展深圳质量指数建设，以及加强工程质量交流培训、积极推广质量先进技术等。9月24日，由国家住房和城乡建设部主办、广东省住房和城乡建设厅和深圳市住房和建设局承办的"2021年全国住房和城乡建设系统'质量月'现场会"在深圳召开。

7.5.8 第一届全国建筑绿色低碳发展论坛

2021年12月3日，第一届全国建筑绿色低碳发展论坛在深圳召开。本次论坛由广东省住房和城乡建设厅、深圳市住房和建设局指导，中国建筑节能协会与深圳市绿色建筑协会联合主办，深圳市建设科技促进中心、深圳市房地产和城市建设发展研究中心支持，粤港澳大湾区绿色建筑产业联盟部分成员单位协办。本次论坛的主题为"绿色湾区 零碳未来"，邀请众多国内知名专家、院士、学者进行分享。在防疫背景下，本次论坛特别设置了大连、重庆、上海、香港等几大线上分会场，以直播的形式与大家共襄盛会。

7.5.9 第九届深圳国际低碳城论坛绿色建筑分论坛

2021年12月17日,"2021碳达峰碳中和论坛暨第九届深圳国际低碳城论坛——绿色建筑分论坛"在深圳建科院未来大厦举行。本次论坛以"双碳时代下的绿色建筑之路"为主题,由第九届深圳国际低碳城论坛组委会主办,龙岗区住房和建设局、深圳市建筑科学研究院股份有限公司承办,深圳市绿色建筑协会等单位协办。

7.5.10 "绿色建筑进校园"深圳大学科普课堂

2021年,深圳市绿色建筑协会与深圳大学继续携手打造绿色建筑科普课堂,邀请协会副会长、建学建筑与工程设计所有限公司深圳分公司总经理于天赤主讲"绿色岭南,零碳未来"。百余名深大学生参加学习,受益匪浅。

7.5.11 "全国青少年绿色低碳科普教育巡回课堂——绿色校园,低碳有我"讲座

2021年,由中国城市科学研究会绿色建筑与节能专业委员会和深圳市绿色建筑协会共同主办的"全国青少年绿色低碳科普教育巡回课堂——绿色校园,低碳有我"讲座,相继走进哈尔滨工业大学(深圳)、深圳职业技术学院。讲座围绕"零能耗建筑评价与实践、绿色建筑探索实践、海绵城市概论和案例"等内容展开,吸引学校师生的热情参与,掀起了一阵绿色建筑学习热潮。

7.5.12 科技创新院士报告厅(第八期)

2021年11月11日上午,由深圳市绿色建筑协会、深圳创新发展研究院等单位联合主办的"科技创新院士报告厅(第八期)"召开。本期活动聚焦绿色建筑规划设计,华南理工大学吴硕贤院士结合中国传统文化的优秀建筑理念,围绕"绿色建筑规划设计中的声与光"做了精彩演讲。原深圳市委常委、副市长张思平主持,150余位来自企业、建筑设计师、投资、科研等领域的精英人士参与了现场交流,20余万人通过腾讯新闻、广东经济科教频道、巨浪视线等直播平台参与了活动。

7.5.13 节能宣传月

2021年,由深圳市建设科技促进中心组织开展的"深圳市2021年建筑领域节能宣传月"系列宣传活动,加深市民和业内人员对建筑节能减排的认识,活动包括"我眼中的绿色建筑"摄影活动、传播《绿色建筑·绿色深圳》动漫宣传片、开展"超低/近零/零能耗建筑技术与应用"及"深圳市《绿色建筑工程施工

质量验收标准》解读"线上专题讲座、组织参观"天安云谷"绿色建筑示范项目、张贴国家发展和改革委员会印发的节能宣传海报等。

7.5.14 建设科技讲堂

2021年，深圳市建设科技促进中心顺利举办十八期建设科技讲堂，分别就"钢结构模块化快速设计与建造关键技术""建筑装饰装配化研究与应用""装配式钢结构轻板建筑体系的设计及应用"等新技术进行深入推广和交流，累计超过3万人次观看线上直播，取得良好的社会效应。

执笔人：王向昱[1] 谢容容[1] 唐振忠[2] 王蕾[2] 周蜜[2]（1. 深圳市绿色建筑协会；2. 深圳市建设科技促进中心）

8 大连市绿色建筑发展总体情况简介
8 General situation of green building development in Dalian

8.1 绿色建筑总体情况

大连市以发展绿色建筑为切入点，全面开启碳中和战略。全市新建民用建筑全面执行绿色建筑标准，并积极推进绿色建筑星级评价。抓住施工图审查和竣工验收环节，推动全生命周期的绿色建造和运营管理。通过绿色设计、绿色生产、绿色建材应用、绿色施工和绿色运营管理以及推动被动式超低能耗建筑建设和推进一体化装修的绿色建造方式，实现绿色建筑总体规模增量升级。

（1）大连市新建民用建筑100%执行绿色建筑标准，中山区、西岗区、沙河口区、甘井子区、高新园区总建筑面积3万平方米以上的住宅项目和单体建筑面积5000平方米以上的公共建筑项目，执行一星级标准；金普新区、旅顺口区总建筑面积3万平方米以上的住宅项目，建筑面积40%以上执行一星级标准；总建筑面积3万平方米以上和单体建筑面积1万平方米以上的公共建筑项目，执行一星级标准；其他区市（县）执行一星级标准绿色建筑占新建建筑比例不低于10%。

（2）大连市对取得施工许可证的绿色建筑项目，建设、设计、施工、监理单位加强绿色建筑施工管理。要求全市建设单位在组织工程竣工验收时，对工程是否符合绿色建筑标准进行查验，竣工验收报告中包含绿色建筑验收相关内容。对不符合绿色建筑标准的，不予通过验收。2021年共验收抽查绿色建筑25万平方米。

（3）大连市根据《市场监管总局办公厅住房和城乡建设部办公厅工业和信息化部办公厅关于加快推进绿色建材产品认证及生产应用的通知》要求，全面开展绿色建材认证试点推广工作。大连市绿色建筑行业协会择优选取符合绿色建材要求的砌体材料、建筑窗等3家企业参加首批绿色建材认证工作，并于12月底取得绿色建材认证证书。

8.2 绿色建筑发展规划和政策法规情况

2021年《大连市绿色建筑发展"十四五"专项规划》发布，到2025年，致力于绿色建筑发展的城乡建设体制机制和政策体系基本完善，绿色建筑发展提质增效，新旧建筑能效水平显著提高，建筑用能结构趋于清洁化、低碳化、电气化，建筑建造技术日渐智能化，绿色建材得到广泛应用，探索建筑领域碳达峰路径与实施方案，发挥39°纬度带的气候优势，让"绿色城市、低碳城市、健康城市、宜居城市"成为大连市绿色建筑发展代名词。

（1）大连市绿色建筑发展"十四五"规划编制工作由大连市绿色建筑行业协会承担，经过多次征求国内绿色建筑领域相关专家意见，认真研磨后成稿，通过专家评审会及大连市住房和城乡建设局审议，并在大连市住房和城乡建设局网站向社会公开征求意见后颁布实施。

（2）2021年4月28日，大连市住房和城乡建设局印发《大连市2021年绿色建筑工作要点》，以"全面执行绿色建筑标准、全面加强绿色建筑验收、加快绿色建材推广使用、提升绿色建筑评价水平、推进绿色金融协同发展、大力发展被动式超低能耗建筑"为六大重点任务，以"加强统筹推进、加强财政支持、加强金融扶持、加强科技创新、加强宣传推广"为五大保障措施。

（3）2021年5月10日，大连市发展和改革委员会印发《大连市贯彻落实〈国务院关于加快建立健全绿色低碳循环发展经济体系的指导意见〉实施方案》的通知。

（4）2021年5月11日，大连市住房和城乡建设局发布关于印发《促进大连市建筑业高质量发展的实施意见》的通知，提出：优化服务，深入推进建筑业"放管服"改革、强化科技支撑，激发建筑业创新动力、深化建设工程招投标制度改革，促进建筑业协调发展、积极发展装配式建筑，促进建筑业转型升级等实施意见。

（5）2021年6月4日，中共大连市委宣传部、大连市住房和城乡建设局、大连市发展改革委员会、大连市自然资源局、大连市科学技术局、大连市市场监督管理局、大连市税务局联合印发《大连市2021年被动式超低能耗建筑工作要点》。

8.3 绿色建筑标准规范情况

8.3.1 发布大连市地方标准《健康建筑评价规程》

为规范和推动大连市健康建筑评价，推进健康中国建设，提高大连人民健康水平，营造健康的建筑环境和推行健康的生活方式，实现建筑健康性能提升，由大连市绿色建筑行业协会主编的大连市地方标准《健康建筑评价规程》DB2102/T 0015—2020于2020年12月31日发布，2021年1月31日正式实施。

8.3.2 发布大连市地方标准《绿色建筑评价规程》

为规范和推动大连市绿色建筑评价,建立一套符合大连市地方特征的绿色建筑评价体系,由大连市绿色建筑行业协会主编的大连市地方标准《绿色建筑评价规程》DB 2102/T 0032—2021 于 2021 年 8 月 9 日发布,9 月 8 日正式实施。

8.3.3 发布大连市地方标准《绿色建筑施工图审查技术规程》

2021 年 6 月 1 日,由大连理工大学等单位主编的大连市地方标准《绿色建筑施工图设计技术规程》DB2102/T 0027—2021 正式发布,并于 7 月 1 日起实施。

8.3.4 发布大连市地方标准《绿色建筑施工图设计技术规程》

2021 年 6 月 1 日大连市地方标准,《绿色建筑施工图审查技术规程》DB2102/T 0028—2021 正式发布,并于 7 月 1 日起实施。

8.3.5 编制大连市地方标准《绿色校园评价规程》

为规范和推动大连市绿色校园评价,为师生提供安全、健康、使用和高效的学习及使用空间,最大限度地提升环境健康性能,节约不可再生资源、保护自然环境、减少污染,为学生提供具有教育意义的示范场所,由大连市绿色建筑行业协会主编的大连市地方标准《绿色校园评价规程》,已通过专家评审会审核。

8.3.6 编制大连市地方标准《既有住宅加装电梯工程技术规程》

为规范大连市既有住宅加装电梯工程,打造适合大连地方特点的更为严格的规范体系,推动电梯技术发展及其产业化、解决适老化设计和改造的难题,提升建筑和城市品质,满足人民对健康和美好生活的向往,由大连市绿色建筑行业协会主编的大连市地方标准《既有住宅加装电梯工程技术规程》,已通过专家评审会审核。

8.3.7 申报立项辽宁省地方标准《智慧灯杆技术规程》

大连市绿色建筑行业协会和大连市市政设计研究院有限公司共同申报主编的辽宁省地方标准《智慧灯杆技术规程》于 2021 年 7 月获批立项,按照计划进行编制。

8.3.8 申报立项大连市地方标准《建筑信息模型(BIM)施工应用技术规范》和《绿色智慧建筑评价要求》

大连市绿色建筑行业协会申报主编的地方标准《建筑信息模型(BIM)施工

应用技术规范》和《绿色智慧建筑评价要求》于2021年5月获批立项，已成立相关标准编制组，组织相关专家进行编制。

8.3.9 发布团体标准《绿色建筑装配式集成电气管线应用技术规程》

为规范和推动绿色建筑装配式集成电气管线应用，大连市绿色建筑行业协会在广泛征求意见的基础上编制了团体标准《绿色建筑装配式集成电气管线应用技术规程》，于2021年9月发布实施。

8.4 绿色建筑技术推广、专业培训及科普教育活动

8.4.1 绿色建筑技术推广

（1）组织绿色建筑技术沙龙活动。2021年大连绿色建筑行业协会共组织了32次以绿建技术为主要内容的沙龙活动。重点围绕建筑节能与低碳、绿色健康建筑、绿色建材推荐、节能项目参观、节能诊断、垃圾分类、生态环保和绿色校园等，同时组织相关建材企业与会员单位签订战略合作协议，加速在业内推广应用绿色建材。

（2）完善绿建专家库。为充分发挥专家、学者在绿色建筑领域的专业特长，提高大连市绿色建筑管理水平，大连市绿色建筑行业协会对绿建专家库成员进行完善和更新，并向大连市住房和城乡建设局推荐专家纳入大连市工程勘察设计行业专家库、大连市绿色建筑专家库、大连市城市更新专家库，推荐申报的专家涵盖23个专业，116名专家入选大连市绿色建筑专家库，128名专家入选大连市工程勘察设计行业专家库，并配合大连市住房和城乡建设局积极推荐相关专家纳入辽宁省住房和城乡建设厅建筑行业专家库。

8.4.2 绿色建筑专业等级培训

（1）绿色建筑专业培训

为实现大连市"强化科技支撑，激发建筑业创新动力"和"积极发展装配式建筑，促进建筑产业转型升级"，全面推进大连市建筑业高质量发展贡献蓬勃力量，大连市住房和城乡建设局牵头，大连市绿色建筑行业协会承办大连市建筑行业系列公益培训。通过每月定期，以线上、线下的方式，对建筑信息模型（BIM）技术和装配式技术进行培训，2021年共完成10期，大连市各区（市、县）住建局、建设单位、设计单位、施工单位、构件企业及高校等相关人员参与学习，累计听课人数80.9万人次，提升了建筑领域专业技术人员的知识与能力，培养了新型建筑工业化、信息化方面的专业人才。

(2)绿色建筑高级研修班培训

为进一步推动大连市专业技术人才队伍建设,加大重点领域中高层次专业技术人才培养力度,做好绿色建筑的提质增效,根据大连市人力资源和社会保障局职业技能培训等相关政策,大连市绿色建筑行业协会于2021年9月23日至26日,10月14日至17日分别举办了"建筑节能与低碳""绿色健康建筑"高级研修班,每期4天,共64学时,邀请了中国城科会绿建委、中国建筑节能协会、中国建筑科学研究院、上海建筑科学研究院、同济大学、沈阳建筑大学、大连理工大学、国际WELL建筑研究院、远洋集团研究院等国内知名专家教授进行授课,对建筑节能与低碳、碳达峰、碳中和的政策以及实施路径,绿色建筑和绿色健康建筑的发展、设计和实践,标准、评价和控制等方面进行深度研讨。大连市从事建筑节能与低碳、绿色健康建筑方向的具有中高级职称的相关建筑专业技术人员和管理人员共120人参加,通过培训,研修人员的实际能力与水平得到了显著的提升,也为大连市绿色建筑领域的人才储备奠定基础。

(3)条例标准宣贯培训

为贯彻落实《辽宁省绿色建筑条例》,持续推进大连市绿色建筑工作高质量发展,大连市绿色建筑行业协会组织了《辽宁省绿色建筑条例》的宣贯培训。为进一步提升人民群众生活环境健康发展,大连市绿色建筑行业协会与大连理工大学等单位在节能宣传周期间进行了《健康建筑评价标准》的宣贯。

8.4.3 绿色建筑交流研讨和科普宣传

(1)成功举办第52届世界地球日活动暨第八届严寒寒冷地区绿色建筑联盟技术论坛。

2021年4月22日,由中国城科会绿建委、大连理工大学与大连市绿色建筑行业协会联合主办了"第六届大连市绿色建筑公益周、第52届世界地球日活动、第八届严寒寒冷地区绿色建筑联盟技术论坛",主题为"打造绿色健康建筑,共建美丽智慧城市"。辽宁省住房和城乡建设厅、大连市人民政府、大连市住建局、民政局等有关领导,北京、天津、上海、重庆、黑龙江、内蒙古、辽宁、山东、陕西、浙江等友邻协会代表,大连市各商、协会领导及绿色校园高校联盟等700余人参加,活动邀请了中国工程院院士、绿建行业知名专家进行一个主会场、四个分会场论坛,通过交流、宣传、推广先进国家和地区的绿色建筑相关科技成果、优秀案例等实践经验,深入探讨城市低碳、碳达峰、碳中和导向等绿色发展的路径和政策措施,依托大连面向东北亚地区推动严寒寒冷地区绿色建筑的发展,促进绿色生态城市迈向更加和谐、低碳的高质量时代。

(2)举办节能宣传周活动。根据国务院《关于开展2021年全国节能宣传周和全国低碳日活动》的通知精神,大连市于8月23日至8月29日,开展了以

"节能降碳,绿色发展"为主题的节能宣传周和全国低碳日活动,通过线上、线下和公众号等多种渠道和方式宣传《中华人民共和国节约能源法》《建筑节能工程施工质量验收标准》等国家和部委节能减排政策,在绿色建筑理念传播、绿色建筑政策法规讲解、绿色技术产品介绍等进行全方位的系列宣传工作。在微信公众号上发布16篇以绿色节能项目、绿色节能产品、绿色节能技术为主题的节能系列报道。大连市绿色建筑行业协会绿色校园专委会向市内中、西、沙、甘、金普新区等地绿色校园教育培训示范基地发出以节约用电、水、纸、粮食,号召垃圾分类、绿色出行为内容的倡议书,通过政策宣传、技术报道、绿色倡议等系列活动,共同营造出全民参与节能低碳的良好氛围,提高了社会公众对绿色节能的意识,为全民节能减碳,助力碳达峰、碳中和贡献了力量。

执笔:徐红(大连市绿色建筑行业协会)

第六篇 实践篇

本篇遴选2021年完成的7个代表性案例，分别从项目背景、主要技术措施、实施效果、社会经济效益等方面进行介绍，其中绿色建筑标识项目4个，绿色生态城区标识项目1个，工业项目1个，城市更新项目1个。

绿色建筑标识项目包括以打造高品质商业中心，采取"因地制宜、就地取材"策略，旨在为使用人员提供舒适的室内环境和宜人的室外环境的台山万达广场项目；绿色建筑积极响应国家"双碳"战略，以环境高品质、用户舒适和效益为运营目标，以行业领先的BIM智慧运维技术实现精细化管理的长宁八八中心项目；应用"绿色与科技"的设计与运营管理理念的泰州凤城金茂府项目；秉承"共享、智慧、绿色、协助、开放"的理念的天安云谷产业园二期项目；

绿色生态城区标识项目选取湖州市南太湖未来城为典型案例，以生态优先、绿色发展理念，通过因地制宜的绿色生态设计，为人们提供真正舒适、高效、健康、环保的综合城区，具有显著的推广和示范效应，可以为同类项目的开发提供经验借鉴。

工业项目为长沙区域综合智慧能源站，利用可再生能源、天然气冷热电三联供灯技术形成一个多能互补、智慧高效、绿色节能的系统，有效降低片区内的建筑能耗，助力实现碳达峰与碳中和，打造一个绿色节能低碳的区域综合智慧能源站。

城市更新项目来自北京市的典型旧区综合改造工程案例进行技术展示，以建筑师负责制的绿色低碳社区更新改造，实现最优化成本的性能、环境品质的提升和深度融合的居民共建，从根本上大幅度提升建筑品质。

由于案例数量有限，本篇无法完全展示我国所有绿色建筑技术精髓，以期通过典型案例介绍，给读者带来一些启示和思考。

1 广东省台山万达广场
1 Taishan Wanda Plaza in Guangdong

1.1 项目简介

台山万达广场（图1）项目位于广东省江门市台山市南新区陈宜禧路与凤凰大道交叉口东南侧，由台山万达商业投资有限公司投资建设，重庆市设计院设计，江门台山万达广场商业管理有限公司运营，占地面积 65370.22m²，总建筑面积 114254.90m²，2021年5月依据《绿色建筑评价标准》GB/T 50378—2019 获得二星级绿色建筑标识。

项目是集大型购物中心、国际级影城等业态于一体的城市综合体。地上共4层，建筑面积 83952.80m²，主要功能为商铺、百货、影城、健身和电玩等；地下共一层，建筑面积 30302.10m²，主要功能为超市、车库和设备用房。

图1 台山万达广场效果图

1.2 主要技术措施

项目充分结合了江门市当地特点，根据商业建筑的实施特点，合理地选择了绿色建筑技术措施（图2），从前期设计到项目实施以及后续运营管理全过程关注绿色建筑技术的应用。项目的建设采取"因地制宜""就地取材"策略，对室内外的风、声、光环境进行分析和优化。设计时采用多项绿色节能技术，在安全耐久、健康舒适、生活便利、资源节约、环境宜居五个层面进行了系统的优化设计；施工时，注重施工场地及对周边的环境保护，注重施工材料及能耗的节约，注重各项绿色技术的落实；运营工作由项目自持商业管理团队负责，确保在运营过程中各项绿色功能的正常使用。

项目根据自身特点，使用了大量被动式建筑设计技术，重点采用增强顾客舒适性的技术，侧重于节能与能源利用以及室内环境质量两方面，融合围护结构保温隔热体系、高效节能设备、节能照明、空气品质监测、节水喷灌、灵活隔断、智能化控制技术及 BIM 技术应用等绿色生态技术为一体，结合基地的环境特点和规划的要求，旨在为使用人员提供舒适的室内环境和宜人的室外环境，同时实现节约能源资源，保护环境，在江门市打造一个高品质的万达商业中心。

图 2　绿色建筑技术措施汇总

1.2.1　安全耐久

（1）安全防护措施

项目所采用的中庭栏杆，扶梯栏杆等的安全防护水平均高于国家标准；地弹门设有防砸人的铰链（图 3）；立面外墙上的推拉窗设置防脱落装置，出入口设置雨棚降低高空坠物风险（图 4）。

分隔建筑室内外的玻璃门窗、幕墙等采用安全玻璃；室内玻璃隔断、玻璃护栏等均采用夹胶钢化玻璃。目前设有完善的人性化引导标识系统（图 5），包括地点识别标识、方向指示标识、商业标识、说明标识和警告和禁止标识等，以让顾客更好地识别周围环境，为顾客的行动提供更多便利，提醒人们环境中存在的危险，保证顾客的安全。走廊、疏散通道等通行空间满足紧急疏散、应急救护等要求，且保持畅通（图6）。

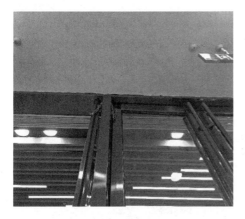

图3　地弹门设置防砸人铰链

图4　出入口设置雨棚

图5　安全警示标识

图6　疏散通道畅通

（2）人车分流

项目共设置984辆机动车停车位，其中859个位于地下，125个位于地上。场地流线分析如图7所示，地面共3个车行出入口，4个人行出入口，内部车行流线集中在西北部，与人行活动流线完全分开，充分保证行人的安全。

1.2.2　健康舒适

项目功能分区明确，将人流量大、易产生噪声的商铺和室内步行街等统一设置在1~3层，电影院、餐厅等需安静空间集中设置在4~5层，有效避免了动、静不同功能空间之间的穿插；设备噪声采取一系列降噪措施，如风机出口加装消声设备，设备用房安装吸声材料等，空调室外机组和冷却塔选用低噪声设备，基

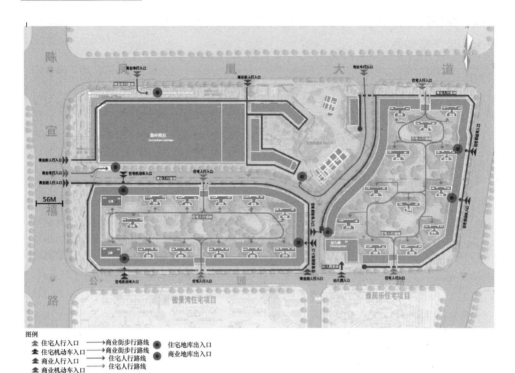

图 7　场地流线分析图

础减振（图8），冷却塔加装消声器，定期加固维修，通过上述处理，项目运营过程中，产生的噪声对周围的声环境和内部办公人员影响较小。

建筑顶部设置大面积采光顶和采光连廊，有利于自然采光，减少照明能耗；所有透明外窗及玻璃幕墙均设置可调节内遮阳帘，可有效避免室外阳光直射时产生的不舒适眩光（图9、图10）。

图 8　冷却塔减振弹簧

图 9　室内采光连廊和内遮阳帘

项目根据房间使用功能和性质划分空调区域，商铺采用风机盘管＋新风系统，主力店、超市和影院采用独立的全空气系统，均配置独立的热环境调节装置；公共区域均设置室内温湿度传感器（图11），并与空调系统联动，保证室内人员舒适性。

图10　室内采光连廊和内遮阳帘

图11　室内温湿度监测装置

1.2.3　生活便利

（1）服务设施完善

项目提供便利的公共服务设施。室内设有休闲座椅、公区充电宝租赁等配套服务设施；无障碍电梯、无障碍卫生间、母婴室和无障碍停车位可满足不方便人士的出行需求；室外设有450m长的健身慢行道，绿化广场全天24h向公众开放，并设有休闲区和儿童游乐区等（图12～图16）。

图12　室外儿童游乐区和慢行步道

图13　母婴室

图 14　无障碍卫生间　　　　图 15　无障碍坡道　　　　图 16　公区充电宝租赁

（2）智慧运营

项目采用"万达广场慧云智能化管理系统 3.0"，实现了整个万达广场机电设备的智能化管理。慧云智能化管理系统由万达自主研发，系统集成了消防、安全、运行、设备及节能 5 大板块 16 个子系统，通过智能化控制系统使设施设备实现标准化运作。依据江门市气候特点设置运行策略并自动控制，对广场内所有机电设备进行动态监测，获取并分析运行数据，对各种预警情况进行快速处理，使日常运行管理简单清晰、绿色节能（图 17、图 18）。

图 17　慧云系统首页　　　　　　　　图 18　能源监控平台

1.2.4　资源节约

（1）高效节能设备

项目超市和大商业各设一套完全独立的中央空调系统，采用冷却塔释热，冷机的 IPLV、SCOP 均符合标准要求，COP 与标准相比提升 12% 以上；空调采暖系统的水系统和风系统均可变频调节，通风空调系统风机的单位风量耗功率符合现行国家标准《公共建筑节能设计标准》GB 50189—2015 的要求，空调冷热水系统循环水泵的耗电输冷（热）比与节能标准规定值相比降低 20% 以上。

选用节能型 LED 灯等技术措施,其照明功率密度满足目标值要求。通过时间控制、模式控制等方式,在不影响品质的前提下,减少灯具开启,降低照明能耗。

(2) 高效节水设备

建筑室内全部卫生器具均采用用水效率等级不低于 2 级的节水器具;按使用用途、付费或管理单元,分别设置用水计量装置,按用途包括各卫生间用水、冷却塔补水、道路冲洗、绿化用水等,按管理单元包括各餐饮商铺用水。根据业态的不同,公共区域分项水表均设置直读式水表,商铺、主力店等均采用高精度 IC 卡式水表。2 层和 3 层给水支管设置减压阀,控制出水点水压在 0.2MPa 以下;建筑室外广场绿化全部采用微喷灌的节水灌溉方式(图 19、图 20)。

图 19 节水灌溉

(3) 节约建材

为保证安全性、节约建材用量,未采用建筑形体和布置严重不规则的建筑结构;建筑造型要素简约,无大量装饰性构件,装饰性构件造价占建筑总造价的比例仅为 0.23%。合理选用建筑结构材料与构件,400MPa 级及以上强度等级钢筋应用比例达到 97.15%,有效减少了钢筋用量。

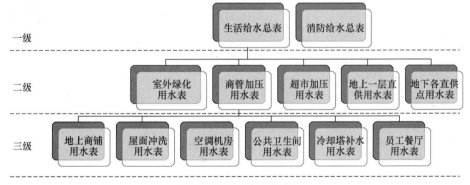

图 20 三级计量水表

由于台山万达广场具有单体结构复杂、机电设备管线多、建设周期短等特点,为了更好地控制施工质量,把握时间节点,提高施工效率,减少施工过程的拆改,节省建材,项目全面采用建筑信息模型(BIM)技术(图 21),为企业带来了更好的经济效益和社会效益。

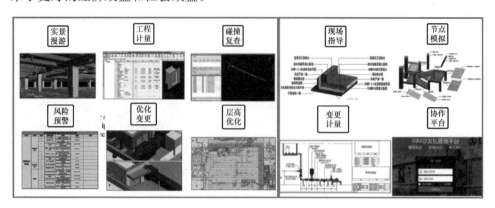

图 21　台山万达广场 BIM 技术应用

1.2.5　环境宜居

(1) 标识系统完善

项目设置了完善的导向和警示标识系统。室外场地标识包括通行和服务导向标识、总平面图和引导标识，引导游客到各个出入口大门、车库入口及其他配套服务设施（图 22、图 23）。

建筑内部设置了服务和应急导向标识系统，包括服务台标识、楼层信息索引标识、区域应引导标识等，引导游客到不同的建筑功能空间以及卫生间、母婴室、电梯厅、安全出口和无障碍设施等（图 24）。

图 22　室外总平面图　　　图 23　室外停车引导标识　　　图 24　室内楼层索引标识

(2) 室外风环境优化

项目通过合理的规划布局，场地内风环境有利于室外行走、活动舒适和建筑的自然通风，在冬季典型风速和风向条件下，建筑物周围人行区距地高1.5m处风速在0.2～2.0m/s之间，且室外风速放大系数小于2；除迎风第一排建筑外，建筑迎风面与背风面表面风压差不大于5Pa。过渡季、夏季典型风速和风向条件下，场地内人活动区不出现涡旋或无风区（图25、图26）。

图25　冬季室外1.5m人行高度处风速分布云图

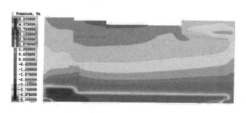

图26　冬季迎风侧建筑表面压力云图

1.3　实　施　效　果

1.3.1　室内污染物控制

根据对室内空气质量的现场检测，室内空气中的氨、甲醛、苯、总挥发性有机物、氡等污染物浓度均不高于现行国家标准《室内空气质量标准》GB/T 18883规定值的70%（图27）。

图27　台山万达广场2020年度室内空气污染物检测报告

1.3.2　建筑能耗统计

项目的能耗管理平台可以实现对整个广场的能耗进行分项、分区和分户统计，并且数据具有实时性、存储性和可分析性。可以帮助商场管理人员了解各用电设备的实际用能水平和应用效果，建立健全合理的运行策略和能耗定额制度。

以暖通空调能耗监测为例，项目全年暖通空调能耗为3545839.8kW·h，通过一系列节能措施，项目2021年1月至8月的暖通空调能耗均未超出计划能耗限值，完成节能管控目标（表1、图28）。

暖通空调运营管理节能措施　　　　　　　　　表1

序号	节能措施	节能量（万kW·h）
1	1. 根据天气变化调整冷机开启数量； 2. 根据当天不同时段客流变化情况，及时调整冷冻水供水温度，防止过度供冷； 3. 切换大小主机、调整冷机出水温度； 4. 适当提前10～30min关主机，留冷冻泵利用冷冻水余温供冷	18.29
2	楼层平均温度低于25℃，室外温度低于22℃，盘管机间隔开启，结合新风蓄冷（开店前）	5.76
3	1. 根据楼层温度及时调整大小机、当任意一台大离心机负载低于50%时，关闭大离心机，开启小螺杆机运行，即进入高效率减耗能工况，节能效果最优； 2. 充分利用穹顶增加遮阳帘，可较大幅度减少3楼餐饮楼层制冷负担，对后厨防火门进行管控减少冷量流失；开店前，午高峰及晚高峰开启穹顶排风，可将聚集的热量快速排走	11.38
4	对于非主通道往室外步行街可停用门吸，顾客进出后通道门自动关闭，确保安全通道门处于关闭状态，避免冷量流失	4.27
5	末端分时间歇运行：两大小中庭的吊柜在5月、10月中下旬和11月份气温较低时分组分时段间歇开启	0.79

暖通空调能耗统计-2020.09～2021.08

实际能耗：3545839.8kWh　　　总计划能耗：3177312.3kWh　　　实际占总计划比例：111.6%
累计计划能耗：3177312.3kWh　　实际占累计计划比例：111.6%　　抄表能耗：2156568.1kW·h

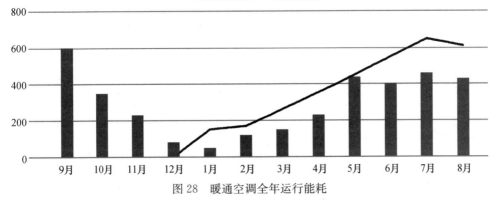

图28　暖通空调全年运行能耗

1.4 增量成本分析

通过慧云管理平台可降低每班工程人员相关操作和巡检工时 31.8h。应用慧云系统后，广场的物业管理人员减少 11 人，每年可节省人工成本约 58 万元。

项目合理采用相关绿色生态节能技术，集围护结构保温隔热体系、高效节能设备、节能照明、智能化控制技术等绿色生态技术为一体，全年可节约电费为 720.31 万元。

根据项目绿色建筑增量成本核算，总成本增量约 858.16 万元（表 2）。

增量成本统计　　　　　　　　　　　　　表 2

实现绿建采取的措施	单价	标准建筑采用的常规技术和产品	单价	应用量/面积	增量成本（万元）
土壤氡检测	0.5 万元/m²	无	0	65370.22m²	3.27
节水器具	238 万元	普通器具	250 万元	—	38
分项计量水表	0.0063 万元	无水表	0	300 个	1.89
空气质量监控	15 万元	无	0	—	15
楼宇自控系统	800 万元	无	0	—	800
合计					858.16

1.5 总　　结

项目结合自身特点，并综合考虑投资、回收、节能减排效益，在设计建造过程中逐级管控。合理采用相关绿色生态节能技术，集围护结构保温隔热体系、高效节能设备、节能照明、智能化控制技术、节水灌溉、BIM 建造技术等绿色生态技术为一体。遵守"被动优先，主动优化"的设计原则，以较低的投资成本，获得可观的节能收益。

运营过程中，台山万达广场具备国内领先的运营管理平台——慧云智能化管理系统，用高度集成化、智能化管理模式代替传统的管理方法，达到了向管理要效益、向科技要效率的减员、节能增效目标，使日常运行管理简单清晰、绿色节能。万达广场慧云智能化管理系统是一个将互联网+与大数据分析应用于万达广场运营的智能化管理平台，是一种创新的商业建筑楼宇智能化监控方法，该系统将标准化的功能设计和管理模式，与传统弱电集成软硬件技术紧密结合，并提供了全新的建筑运营一体化解决方案，即通过一套软硬件平台实现对商业建筑中多个机电系统和监控系统的集中控制管理。

项目是江门市第一个按照新国标《绿色建筑评价标准》GB/T 50378—2019进行评价并获得二星级绿色建筑评价标识的项目，获得了江门市各管理部门的大力支持，在万达集团内部已作为标杆项目进行推广学习，对万达集团绿建工作具有指导性意义。

作者： 任雨婷[1] 侯晓娜[1] 陈娜[1] 张川[2] 黄瑶[1] 容添栋[3]（1. 北京清华同衡规划设计研究院有限公司；2. 住房和城乡建设部科技与产业化发展中心；3. 台山万达地产开发有限公司）

2 上海市长宁八八中心
2 Changning 88 Center in Shanghai

2.1 项目简介

长宁八八中心项目位于上海市长宁区长宁路88号,由上海实业发展股份有限公司下属上海汇通房地产有限公司投资建设并运营,中船第九设计研究院工程有限公司设计,上海新世纪房产服务有限公司进行物业管理,上海市建筑科学研究院有限公司咨询。项目依据上海市《绿色建筑评价标准》DG/TJ 08—2090—2020获得绿色建筑运行标识二星级。

项目为商办综合体,项目总占地面积16520m^2,总建筑面积120922.26m^2,地上26层,地下3层。其中商业(KiNG88)约3.9万平方米,5A甲级办公面积为4.8万平方米,B1~5F为商业,6F~26F为办公。实景如图1所示。

图1 长宁八八中心实景

2.2 主要技术措施

项目秉持环境高品质、用户高舒适和效益可展现的运营目标,先后开展了建筑能源审计、智慧平台建设和绿色节能改造，持续提升运营管理效能。2019年，长宁八八中心被列为国家"十三五"重点研发计划项目"基于BIM的绿色建筑运营优化关键技术研发"示范工程，以行业领先的BIM智慧运维技术帮助物业实现精细化管理，降低能耗并提升环境品质。

2.2.1 安全耐久

(1) 室内外安全警示和标识系统

项目室内主要功能为办公和商业，均按照《安全标识及其使用导则》GB 2894—2008要求设置安全警示及安全引导标识，包括禁止吸烟、禁止攀爬、自动扶梯禁止使用手推车、小心地滑、禁止蹬踏、人行导向标识、楼层导引、安全出口标志、停车场导向标识等。警示和标识清晰、醒目，合理安排位置和分布密度。

(2) 具有安全防护功能的设计和产品

项目立面幕墙设有可开启部分，开启分为竖向和横向两种方式（图2），限制了幕墙的开启角度，在保证建筑内部的自然通风性能的同时，也确保使用的安全性。

图2 幕墙可开启

项目在人流量大且门窗开合频繁的位置，包括商业空间的主出入口采用感应门，电梯间、商业分隔门等区域的推拉门设置闭门器（图3），能够方便使用者进出的同时以较慢的速度将门闭合。办公主出入口的旋转门设置感应器（图4），感应器受压时旋转门马上停止。

图 3 闭门器设置　　　　　　　　图 4 旋转门防夹感应器

(3) 保障步行安全的场地交通流线

项目室外场地采取人车分流措施。地下车库入口位于长宁路，场地边界设置独立车行道，直接进入地下车库，不进入人行区域。项目人行主入口位于万航渡路，以及万航渡路与长宁路交口，与市政道路坡道连接，人行入口与机动车入口完全分开，场地内地面人行路网与机动车道分离，充分保障行人安全。

(4) 关注部品耐久性能

建筑部品选材中充分考虑了耐久性能指标，项目室内冷热水给水管采用薄壁不锈钢304管道，室外给水管采用钢塑复合管，污水管、废水管、通气管连接采用柔性接口机制排水铸铁管。所选的管材、管件和活动配件均具有良好的耐腐蚀和抗老化性能。

电气系统采用低烟无卤阻燃型单芯聚乙烯铜导线、阻燃耐火电力电缆、隔离型矿物绝缘电缆。项目采用耐久性好的外墙涂料，变色（白色和浅色）≤2级，粉化≤1级。采用耐久性好的密封材料，硅酮密封胶拉伸强度为1.772MPa≥0.84MPa。采用耐久性好、易维护的室内装饰装修材料。瓷质砖、无釉砖磨坑体积为89mm³；内墙涂料耐洗刷性≥5000次。

2.2.2 健康舒适

(1) 室内空气污染物浓度控制

项目地上商业、办公用房等采用风机盘管加新风（带热回收）系统，地下一层商业等大空间采用全空气系统，室内均设有空调末端控制面板，可根据使用人员意愿独立调节室内温度、湿度和风速，实现独立控制。新风系统设置过滤段（图5），过滤段等级为G4+F7，以保证室内空气质量满足绿色建筑性能要求。

项目运行阶段室内空气中的氨、甲醛、苯、总挥发性有机物、氡等污染物浓度的检测值低于现行国家标准《室内空气质量标准》GB/T 18883—2002 规定限值的40%以上。

项目在商业、办公区域每层设置控制量传感器，监测 PM_{10}、$PM_{2.5}$、CO_2、TVOC、温度、湿度六项指标，所有传感器均接入智慧平台，能够实现连续测量、显示、记录、数据传输等功能，并在污染物超标时报警。项目地下车库设有机械通风系统，补风为自然或机械送风方式，车库排风、补风风机设 CO 浓度控制，地下二层、地下三层各设有 28 个 CO 浓度传感器（图 6），共 56 个，满足每 300～500m² 设置一个 CO 传感器的要求。当车库内 CO 浓度大于 30mg/m³ 时，自动开启排风机和补风机，对车库进行换气通风。厨房、卫生间、垃圾房均设有机械排风系统并保持负压，避免异味和污染物串通到室内其他房间。

图 5　空气过滤段

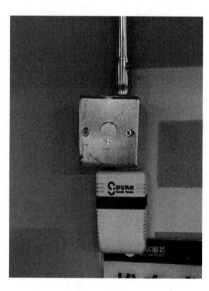

图 6　地库 CO 浓度检测

（2）最大化利用天然光

项目在商业区域设置了两个采光中厅和一个下沉式广场，建筑外立面采用全玻璃幕墙，幕墙玻璃透光性良好。经分析，超过 80% 的主要功能空间面积的采光系数能满足国家采光设计标准的要求。项目地上各层的各主要功能空间的室内进深和窗地比设计合理，室内背景亮度分布较均匀，室内主要空间均设置高反射率（全波段太阳辐射反射率大于 0.5）遮阳窗帘，不存在明显的自然眩光现象，不舒适眩光值较低。为兼顾考虑建筑外立面美观及日照辐射的控制，项目采用了竖向、横向遮阳板，挑出宽度为 350mm，与室内遮阳帘合并起到遮阳作用。经统计，外墙和幕墙透明部分中，遮阳设施的应用面积比例为 68.7%，如图 7～图 10 所示。

图 7　立面外遮阳系统

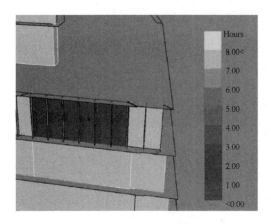

图 8　遮阳性能模拟

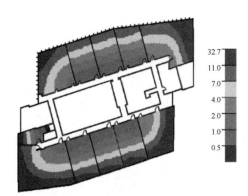

图 9　室内自然采光模拟

图 10　室内遮阳

(3) 良好的室内舒适性

项目各主要功能空间可开启窗扇位置设置合理，采用了南北通透的开窗设计，有效增强了自然通风效果。分析结果显示，项目主要功能空间过渡季工况下至少 62.50% 的面积满足换气次数大于 2 次/h 的要求。

项目在设计阶段就充分考虑了室内人员的舒适度，通过一系列热舒适设计和设备选型，力求在保证室内热湿环境稳定的同时提高舒适性。项目空调设计选型及风口设置合理，主要功能区域空调工况下的流场分布较为合理，人员活动区域的温度、风速可满足舒适性要求。经核算，商业与办公室区域 PMV-PPD 整体评价达标面积比例至少为 91.28%（图 11）。

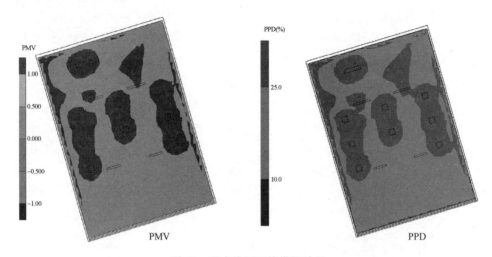

图 11　室内热湿环境模拟效果

2.2.3　生活便利

(1) 提供便利的公共服务

项目为商业办公综合体，商业部分均对外开放，功能包括餐饮、健身房、教育机构等，此外项目场地内有较大面积的广场区域，场地全天对外免费开放。项目停车场对外开放，停车场设置普通充电停车位以及特斯拉专用充电桩停车位（图 12），车库向周边居民提供夜间错峰停车的月租套餐。项目设有电瓶车充电设施，设置专门房间以及充电柜（图 13）对电瓶进行充电，且该充电间根据要求设置相应消防设施，如灭火器、黄沙等。

图 12　充电停车位

图 13　电瓶充电柜

（2）智能化管理

项目在运行维护阶段采用 BIM 技术，搭建了长宁八八智慧运营平台。主要监控范围包括空调系统、新风系统、通风系统、发电机系统、配电系统、冷源系统、热源系统、照明系统、水系统，水表数据、能耗数据等可在 BIM 平台统一管理。平台主要由 3 大模块组成：能耗管理、安全管理和环境管理模块。平台数据包括 7 个子系统：能耗管理、节能分析、安防系统、消防系统、停车管理、电梯监控、应急管理及环境管理（图 14、图 15）。

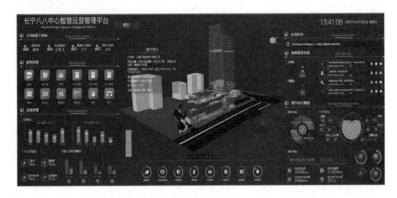

图 14　BIM 系统平台

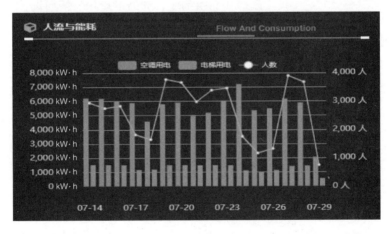

图 15　能耗分析

BIM 系统平台管理页面可展示项目整体建筑模型管理（包括给排水、暖通风、暖通水、消防、电气及电源模型）、设备数量和运行统计管理（包括强电、弱电、暖通、给水排水、电梯及消防）、物业工单系统信息处理情况、公司生产信息及实时动态发布、故障报警列表及提醒、楼宇运行概况、天气及环境数据实况、楼宇用电、环境监测数据等信息。智慧运营技术的应用和 BIM 系统管理平台的构建为项目带来"高效、节能、安全"的管理效果（图 16）。

图 16　空气质量监测平台

(3) 智慧物业系统

项目设置"尚实智慧服务 APP（图 17）"及"上实发展物业板块信息化平台"，采用信息化手段建立完善的物业管理程序，系统功能与业务流程匹配，工作数据记录完整，可通过手机或电脑在线进行物业工单及客服工单的创建、接单、处理、验收和抽查（包括临时性任务、计划性任务、客户报事报修、客户投诉等），这些平台的使用可实现绿色建筑物业管理的定量化与精细化。

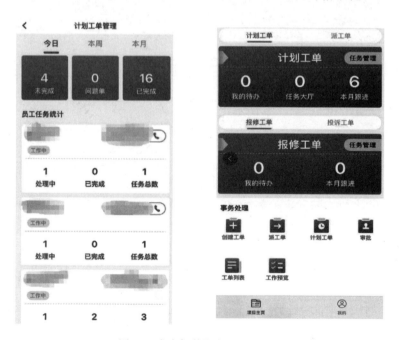

图 17　尚实智慧服务 APP 界面

2.2.4 资源节约

(1) 暖通空调系统节能

项目冷源为 3 台制冷量 3868kW 和 2 台制冷量 1758kW 的离心式冷水机组，热源为 2 台 3.5MW 的燃气锅炉提供的高温热水，经板换产生的空调热水。办公区（外区）采用异程式四管制，办公区（内区）采用异程式两管制（制冷），裙房商场部分及办公区公共区域采用异程式两管制。供冷时间为 5 月到 10 月，供暖时间为 12 月到次年 2 月。供冷时，根据室外温度情况来进行冷机台数的组合控制，一般开启两台冷机，极端高温天气会开启三台冷机。

项目大堂、餐厅、地下一层商场等大空间部分空调采用全空气系统，空调系统的新风采用全热交换回收冷热负荷。地上的商铺、办公用房等采用风机盘管加新风（带热回收）系统，便于室温独立控制。全空气系统具有可调新风比的功能，最大总新风比可达 100%，满足过渡季节全新风运行，空调系统的新风采用全热交换回收冷热负荷。

(2) 高效节水措施

项目内坐便器、小便器、水嘴等主要用水器具的用水效率等级达到 1 级，淋浴器的用水效率等级达到 2 级要求。场地绿化设置节水灌溉系统，采用微喷灌和滴灌相结合的形式，小块独立绿化采用取水阀取水进行灌溉，并设置雨天传感器自动关闭装置，若降雨则自动停止灌溉。采用节水灌溉的绿地面积比例大于 90%。如图 18~图 20 所示。

图 18 节水器具

(3) 材料节约

为减少建材运输过程中造成的资源和能源消耗，项目绝大多数建材均采购于江浙沪皖等邻近地区。通过项目工程造价结算书和建筑材料进场记录可知，项目施工现场 500km 以内生产的建筑材料使用质量为 315132.88t，所有建筑材料总

图 19　喷灌　　　　　　　　　　图 20　雨量传感器

质量为 359630.32t，施工现场 500km 以内生产的建筑材料质量占建筑材料总质量的比例达到 87.63%。

项目使用的混凝土全部为预拌混凝土，使用的砂浆全部为预拌砂浆。项目受力钢筋总用量为 23114.44t，其中 400MPa 级及以上受力普通钢筋用量为 19891.02t，400MPa 级及以上的高强度钢筋用量比例达到 86.05%。

项目外立面采用玻璃幕墙，使用了较多的可再循环材料（玻璃、钢材）。经计算，地上建材合计质量为 145842.13t，其中可再循环材料质量为 23074.21t，可再利用材料和可再循环材料使用质量占所有建筑材料总质量的比例达到 15.82%。

项目大量使用了以脱硫石膏为原料制成的 9.5mm 厚纸面石膏板，利废建材使用质量占所用同类石膏制品质量的比例为 61.73%，且废弃物掺量不低于 15%。

2.2.5　环境宜居

（1）室外吸烟区

根据上海公共场所控烟条例，项目室内全面禁烟。项目在办公、商业主出入口的下风向≥8m 处设置吸烟点（图 21）。吸烟点在绿化带附近并设有带烟头收集的垃圾筒，远离主要人员活动区域以及幕墙开启扇、新风引入口，并配有"吸烟有害健康"的警示标识。室内明确禁烟，并有导向标识指示吸烟区位置（图 22）。

（2）生活垃圾的收集和处理

项目垃圾房布置在地下一层，垃圾房设置通风、除尘、除臭等环境保护设施，配备有消毒、灭鼠、杀虫等装置，制定并严格落实垃圾厢房管理规定及清运管理规定，有效保证垃圾容器及时清洗、收集箱密封可靠以及收集清运过程中无污水滴漏。物业制定了垃圾分类管理制度，可回收物、有害垃圾、湿垃圾、干

 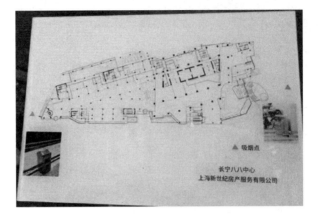

图21 吸烟点　　　　　　　图22 吸烟点指示牌

垃圾分类堆放在垃圾房，统一管理，日产日清；注重垃圾房保洁工作，定期对垃圾房进行清洗，垃圾及时委托专门的机构清运（图23）。

 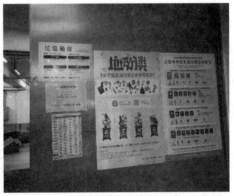

图23 垃圾分类

(3) 良好的室外物理环境

场地周围对项目的噪声影响主要为周边道路噪声。经现场检测，东、南、西、北四条场地边界处的环境噪声均满足3类声环境功能区的标准限制。

项目建筑周边无教育建筑、医院病房楼等敏感建筑，项目采用的玻璃幕墙可见光反射比小于0.15，不会对周边建筑及道路产生光污染。

项目通过合理布置建筑朝向，能有效地降低冬季西北风的影响。经室外风环境模拟分析可知，冬季、夏季和过渡季工况下，建筑周边流场分布均匀。冬季建筑物周围人行区风速小于5m/s；项目无户外休息区、儿童娱乐区。除迎风第一排建筑外，建筑迎风面与背风面表面风压差不大于5Pa。夏季、过渡季（春季、秋季）室外气流通畅；迎风面最小风压处和背风面的最大风压处的压差大于0.5Pa，建筑的立面压差利于自然通风。

2.3 实施效果

(1) 建筑运行节能

项目采用高效供暖空调系统和热回收机组，通过BA系统进行节能运行管理，可有效降低能耗消耗，具有显著的节能效果。采用节能灯具，并对照明系统进行分回路设置，有自然采光的区域可以单独关闭，降低照明能耗。项目实际运行能耗较国家现有标准降低幅度>10%（表1）。

建筑实际能耗结果对比　　　　　表1

单位面积全年总能耗 [$kgce/(m^2 \cdot a)$]	能耗约束值 [$kgce/(m^2 \cdot a)$]	能耗降低幅度 (%)
55.89	62.2	10.14

(2) 智慧监控管理

项目利用BIM技术搭建智慧运营平台，BA系统也接入该平台，能够对设备进行控制，并对各个设备的动态进行监测、报警，可根据显示制定相应的策略。此外，项目设置远传水表、电表，数据上传至智慧平台，平台能够对数据进行分析处理，根据分析结果改进设备运行策略，达到节能目的（图24）。

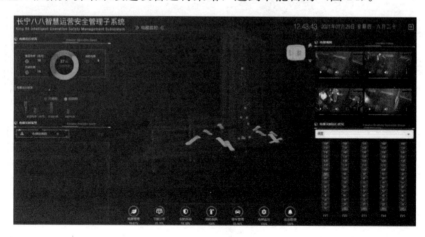

图24　设备监测系统

(3) 健康室内环境

项目每层主要功能房间及人员密度较高且随时间变化大的区域（办公室、商业空间公共区域）设置空气质量监测系统，可对PM_{10}、$PM_{2.5}$、CO_2、TVOC

进行监控。空气质量监测系统已接入 BIM 平台,能够实现连续测量、显示、记录、数据传输等功能,并在污染物超标时报警。室内空气中的氨、甲醛、苯、总挥发性有机物、氡、可吸入颗粒物等浓度比现行国家标准《室内空气质量标准》GB/T 18883 的有关要求降低 20%(表 2)。

室内空气质量检测结果　　表 2

房间类型	项目										降低比例(%)
	甲醛 (mg/m³)		氨 (mg/m³)		苯 (mg/m³)		TVOC (mg/m³)		氡 (Bq/m³)		
	预评估/检测值	规定值	预评估/检测值	规定值	预评估/检测值	规定值	预评估/检测值	规定值	预评估/检测值	规定值	
2F 检测点 1 号	0.03	0.1	0.1	0.2	0.004	0.11	0.345	0.6	30	400	42.5
5F 检测点 1 号	0.05	0.1	0.07	0.2	0.004	0.11	0.352	0.6	31	400	41.3
10F 检测点 1 号	0.05	0.1	0.08	0.2	0.004	0.11	0.301	0.6	40	400	49.8
22F 检测点	0.04	0.1	0.09	0.2	0.022	0.11	0.311	0.6	22	400	48.2

2.4 增量成本分析

项目采用了节水灌溉、空气过滤段(G4+F7)、运行 BIM 系统、空气质量检测等技术。为实现绿色建筑而增加的初投资成本约为 558 万元,单位面积增量成本约为 45 元/m²。项目年可节约运行费用 30 万元(表 3)。

增量成本统计　　表 3

实现绿建采取的措施	标准建筑采用的常规技术和产品	应用量/面积	增量成本(万元)
节水灌溉	人工灌溉	1322m²	8
运行 BIM 系统	无	全楼	300
新风过滤	无	全楼	80
室内空气质量检测	无	全楼	100
节水器具	普通用水器具	全楼	50
灯具回路改造	无	有天然采光区域	20
合计			558

2.5 总　　结

项目积极响应国家"双碳"战略，对标新版绿色评价标准的技术体系，从设备材料、运行策略、管理制度等方面进行了全面梳理和系统优化，将绿色运营水平提升到了新的能级。以绿色为纲，以智慧赋能，项目为上海数字化转型进程中绿色建筑运营期的数字化管理提供了样板，为同类型项目的低碳运行提供了实践范本。

（1）建筑被动式性能优化。项目通过幕墙设置竖向、横向开启扇以及合理的开启部位，有效增强了自然通风效果。外立面全幕墙设置保证了室内采光效果，且外立面的竖向、横向遮阳板与室内高反射率的遮阳帘，起到遮阳效果的同时使室内不会产生明显眩光。

（2）机电设备高效配置。项目空调系统冷源系统的电冷源综合制冷性能系数满足绿色建筑标准要求，新风采用全热回收，并且物业会根据季节和气温设置不同的运行策略，同时满足节能和舒适性的要求。建筑内用水器具采用节水器具，室外绿化灌溉采用节水灌溉，有效降低建筑用水量。

（3）健康舒适运行环境。室内新风系统设置 G4+F7 的空气过滤段，并设置室内空气质量监测系统、地库 CO 浓度监测系统，数据接入 BIM 平台实时显示并超标报警，保证建筑内的空气质量。建筑内设置的停车场对外开放，停车场设置普通充电停车位以及特斯拉专用充电桩停车位，车库提供夜间错峰停车的月租套餐，为建筑内以及周边居民提供便利。

（4）智慧监控高效运行。项目利用 BIM 技术搭建智慧运营平台并与 BA 系统连接，对建筑内系统设备进行监控以及数据分析，降低能耗、水耗，并能够对突发事件及时处理。物业采用信息化系统进行工作，可通过手机 APP 随时接收和处理相关信息，保证物业管理的定量化与精细化。

作者：潘军[1]　黄建[1]　谭日俊[2]　孙继[1]　白玫[3]　李坤[4]　秦岭[4]（1. 上海实业发展股份有限公司；2. 上海汇通房地产有限公司；3. 上海新世纪房产服务有限公司；4. 上海市建筑科学研究院有限公司）

3 江苏省泰州凤城金茂府
3 Taizhou Fengcheng Jinmao Palace in Jiangsu

3.1 项 目 简 介

泰州凤城金茂府项目位于江苏省泰州市海陵区刘西河东侧、紫金路西侧、周山河路北侧和太湖路南侧，由泰州城茂房地产开发有限公司投资建设，江苏省建筑设计研究院有限公司设计，金茂物业运营，总占地面积 106910.78m²，总建筑面积 257880.57m²，2021 年 5 月依据《绿色建筑评价标准》GB/T 50378—2019 及 Breeam International New Construction 2016 Residnetialc 获得绿色建筑标识三星级预评价和英国 BREEAM VeryGood。

项目主要功能为居住建筑，主要由住宅、物业配套构成，效果图如图 1 所示。

图 1 泰州凤城金茂府效果图

3.2 主 要 技 术 措 施

项目采取"绿色与科技"设计与运营管理理念，通过金茂 12 大科技系统在住宅户内组建一个相对室外环境更加稳定、舒适的室内环境系统。当外界干扰出现时，各科技系统间可实现互通连接，对室内热湿环境、声环境、光环境和空气质量等方面的参数进行实时监测与动态优化,从而营造出更加健康、舒适与高品质的室内居住环境,同时具有低碳、节能与环保的特色(图2)。

图2　泰州凤城金茂府绿色建筑技术

3.2.1　安全耐久

(1) 安全防护

为了提高项目安全使用系数和便捷舒适性,项目在外窗、阳台、室内外楼梯方面均做了防护栏杆,并且栏杆高度均比相关建筑设计标准要求值高;同时,对于各栋存在落地窗的大堂及各主要出入口玻璃门窗、7层以上的外开窗、顶棚等容易对人造成冲击和伤害的地方,均安装了安全玻璃(图3)。

在地面防滑方面,各栋建筑主要出入口及平台、公共走廊、电梯门厅、厨房、浴室、卫生间等部位均采用防滑等级不低于现行行业标准《建筑地面工程防滑技术规程》JGJ/T 331规定的Bd、Bw级的面砖、防滑条等防滑措施。其中建筑室内外活动场地防滑等级达到了现行行业标准《建筑地面工程防滑技术规程》JGJ/T 331规定的Ad、Aw级(图4)。

(2) 部品部件耐久

项目在机电设备管线、管材及配件方面均使用了高于现行国家相关标准的耐腐蚀、抗老化、耐久性能好的配件产品,如所有给水水龙头均采用陶瓷阀芯,选用水嘴的寿命超出现行国家标准的1.2倍等(图5)。室内外

图3　安全防护构件与安全玻璃示意图

装修建材中的外墙涂料采用符合《水性氟树脂涂料》HG/T 4104—2019 中的优等品——水性氟涂料，室内卫生间、浴室等区域的防水和密封材料选用了高分子防水卷材、防水涂料和密封胶。内墙涂料选用了绿色耐久性好的零污染物排放的涂料，地砖选用耐磨性良好的陶瓷地砖。

3.2.2 健康舒适

（1）室内污染物控制

项目室内甲醛、苯、总挥发性有机

图 4　室内外防滑地砖示意图

图 5　长寿命、耐久性好的阀门与水嘴示意图

物等污染物浓度低于现行国家标准《室内空气质量标准》GB/T 18883 规定限值 20%，选用了至少 5 类达标的绿色建材，如地板、涂料、防水材料及陶瓷砖等，均优先选用环保的室内装饰装修材料，各材料的污染物浓度排放强度也满足相应规范中的要求（图 6）。

图 6　绿色室内装修材料

(2) 室内声环境

项目室内易产生噪声的机组设备均设置在地下，同时机组做了隔声降噪措施，如加装消声器和减振降噪基座；风机出口加装消声部件；设备用房加设吸声材料等。通过围护结构的遮蔽作用及隔声装置的设置与定期加固维修，可以减少噪声污染，最终使得室内声环境达到高要求标准限值。相邻房间之间的构件隔声与楼板撞击声隔声也均能达到高要求标准限值。

(3) 采光通风

建筑平面布局、各朝向开口及小区内通风廊道等设计，在夏季及过渡季均能实现新风的有效引入，可以均匀地吹向各楼层主要功能房间，同时结合场地乔灌木的种植和引导，使区域内气流组织分布比较合理。在采光方面，根据模拟计算，主要功能空间采光照度值不低于300lx的小时数平均不少于8h/d的面积比例为95.37%。

各建筑立面上分布均匀的通风口与室外有效气流组织的引入，能够有效促进室内主要功能空间在夏季、过渡季主导风向的自然通风，使得室内热舒适度符合非空调情况下的要求（图7）。

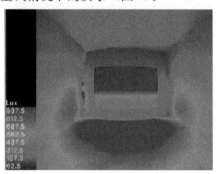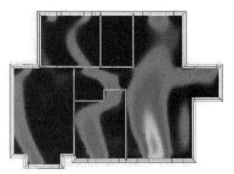

图7 绿色节能设计理念下的室内自然采光和通风效果

3.2.3 生活便利

(1) 场地无障碍

项目严格按照《无障碍设计规范》GB 50763—2012的要求对南区与北区中间的代建市政道路设置了盲道，园区内路面做防滑处理，基本平坦无高差，无凹凸。

在一层单元门入口供轮椅通行的门扇上设置距地900mm的门把手，同时配备了视线观察玻璃，在距地350mm范围内设置护门板。项目建筑单元为一梯两户布局，每个单元均设置有一部担架电梯（兼消防电梯、无障碍电梯），电梯轿厢的尺寸和候梯厅尺寸与位置均满足规范要求（图8）。

图 8　无障碍设施

（2）健身场地

项目在南区、北区合计设置了 $1074m^2$ 的室外塑胶健身场地，场地内跳远、羽毛球等不同活动空间均匀布置，同时配备了健骑机、仰卧板等健身器械。同时在 S1 号楼内设置有 $555m^2$ 的室内健身空间，为居民提供免费、全天候健身活动的便利条件。除室内健身活动设施外，项目还在场地内设置了宽度 2.5m、长度 1258.09m 的健身步道，步道采用彩色陶粒铺装，不与车行流线相交，保证了锻炼居民的安全性。

（3）家居智能化

各户主要功能房间（卧室、起居室等）均设置室内空气质量监控系统，设备采用 8 合 1 检测仪，可对房间内温度、湿度、$PM_{2.5}$、PM_{10}、CO_2、TVOC 含量等参数进行监测、显示、记录和数据传输，同时设备可储存 1 年的监测数据并在各末端显示器中显示。

项目设置具备火灾报警系统、可视对讲系统、电话及网络系统、有线电视系统、视频监控系统等功能的智能化系统。在此基础之上，项目又在安全防护方面做了升级和生化，配备了电子周界防护、电子巡更管理、视频监控系统、访客对讲及门禁、户内外报警、车辆出入管理、电梯五方通话、电梯联动控制、公共广播系统、信息发布系统、综合布线系统等。

3.2.4　资源节约

（1）节约用地

项目地下共开发建设一层，地下建筑面积与地上建筑面积的比率 R_r 为 36.25%。地下空间主要用途包括设备机房、车库等，能够满足设备运转、车辆停放等功能的需要。其中设有机动车停车位 1887 个，通过合理设置地上与地下空间的车位数量配比，使得地面停车位数量与住宅总套数的比例为2.81%，小于10%，实现了用地空间效率的最大化。

(2) 节能与能源利用

项目围护结构性能优越，远高于国家及地方标准规范值要求。根据供暖空调全年计算负荷比较，设计项目较参照项目负荷降低幅度最低可达到24.22%。

项目采用复合式地埋管地源热泵系统，地埋孔换热系统按照提供70%的冬季空调供热量，其余通过增设3台定频螺杆式地源热泵机组和2台离心式冷水机组以及2台常压燃气热水锅炉辅助冷热源来保证项目供冷、供热需求。各机组性能比国标要求值提升不低于6%至16.6%不等。

项目输配系统如通风空调系统风机的单位风量耗功率、集中供暖系统热水循环泵的耗电输热比、空调冷热水系统循环水泵的耗电输冷（热）比实现了比现行国家标准《公共建筑节能设计标准》GB 50189的规定低20%的目标。

主要功能房间的照明功率密度值达到现行国家标准《建筑照明设计标准》GB 50034规定的目标值，照明产品、三相配电变压器、水泵、风机等设备满足国家现行国家标准的节能评价值的要求。

(3) 节水与水资源利用

利用场地入渗和部分绿地的下凹设计，设置雨水回用蓄水池，提高了场地对雨水径流的滞蓄能力。根据计算，项目的场地综合径流系数为0.4025，场地入渗实现控制率59.75%，实际场地内入渗实现的降雨控制量为2184.67m³，有效实现了雨水外排控制。

在雨水利用方面，项目设置了雨水收集回用系统，雨水处理机房位于地下车库，收集处理后的雨水回用于场地内部的绿化浇洒、道路冲洗、地库冲洗和洗车用水。同时根据室外绿化灌溉场地分区，共设置4个土壤湿度感应装置，4个雨量感应装置，灌溉系统可以结合雨量传感器和土壤湿度传感器数据进行自动启停喷灌，从而实现有效节约用水。

3.2.5 环境宜居

项目重视净地表层土的回收利用。在施工前制定表层土保护、回收与利用方案，在施工准备阶段合理组织人力物力，配置施工机械，确保表层土清理与保护工作的顺利进行。

3.3 实施效果

项目在改善室外建筑微环境、减弱场地热岛效应方面做了很多努力，高矮乔灌木植被的搭配，以及面积丰富的地景观设计，使项目绿地面积达到了

57569.82m²，绿地率为53.85%，远高于规划要求的35%。

在项目材料耐久方面，外墙涂料采用水性氟涂料，防水和密封材料采用了高分子防水卷材、密封胶，内墙涂料和室内外地砖（包括公共部位）选用了耐磨性良好的陶瓷地砖。

在室内装修建材方面，优先选用环保的室内装饰装修材料，种类达到5类以上，通过对室内空气中的甲醛、苯、总挥发有机物浓度水平的预评估，得出室内装修污染物浓度均低于现行国家标准《室内空气质量标准》GB/T 18883规定限值的20%以上。室内$PM_{2.5}$年均浓度不高于$25\mu g/m^3$，且室内PM_{10}年均浓度不高于$50\mu g/m^3$。

在BA系统方面，项目针对空调系统设置有独立完整的BA系统，在智能家居方面项目创新采用"分布式总线+无线"方案，对室内的照明、情景、温度、空气实现智能控制。

在可再生能源利用方面，在各楼顶设置了太阳能热水系统，太阳能热水使用比例达到35.02%。

在空调冷热源方面，项目采用复合式地埋管地源热泵系统。根据计算，由地源热泵系统提供冷量、热量比例达到了58.21%，在降低对一次能源消耗的同时又提升了项目室内外环境品质。

项目建筑装修选用工业化内装部品有整体厨房、装配式内墙、干式工法地面三种，其中：①装配式内墙使用量为116283.66m²，对应部分总用量为157513.95m²，装配式内墙的使用比例为73.82%；②项目采用土建与装修一体化设计并施工，项目总户数为1068户，各户型厨房全部采用整体配置，整体设计，整体施工装修，橱柜、抽油烟机、燃气灶具、消毒柜、水盆等厨房用具和电器均由集团统一采购，进行系统搭配，一次安装到位，整体厨房使用比例为100%；③干式工法地面使用量为61181.61m²，对应部分总用量为102168.13m²，干式工法地面的使用比例为59.88%。

此外，项目在规划设计阶段、施工建造阶段均应用BIM技术，在有效控制工程造价和投资的同时又有效提升了项目质量与安全管理水平，并且提升了项目协同能力、运维管理水平。

3.4 增量成本分析

项目应用了采用耐久性好、易维护的装饰装修建筑材料、隔音砂浆、地库CO监控技术、中置遮阳外窗、室内空气质量监控、水质在线监测技术、家居智能化、高效冷热源系统、1级用水效率等级节水器具、BIM技术等多种绿色建筑技术，真正体现绿色建筑的现实意义，共节约运行成本272.50万元/年，单位面积增量成本 157.00 元/m^2（表1）。

增量成本统计　　　　　　　　　　　　　　　　　表 1

实现绿建采取的措施	单价	标准建筑采用的常规技术和产品	单价	应用量/面积	增量成本（万元）
卫生间墙面、顶棚满铺防潮层	5 元/m^2	无	0 元/m^2	64470.1425m^2	32.24
采用具有安全防护功能	120 元/个	普通门窗	0 元/个	330 个	3.96
室内外地面或路面设置防滑措施	5 元/m^2	常规铺装	0 元/m^2	257880.57m^2	128.94
采用耐久性好、易维护的装饰装修建筑材料	6 元/m^2	常规建材	0 元/m^2	257880.57m^2	154.73
采用隔音砂浆	30 元/m^2	无	0 元/m^2	113562.342m^2	340.69
地库设置 CO 监控系统，与排风机组联动控制	150000 元/套	无	0 元/套	1 套	15.00
装饰装修材料满足国家现行绿色产品评价标准中要求	10 元/m^2	无	0 元/m^2	189270.57m^2	189.27
可调节外遮阳	80 元/m^2	无	0 元/m^2	56781.171m^2	454.25
设置 PM_{10}、$PM_{2.5}$、CO_2 浓度的空气质量监测系统	3000 元/户	无	0 元/户	1068 户	320.40
设置水质在线监测系统	50000 元/套	无	0 元/套	2 套	10.00
具有智能化服务系统	10000 元/户	无	0 元/户	1068 户	1068.00
高效冷热源设备	50000 元/套	无	0 元/套	5 套	25.00
节水器具（1级）	1500 元/套	常规节水器具	1200 元/套	5937 套	178.11
节水灌溉，雨量感应装置、土壤湿度感应器	20 元/m^2	人工浇灌	8 元/m^2	57569.82m^2	69.08
雨水收集装置	300000 元/套	无	0 元/套	1 套	30.00
绿色建材	30 元/m^2	无	0 元/m^2	257880.57m^2	773.64
建筑内外均应设置便于识别和使用的标识系统	2 元/m^2	无	0 元/m^2	257880.57m^2	51.58
室外吸烟区位置布局合理	30000 元/套	无	0 元/套	2 套	6.00
透水铺装	35 元/m^2	无	0 元/m^2	18881.7m^2	66.09
下凹绿地	5 元/m^2	常规绿地	0 元/m^2	57569.82m^2	28.78
合计					4048.67

3.5 总　　结

　　项目在建筑设计过程中综合考虑了安全耐久、健康舒适、生活便利、资源节约、环境宜居，符合绿色建筑的相关要求。利用了提高防护栏杆安全防护水平、安全玻璃、防夹门窗、室内外地面或路面设置防滑措施、采用耐久性好、易维护的装饰装修建筑材料、隔音砂浆、地库 CO 监控技术、绿色环保装修装饰材料、中置遮阳外窗、室内空气质量监控、水质在线监测技术、家居智能化、高效冷热源系统、1级用水效率等级节水器具、节水灌溉、雨水收集、绿色建材、透水铺装、下凹绿地、BIM 技术等多项适宜且效果明显的技术。并且，应用先进的计算机模拟技术，对室内采光、通风以及室外风环境等进行模拟，以达到提高人员居住舒适、节能降耗、环境优美的目标，真正体现绿色建筑的现实意义。

作者： 周楚[1]　李叶骄[1]　赵斌[1]　连歆翼[1]　张平一[2]（1. 北京金茂绿建科技有限公司　2. 泰州城茂房地产开发有限公司）

4 深圳市天安云谷产业园二期项目

4 Tian'an Cloud Valley industrial park phase Ⅱ building in Shenzhen

4.1 项目简介

天安云谷产业园二期02-08地块11栋项目位于深圳龙岗区坂田街道岗头社区，由深圳天安云谷投资发展有限公司投资建设，筑博设计股份有限公司设计，深圳市天安云谷物业服务有限公司运营，深圳德方建筑科技有限公司提供绿色建筑咨询。于2021年5月经深圳市绿色建筑协会组织专家，依据《绿色建筑评价标准》GB/T 50378—2019获得三星级绿色建筑标识证书（图1）。

图1 项目三星级绿色建筑标识证书

项目主要功能为办公建筑，主体为框架-核心筒结构。项目总占地面积30051.31m²，总建筑面积139020m²，容积率6.88%，绿地率30%。项目效果图如图2所示。

图 2 项目效果图

4.2 主要技术措施

项目秉持"共享、智慧、绿色、协助、开放"的理念，采用尊重地域文化、突出地区和建筑功能特色的设计和管理方式，遵循技术先进、适当超前、方便实用、安全可靠、投资合理的原则，结合园区总体规划和既有条件进行建筑单体设计，利用自然技术、本地绿色建筑材料等低成本、低投入方式平衡和保护周边生态系统，节约能源，力争在成本可控范围内做出一定的新技术、新材料、新工艺应用的探索，具有兼容和创新绿色特色。项目通过整合与利用效果显著的多项绿色建筑技术，在满足绿色建筑评价标准三星级要求的同时，达到了提高使用空间的舒适性、节能降耗、环境优美的目标，体现了绿色建筑的现实意义。

4.2.1 安全耐久

项目注重保障人员安全，玻璃幕墙、玻璃栏板、采光棚、出入口通道上空玻璃等均采用钢化夹胶安全玻璃；门窗采用可调力度的闭门器或具有缓冲功能的延时闭门器，防止夹人伤人事故发生；同时利用场地形成可降低坠物风险的缓冲区、隔离带（图 3）。

图 3　安全保障措施

4.2.2　健康舒适

项目空气品质良好，氨、甲醛、苯、总挥发性有机物、氡等污染物浓度低于现行国家标准《室内空气质量标准》GB/T 18883 规定限值的 20%。经现场空气质量检测，室内污染物浓度降低幅度均大于 20%。相关检测报告如图 4 所示。地下停车场新风采用 CO 浓度＋温度复合控制，CO 监测系统与排风风机联动，保障地下室空气清新度，同时达到节约电能的目的。

图 4　室内空气污染物检测报告

4.2.3　生活便利

(1) 公众共享开放空间和健身跑道

项目室外活动场地和公共绿地全天向社会公众免费开放，项目内还设有健身跑道，为社会公众提供安全便利的娱乐场所和健身设施（图 5）。

(2) 节能环保充电车位

项目设有 847 个机动停车位，其中电动充电车位 85 个（图 6），约占机动停车位总量的 10%。为用户提供充足便利的新能源汽车充电条件，鼓励用户使用

图 5　公共开放空间和健身跑道

图 6　电动充电车位

新能源汽车，减少交通产生的碳排放，从而达到保护环境的目的。

（3）智慧园区管理系统

天安云谷以社区空间为基础，利用万物互联、AI、大数据和云平台，将一切资源服务化。同时，用一张网，一个数据中心将园区的设施、资源与服务全面打通，形成一体化联动管控的总裁驾驶舱管理平台（图 7），直观展示城市运营的各类数据，依据后台算法和智能提醒，解读城市运营背后的关键指标，发现存在的问题点。以用户需求为导向，形成充分关联协同、充分资源共享的整体在线社区，全面提升园区招商、运营管理、企业服务、商户服务和人才服务水平，从而将园区打造为真正意义上的智慧园区。

1）实时的电力运行监控系统，安全可靠的操作流程。系统通过微机综合保护装置、智能电力表对高低压配电系统进行实时的运行状态监控，如开关状态、运行电流、电压、功率因素、谐波含量等参数的实时监测；微机综合保护装置、智能电力表配置继电器输出，系统通过后台控制前端设备的断开等远程操作，操作有严格的流程及密码保护。系统同时提供 10 级报警机制，提高配电系统的安全性。

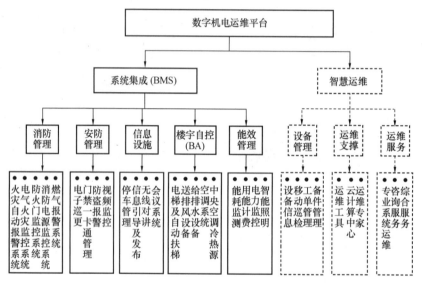

图 7　数据中心和机电运维管理平台

2）可视化的照明回路控制（图 8）。系统提供与建筑平面结构一致的可视化照明控制，可以通过平面中的位置的操作控制相应区域的照明回路，并提供照明灯具的状态反馈；系统也可以通过时间设定等方式实现照明的自动控制。

3）中央空调控制系统的实时监测及运行优化（图 9）。综合优化中央空调主

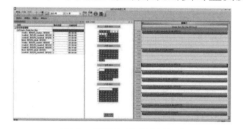

图 8　照明回路控制界面

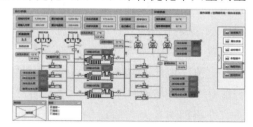

图 9　中央空调控制系统实时监测界面

机、循环泵、冷却塔的运行参数,提高系统的制冷效率。

4)完善的能源管理措施(图10)。提供能耗数据实时统计、分析对比功能,提供对重点能耗设备的实时能效分析手段。通过这些手段把握园区生产运营的能耗状况,为建设绿色园区提供指导。

5)负荷预测(图11)。通过对园区运营的能耗历史数据的统计分析,对未来一个月时间内的用能负荷提出预测,指导园区企业合理分配用能。

图10　能源实时分析界面　　　　　　图11　负荷分析界面

6)智慧停车场系统

通过采用智慧停车系统,停车场不需要人员值守,即可实现合理管理车位,视频识别免取卡进出入,省去车主进出刷卡的时间,提高车辆进出效率,优化停车场停车管理方式。采用扫码支付、线上缴费、无感支付等多种支付方式,支持微信、支付宝、银联等多种收费方式,采用高速道闸,快速抬杠且支持连续出车不落杆并配置防砸功能,有效疏通忙时交通。此外,地下室及裙楼配置智慧视频识别车位引导系统、高精度蓝牙导航系统及电子地图(图12),准确且迅速指引车主寻找到空车位,实时导航寻找爱车及热点区域,优化停车场交通疏导情况,提高通行效率,减少车辆交通碳排放。

图12　电子地图定位导航

4.2.4 资源节约

(1) 磁悬浮离心式冷水机组

项目选用 3 台磁悬浮离心式冷水机组（图 13）：1 台 650RT 磁悬浮离心式冷水机组，能效比为 6.16，IPLV 值为 10.35；1 台 450RT 磁悬浮离心式冷水机组，能效比为 6.05，IPLV 值为 10.11；1 台 300RT 磁悬浮离心式冷水机组，能效比为 5.92，IPLV 值为 9.84。能效比较标准要求提高 12％以上，大幅降低空调能耗。塔楼部分选用多联机，达到一级能效，制冷综合性能系数均满足在标准值基础上提高 16％的要求。

图 13 磁悬浮离心式冷水机组

(2) 双银 Low-E 中空玻璃

外围护性能提高：采用双银 Low-E 中空玻璃减少室外环境通过玻璃进行热量交换，降低运营能耗。外围护性能提高 20％以上。相应的性能检测报告如图 14 所示。

序号	检测项目	单位	设计要求	检测结果	单项评定
1	可见光透射比	—	≥0.40	0.435	符合
2	玻璃遮阳系数	—	≤0.33	0.271	符合
3	中空玻璃露点		应<−40℃	−60℃	符合
4	玻璃传热系数	W/(m²·K)	≤3.50	1.60	符合
5	可见光反射比（前）		≤0.30	0.296	符合

图 14 玻璃检测报告

(3) 一级节水器具

项目中的卫生器具均使用一级用水效率节水器具。水龙头采用 L20 感应龙头，流量 0.059L/s；小便器采用入墙式红外感应，冲水量 1.92L/次；蹲便器采用脚踏式冲水阀，冲水量 1.82L/s；坐便器采用连体双冲马桶，冲水量 2.9(3.4)L/次。总体节水效率可达到 40% 以上。

(4) 铝合金模板体系

项目施工过程中使用铝合金模板（图 15）代替常规的木质模板，有利于环保、节约木材，安装拆卸过程低碳环保，无建筑垃圾产生，旧铝模板 100% 回收，可多次重复利用。

图 15　铝合金模板

4.3　实　施　效　果

项目采用高性能空调系统和优化外围护结构，年运营节约费用约 80 万元；采用节能照明，年运营节约费用约 20 万元；采用节能电梯，年运营节约费用约 52 万元；采用绿化节水灌溉，年运营节约费用约 3 万元；采用一级节水器具，年运营节约费用约 25 万元；采用结构节材优化、预制构件、BIM 技术，为项目节约用材，约节约材料费用 100 万元；采用 CO 监测系统，为项目营造良好的室内空气质量，减少人员就医费用，提升工作效率和人员健康指数。

经项目一年的实际测算，截至 2021 年 4 月，项目地上面积能耗降低 20.96%（目前已入驻约 74448m^2）；单位面积能耗为 63.23kW·h/(m^2·a)。如果按《深圳市公共建筑能耗标准》SJG 34—2017(表 4.0.1 中 A 类Ⅱ型) 约束值 80kW·h/m^2 的平均能耗计算，按项目地上建筑面积 139020m^2，每年可以节电 2331365kW·h，折合每年可以节省标煤 286.83t，每年可以减排 CO_2 约 2324.37t。

年用水量为 21169m^3，平均每人每日用水量约 22.5L/(人·班)。如果按《民用建筑节水设计标准》GB 50555—2010，办公类用水定额上限 40L/(人·班) 计算，项目年节水量为 16460m^3。

4.4 增量成本分析

项目通过围护结构优化,建筑空调负荷降低 15% 以上;通过优化空调系统节能,空调 COP 比《公共建筑节能设计标准》GB 50189 要求提高 12%;同时,通过采用节能电梯、一级节水器具、结构健康监测系统、BIM 技术、绿色建材等一系列绿色建筑技术应用,建筑运行费用可节约 180 万元/年。为实现绿色建筑所增加的初投资成本约为 1198.80 万元,单位面积增量成本 93.43 元/m^2。详见表1。

增量成本统计 表1

实现绿建采取的措施	单价	标准建筑采用的常规技术和产品	单价	应用量/面积	增量成本（万元）
高效空调管理系统	—	无	—	1套	250.00
能耗管理系统	—	无	—	1套	216.00
机电运维平台	—	无	—	1套	100.00
照明功率目标值设计	2.5元/m^2	满足现行值	2元/m^2	139020m^2	6.95
节能电梯	—	常规电梯	—	37台	148.00
喷灌/滴灌	25元/m^2	人工	5元/m^2	9076.94m^2	18.15
绿色装修材料	—	常规材料	—	139020m^2	50.00
地下室CO监控	—	无	—	139020m^2	27.80
BIM技术应用	—	无	—	139020m^2	200.00
一级节水器具	1元/m^2	二级	—	139020m^2	13.90
节能风机水泵	—	常规水泵	—	139020m^2	38.00
节能变压器	—	常规变压器	—	139020m^2	110.00
高性能幕墙	—	常规幕墙	—	139020m^2	120.00
合计					1198.80

4.5 总　　结

项目因地制宜采用了兼容和创新绿色理念,在设计过程中倡导绿色建筑理念,施工过程中实践绿色施工,运营过程中倡导绿色物业管理,在满足人的舒适性前提下,最大限度地节约资源。项目采用的主要技术措施总结如下:

(1) 机电运维管理平台,实现能效精细化管理与机电设备全生命周期管理;

(2) 设备综合监控管理,提升物业管理效率;

(3) 智能化物业管理，CC＋（Cloud Community ＋）；

(4) 双银 Low-E 中空玻璃，提升围护结构热工性能；

(5) 磁悬浮空调机组和多联机，高能效比，节能同时降低运营成本；

(6) 使用一级节水器具；

(7) 铝合金模板体系，安装过程低碳、无建筑垃圾产生。

项目按照《绿色建筑评价标准》GB/T 50378—2019 进行绿色建筑设计并通过认证，从建筑设计到施工再到运营，全过程践行绿色建筑理念、落实绿色建筑技术，使建筑真正成为绿色建筑技术集成的示范与展示项目。同时，项目作为深圳市"无废城市细胞"重要组成部分，其技术应用合理，推广价值较大，为广东省的绿色建筑事业提供了可复制、可借鉴的示范，助力实现碳达峰、碳中和。

作者：蒋正宇[1] 王向昱[2] 罗晓玉[1] 彭良清[1] 曾雄源[1] 周华[3] 陈凯莉[3]（1. 深圳天安云谷投资发展有限公司；2. 深圳市绿色建筑协会；3. 深圳德方建筑科技有限公司）

5 湖州市南太湖未来城
5 Huzhou South Taihu Future City

5.1 项目简介

湖州市南太湖未来城（长东片区）位于浙江省湖州市，南起三环北路，北至太湖，东起大钱港，西至长兜港地理位置优越。该片区由南太湖未来城长东片区建设指挥部牵头组织规划建设，东南大学建筑设计研究院有限公司和湖州市城市规划设计研究院单位共同设计。本次绿色城区范围约为662.5ha，总建筑面积约为603万平方米，2021年12月依据《绿色生态城区评价标准》GB/T 51255—2017[1]获得国家绿色生态城区三星级设计标识。

南太湖未来城（长东片区）是提升湖州中心城市能级的重要空间载体。规划瞄准未来湖州城市客厅的目标，对照现代城市"十个一"的基本配置，在尊重和保护现有溇港历史水系，延续南太湖地区水乡的独特肌理的基础上，建设"宜居、宜业、宜创、宜活"的四宜滨湖新城，发展以文旅会展、智创研发、商务金融为主导的三大产业，着力打造全国践行"两山"理念的示范区（图1）。

图1 南太湖未来城（长东片区）效果图

5.2 主要技术措施

项目采取生态优先、绿色发展的理念，从土地利用、生态环境、绿色建筑、资源与碳排放、绿色交通、信息化管理、产业与经济、人文等方面开展了绿色生态的规划与设计。具体技术如下：

5.2.1 土地利用

(1) 公交导向的混合用地开发

土地混合开发是实现城市功能聚集、激发城市活力的途径。城区规划在城际铁路滨湖大道站、3号线总部园西站及各公交站点周边布置混合用地，以绿化广场用地、商业服务业用地、公共管理与公共服务设施用地、居住用地等为主，使规划区形成以公交导向的混合用地布局模式。

(2) 公共开放空间设计

城区公共设计了以公园和绿地为主，辅以滨水空间和各类小广场的开放空间模式（图2）。使各个开放空间均匀分布在整个城区各处，可达性较好，辐射影响范围大。同时，充分考虑到生态性、景观性、经济性，规划构建"三横、两纵、一链、多廊"的绿地系统结构及以"综合公园—社区公园—街头绿地"三级体系为重点，专类公园、带状公园为补充的城市公园系统。

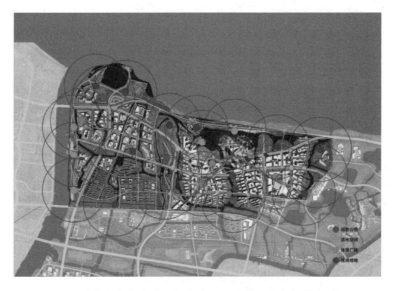

图2 南太湖未来城（长东片区）公共开放空间分布图

(3) 重点区域城市设计

规划区重点设计区域为总部经济区和金融会展区，如图3所示。总部经济区是长东分区的西北组团，主导功能为总部经济与商务办公，旨在打造一个根植于蓝绿纽带之中的现代花园商务社区，构建"一带、三区"的功能结构。金融会展区是长东分区北部核心CBD组团，主导功能为科技金融、商务办公与会务会展，

图 3　总部经济区和金融会展区效果图

规划设计结合轨道交通站点打造多样化水陆公共交通，配合"双步行平台"轴线打通南太湖长东片区 CBD 的"任督二脉"，金融街地块通过裙房的围合、中央步行廊道与外围水系绿地的沟通联系，打造高品质可达性的景观空间。

5.2.2　生态环境

（1）延续溇港文化的水环境

长东片区所在地是太湖溇港系统的重要组成（图 4），距今有两千多年历史，是太湖流域特有的古代水利工程类型，集水利、经济、生态、文化于一体，具有排涝、灌溉、通航等综合效益，在世界农田灌溉与排水史上具有十分重要的地位，入选第三批世界灌溉工程遗产名录。规划依托现状地块内溇港水网，保留、联通、拓宽，形成湖湾漾塘、生态湿地、线性河道、水网等不同形态的溇港肌理，塑造不同尺度关系的水空间（图 5）。

图 4　城区水系现状图

图 5　城区水系规划图

(2) 海绵城市建设

基于湖州市南太湖未来城（长东片区）的自然环境和区域定位、规划理念、经济发展等多方面条件，参照《湖州市海绵城市专项规划》，年径流总量控制率 2030 年目标设定为 80%，相对应设计降雨量为 24.4mm，即日降雨强度小于 24.4mm/d 时降雨控制不直接外排[3]；结合景观设计，设置下凹式绿地、生物滞留带、雨水花园、生态树池等设施；通过横、纵断面设计，并通过设置排水路缘石、开口路缘石等方式，将径流雨水引导至道路绿化带中的下凹式绿地。

5.2.3 绿色建筑

(1) 高标准的绿色建筑星级规划

湖州南太湖未来城长东片区依据《湖州市绿色建筑专项规划》编制了城区《湖州南太湖未来城（长东片区）绿色建筑专项规划》，城区专项规划在原湖州市专项规划基础上，制定了更为严格的发展目标：1) 新建民用建筑全面按一星级绿色建筑强制性标准建设，实现绿色建筑全覆盖；2) 新建民用建筑中，达到二星级及以上绿色建筑标准的建筑面积比例达到 30% 以上；3) 国家机关办公建筑和政府投资的或以政府投资为主的公共建筑，达到二星级及以上绿色建筑标准的建筑面积比例达到 100%；4) 新建大型公共建筑（2 万平方米以上的办公、商场、医院、宾馆）中，达到二星级及以上绿色建筑标准的建筑面积比例达到 50% 以上。

(2) 绿色建材的使用

湖州市作为国家"政府采购支持绿色建材促进建筑品质提升试点"试点城市，在规划区建设中大力发展和推广绿色建材，积极采取节材、节水、节能等绿色施工措施，并将 BIM 技术应用于施工阶段，最大限度的缩短施工周期和减少材料使用。自 2021 年 2 月起，相继颁布了《湖州市政府采购支持绿色建材促进建筑品质提升试点工作实施方案》《湖州市绿色建材基本要求（征求意见稿）》以及《湖州市绿色建筑和绿色建材政府采购基本要求（试行）》，对湖州市建筑及建筑装饰绿色建材的材料性能、绿色要求以及绿色建材推广的目标、任务做出了详细的规定。

5.2.4 资源与碳排放

(1) 可再生能源利用

规划区新建居住建筑考虑使用空气源热泵热水系统提供生活热水，以替代传统电热水器与天然气热水器的使用量，同时设置太阳能光伏面板；公共建筑应充分利用太阳能、地热能、空气能等可再生能源使用替代传统能源电力。路面照明灯及庭院景观照明灯采用太阳能路灯系统，道路照明采用高效灯具及高效灯具形式（LED或太阳能）。地下室采用了太阳能光导照明系统。

（2）水资源利用

采取分区计量、总分水表数据对比、管网巡查、听漏等措施降低取供水管网漏损率。同时设有分区计量管理系统，通过建设DMA分区计量，完善健全从水源到用户的完整四级计量监测体系。另外，构建"监测预警＋应急响应＋后续处置"的全覆盖、高效率、快反应的监管模式，对主要城市水厂及管网进行水量监测，管网漏损率目标为规划末期达到5%。同时，通过设置雨水收集池、雨水桶，或者利用景观水体等方式，进行雨水回收，用于绿化浇灌、道路冲洗、景观水补水等，非传统水源利用率达5.3%。

（3）低碳规划设计

在国家"碳达峰碳中和"双碳目标指引下，规划区编制了《湖州南太湖未来城（长东片区）低碳实施方案》，方案对城区建筑、产业、交通、市政、水资源、固体废弃物、景观七个领域进行了碳排放核算，通过：1）建筑单体节能、可再生能源利用、绿色建筑建设；2）产业结构优化、产业低碳发展、职住平衡发展；3）鼓励公共交通、自行车以及步行出行、发展智慧交通；4）节能路灯改造、推广节能灯具、使用绿色节能变压器、节能电缆；5）控制管网漏损率、采用节水器具、提高非传统水源利用率、提高年径流总量控制率；6）优化垃圾分类管理、垃圾密闭运输及无害化处理；7）建设节约型、生态型、海绵型城市园林绿化等低碳措施，规划区至规划末年，总减碳量达58563.46tCO_2/a。

5.2.5 绿色交通

（1）绿色交通出行

构建安全、便捷、舒适的慢行交通网络，重点打造功能明晰的自行车交通网络，安全、便捷的步行交通网络和高品质的慢行交通环境。根据"滨水、滨湖"绿道支撑系统的规划指引，片区内打造绿色步道总长度26.8km。重点打造金山湖与滨湖商务核心区（CBD）的空中连廊互通，方便市民与湖互动，空中连廊与地面步行空间、地下环路形成立体交通网络，打造人车分流、安全高效的交通环境，如图6、图7所示。

通过对有限道路资源的合理分配，优化整合规划区自行车网络，提高自行车交通系统的安全性、可达性及可识别性。建立完善的公交专用道体系，保障公共交通对道路资源的专用或优先使用，使公交系统的竞争力和吸引力明显提高。规划建设轨道线路三号线、城际轨道交通，提高城区间通行效率。

（2）绿色交通枢纽

城际轨道交通线路与轨道交通3号线换乘枢纽（预留南北方案），该换乘枢纽和片区对外交通功能结合，为整个片区的对外交通枢纽，同时通过CBD核心

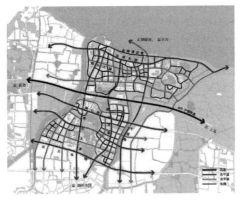
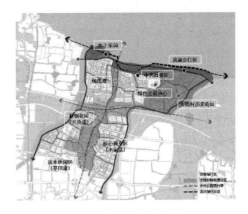

图 6　道路交通规划图　　　　　图 7　慢行系统规划图

区的空中连廊，可到达地标公交首末站。形成"城际轨道交通＋地铁＋公交首末站"的形式，作为多种公交方式的客流集散换乘场所。规划区主要交通节点修建交通枢纽实现停车换乘，提高出行效率，减少能源消耗，实现多种交通方式的整合和接驳。

(3) 绿色交通管理

规划区根据长东片区城市规模与发展定位，为减少机动车交通出行量、鼓励使用环保能源动力车、鼓励乘坐公共交通，采取了制定公共交通票价优惠政策、设置机动车停车位上限、提供购车补贴、不限购、完善充电桩等配套基础设施建设、设置专用车位并制定停车优惠政策、制定公共交通换乘优惠票价政策等措施。

5.2.6　信息化管理

规划区信息化管理平台主要分为两个部分，一个是基础平台内容，另外一个是信息化管理子系统。基础平台内容提供数据中心平台、综合监控系统、运维管理服务系统和平台门户系统，为各个信息化管理子系统做支撑和保障。信息化管理系统包括能源与碳排放信息管理系统、绿色建筑建设信息管理系统、智慧公共交通信息平台、道路与景观照明节能控制系统等 11 个子系统。规划区运用大数据技术对规划区的环境、生态、能源、建筑等运行数据进行分析，以此提升规划区管理水平，同时为居民、游客提供高质量的服务。

其中规划区搭建的建筑节能监管平台，对能耗接入项目进行能耗进行统计、分析，挖掘节能潜力，促进实施节能改造。建立可再生能源监测管理系统，主要对可再生能源建筑应用项目中温度、流量、电功率、冷热量进行计量。通过掌握各项目的可再生能源监测数据，了解其节能量、减排量及初投资回收情况，有利于行业标准制定和政策制定。

5.2.7 产业与经济

(1) 职住平衡

实现职住平衡是生态城建设与运营成功的关键，合理的职住平衡比，不仅可以减少机动车出行量，降低城区交通引起的空气质量污染，也可减少通勤人员的上下班时间，增加人居幸福指数。根据长东片区分区规划总报告，至规划末期规划区内的常住人口将达到13万人，同时经测算，规划区可提供就业岗位数约为28.7万个，职住平衡比（JHR）为3.7，职住平衡比处理合理范围，有利于城区的合理健康发展。

(2) 产业结构优化

规划区在产业结构优化完善、能耗控制、低碳发展、职住平衡格局等基础上，依据《湖州南太湖未来城产业发展规划》，规划区将着力发展新能源汽车与关键零部件研发、数字经济核心产业、生命健康、休闲旅游等第三产业，至规划末期第三产业增加值占地区生产总值的比重达80%以上。

5.2.8 人文

(1) 绿色生活和绿色教育

规划区设有居住区养老服务中心、社区服务中心等机构，中心内可为规划区提供养老服务，为老年人提供娱乐、休闲、运动、餐饮、学习等各种养老服务设施，规划区西侧1500m范围内，建设有鑫达医院及鑫远国际健康城为规划区及周边住区提供养老床位服务，每千名老人床位数大于40张。规划区内中小学和高等学校获得绿色校园认证的比例达100%。未来社区体验馆一层大堂西侧房间设有绿色生态城区展厅，厅内展示沙盘、墙体、电视，展厅大小243m²，展示内容包含生态城区宣传资料和生态城区有关内容。

(2) 历史文化保护和传承

对已经列入文物保护名录的重要历史文化资源，各级文物保护单位、文物登录点，在主管部门指导下进行严格保护；对未列入文物保护名录的其他历史文化资源，以展示利用为主；对规划区古桥资源的规划处置方案，主要有原址保留、择址搬迁、构件入库等方式；对于长东分区内众多的庙宇，以保留为主，进行统一搬迁，并集中设置；对已经列入古树名木保护名录的重要树种资源进行严格保护；对未列入古树名木保护名录的其他重要树种资源，以有效利用为主。

5.3 实施效果

经过各项绿色生态技术的综合应用，项目综合实施效果如下：

混合用地单元的面积之和占规划区总建设用地面积的比例约为88%；规划区公共交通站点周边500m范围内采取混合开发的比例为100%；规划区规划城市绿地总面积约为226.5ha，占总建设用地面积的比例为40.3%，远景水面覆盖率约为10.3%。公园绿地与道路绿地总面积约为195.3ha，所有的公园绿地均符合节约型绿地的要求，节约型绿地建设率约为84.2%。用于绿化浇灌和硬质铺装冲洗的非传统水源年用量为69.76万吨，非传统水源利用率为5.3%。

规划区环境空气质量保持在国家《环境空气质量标准》GB 3095—2012二级到一级之间；规划区地面水环境质量达到国家《地表水环境质量标准》GB 3838—2002Ⅲ类水质标准以内，其中地下水应达国家地下水Ⅱ类标准；规划区环境噪声达标区覆盖率达到100%；生活垃圾分类覆盖面积达到100%，固体废弃物要求达到无害化、减量化、资源化、效益化目标。

规划区内新建民用建筑全部达到绿色建筑一星级及以上标准，其中达到绿色建筑二星级及以上标准的建筑面积比例不低于30%。新建大型公共建筑（办公、商场、医院、宾馆）达到绿色建筑二星级及以上标准的面积比例不低于新建大型公共建筑总面积的50%。政府投资的公共建筑100%达到绿色建筑二星级及以上评价标准。

规划区绿色交通出行比例达到88%；片区内总停车位个数约为6.07万个，其中地下停车位占总停车位个数的比例达90%；城市建成区100%公交电动化，新增出租车、网约车、轻型城市物流车等运营类车辆使用新能源汽车比例达80%以上。

规划末期（2030年），规划区的总产值（GDP）即第三产业产值为71.62亿元。预计至2030年，第三产业增加值为62.62亿元，其占地区生产总值的比重为87.44%。此外，规划年城区预计能为9.93万人提供就业岗位，城区在业人口约为2.37万人，职住平衡比约为4.19。

规划区可再生能源利用比例为4.79%；管网漏损率设计为5%。至2030年，预计规划区人均碳排放量为6.08 tCO_2/（人·年），单位GDP碳排放量为0.337 tCO_2/（万元·年）。相较于2020年，实现人均碳排放降低20%以上，单位GDP碳排放量较2020年降低40%以上的远期减碳目标。

5.4 社会经济效益分析

全区规划建设全寿命周期内，最大限度地节约资源（节能、节地、节水、节材），保护环境和减少污染。通过对能源需求分析、常规能源系统优化、建筑节能规划和可再生能源规划的途径来实现对可再生能源、清洁能源的综合利用。全区制定绿色生活与消费规划，引导规划区居民践行绿色生活方式和绿色消费，增加绿色出行率，减少不必要的生活消费和浪费。项目能够有效地实现节能减碳，并产生良好的经济和社会效益，建设符合"大力节约能源资源，加快建设资源节约型、环境友好型社会"的要求，对于规划区建设实现碳达峰、碳中和，具有重要的示范意义。

根据绿色建筑专项规划，项目所有地块新建建筑均为绿色建筑，因此地块建设用地部分的增量成本可通过对绿色建筑的增量成本估算得到。道路部分的增量成本主要体现在设置海绵设施所产生的增量成本上，主要包括透水铺装和下凹式绿地两个部分。

依据《2014 年度绿色建筑评价标识统计报告》以及浙江省的工程建设实际情况，项目绿色建筑增量成本统计如表 1 所示，经统计，项目在二级开发商阶段建设绿色建筑需投入的增量成本约为 16351.4 万元。

绿色建筑增量成本统计 表 1

建筑类型	建筑面积（万 m^2）	绿色建筑星级	增量投资成本指标（元/m^2）	增量投资成本（万元）
公共建筑	39.14	三星级	60.0	2348.4
	326.19	二星级	30.0	9785.7
	25.37	一星级	10.0	253.7
居住建筑	105.75	一星级	10.0	1057.5
商住混合建筑	96.87	一星级	30.0	2906.1
合计	593.3	—	27.6	16351.4

根据统计，项目道路建设中透水铺装总面积为 1050400m^2，下凹式绿地总面积为 941600m^2，透水铺装与下凹式绿地的单价增量为 100 元/m^2 和 50 元/m^2，因此道路建设中的增量成本为 15212 万元。

基于以上分析，项目的增量总成本约为 3.16 亿元。

5.5 总　　结

湖州市南太湖未来城（长东片区）通过因地制宜的绿色生态设计，为人们提供真正舒适、高效、健康、环保的综合城区，具有显著的推广和示范效应，同时也能够提升建设单位的品牌形象和社会责任感，可以为同类项目的开发提供经验借鉴。主要技术措施总结如下：

（1）采用公交导向的混合用地开发模式，推动城市土地利用与交通建设协调发展。建设高效便捷的多样化公共交通系统，提出针对新能源汽车和公共交通的多项优惠政策，引导城区居民绿色出行。

（2）地面步道以绿道系统和步行设施为载体，绿道系统由区域绿道、片区绿道和社区绿道组成，总长度约为26.9km；绿地全面采用节水绿化浇灌方式，推动建设节约型绿地，完善垃圾分类处理流程，保证城区内良好的自然景观环境；

（3）通过制定和实施城乡供水管网改造建设规划，完善供水管网布局，加快老旧供水管网改造；加强公共供水系统运行监督管理，推进城镇供水管网分区计量管理、小区供水DMA管理制度建设；深化城市供水计量装置改造，建设水务智慧化管理平台，打造高效节水型生态城区。

（4）制定高标准的绿色建筑建设要求和完善的实施保障机制，并不断推进绿色金融和绿色建筑协同发展。以绿色建筑为载体，推出了"园区贷"等百款绿色金融产品，湖州南太湖未来城打造了财政金融综合管理平台"财金通""绿贷通"等，推动新区绿色发展。

（5）通过把握长三角区域产业转移趋势，发挥节点强化效应，大力促进沪江浙皖"三省一市"协同发展和环太湖城市群合作联动，打造成为长三角一体化发展过程中促进科技转化和产业协同的区域中枢。

参考文献

[1] 中华人民共和国住房和城乡建设部. 绿色生态城区评价标准：GB/T 51255—2017[S]. 北京：中国建筑工业出版社，2018.

[2] 湖州市生活垃圾分类工作领导小组. 关于印发2020年度湖州市生活垃圾分类工作要点和重点指标分解表的通知. 2020.

[3] 浙江省城乡规划设计研究院，湖州市城市规划设计院. 湖州市海绵城市专项规划[R]，2017.

作者：沈应华[1]　王震[2]　葛坚[3]　罗晓予[3]　沈劼婷[3]　朱鸿寅[4]（1. 湖州南太湖新区党工委；2. 湖州南太湖未来城指挥部；3. 浙江大学；4. 浙江省建筑设计研究院）

6 长沙市区域综合智慧能源站
6 Regional integrated smart energy station in Changsha

6.1 项目简介

梅溪湖国际新城区域能源站/马栏山视频文创产业园区域能源项目（一期）北区能源站项目位于长沙市梅溪湖国际新城/马栏山视频文创产业园，由湖南新茂智慧能源有限公司/长沙城发能源有限公司投资建设并运营，中机国际工程设计研究院有限责任公司单位设计，总占地面积 4093m^2/3507m^2，总建筑面积 6805m^2/4362m^2，2021年5月依据《绿色工业建筑评价标准》GB/T 50878—2013获得三星级绿色建筑标识。

项目为单栋丁类厂房建筑，主要功能为生产厂房及附属办公，工艺产品为片区内建筑空调所需的冷热水，实景如图1所示。

(a) (b)

图1 项目实景图
(a) 梅溪湖国际新城区域能源站；(b) 马栏山视频文创产业园区域
能源项目（一期）北区能源站

6.2 主要技术措施

项目设计理念为绿色低碳智慧。引入自然采光和通风改善建筑内办公品质，结合可再生能源、排风热回收、能源梯级利用等技术，降低建筑能耗，搭配能源智慧控制系统，打造一个示范性的区域综合智慧能源站。

6.2.1 节地与可持续发展场地

(1) 集约用地

项目合理利用地下空间，主要功能为生产用房。地上利用地块不规则的角落设置吊装口（兼采光通风井）和停车位等（图2）。

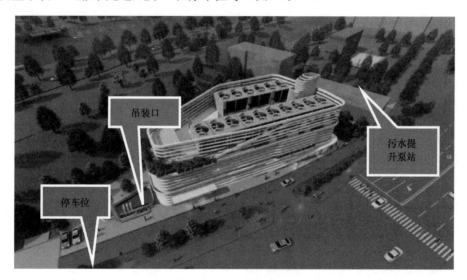

图 2 站址平面示意图

(2) 选址合理

项目选址地形平坦，属于市政公用设施用地。临近朝正垸污水提升泵站，有利于可再生能源（污水热能）的持续利用（图2）。

(3) 远、近期发展结合

项目根据片区开发进度分三期建设。土建工程一次建成，工艺设备等分期安装，后期可以根据片区空调冷热水量需求适时调整工艺设备（图3）。

(4) 节能运输

工艺产品（冷热水）通过地下供能管网运输，不占地上有效空间。能源站内设一级泵，管网末端换热站设二级泵。能源站智慧控制管理系统按需控制输送水泵的启停、变频等，实现工艺产品的节能运输。

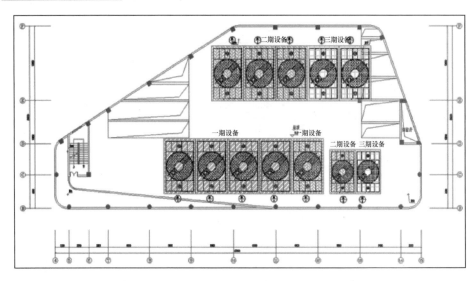

图 3　分期建设示意图

6.2.2　节能与能源利用

(1) 自然通风与采光

利用吊装口做采光天井，地上房间利用外窗、幕墙改善室内自然采光，在改善工作环境的同时也能降低照明能耗。地下房间利用吊装口自然补风，办公区、变配电室、锅炉房设可开启外窗，在过渡季节可引入室外凉爽的自然风，降低空调和机械通风设备的开启时间（图4）。

图 4　自然采光与自然通风效果图

(2) 可再生能源

能源站空调冷热源为工艺产品，工艺设计污水源热泵系统和天然气三联供系统等。污水来自朝正垸污水提升泵站，设污水专用宽流道换热器间接换取污水蕴含的热量。能源站空调系统可再生能源利用占比达到100%（图5、图6）。

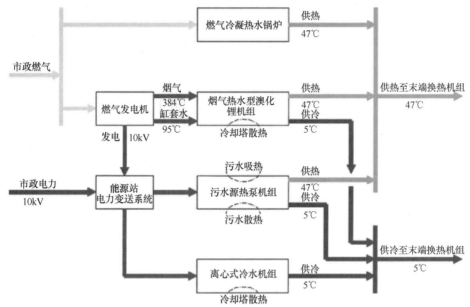

图 5　能源站工艺原理图

图 6　污水专用宽流道换热器

(3) 能源梯级利用

天然气三联供系统发电供能源站自用，高温烟气进入余热回收设备制取工艺产品。天然气三联供系统一次能源利用率达到了87.8%（图5）。

(4) 排风热回收系统

辅助生产办公区域设排风全热回收系统,全热回收效率不低于60%。

(5) 分项计量与能耗监测

项目设能源管理智慧控制系统,对工艺设备、辅助系统用电、发电机、锅炉用气以及生产、生活用水进行分项计量。可按能耗类型、设备类型、区域等提供不同的能耗监测数据,制定能效优化运行策略。

6.2.3 节水与水资源利用

冷却水系统设置自清洗机械过滤装置,减少系统污垢,保证水质相对稳定,能减少冷却系统的清洗频率,避免冷却水的频繁泄水。采用节水型冷却塔,冷却塔设平衡管共用集水盘,飘水损失<0.001%,蒸发损失<0.85%。供能管网采用无补偿管网敷设,闭式循环,减少工艺用水的泄漏,项目循环用水重复利用比例达到99%。能源管理智慧控制系统能对各用水点进行实时监测、分析与记录以及故障预警等。

6.2.4 节材与材料资源利用

项目土建机电一体化设计,土建事先统一预留孔洞和装饰面层固定件。受力预埋件的钢筋使用高强度钢筋,高强度钢筋使用比例达到89.49%。项目采用钢材、铜、玻璃、铝合金型材、石膏制品、木材等可再循环材料,可再循环材料使用率为11.28%。采用预拌砂浆、商品混凝土、预制圈梁、预制过梁等预制建筑制品的同时,也采用装配式机电安装(图7)。

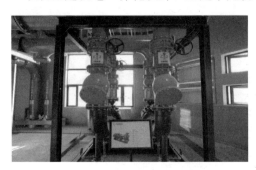

图7 装配式水泵实拍图

6.2.5 室外环境与污染物控制

能源站为清洁工艺生产,工艺产品为冷热水。主要污染物为生产废水、生活污水和燃气锅炉、发电机排放烟气。生产废水主要为离子交换冲洗排除的废水和冷却塔废水,主要含盐类和SS,不含有毒物质,为清洁下水。选用低氮锅炉设备、烟气系统设SCR烟气脱硝装置,保证烟气达标排放。

6.2.6 室内环境与职业健康

建筑设计考虑办公室远离工艺设备间,设有屋顶花园、露台;工艺设备考虑降噪和隔振措施，主要有侧墙吸音面板、顶棚泡沫混凝土吸声以及基础减振等。通过以上措施，能最大限度地改善工作场所环境（图8、图9）。

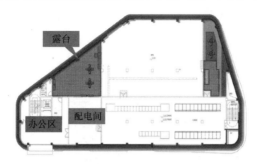

图8　二层平面图

图9　侧墙吸声面板与水泵减振台座

在厂房内显著位置，设置噪声、风险等相关警示说明（图10）。

图10　设备警示牌

6.2.7 运行管理

项目设能源管理智慧控制系统,能够实时监控各工艺设备、建筑内各用能末端。该系统能提供设备监控、能源调度、能源管理、能效分析、能源生产经营等提供一体化服务,保证能源站智慧运行。

设备管道标识明确以及垃圾分类处理(图11)。

图 11 项目现场实景图

6.3 实施效果

项目单位建筑面积工业能耗 9.18tce/m², 单位产品取水量为 0.051m³/GJ, 工业用水重复利用率 99%, 达到国内同行业领先水平; 工业单位产品废水量为 0.011m³/GJ, 达到国内同行业先进水平。

6.4 增量成本分析

项目应用了排风热回收、可再生能源、能耗监测、节能高效设备、节水工艺以及装配式机电等绿色建筑技术,提高了能源站的安装、运行效率。其中排风热回收技术节能 0.4kW·h, 共节约 3000 元/年, 其他技术为能源站工艺生产要求, 不计入增量成本计算, 故单位面积增量成本 2.89 元/m²(表1)。

增量成本统计 表1

实现绿建采取的措施	单价（万元）	标准建筑采用的常规技术和产品	单价（万元）	应用量/面积（m²）	增量成本（万元）
排风热回收	1.26	无	0	4362	1.26
合计					1.26

6.5 总　　结

项目因地制宜采用了绿色低碳智慧设计理念，主要技术措施总结如下：

（1）合理利用地下与地上不规则空间，集约用地。

（2）项目根据片区开发进度分三期建设，预留可发展空间。

（3）输配系统变频控制，节能运输。

（4）利用自然采光、通风降低能源站照明和空调能耗。

（5）采用可再生能源与天然气冷热电三联供系统，节能高效。

（6）空调系统排风采用全热回收，全热回收效率不低于60%。

（7）用电、用气、用水分项计量，自动监控。

（8）选用节水工艺设备与工艺生产。

（9）土建机电一体化设计，使用预制产品、高强度钢筋与可循环材料，采用装配式机电安装。

（10）降低污染物排放，减少对室外环境的影响。

（11）设屋顶花园、隔振降噪，保证室内环境舒适度。

（12）设能源管理智慧控制系统，实现监控设备、能耗计量、能源调度、能源管理、能效分析等功能。

通过以上技术，打造一个绿色节能低碳的区域综合智慧能源站。利用可再生能源、天然气冷热电三联供等技术形成一个多能互补、智慧高效、绿色节能的系统，有效降低片区内的建筑能耗，助力实现碳达峰与碳中和。

作者：胡攀[1]　向宏[1]　曾应贤[1]　张勇华[1]　廖小琴[1]　刘刚[2]　段勇[3]（1. 中机国际工程设计研究院有限责任公司；2. 长沙城发能源有限公司；3. 湖南新茂智慧能源有限公司）

7 北京市绿色低碳社区更新改造项目
7 Renewal and transformation of green and low-carbon communities in Beijing

7.1 社区更新改造规划设计方法

随着国家对建筑师负责制的建设工作模式的倡导，2017年12月住房和城乡建设部组织起草了《关于在民用建筑工程中推进建筑师负责制的指导意见（征求意见稿）》提出推进民用建筑工程全寿命周期设计咨询管理服务。社区更新改造设计要尊重社区居民已有的生活，融进他们的生活，通过微改造的专业化达到公共需求与个性化需求的统一，形成"有温度、有味道、有颜值"的居住环境。这就要求建筑师到社区去，体会居民的生活。

社区更新改造是个系统工程，要形成项目整体实施方案建议书，形成片区综合改造更新规划，形成改造内容分类对照表，形成将社区功能、景观、市政、文化、配套设施、信息化设施、居住环境等进行一体化的整合，全要素的整合设计。建筑师按预定的成本预算统筹确定改造内容、性能标准、建筑选材、设施选择和与居民的沟通等大量细致的过程实施工作。本文列举两个基于建筑师负责制的绿色低碳社区更新改造项目，项目以"低影响，高性能，低成本，高品质"为主旨，进行抗震外套筒加固、楼栋共享客厅、公共走道、户内改造试点、加装适老电梯、便民健康系统、街坊口袋花园、社区活力主街、社区出入口、围墙折廊等方面的改造（表1）。

绿色低碳社区更新改造内容　　　　表1

改造项目	改造内容	改造分项
公共环境提升	活动空间	健康便民系统
		健康步道
		小区交通组织
		拆违及通道清理
		停车场
		无障碍设施
		新能源车充电设施

续表

改造项目		改造内容	改造分项
公共环境提升	活力空间	街坊花园	公共活动场所
			休闲游园
			休闲健身设施
			小区绿化
	配套服务	活力主街	小区文化墙
			入口标识
		社区出入口	监控系统
			门禁系统
			车行道闸
		围墙折廊	围墙清理维修
居住楼栋提升	楼梯立面	独创抗震墙	外墙修缮
			建筑节能改造
			房屋建筑外挂构件整治
		共享客厅	单元门
			便民服务设施
	居住室内	公共走道	楼道修缮
			楼栋管线整治
			楼道照明
		户内试点	适老改造
			智能化改造
		适老电梯	加装电梯

7.2 社区更新改造

7.2.1 北京海淀区北洼西里小区 8 号楼社区更新

(1) 项目概况

北洼西里小区 8 号楼改造建筑为高层住宅及其楼前公共空间，楼本体建于 1991 年，地下 2 层，地上 18 层，总高度约为 49.5m，建筑面积 10957.71m²（图 1），是北京市建筑师负责制的试点项目。改造设计融入绿色和人性化设计价值观，探索从策划、设计、选材、施工的建造全过程建筑师负责机制，从常规的对物改造转变为以居民需求为中心的改造。

图1 改造前现场

（2）亮点特色

建筑性能提升

① 节能性能高于国家标准10%

全楼外保温和精细化的外立面更新设计，外墙采用100mm厚岩棉板，传热系数为0.40，外墙保温性能比现行行业标准《严寒和寒冷地区居住建筑节能设计标准》JGJ 26提高了10%。结合全文强条国家标准，特别在窗墙洞口、窗台、阳台等易渗水处设计了加强构造节点做法，切实改善居民体验，使改造后室内冬季温度平均提高5℃。

② 比改造前可年减碳45.2t

依据最新颁布的《建筑碳排放计算标准》GB/T 51366—2019，选取建筑拆除阶段、建筑建造阶段和建筑运行阶段的碳排放量减去以场地绿化和人的行为节能为主的碳汇，计算出项目楼体改造后比改造前每年节碳约45.2t，为建筑业的"碳达峰、碳中和"转型提供实践尝试（图2）。

图2 南入口花池墙应用太阳能进行景观照明

③ 立面构造和构件精益化设计

老旧楼体的立面改造不是以往简单的刷皮，而是以提升建筑品质为目标的立面构造和构件精益化设计。设计通过建筑师全程陪伴式服务，更加全面、系统地对空调机位遮挡、饰材的选择、滴水管的位置、墙面划线等方面进行细化，保证整体的建设质量，"小活也要精细干"（图3、图4）。

（3）空间人性化关怀

① 电瓶车不进楼等安全防护

出于"电动车不进楼"的安全性考量，专门为骑电动车的居民设置了室外充

7 北京市绿色低碳社区更新改造项目

图3 楼本体改造后现场　　图4 空调机位挡板细部

电停车位，加建了室外电动自行车充电桩，给居民提供安全便利的电动车停车区域。同时对无障碍坡道进行了人性化改造，保证老年人出行安全（图5、图6）。

图5 室外充电停车棚　　图6 无障碍人性化坡道

② 打造楼栋"共享客厅"

在楼栋南入口处为居民营造了温馨的"共享客厅"（图7），拓宽出入口区域台阶，满足居民邻里交往、内外过渡等需求；将地下车棚出入口墙体立面设计为便民服务信息栏（图8），为居民提供切实的便利，并将地下车棚出入口屋顶做了出入口休息座椅和墙面可倚靠的"站台水吧"，让居民能在进楼之前从容地坐下找钥匙，或者在墙边靠着看孩子玩涂鸦墙（图9）。

图7 共享客厅设计鸟瞰图　　图8 便民服务信息栏　　图9 儿童游乐涂鸦区

373

③ 老幼同欢人宠共存

楼栋居民老年人及儿童比例较高，单元出入口处为他们提供人性化的活动微空间，其中设置了供老年人坐的休憩座椅、便于孩子玩的橡胶铺地及各类微设施，创造老幼同乐的阳光乐享生活场景。结合原有花池设置了全龄友好健康场地和微型生物养育盒，结合花池做了集儿童填色墙绘、流浪猫舍、渗水构造和太阳能灯带于一体的集成花池墙，增强交互性，扩大空间感，并为流浪小动物提供一个家（图10、图11）。

图10 填色墙绘、流浪猫舍与渗水构造　　　　　图11 老年人休憩座椅

7.2.2 北京朝阳区水碓子西里社区更新

(1) 项目概况

项目包含水碓子西里小区住宅楼及室外公共区域综合整治。项目位于北京市朝阳区水碓子西里，共有4栋多层住宅，建筑层数6层，建成于1980年，共174户，建筑面积8557m²。建筑外立面老旧残破，建筑内公共区域脏乱，无电梯，且改造过程中居民外迁难度大。场地现状环境一般，缺少停车位，绿化植被单一，缺乏公共活动区域（图12）。制定方案前对项目进行需求调研，结果显示小区老年人和儿童多，且大多饲养宠物，"烟火味"浓，居民对社区感情很深，他们对生活便捷、邻里交往、适老适童等很多细节设计非常关注。

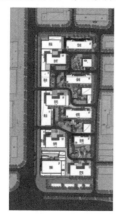 

图12 水碓子老旧小区项目总平面图及现状

(2) 亮点特色

1) 楼体改造无需外迁

项目楼体采用一体化抗震外套筒加固的创新结构形式，既保证了改造后的建筑强度、保温隔热防水性能，又保护居民不必外迁，在整个改造过程中受到尽量小的影响。依据《建筑碳排放计算标准》GB/T 51366—2019，抗震外套筒加固方式比传统拆除新建的方式节碳约7088t（图13）。

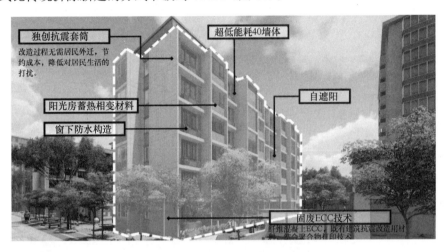

图13 一体化抗震外套筒结构

2) 全龄友好无障碍环境提升

项目整体进行了全龄友好无障碍出行规划，设置了健身康体漫步环线，并结合单元出入口处的环境改造和坡道设计设置了可供居民休憩交往的座椅和绿植（图14），同时赋予各个单元不同的色彩，增强可识别性和归属感，形成共享客厅，增强邻里交往（图15）。为楼栋加建适老无障碍电梯，保证平层入户，配合语音提醒、盲文提示等，同时配备了削角担架（图16），保证紧急情况下的竖向无障碍交通。社区内专门设置了寓教于乐的儿童活动场地（图17），响应国家发改委最新发布的推进儿童友好城市建设中"让儿童跑起来"的呼吁，设置了儿童友好跑道、游乐设施、科普园地等，使社区真正适老、适童，全龄友好。

图14 单元出入口坡道结合休憩座椅

图15 单元出入口共享客厅

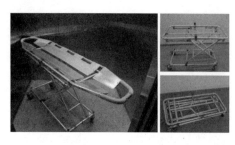

图 16 能够自由进出电梯的削角担架　　　图 17 儿童活动场地

3）低成本社区环境空间提升

项目室外公共活动空间较为局促、单调，以墙面二维彩绘和空间三维设施相结合的方式，以较低的成本在视觉上放大公共空间环境并延伸绿化面积。在墙面上形成丰富的二三维转换趣味性拍照点，引导居民共同参与墙绘涂鸦，形成互动（图 18）。

图 18 二位墙面彩绘与三维空间拓展

4）社区文化 IP 打卡

项目提出"社区文化 IP"的概念，以社区的历史沿革、文化脉络、居民记忆及人口结构等为基础，进行了适老色彩研究并形成社区适老色谱，辅以文化关键字拓扑变形、楼栋归属性色彩设计、标识导示系统设计等，共同形成水碓子西里社区文化 IP，并体现于社区的标识牌、景观灯具、设施小品等方方面面，形成居民及参观者的打卡点（图 19）。

5）原拆原建固废利用

项目采取固废建材原拆原建、原地利用的方式，将现场拆除的建材进行统一资源化利用处理，应用于场地路面的混凝土铺装，并将老旧楼栋改造过层中经常拆除出的大量铁丝网等应用于景观石笼座椅（图 20）。

图 19 社区文化 IP 衍生打卡墙

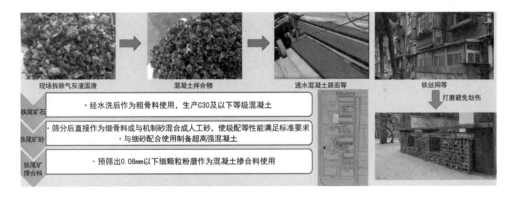

图 20 场地固废资源化利用流程示意

7.3 总 结

建筑师作为项目技术和成本控制的主导,从立项到设计、选材、施工、验收进行全过程的协同设计管理,利用绿色低碳社区更新改造测算模型,保证项目设施和改造项低成本高效能地实现。建筑师负责制的负责主体从对物的负责,转向以居民的需求为导向,在设计前期,对居民意愿进行调查,设计中期采纳居民意见调整现场方案,并在全过程接受居民现场监督,实现建筑师与居民的共同缔造,并在绿化维护、太阳能利用、垃圾减量以及健康步道等方面共建低碳生活,成功引导居民与环境的互动。有利于实现最优化成本的性能、环境品质的提升和深度融合的居民共建，大幅度提升建筑品质，为建筑业的高质量发展提供参考。

作者：薛峰[1]　凌苏扬[2]　刘霁娇[3]（1. 中国中建设计研究院有限公司；2. 中国中建设计研究院有限公司；3. 四川美术学院）

附录篇

附录1 绿色建筑定义和标准体系
Appendix 1 Definition and Standard System of Green Buildings

一、绿色建筑定义
Definition of Green Buildings

绿色建筑是在全生命期内,节约资源、保护环境、减少污染,为人们提供健康、适用、高效的使用空间,最大限度地实现人与自然和谐共生的高质量建筑。

绿色建筑的五大性能指标体系:安全耐久、健康舒适、生活便利、资源节约、环境宜居。5大性能共有110条具体指标要求。

绿色建筑的发展理念:(1)因地制宜;(2)全生命周期分析评价(LCA);(3)"权衡优化"和总量控制;(4)全过程控制。

发展绿色建筑是贯彻落实国家绿色发展战略的具体实践,实现建筑工程领域的资源降低消耗且利用高效,尽量减少对自然环境的影响,建筑物安全耐久且有较长的适用性。

绿色建筑突出以人为本,为人们提供健康、适用的室内环境,优美的室外环境,便利的生活条件,以及较低的水电等生活成本。

绿色建筑评价标识:由低至高划分为一星级、二星级、三星级3个等级。

二、绿色建筑相关国家、行业及主要团体标准体
National, Industrial, and Institutional Standard System of Green Buildings

《绿色建筑评价标准》GB/T 50378—2019

《绿色建筑评价标准》(英文版)GB/T 50378—2019E

《绿色博览建筑评价标准》GB/T 51148—2016

《绿色饭店建筑评价标准》GB/T 51165—2016

《绿色商店建筑评价标准》GB/T 51100—2015

《绿色医院建筑评价标准》GB/T 51153—2015

《绿色铁路客站评价标准》TB/T 10429—2014

《绿色办公建筑评价标准》GB/T 50908—2013

《绿色工业建筑评价标准》GB/T 50878—2013

《既有建筑绿色改造评价标准》GB/T 51141—2015
《绿色校园评价标准》GB/T 51356—2019
《绿色生态城区评价标准》GB/T 51255—2017
《建筑工程绿色施工规范》GB/T 50905—2014
《建筑工程绿色施工评价标准》GB/T 50640—2010
《建筑节能与可再生能源利用通用规范》GB 55015—2021
《建筑环境通用规范》GB 55016—2021
《既有建筑维护与改造通用规范》GB 55022—2021
《建筑碳排放计算标准》GB/T 51366—2019
《民用建筑绿色性能计算标准》JGJ/T 449—2018
《严寒和寒冷地区居住建筑节能设计标准》JGJ 26—2018
《绿色建筑运行维护技术规范》JGJ/T 391—2016
《民用建筑绿色设计规范》JGJ/T 229—2010
《被动式超低能耗绿色建筑技术导则（试行）》住房和城乡建设部 2015 年 10 月印发
《绿色工业建筑评价技术细则》住房和城乡建设部 2015 年 2 月印发
《绿色保障性住房技术导则（试行）》住房和城乡建设部 2013 年 12 月印发
《绿色超高层建筑评价技术细则》住房和城乡建设部 2012 年 5 月印发
《绿色建筑检测技术标准》T/CECS 725—2020
《绿色养老建筑评价标准》T/CECS 584—2019
《既有建筑绿色改造技术规程》T/CECS 465—2017
《绿色小城镇评价标准》CSUS/GBC 06—2015

附录2　中国城市科学研究会绿色建筑与节能专业委员会简介

Appendix 2　Brief introduction to China Green Building Council of CSUS

中国城市科学研究会绿色建筑与节能专业委员会（简称：中国城科会绿建委，英文名称 China Green Building Council of CSUS，缩写为 China GBC）于 2008 年 3 月正式成立，是经中国科协批准，民政部登记注册的中国城市科学研究会的分支机构，是研究适合我国国情的绿色建筑与建筑节能的理论与技术集成系统、协助政府推动我国绿色建筑发展的学术团体。

成员来自科研、高校、设计、房地产开发、建筑施工、制造业及行业管理部门等企事业单位中从事绿色建筑和建筑节能研究与实践的专家、学者和专业技术人员。本会的宗旨：坚持科学发展观，促进学术繁荣；面向经济建设，深入研究社会主义市场经济条件下发展绿色建筑与建筑节能的理论与政策，努力创建适应中国国情的绿色建筑与建筑节能的科学技术体系，提高我国在快速城镇化过程中资源能源利用效率，保障和改善人居环境，积极参与国际学术交流，推动绿色建筑与建筑节能的技术进步，促进绿色建筑科技人才成长，发挥桥梁与纽带作用，为促进我国绿色建筑与建筑节能事业的发展做出贡献。

本会的办会原则：产学研结合、务实创新、服务行业、民主协商。

本会的主要业务范围：从事绿色建筑与节能理论研究，开展学术交流和国际合作，组织专业技术培训，编辑出版专业书刊，开展宣传教育活动，普及绿色建筑的相关知识，为政府主管部门和企业提供咨询服务。

一、中国城科会绿建委（以姓氏笔画排序）

主　　任：王有为　中国建筑科学研究院有限公司顾问总工
副 主 任：王建国　中国工程院院士、东南大学教授
　　　　　毛志兵　中国建筑股份有限公司原总工程师
　　　　　尹　波　中国建筑科学研究院有限公司副总经理
　　　　　尹　稚　北京清华同衡规划设计研究院有限公司技术顾问
　　　　　叶　青　深圳建筑科学研究院股份有限公司董事长

附录篇

	朱　雷	上海市建筑科学研究院（集团）总裁
	江　亿	中国工程院院士、清华大学建筑节能研究中心主任
	李百战	重庆大学土木工程学院教授
	吴志强	中国工程院院士、同济大学副校长
	张　桦	中国勘察设计协会副理事长、上海市勘察设计行业协会会长、华东建筑集团股份有限公司高级顾问
	修　龙	中国建筑学会理事长
	戈　亮	中国城市科学研究会管理职员
副秘书长：	李　萍	原建设部建筑节能中心副主任
	李丛笑	中建科技集团有限公司副总经理
	常卫华	中国建筑科学研究院有限公司科技标准处副处长
主任助理：	李大鹏	中国城市科学研究会职员

通讯地址：北京市海淀区三里河9号住建部大院中国城科会办公楼二层205
电　　话：010-58934866　010-88385280
公 众 号：中国城科会绿建委
Email: Chinagbc2008@chinagbc.org.cn

二、地方绿色建筑相关社团组织

广西建设科技与建筑节能协会绿色建筑分会
会　　长：广西建筑科学研究设计院技术委员会副主任　朱惠英
秘 书 长：广西建设科技与建筑节能协会　韦爱萍
通讯地址：南宁市金湖路58号广西建设大厦2407室　530028

深圳市绿色建筑协会
会　　长：中建科工集团有限公司董事长　王宏
秘 书 长：王向昱
通讯地址：深圳市福田区深南中路1093号中信大厦1502室　518028

四川省土木建筑学会绿色建筑专业委员会
主　　任：四川省建筑科学研究院有限公司董事长　王德华
秘 书 长：四川省建筑科学研究院有限公司建筑节能研究所所长　于忠
通讯地址：成都市一环路北三段55号　610081

中国绿色建筑委员会江苏省委员会（江苏省绿色建筑协会）
会　　长：江苏省建筑科学研究院有限公司院长　刘永刚
秘 书 长：江苏省住房和城乡建设厅科技发展中心副主任　张赟
通讯地址：南京市北京西路12号　210008

厦门市土木建筑学会绿色建筑分会
  会   长：厦门市土木建筑学会 何庆丰
  秘 书 长：厦门市建筑科学研究院有限公司 彭军芝
  通讯地址：厦门市美湖路 9 号一楼 361004

福建省土木建筑学会绿色建筑与建筑节能专业委员会
  主   任：福建省建筑设计研究院总建筑师 梁章旋
  秘 书 长：福建省建筑科学研究院总工 黄夏冬
  通讯地址：福州市通湖路 188 号 350001
       福州市杨桥中路 162 号 350025

福建省海峡绿色建筑发展中心
  理 事 长：福建省建筑科学研究院总工 侯伟生
  秘 书 长：福建省建筑科学研究院总工 黄夏东
  通讯地址：福州市杨桥中路 162 号 350025

山东省土木建筑学会绿色建筑与（近）零能耗建筑专业委员会
  主   任：山东省建筑科学研究院绿色建筑分院院长 王昭
  秘 书 长：山东省建筑科学研究院绿色建筑研究所所长 李迪
  通讯地址：济南市无影山路 29 号 250031

辽宁省土木建筑学会绿色建筑专业委员会
  主   任：沈阳建筑大学教授 石铁矛
  秘 书 长：沈阳建筑大学教授 顾南宁
  副秘书长：夏晓东 徐梦鸿
  通讯地址：沈阳市浑南区浑南中路 25 号沈阳建筑大学中德节能中心 110168

天津市城市科学研究会绿色建筑专业委员会
  主   任：天津市城市科学研究会理事长 王建廷
  常务副主任：天津市建筑设计院副院长 张津奕
  秘 书 长：天津市建筑设计院副总工 李旭东
  通 讯 地 址：天津市西青区津静路 26 号 300384

河北省土木建筑学会绿色建筑与超低能耗建筑学术委员会
  主   任：河北省建筑科学研究院有限公司总工 赵士永
  秘 书 长：河北省建筑科学研究院有限公司副主任 康熙
  通讯地址：河北省石家庄市槐安西路 395 号 050021

中国绿色建筑与节能（香港）委员会
  主   任：香港城市大学教授 邹经宇
  副秘书长：香港城市大学 苗壮

通讯地址：香港九龙弥敦道 555 号九龙行 7 楼 702 室

重庆市绿色建筑与建筑产业化协会绿色建筑专业委员会
  主 任：重庆大学土木工程学院教授 李百战
  秘 书 长：重庆大学土木工程学院教授 丁勇
  通讯地址：重庆市沙坪坝区沙北街 83 号 400045

湖北省土木建筑学会绿色建筑与节能专业委员会
  主 任：湖北省建筑科学研究设计院股份有限公司总经理 杨锋
  秘 书 长：湖北省建筑科学研究设计院股份有限公司 丁云
  通讯地址：武汉市武昌区中南路 16 号 430071

上海市绿色建筑协会
  副 会 长 兼 秘 书 长：许解良
  副秘书长兼办公室主任：张俊
  通讯地址：上海市宛平南路 75 号 1 号楼 9 楼 200032

安徽省建筑节能与科技协会
  会 长：项炳泉
  秘 书 长：叶长青
  通讯地址：合肥市包河区紫云路 996 号 230091

郑州市城科会绿色建筑专业委员会
  主 任：郑州交运集团原董事长 张遂生
  秘 书 长：郑州市沃德空调销售公司经理 曹力锋
  通讯地址：郑州市淮海西路 10 号 B 楼二楼东 450006

广东省建筑节能协会
  会 长：华南理工大学教授 赵立华
  通讯地址：广州市天河区五山路 381 号华南理工大学建筑节能研究中心旧楼 510640

广东省建筑节能协会绿色建筑专业委员会
  主 任：广东省建筑科学研究院集团股份有限公司节能所所长 吴培浩
  秘 书 长：广东省建筑科学研究院集团股份有限公司节能所副所长 周荃
  通讯地址：广州市先烈东路 121 号 510500

内蒙古绿色建筑协会
  理 事 长：内蒙古城市规划市政设计研究院有限公司董事长 杨永胜
  秘 书 长：内蒙古城市规划市政设计研究院有限公司院长 王海滨
  通讯地址：呼和浩特市如意开发区如意和大街西蒙奈伦广场 4 号楼 1009 010070

陕西省建筑节能协会
  会   长：陕西省住房和城乡建设厅原副巡视员 潘正成
  常务副会长：陕西省建筑节能与墙体材料改革办公室原总工 李玉玲
  秘 书 长：李荣
  通 讯 地 址：西安市新城区南新街 30 号公安厅家属院 B2-1902 室 710000

河南省生态城市与绿色建筑委员会
  主   任：河南省城市科学研究会副理事长 高玉楼
  通讯地址：郑州市金水路 102 号 450003

浙江省绿色建筑与建筑工业化行业协会
  会   长：浙江省建筑科学设计研究院有限公司 副总工程师 王建奎
  常务副会长兼秘书长：浙江省建筑设计研究院绿色建筑工程设计院院长
       朱鸿寅
  通讯地址：杭州市滨江区江二路 57 号杭州人工智能产业园 A 座 16 楼
      310000

中国建筑绿色建筑与节能委员会
  会   长：中国建筑工程总公司副总经理 宋中南
  秘 书 长：中国建筑工程总公司科技与设计管理部副总经理 蒋立红
  通讯地址：北京市海淀区三里河路 15 号中建大厦 B 座 8001 室 100037

宁波市绿色建筑与建筑节能工作组
  组   长：宁波市住建委科技处处长 张顺宝
  常务副组长：宁波市城市科学研究会副会长 陈鸣达
  通 讯 地 址：宁波市江东区松下街 595 号 315040

湖南省建设科技与建筑节能协会绿色建筑专业委员会
  主   任：湖南大学建筑与规划学院院长 徐峰
  副秘书长：何弯
  通讯地址：长沙市雨花区高升路和馨家园 2 栋 204 410116

黑龙江省土木建筑学会绿色建筑专业委员会
  主   任：国家特聘专家、英国皇家工程院院士 康健
  常务副主任：哈尔滨工业大学建筑学院教授 金虹
  秘 书 长：哈尔滨工业大学建筑学院教授 赵运铎
  通 讯 地 址：哈尔滨市南岗区西大直街 66 号 150006

中国绿色建筑与节能（澳门）协会
  会   长：四方发展集团有限公司主席 卓重贤
  理 事 长：汇博顾问有限公司理事总经理 李加行
  通讯地址：澳门友谊大马路 918 号澳门世界贸易中心 7 楼 B-C 座

附 录 篇

大连市绿色建筑行业协会
会　　　长：大连亿达集团有限公司副总裁　秦学森
常务副会长兼秘书长：徐红
通讯地址：辽宁省大连市沙河口区东北路99号亿达广场4号楼5楼
　　　　　116021

北京市建筑节能与环境工程协会生态城市与绿色建筑专业委员会
会　　　长：北京市住宅建筑设计研究院有限公司董事长　李群
秘　书　长：北京市住宅建筑设计研究院　白羽
通讯地址：北京市东城区东总布胡同5号　100005

甘肃省土木建筑学会节能与绿色建筑学术委员会
主　任　委　员：李得亮
常务副主任委员：兰州市城市建设设计院院长　金光辉
通　讯　地　址：兰州市七里河区西津东路120号　730050

东莞市绿色建筑协会
会　　　长：广东维美工程设计有限公司董事长　邓建军
秘　书　长：叶爱珠
通讯地址：广东省东莞市南城区新基社区城市风情街
　　　　　原东莞市地震局大楼1楼　523073

苏州市绿色建筑行业协会
会　　　长：苏州北建节能技术有限公司 总经理　蔡波
秘　书　长：朱向东
通讯地址：苏州市吴中区东太湖路66号1号楼5层　215104

西藏自治区勘察设计与建设科技协会
理　事　长：管育才
副理事长兼秘书长：陶昌军
通讯地址：西藏自治区拉萨市城关区林廓北路17号　850000

三、绿色建筑专业学术小组

绿色工业建筑组
组　　　长：机械工业第六设计研究院有限公司副总经理　李国顺
副　组　长：中国建筑科学研究院国家建筑工程质量监督检验中心主任　曹国庆
　　　　　　中国电子工程设计院科技工程院院长　王立

绿色智能组
组　　　长：上海延华智能科技（集团）股份有限公司董事、联席总裁　于兵
副　组　长：同济大学浙江学院教授、实验中心主任　沈晔

联 系 人：上海延华智能科技（集团）股份有限公司总裁办主任　叶晓磊

绿色建筑规划设计组

组　　长：华东建筑集团股份有限公司总裁、党委副书记、副总建筑师
　　　　　沈立东

副 组 长：深圳市建筑科学研究院股份有限公司董事长　叶青
　　　　　浙江省建筑设计研究院副院长　许世文

联 系 人：华东建筑集团股份有限公司上海建筑科创中心副主任　瞿燕

绿色建材与设计组

组　　长：中国中建设计研究院有限公司总建筑师　薛峰

副 组 长：中国建筑科学研究院建筑材料研究所副所长　黄靖
　　　　　北京国建联信认证中心有限公司总经理　武庆涛

联 系 人：中国中建设计研究院有限公司科技质量部高级经理　吕峰

零能耗建筑与社区组

组　　长：中国建筑科学研究院建筑环境与能源研究院院长　徐伟

副 组 长：北京市建筑设计研究院专业总工　徐宏庆

联 系 人：中国建筑科学研究院建筑环境与能源研究院副主任　陈曦

绿色建筑理论与实践组

名誉组长：清华大学建筑学院教授　袁镔

组　　长：清华大学建筑学院所长、教授
　　　　　清华大学建筑设计研究院有限公司　副总建筑师　宋晔皓

副 组 长：华中科技大学建筑与城市规划学院院长、教授　李保峰
　　　　　东南大学建筑学院院长、教授　张彤
　　　　　绿地集团总建筑师、教授级高工　戎武杰
　　　　　北方工业大学建筑与艺术学院教务长、教授　贾东
　　　　　华南理工大学建筑学院教授、博导　王静
　　　　　清华大学建筑设计研究院有限公司第六分院　副院长、高工
　　　　　袁凌

联 系 人：清华大学建筑学院　院长助理、副教授　周正楠

绿色施工组

组　　长：北京城建集团有限责任公司副总经理　张晋勋

副 组 长：北京住总集团有限责任公司总工程师　杨健康
　　　　　中国土木工程学会总工程师工作委员会秘书长　李景芳

联 系 人：北京城建五建设集团有限公司总工程师　彭其兵

绿色校园组
组　　长：中国工程院院士、同济大学副校长　吴志强
副 组 长：沈阳建筑大学教授　石铁矛
　　　　　苏州大学金螳螂建筑与城市环境学院院长　吴永发

立体绿化组
组　　长：北京市植物园原园长　张佐双
副 组 长：中国城市建设研究院有限公司城乡生态文明研究院院长　王香春
　　　　　北京市园林绿化科学研究院绿地与健康研究所所长　韩丽莉
副组长兼联系人：中国中建设计研究院有限公司工程技术研究院　副院长
　　　　　王珂
联 系 人：中国建筑技术集团有限公司生态宜居环境建设研究中心主任　李慧

绿色轨道交通建筑组
组　　长：北京城建设计发展集团股份有限公司副总经理　金淮
副 组 长：北京城建设计发展集团副总建筑师　刘京
　　　　　中国地铁工程咨询有限责任公司副总工程师　吴爽

绿色小城镇组
组　　长：清华大学建筑学院教授、原副院长　朱颖心
副 组 长：中建科技集团有限公司副总经理　李丛笑
　　　　　清华大学建筑学院教授、副院长　杨旭东
联 系 人：武汉科技大学　陈敏

绿色物业与运营组
组　　长：天津城建大学教授　王建廷
副 组 长：新加坡建设局国际开发署高级署长　许麟济
　　　　　中国建筑科学研究院环境与节能工程院副院长　路宾
　　　　　广州粤华物业有限公司董事长、总经理　李健辉
　　　　　天津市建筑设计院总工程师　刘建华
联 系 人：天津城建大学经济与管理学院院长　刘戈

绿色建筑软件和应用组
组　　长：建研科技股份有限公司副总裁　马恩成
副 组 长：清华大学教授　孙红三
　　　　　欧特克软件（中国）有限公司中国区总监　李绍建
联 系 人：北京构力科技有限公司经理　张永炜

绿色医院建筑组
组　　长：中国建筑科学研究院有限公司建科环能科技有限公司顾问总工
　　　　　邹瑜

副 组 长：中国中元国际工程有限公司医疗建筑设计一院院长　李辉
　　　　　　天津市建筑设计院院总建筑师　孙鸿新
　　联 系 人：中国建筑科学研究院有限公司建科环能科技有限公司副研究员
　　　　　　袁闪闪

建筑室内环境组
　　组　　长：重庆大学土木工程学院教授　李百战
　　副 组 长：清华大学建筑学院教授　林波荣
　　　　　　西安建筑科技大学副主任　王怡
　　联 系 人：重庆大学土木工程学院教授　丁勇

绿色建筑检测学组
　　组　　长：国家建筑工程质量监督检验中心副主任　袁扬
　　副 组 长：广东省建筑科学研究院集团股份有限公司总经理　杨仕超
　　联 系 人：中国建筑科学研究院有限公司研究员　叶凌

　　四、绿色建筑基地

北方地区绿色建筑基地
　　依托单位：中新（天津）生态城管理委员会
华东地区绿色建筑基地
　　依托单位：上海市绿色建筑协会
南方地区绿色建筑基地
　　依托单位：深圳市建筑科学研究院有限公司
西南地区绿色建筑基地
　　依托单位：重庆市绿色建筑专业委员会

　　五、国际合作交流机构

中国城科会绿色建筑与节能委员会日本事务部
Japanese Affairs Department of China Green Building Council
　　主　　任：北九州大学名誉教授　黑木莊一郎
　　常务副主任：日本工程院外籍院士、北九州大学教授　高伟俊
　　办 公 地 点：日本北九州大学

中国城科会绿色建筑与节能委员会英国事务部
British Affairs Department of China Green Building Council
　　主　　任：雷丁大学建筑环境学院院长、教授　Stuart Green
　　副 主 任：剑桥大学建筑学院前院长、教授　Alan Short
　　　　　　卡迪夫大学建筑学院前院长、教授　Phil Jones

秘 书 长：重庆大学教育部绿色建筑与人居环境营造国际合作联合实验室主任、雷丁大学建筑环境学院教授　姚润明
办公地点：英国雷丁大学

中国城科会绿色建筑与节能委员会德国事务部
German Affairs Department of China Green Building Council

副主任（代理主任）：朗诗欧洲建筑技术有限公司总经理、德国注册建筑师　陈伟
副 主 任：德国可持续建筑委员会-DGNB首席执行官　Johannes Kreissig
德国EGS-Plan设备工程公司/设能建筑咨询（上海）有限公司总经理　Dr. irk Schwede
秘 书 长：费泽尔·斯道布建筑事务所创始人/总经理　Mathias Fetzer
办公地点：朗诗欧洲建筑技术有限公司（法兰克福）

中国城科会绿色建筑与节能委员会美东事务部
China Green Building Council North America Center (East)

主　　任：美国普林斯顿大学副校长　Kyu-Jung Whuang
副 主 任：中国建筑美国公司高管　Chris Mill
秘 书 长：康纳尔大学助理教授　华颖
办公地点：美国康奈尔大学

中美绿色建筑中心
U. S. -China Green Building Center

主　　任：美国劳伦斯伯克利实验室建筑技术和城市系统事业部主任 Mary Ann Piette
常务副主任：美国劳伦斯伯克利实验室国际能源分析部门负责人　周南
秘 书 长：美国劳伦斯伯克利实验室中国能源项目组　冯威
办 公 地 点：美国劳伦斯·伯克利国家实验室

中国城科会绿色建筑与节能委员会法国事务部
French Affairs Department of China Green Building Council

主　　任：法国绿色建筑委员会主任　Marjolaine Meynier-Millefert
执行主任：法国建筑与房地产联盟中国发展总监　曾雅薇
副 主 任：中建阿尔及利亚公司董事长兼总经理　周圣
法国建筑科学技术中心CSTB董事局成员兼法国绿色建筑认证公司总裁　Patrick Nossent

附录3 中国城市科学研究会绿色建筑研究中心简介

Appendix 3 Brief introduction to CSUS Green Building Research Center

中国城市科学研究会绿色建筑研究中心（CSUS Green Building Research Center）成立于2009年，是我国绿色建筑大领域重要的理论研究、标准研编、科学普及与行业推广机构，同时也是面向市场提供绿色建筑标识评价、技术支撑等服务的综合性技术机构。主编或主要参编了《绿色建筑评价标准》《健康建筑评价标准》《健康社区评价标准》等系列标准，在全国范围内率先开展了绿色建筑新国标项目、健康建筑标识项目、既有建筑绿色改造标识项目、绿色生态城区标识、健康社区标识以及国际双认证项目评价业务，为我国绿色建筑的量质齐升贡献了巨大力量。

绿色建筑研究中心的主要业务分为三大版块：一、**标识评价**。包括绿色建筑标识（包括普通民用建筑、既有建筑、工业建筑等）、健康建筑标识（包括健康社区、健康小镇）、绿色生态城区标识评价。二、**课题研究与标准研发**。主要涉及绿色建筑、健康建筑、超低能耗建筑、绿色生态城区领域。三、**教育培训、行业服务、高端咨询等**。

标识评价方面：截至2021年底，中心共开展了3054个绿色建筑标识评价（包括133个绿色建筑运行标识，2921个绿色建筑设计标识），其中包括15个香港地区项目、1个澳门地区项目以及8个国际双认证评价项目；105个绿色工业建筑标识评价；57个2019版预评价项目；32个既有建筑绿色改造标识评价；17个绿色生态城区实施运管标识评价；9个绿色铁路客站项目；3个绿色照明项目；1个绿色医院项目；1个绿色数据中心项目；199个健康建筑标识评价（包括7个健康建筑运行标识，192个健康建筑设计标识）；24个健康社区设计标识。

信息化服务方面：截至2021年底，中心自主研发的绿色建筑在线申报系统已累积评价项目1856个，并已在北京、江苏、重庆、宁波、贵州等地方评价机构投入使用；健康建筑在线申报系统已累积评价项目206个；建立"城科会绿建中心""健康建筑"官网以及微信公众号，持续发布绿色建筑及健康建筑标识评价情况、评价技术问题、评价的信息化手段、行业资讯、中心动态等内容；自主研发了绿色建筑标识评价 APP 软件"中绿标"(Android 和 IOS 两个版本)以及绿色建筑评价桌面工具软件(PC 端评价软件),具有绿色建筑咨询、项目管理、数据共享等功能。

标准编制及科研方面:中心主编或参编国家、行业及团体标准《健康建筑评价标准》《绿色建筑评价标准》《绿色工业建筑评价标准》《绿色建筑评价标准(香港版)》《既有建筑绿色改造评价标准》《健康社区评价标准》《健康小镇评价标准》《健康医院评价标准》《健康养老建筑评价标准》《城市旧居住小区综合改造技术标准》等;主持或参与国家"十三五"课题、住建部课题、国际合作项目、中国科学技术协会课题《绿色建筑标准体系与标准规范研发项目》《基于实际运行效果的绿色建筑性能后评估方法研究及应用》《可持续发展的新型城镇化关键评价技术研究》《绿色建筑运行管理策略和优化调控技术》《健康建筑可持续运行及典型功能系统评价关键技术研究》《绿色建筑年度发展报告》《北京市绿色建筑第三方评价和信用管理制度研究》等。

交流合作方面:截至 2021 年底,中心与英国 BREEAM、法国 HQE 和德国 DGNB 等绿色建筑组织达成标准和评价的相互认证合作协议,并实现多项国内外项目落地实施;与德国能源署 dena 共同编制和发布《超低能耗建筑评价标准》;与世界绿色建筑协会 WorldGBC 达成合作协议,并共同推荐优秀实践案例集。与江苏省住房和城乡建设厅科技发展中心、四川省建设科技协会、深圳市绿色建筑协会达成健康建筑标识项目联合评价友好合作协议,并与美国 IWBI 和 UL 公司达成联合互认友好合作意向。

绿色建筑研究中心有效整合资源,充分发挥有关机构、部门的专家队伍优势和技术支撑作用,按照住房和城乡建设部和地方相关文件要求开展绿色建筑评价工作,保证评价工作的科学性、公正性、公平性,创新形成了具有中国特色的"以评促管、以评促建"以及"多方共享、互利共赢"的绿色建筑管理模式,已经成为我国绿色建筑标识评价以及行业推广的重要力量,并将继续在满足市场需求、规范绿色建筑评价行为、引导绿色建筑实施、探索绿色建筑发展等方面发挥积极作用。

联系地址:北京市海淀区三里河路 9 号院(住建部大院)
中国城市科学研究会西办公楼 4 楼(100835)
公 众 号:城科会绿建中心
电 话:010-58933142
传 真:010-58933144
E- mail:gbrc@csus-gbrc.org
网 址:http://www.csus-gbrc.org

附录 4　中国绿色建筑大事记（2021）
Appendix4　Milestones of China Green Building Development in 2021

2021年1月1日，北京市《居住建筑节能设计标准》DB11/891—2020正式执行，将北京居住建筑节能率由75%提升至80%以上，标志着建筑节能向更高水平迈进。

2021年1月6日，国内首个"五零"建筑——长三角一体化绿色科技示范楼在上海开工建设。由上海建工全产业链打造的长三角一体化绿色科技示范楼建成后，将实现"零碳、零能耗、零水耗、零废弃物、零甲醛"的"5Z体系"（Zero）绿色碳中和建筑目标，最终将其打造成为可感知、可触摸、具有世界影响力的绿色建筑示范工程。该项目历时两年多的论证和策划，计划于2022年9月竣工。

2021年1月8日，住房和城乡建设部印发《绿色建筑标识管理办法》，6月1日起施行。

2021年1月12日，由中国建筑科学研究院有限公司、中国汽车工业工程有限公司等单位编制的团体标准《汽车工业绿色厂房评价标准》获批发布，编号为T/CECS 802—2021，自2021年6月1日起实施。

2021年1月25日，住房和城乡建设部召开推进新型城市基础设施建设工作视频会议，通报工作进展，交流经验做法，部署安排下步工作。住房和城乡建设部党组成员、副部长姜万荣出席会议并讲话。

2021年1月25日，济南市人民政府发布关于全面推进绿色建筑高质量发展的实施意见，在全国首次将健康建筑纳入奖励范围。

2021年1月28日，财政部国库司会同住房和城乡建设部标准定额司召开政府采购支持绿色建材促进建筑品质提升试点工作推进视频会议，介绍试点工作进展，交流经验做法，部署安排下步工作。

2021年1月29日，科技部印发《国家高新区绿色发展专项行动实施方案》的通知。要求国家高新区率先实现联合国2030年可持续发展议程、工业废水近零排放、碳达峰、园区绿色发展治理能力现代化等目标，部分高新区率先实现碳中和。

2021年2月8日，全国首批6只"碳中和债"在银行间债券市场成功发行，合计发行规模人民币 64 亿元。募集资金全部用于具有碳减排效益的绿色产业项目，项目领域包括风电、光伏、水电等清洁能源和三星级绿色建筑。

2021 年 2 月 8 日，国管局发布《关于 2021 年公共机构能源资源节约和生态环境保护工作安排的通知》。《通知》明确扎实推进绿色建筑创建行动，推动各地区实施既有建筑以及供暖、空调、配电、照明、电梯等重点用能设备节能改造，推动中央国家机关在施节能改造项目建设。

2021 年 2 月 22 日，国务院印发《关于加快建立健全绿色低碳循环发展经济体系的指导意见》（国发〔2021〕4 号），强调要健全绿色低碳循环发展的生产体系、流通体系和消费体系，加快基础设施绿色升级，构建市场导向的绿色技术创新体系，完善法律法规政策体系，认真抓好组织实施。

2021 年 3 月 5 日，国务院总理李克强在政府工作报告中提出，加强污染防治和生态建设，持续改善环境质量。深入实施可持续发展战略，巩固蓝天、碧水、净土保卫战成果，促进生产生活方式绿色转型。

2021 年 4 月 8 日，住房和城乡建设部在北京召开新闻发布会，公布 2020 年度全国绿色建筑创新奖获奖名单，并对目前我国绿色建筑发展情况，以及在实现"3060"双碳目标过程中绿色建筑的作用等进行了介绍。

2021 年 4 月 22 日～26 日，第八届严寒寒冷地区绿色建筑联盟技术论坛在大连举行，主题为"打造绿色健康建筑 共建美丽智慧城市"，大会设"绿色健康低碳""绿色校园""绿色建材""智能节能"四个分论坛。

2021 年 5 月 14 日，由中国城市科学研究会和德国能源署会同有关单位共同编制完成的《超低能耗建筑评价标准》正式发布，并自 2021 年 6 月 14 日起生效实施。该标准为中国城市科学研究会标准，编号 T/CSUS 15—2021。

2021 年 5 月 14 日，中国城市科学研究会标准《智慧办公建筑评价标准》T/CSUS 16—2021 正式发布，是国内首个适用于规范智慧办公建筑评价工作的标准。

2021 年 5 月 18 日～19 日，第十七届国际绿色建筑与建筑节能大会暨新技术与产品博览会在成都举行，大会主题为"聚焦建筑碳中和，构建绿色生产生活新体系"。

2021 年 5 月 18 日～19 日，由中国科学技术协会支持，中国城市科学研究会绿色建筑与节能专业委员会与朗诗控股集团联合主办，中国绿色建筑与节能（澳门）协会、澳门科学馆、中国城科会绿色建筑研究中心和能源世界网协办的全国小学生"绿色建筑苗圃园"绘画创作主题成果展在成都召开的第十七届国际绿色建筑与建筑节能大会活动期间成功展出。本次成果展共展出来自全国在校小学生绘画创作的 50 幅优秀作品。

2021 年 5 月 18 日，中国城市科学研究会绿色建筑与节能专业委员会第十四次全体委员会议在四川天府国际会议中心 204 会议厅召开。

2021 年 5 月 19 日，中国城市科学研究会绿色建筑研究中心会同德国可持续建筑委员会和法国建筑科学技术中心等双认证合作机构举行"中德合作论坛－中德低碳建筑技术交流论坛"和"HQE 标准培训暨绿色建筑双认证技术研讨会"，正式发布中德和中法绿色建筑标准对标报告。

2021 年 5 月 19 日，由中国城市科学研究会 & Active House 国际联盟联合评价的 2021 年首批主动式建筑标识项目诞生。

2021 年 5 月 29 日，2021 年"柯布共同福祉奖"（John Cobb Common Good Award）在美国克莱蒙颁发，中国城市科学研究会副理事长俞孔坚获此殊荣。这是生态哲学领域和生态文明领域世界范围内的最高奖项。

2021 年 5 月 30 日，生态环境部印发《关于加强高耗能、高排放建设项目生态环境源头防控的指导意见》，坚决遏制高耗能、高排放项目盲目发展，推动绿色转型和高质量发展。

2021 年 6 月 1 日，北京冬奥会项目国家速滑馆、国家会议中心二期、五棵松冰上运动中心、北京冬奥村、延庆冬奥村 5 个新建场馆获得绿色建筑三星级评价标识；国家高山滑雪中心、国家雪车雪橇中心、首钢滑雪大跳台中心 3 个新建雪上场馆获得绿色雪上运动场馆三星级评价标识，国家游泳中心、国家体育馆、首体场馆群 3 个改造场馆获得既有建筑改造绿色二星级评价标识。

2021 年 6 月 4 日，中国城市科学研究会和德国能源署联合举办"城市能源转型"线上圆桌会议。会议以"碳中和发展＋绿色金融＋创新技术"为主题，皆在探讨在当前世界环境面临的挑战下，中德两国在城市碳中和、绿色环境及能源等多领域的转型与发展。

2021 年 6 月 24 日，中国建筑科学研究院联合中国对外贸易中心在国家会展中心（天津）举办以"双碳目标下的'新城建'"为主题的中国建筑科学大会。

2021 年 7 月 10 日，国务院办公厅印发《关于全面推进城镇老旧小区改造工作的指导意见》（国办发〔2020〕23 号）。

2021 年 7 月 12 日，在 2021 年生态文明贵阳国际论坛期间，贵州省人民政府与住房和城乡建设部共同主办"城乡建设绿色低碳发展"主题论坛，中共贵州省委常委、省委统战部部长胡忠雄，住房和城乡建设部总经济师杨保军出席论坛并致辞。

2021 年 7 月 23 日，"2021（第三届）健康建筑大会"在北京隆重召开。大会由健康建筑产业技术创新战略联盟、中国建筑科学研究院有限公司、中国绿发投资集团有限公司联合主办。本届大会以"营造健康宜居环境，提升人民健康保障"为主题。

2021 年 8 月 9 日，联合国政府间气候变化专门委员会（IPCC）在瑞士日内瓦发布关于气候变化的最新科学评估报告的第一部分，这也是有史以来规模最大、最重要的气候变化报告。报告由 234 名科学家完成，并获得了 195 个国家政府的通过。

2021 年 8 月 24 日，CCTV1 台《焦点访谈》播出《能耗超低，建筑变绿》专题，本期节目是配合全国节能宣传周和 8 月 25 日全国低碳日的主题宣传节目。

2021 年 9 月 1 日，由中国建筑科学研究院有限公司、中国城市科学研究会绿色建筑研究中心会同有关单位修订的中国建筑学会标准《健康建筑评价标准》发布，标准号为 T/ASC 02—2021，自 2021 年 11 月 1 日起实施。

2021 年 9 月 6 日，国务院参事、住房和城乡建设部原副部长、中国城市科学研究会理事长仇保兴在国际绿色经济协会主办的"低碳城市建设与低碳产业峰会"中提出以城市为主体的"双碳"战略，需要经历碳达峰阶段（2021~2030 年）、碳中和关键期（2030~2050 年）、碳中和决胜期（2050~2060 年）三个阶段。

2021 年 9 月 12 日，中共中央办公厅、国务院办公厅印发《关于深化生态保护补偿制度改革的意见》，《意见》提出，节能环保、新能源、生态建设等相关领域税收优惠政策，逐步探索对预算指出开展生态环保方面评估，实施政府绿色采购政策，建立绿色采购引导机制，加大绿色产品采购力度，支持绿色技术创新和绿色建材、绿色建筑发展。

2021 年 9 月 15 日，住房和城乡建设部下发《关于发布绿色建筑标识式样的通知》，按照《绿色建筑标识管理办法》要求，进一步完善了绿色建筑标识证书式样，增加了标牌式样。

2021 年 9 月 18 日，由中国建筑科学研究院有限公司、全联房地产商会联合主办的"第十三届全国既有建筑改造大会"在上海隆重召开，本届大会主题为"城市更新与建筑改造 助力人民美好生活"。

2021 年 9 月 22 日，中共中央、国务院发布《关于完整准确全面贯彻新发展理念做好碳达峰碳中和工作的意见》。

2021 年 10 月 13 日，住房和城乡建设部在其官网发布了 9 项国家标准强制性工程建设规范，其中包括：《建筑节能与可再生能源利用通用规范》《建筑环境通用规范》《既有建筑维护与改造通用规范》等。

2021 年 10 月 21 日，中共中央办公厅、国务院办公厅印发《关于推动城乡建设绿色发展的意见》。《意见》提出到 2025 年，城乡建设绿色发展体制机制和政策体系基本建立，建设方式绿色转型成效显著，碳减排扎实推进，城市整体性、系统性、生长性增强。到 2035 年，城乡建设全面实现绿色发展，碳减排水平快速提升，城市和乡村品质全面提升，人居环境更加美好，城乡建设领域治理体系和治理能力基本实现现代化，美丽中国建设目标基本实现。

2021年10月21日，国家"十三五"科技创新成就展在北京展览馆开幕，成就展以"创新驱动发展 迈向科技强国"为主题。

2021年10月30日～11月1日，由住房和城乡建设部、上海市人民政府和联合国人居署共同主办的2021年世界城市日中国主场活动暨首届城市可持续发展全球大会在上海举办。

2021年10月31日，《联合国气候变化框架公约》第二十六次缔约方大会（COP26）在英国格拉斯哥开幕。

2021年11月2日，住房和城乡建设部召开新闻通气会，邀请相关专家就《关于推动城乡建设绿色发展的意见》进行解读。

2021年11月4日，中国气候变化事务特使解振华，中国COP26代表团团长、生态环境部副部长赵英民，同美国总统气候问题特使约翰·克里在《联合国气候变化框架公约》第二十六次缔约方大会（COP26）期间，就中美应对气候变化继续开展对话交流。

2021年11月11日，中华人民共和国主席习近平在亚太经合组织工商领导人峰会上发表主旨演讲，习主席在演讲中指出：良好生态环境是最基本的公共产品和最普惠的民生福祉，绿色低碳转型是系统性工程，必须统筹兼顾、整体推进。中国将推进全面绿色转型。中国将积极推进生态文明建设，深化水土流失综合治理，打好污染防治攻坚战。

2021年11月26日，国务院印发《关于支持北京城市副中心高质量发展的意见》。《意见》明确了支持北京城市副中心高质量发展的指导思想、基本原则、主要目标，提出了重点任务安排和组织实施要求。

2021年12月3日，工信部召开"十四五"工业绿色发展规划发布会。《"十四五"工业绿色发展规划》提出到2025年，工业产业结构、生产方式绿色低碳转型取得显著成效，绿色低碳技术装备广泛应用，能源资源利用效率大幅提高，绿色制造水平全面提升，为2030年工业领域碳达峰奠定坚实基础。

2021年12月3日，首届全国建筑绿色低碳发展论坛在深举行。大会论坛主题为"绿色湾区 零碳未来"。

2021年12月9日～10日，第十一届热带及亚热带（夏热冬暖）地区绿色建筑技术论坛在惠州市举办，主题是"品质城市·低碳生活"，大会设"绿色建筑与绿色建材协同推广应用""绿色科技赋能，引领低碳人居"两个分论坛。

2021年12月11日～12日，第十届建筑与环境可持续发展国际会议（International Conference on Sustainable Development in the Building and Environment）在重庆举行，大会由重庆大学、中国城市科学研究会绿色建筑与节能专业委员会主办，剑桥大学、雷丁大学联合主办。大会以"绿色建筑助力碳达峰碳中和"为主题，并设"低碳绿色建筑""绿色土木结构与地下工程""健康舒适室内环境与低碳营造""低碳能源系统与绿色智慧运维""城市可持续与低碳生态发展""学生专题论坛"六个议题,同期举办了第十一届夏热冬冷地区绿色建筑联盟大会。

2021年12月14日,京津冀区域协同标准《绿色建筑设计标准》通过审查。该标准由中国建筑科学研究院有限公司、清华大学、天津市建筑设计研究院有限公司、河北省建筑科学研究院有限公司主编。

英文对照
参考信息

Foreword

In October 2021, the general office of the CPC Central Committee and the general office of the State Council issued the opinions on promoting green development of urban and rural construction, summarized the remarkable achievements made in the improvement of living environment in China since the 18th National Congress, affirmed the important role of green development of urban and rural construction, and pointed out the implementation path of promoting the integrated development of urban and rural construction, changing the development mode of urban and rural construction and building high-quality green buildings. It points out the direction for the development of green building industry in the new era.

In order to comprehensively and systematically summarize the experiences of research and practice of green architecture in our country, to guide green building planning, design, construction, evaluation, use and maintenance, in a larger scope to promote green building concept, promote the development of green building, China Green Building Council organized the preparation of the annual development report of green building. This book is the 15th in a series of reports, presenting the development panorama of green buildings in China in 2021. This book takes the article of Dr. Qiu Baoxing, Councilor of the State Council and Chairman of the Chinese Society of Urban Sciences, " Urban Carbon Neutralization and Green Building" as the preface, with a total of 7 chapters——general overview, standards, scientific research, communication, experiences, engineering practices and appendix。

The first part is general overview, which introduces and analyzes the current new trends, new ideas and new measures from the perspective of the industry. Under the guidance of green development policy and the constraint of double carbon goal, this paper expounds the thoughts on the design theory and industry development of green buildings in China, the development path of high-quality green buildings, the olive curve of carbon neutralization and so on; and thoughts on non-carbon dioxide greenhouse gas control caused by refrigerants, cement-based materials, construction steel and green low-carbon path of steel structure.

The second part is standards. One representative national standards, three industry standard and three group standards are selected to introduce the latest progress of standards in the field of green construction in 2021 from the aspects of compiling background, compiling work, main technical content and main characteristics.

The third part is scientific research, which introduces 7 representative scientific research projects and reflects the new technology and new trend of green building and building energy conservation during the 13th Five-Year Plan Period. Through various discussions and exchanges, we hope to jointly improve the new concept and new technology of green building and take the road of sustainable development.

The fourth part is communications, which is jointly compiled by various academic groups of Green Building and Energy Conservation Committee of China Society for Urban Science, aiming to reveal the related technologies and development trends of green building for readers and promote the development of green building in China.

The fifth chapter is experiences, which mainly introduces the green building related work in Beijing, Shanghai, Jiangsu and other 8 provinces and cities, including the local green building development policies and regulations, green building standards and scientific research.

The sixth part is engineering practices. This paper selects 7 representative cases from the new national standard green building project, green transformation and identification project of existing buildings, green ecological urban area project, industrial project and urban renewal project in 2021, and introduces them respectively from the aspects of project background, main technical measures, implementation effect and social and economic benefits.

The appendix introduces the China Green Building Council and the Green Building Research Center of China Society for Urban Sciences, and summarizes the research, practice and important activities of green building in China in 2021, presenting them in the form of memorabilia.

The book can be used for reference by professional and technical personnel, government administrative departments and teachers and students of colleges and universities who are engaged in technical research, planning, design, construction, operation and management in the field of green building.

The book is the result of the hard work of experts from China Green Building Council, local green building institutions and professional groups. Although in the process of writing several revisions, but due to the short writing cycle, the task is heavy, the deficiencies in the draft expecting readers to criticize and correct.

Editorial Committee
February 8, 2022

Contents

Preface Urban Carbon Neutralization and Green Building

Foreword

Part 1 General Overview ········· 1
  1 Emissions and control of non carbon dioxide greenhouse gas caused by refrigerants in China ········· 3
  2 Green building design theory, method research and development trend ······ 16
  3 The olive curve of carbon neutral ········· 22
  4 Thinking and prospect of green and low carbon path of cement-based materials under the goal of "double carbon" ········· 29
  5 Thoughts on the development of green building and architecture specialty under the background of "double carbon" goal ········· 39
  6 Development of civil engineering steel and steel structure under the emission peak and carbon neutrality ········· 46
  7 The application of low carbon building technology in urban renewal and transformation ········· 53
  8 Promoting green transformation of urban and rural construction with high quality green building ········· 61
  9 Some thoughts on promoting green development of urban and rural construction ········· 66

Part 2 Standards ········· 77
  1 *General Code for Building Environment* GB 55016—2021 ········· 79
  2 Zhejiang Province *Design Standard for Green Building* DB 33/1092—2021 ········· 85
  3 Beijing *Design Standard for Energy Efficiency of Residential Buildings* DB 11/891—2020 ········· 91
  4 *Design Standard for Energy Efficiency of Public Buildings in*

	Guangdong Province DBJ 15—51—2020	97
5	Guideline for Passive Design of Green Building T/CECS 870—2021	104
6	Assessment Standard for Green Science and Technology Museum T/CECS 851—2021	109
7	Assessment Standard for Green Smart Industrial Park T/CECS 774—2020	116

Part 3 Scientific Research 121

1	Progress and prospect of green building technology in China during the 13th Five-Year Plan period	123
2	Research on function improvement and retrofitting technology of existing urban residential areas	127
3	Tibet, northwest and plateau areas utilize renewable energy heating and air conditioning technology	135
4	Key technologies for improving and transforming the comprehensive performance of existing public buildings	144
5	Near zero energy building technology system and key technology development	149
6	Yangtze River valley building heating and air conditioning solutions and corresponding systems	158
7	Research and application of green building performance post evaluation method based on actual operation effect	164
8	Function improvement and transformation technology of existing urban industrial zone	173

Part 4 Communication 183

1	Analysis and Research on ultra-low/near zero energy building policy in the 13th Five-Year Plan Period	185
2	Research on the forward integrated design method in green construction ...	193
3	Current situation and prospect of energy conservation and clean energy use in rural buildings	203
4	The development and application of domestic BIM	213
5	Value evaluation of urban greening in the era of carbon emission reduction	223
6	Indoor environmental performance improvement and key element analysis	232
7	Design strategy and research method on green building oriented to	

| | | practicing carbon emission peak and neutrality | 244 |

Part 5 Experiences ······ 253
  1 General situation of green building development in Beijing ······ 255
  2 General situation of green building development in Shanghai ······ 261
  3 General situation of green building development in Jiangsu ······ 268
  4 General situation of green building development in Hubei ······ 276
  5 General situation of green building development in Chongqing ······ 282
  6 General situation of green building development in Guangdong ······ 286
  7 General situation of green building development in Shenzhen ······ 291
  8 General situation of green building development in Dalian ······ 299

Part 6 Engineering Practices ······ 305
  1 Taishan Wanda Plaza in Guangdong ······ 307
  2 Changning 88 Center in Shanghai ······ 319
  3 Taizhou Fengcheng Jinmao Palace in Jiangsu ······ 333
  4 Tian'an Cloud Valley industrial park phase II building in Shenzhen ······ 342
  5 Huzhou South Taihu Future City ······ 352
  6 Regional integrated smart energy station in Changsha ······ 362
  7 Renewal and transformation of green and low-carbon communities in Beijing ······ 370

Appendix ······ 379
  Appendix 1 Definition and Standard System of Green Buildings ······ 381
  Appendix 2 Brief introduction to China Green Building Council of CSUS ······ 383
  Appendix 3 Brief introduction to CSUS Green Building Research Center ······ 393
  Appendix 4 Milestones of China Green Building Development in 2021 ······ 395

English Reference Information ······ 401

Part 1　General Overview

Since General Secretary Xi putting forward the goals of "carbon peaking" and "carbon neutralization", China pays more attention to the concept of "low-carbon" and "green" sustainable development. Governments at all levels, industry organizations, experts and scholars carry out in-depth research around the "double carbon" goal and integrate it into the long-term development plan. In the proposal of the 14th Five-Year plan, China will accelerate the promotion of green and low-carbon development, and green buildings have ushered in an era of development from quantity to quality.

This article invites authoritative experts to write articles for a comprehensive discussion on the current development hotspots. Jiang Yi, an academician of the Chinese Academy of Engineering, was invited to write an article to discuss the emission and control of non-carbon dioxide greenhouse gases caused by refrigerants under the background of "double carbon" goal. Cui Kai, an academician of the Chinese Academy of engineering, was invited to write an article on the research and development trend of green building design theory and method. Wu Zhiqiang, an academician of the Chinese Academy of engineering, was invited to write an article to analyze the "olive curve" of realizing carbon neutralization path in combination with the law of urban development. Miao Changwen, an academician of the Chinese Academy of engineering, was invited to write an article to introduce the life-cycle carbon emission comprehensive evaluation model and analyze the challenges and opportunities of cement-based materials under the "double carbon" goal. Wang Jianguo, an academician of Chinese Academy of engineering, was invited to write an article and put forward suggestions on the development trend of green building and architecture under the background of "double carbon" goal. Yue Qingrui, an academician of the Chinese Academy of engineering, was invited to write an article to analyze the development status and carbon emission of construction steel and steel structure under the background of "double carbon" goal, and put forward development suggestions. Gao Weijun, an academician of the Japanese Academy of engineering, was invited to write an article on the application of low-carbon concept oriented construction technology in urban renewal and transformation. Wang QingQin, deputy general manager of China Academy of Building Research Co., Ltd., was invited to write an article to review the current situation of green building development and introduce the task of promoting green development of urban and rural construction in the future through the interpretation of important documents. Mao Zhibing, former chief engineer of the China State Construction Engineering Corporation, was invited to interpret the "Opinions on promoting green development of urban and rural construction" issued by the General Office of the CPC Central Committee and the general office of the State Council, and put forward five work suggestions for the implementation of the"Opinion".

No matter at which stage of development, green buildings carry the same mission and will unswervingly adhere to the development concept of innovation, coordination, green, development and sharing to meet the growing needs of people for a better life. It is hoped that readers can have more inspiration and understanding of the development trend of the industry through the content of this chapter.

Part 2 Standards

In 2021, the CPC Central Committee and the State Council issued *National Standardization Development Program*, proposing to "establish and improve carbon peak and carbon neutral standards" "improve green building standards" "promote the standardization of new urbanization" and other key green developments in the construction field. The tasks are of great significance for promoting the innovative development of high-quality green buildings in the new era, meeting the people's demand for high-quality green buildings, and establishing "green, healthy, and smart" human settlement standards in the new period.

In order to implement the spirit of *the Notice of the State Council on Printing and Distributing the Reform Plan for Deepening Standardization Work*, and in accordance with the requirements of *the Opinions of the Ministry of Housing and Urban-Rural Development on Deepening the Reform of Engineering Construction Standardization Work*, promote the establishment of a new standard system with mandatory engineering construction codes as the core, recommended standards and group standards as supporting. China's green building technical standard system is also developing in different dimensions such as the full life cycle, different building types, different geographic characteristics, and individual to regions. With the issue of mandatory engineering construction codes, effectively simplifying government recommended standards, and high-quality development group standards are the key tasks and goals for the development of green buildings in the construction field. This part mainly introduces the new achievements and trends of standard work in the field of green buildings, including mandatory engineering construction codes, recommended standards and group standards, covering the building environment, building energy efficiency, green building design, green building assessment, etc. These standards play an important role in innovating green technologies, boosting the dual-carbon goals, improving the living environment, and promoting green development.

Part 3   Scientific Research

In order to fully implement tasks of the *National Ouline for Medium and Long Term S&T Development* (2006—2020) and the *State Council's Plan for Deepening the Management Reform of S&T Programs (Special Projects. Funds, etc) funded by the Central Finance*, Ministry of Science and Technology, together with Ministry of Education, Ministry of Industry and Information Technology. Ministry of Transport, Chinese Academy of Sciences and so on, organized experts to develop a key special project implementation plan for "green building and building industrialization", which was listed as one of the key special projects of the first national key research and development program. The Administrative Center for China's Agenda 21 is responsible for the management of this key special project.

In accordance to the crucial scientific and technical requirements of green building and building industrialization during the 13th Five-Year plan period, the special project of "green building and building industrialization" focuses on 7 key aspects including basic data system and theory methodology, planning and design method and mode, building energy efficiency and indoor environment, green building materials, green high-efficiency ecological structure system, building industrialization and and building information technology, and puts forward relevant priority tasks. The general goals are: focusing on the demand of China's new urbanization; tackling with common key problems in land-saving, energy-saving, water-saving , material-saving and environment-protection throughout the life-cycle of buildings in China to improve buiding energy efficiency, quality and construction efficiency; seizing the opportunity of the new technical refom in the bulding industry brought about by new energy, new materials and information technology to speed up the R&D of core technologies and products of the next generation in greenbuilding and building indstrialization through basic, leading and common key technologies, integrated demonstration and industrial wholechain design; making sure China's technical system, products and equipments of building energy efficiency, environment quality promotion, engineering construction efficiency and quality safety to provide technical support for the large-scale, high-efficiency and sustainable development of green building and building industrialization in China.

There are 60 projects in this special project, which will be implemented from 2016 to 2020, abiding by the principle of step-by-step implementation and emphasis on priorities, the main tasks will be accomplished with a total budget estimation of 1.354 billion RMB Yuan. By the end of 2021, all 60 projects have completed performance evaluation.

Through a comprehensive summary of the special technology, this part forms the progress and Prospect of China's green building technology during the 13th Five-Year plan period. Seven representative projects are selected from 60 projects and briefly introduced from the aspects of project research objectives, main achievements, popularization and application, research prospect, etc., in order to provide technical support and reference for readers and form an implementable, popularized and reproducible green building technology.

Part 4　Communication

In view of the hot issues, theoretical research and technical practice in the development process of green buildings, this part selects seven articles, such as, Analysis and Research on ultra-low/near zero energy building policy in the 13th Five-Year Plan Period, The Future Campus Design Model Under the Carbon Goal, Current situation and prospect of energy conservation and clean energy use in rural buildings, The development and application of domestic BIM, Value evaluation of urban greening in the era of carbon emission reduction, Indoor environmental performance improvement and key element analysis, Design Strategy and Research Method on Green Building oriented to Practicing Carbon Emission Peak and Neutriality. Including design strategies and research methods for green buildings to implement the dual-carbon strategy, respectively, show readers the status quo and trend of green building development under the dual-carbon target from the aspects of green building policies, design methods, and project practices, and help promote the high-quality development of green buildings in China.

The article of zero energy building and community group summarized and sorted out the policy of ultra-low energy buildings during the 13th Five-Year Plan period, and provided suggestions and prospects for future policies, ultra-low energy buildings are the main technical means to achieve the double carbon goal in The construction field in China, this article provides a reference from the policy level; the article of the green building materials and design group sorts out the shortcomings and problems in the design industry, puts forward the concept of positive integrated design, and shows its design process method with examples The article of the Green Small Town Group introduced the building energy conservation situation and clean energy utilization technology in the vast rural areas of China, and looked forward to the use of clean energy in the rural areas, which will help the region to pilot energy conservation, emission reduction and carbon reduction; the article of the Green Building Software and Application

Group introduced China's first BIM platform software with completely independent intellectual property rights, introduced in detail the current platform domestic digital application, platform promotion and ecological construction related work, and put forward a forward-looking outlook for the further development of domestic BIM The article of the three-dimensional greening group introduced the carbon sink method of greening, introduced the ecological function of urban landscaping, pointed out that the ecological function of urban landscaping is far greater than its carbon sink function, and proposed the direction of efforts to develop the ecological value of urban landscaping; the article of the building indoor environment group analyzed the differences with other relevant standards from the indoor thermal environment, light environment and indoor air quality from the aspects of indoor thermal environment, light environment and indoor air quality for the newly released *General Code for Built Environment* GB 55016—2021, and analyzed its influencing factors The paper of the Green Building Theory and Practice Group introduces long-term sustainable design strategies, as well as human-centered performance-oriented research methods for building and built environments, and introduces design strategies and engineering practices in a variety of scenarios.

Part 5 Experiences

In 2021, for the realization of the medium and long-term development goals on carbon up to the peak and carbon neutral, and promotion of the green development of urban and rural construction, the local governments and departments continue to actively promote the green building and building energy efficiency work related. Combined with the implementation of the "Guidance to promote the development of urban and rural construction green" issued by General office of the Central Committee of the Communist Party of China and State Council, they perfected the relevant laws and regulations, compiled and published the local "14th Five-Year Development Plan of Green Building and Building Energy Efficiency", revised and upgraded standards for green building and building energy efficiency, released local standards for healthy buildings, ultra-low-energy buildings and prefabricated buildings, and further improved the related standard system. In accordance with the requirements of the Ministry of Housing and Urban-Rural Development on standardizing the management of green building evaluation and marking, local green building management measures have been issued to actively promote the development of green buildings. Through platforms such as National Energy Conservation Week, World Earth Day and World Cities Day, various publicity activities of seminars and exchanges have been organized to spread the concept of green and low-carbon development and as well as scientific and technological knowledge, and promote high-quality development of urban and rural constuction.

This part briefly introduces the development of green buildings and building energy efficiency in Beijing, Shanghai, Jiangsu, Hubei, Chongqing, Guangdong, Shenzhen and Dalian.

Part 6 Engineering Practices

This part selected 7 representative cases completed in 2021, introduced the project background, main technical measures, implementation effect, social and economic benefits, etc. Among them, there are 4 green building labeling projects, 1 green ecological city labeling project, 1 1 industrial project, 1 urban renewal project.

The green building labeling project included Taishan Wanda Plaza, which aims to create a high-quality business center, the strategy of "adjusting measures to local conditions and using local materials" is adopted to provide users with a comfortable indoor environment and a pleasant outdoor environment; Green building actively responds to the national "double carbon" strategy, takes high-quality environment, user comfort and efficiency as the operation goal, and realizes the fine management of Changning 88 Center with the industry-leading BIM intelligent operation and maintenance technology; TaiZhou FengCheng JinMao Palace applying the design and operation management concept of "green and technology"; Tian'an Cloud Valley Industrial Park Phase II Building to the concept of "sharing, wisdom, green, assistance and openness".

The project of green ecological urban labeling selected the Huzhou South Taihu Future City as a typical case, with the concept of ecological priority and green development. Through the green ecological design according to local conditions, it provides people with a truly comfortable, efficient, healthy and environmentally friendly comprehensive urban area, which has a significant promotion and demonstration effect, and can provide experience for the development of similar projects.

The industrial project is Changsha regional comprehensive smart energy station, which uses renewable energy and natural gas combined cooling, heating and power lamp technology to form a multi energy complementary, intelligent, efficient and green energy-saving system, effectively reduce building energy consumption in the area, help achieve carbon peak and carbon neutralization, and build a green, energy-saving and low-carbon regional comprehensive smart energy station.

The urban renewal project is a technical demonstration of a typical old area comprehensive reconstruction project in Beijing. With the renewal and reconstruction of green and low-carbon communities under the responsibility of architects, the urban renewal project realizes the optimization of cost performance, the improvement of environmental quality and the joint construction of deeply integrated residents, so as to fundamentally and greatly improve the construction quality.

Due to the limited number of cases, this part cannot fully demonstrate the essence of all green building technologies in China, so as to bring some facts and thoughts to readers through the introduction of typical cases.